U0454734

守望者
The Catcher

阅读　你的生活

牛津西方哲学史

（中文修订版）

[英]安东尼·肯尼（Anthony Kenny）编

韩东晖 译

中国人民大学出版社
·北京·

前　言

　　哲学史与其他任何研究的历史皆不同类。这是因为哲学本身作
为一门学科，并无同类，它类似科学和艺术，却并不与二者并驾齐
驱。

　　哲学之类似于科学，在于哲学家就像化学家或气象学家那样，
加入了追求真理的行列，希望有所发现。但是，哲学的经典却并不
因为后来的研究而褪色，而即便是那些最伟大的科学家，其著作也
随着时间的推移而陈旧过时。现在研究行星的人没有谁会去读托勒
密，但读柏拉图却不需要先成为古文物学家。

　　就此而言，哲学类似于艺术而非科学：当我们阅读荷马或索福
克勒斯时，并不是为了发现在遥远的时代人们离奇的观念。但当我
们读亚里士多德时，我们所提出的问题是向科学家而非诗人提出

的：他的结论是否正确，他为这些结论所提供的论证是否有效？

哲学是独一无二的，因此哲学史也是独一无二的。医学史家作为历史学家，并不进行医学实践；但不从事哲学研究，谁也没法写出哲学史。要诠释昔日的哲学家，诠释者就一定要为这位哲学家的思想给出和提供理由，一定要阐明和评价他的论证。但是，为哲学的结论提供理由，评价哲学论证的逻辑，这本身就是地地道道的哲学活动。因此，绘画史家不必是画家，但哲学史家却不可能不是哲学家。

在所有要求成为人类理性活动的果实的学科中，哲学是最有争议的；如果哲学是有争议的，那么哲学史的编纂必定亦复如是。但即便在哲学家当中，意见分歧也是有限制的；如果你问任何一个以哲学为业的人，让他举出西方哲学传统中六位最伟大的哲学家，那么，有四个名字肯定会包含在答复中：柏拉图、亚里士多德、笛卡儿和康德。但是，剩下的两个人选却不太可能达成共识。我自己的人选是阿奎那和维特根斯坦；但其他人也会以同样的信心推举出奥古斯丁、洛克、莱布尼茨、休谟、黑格尔、马克思、弗雷格，以及另外六个人选。对哲学家的不同的等级评定所反映出的分歧，不仅事关个别哲学家的天资，也事关哲学自身的本性。

本书既反映了我们所预计的来自哲学史家的共识，也反映了分歧。我刚刚提到的所有哲学家，以及很有可能被列入任何迄今为止最伟大的 12 个哲学家名单的那些哲学家，都在本书中以各不相同的篇幅得到了讨论。另外，在对主要人物的处理方法和对次要人物的选择上，作者们也有自主决定的权利。

就本书作者所受的训练和教育的传统而言，所有作者大体上都属于英美分析哲学的风格。但是，我以为，他们当中没有任何人会认为自己是典型的分析哲学家；据我所知，有些作者以自己远离分析哲学的主流却无碍心智健全而骄傲。读者会注意到，在不同的作者之间，侧重点和诠释的变化是相当大的，而主编亦未曾试图让作者们彼此一致或与主编一致。

在第五章中，关于维特根斯坦的几节是大卫·皮尔斯所著，其余部分是我自己写的。

A. J. P. 肯尼
牛津
1993 年 11 月

目　录

第一章　古代哲学

斯蒂芬·克拉克（Stephen R. L. Clark）

开　端

历史的帷幕在已然古老的世界升起，这世界中满是城阙的遗迹，到处是打磨得平整光滑的思想道路。现今那种令人尊敬的理论告诉我们，在 10 万年前就有在生理上与我们非常相似的人存在。石制的手工制品和岩石绘画可以追溯到公元前 4 万年，也许编织筐篮、沙绘图案和戏剧艺术的出现还要早许多。目前尚存的原始人类的经验让我们认识到，尽管我们的祖先缺乏我们的技术能力，在提供日常的必需品上，他们通常也困难不大，而且不乏游戏、幻想和论辩的时间。某些现代学者提出了这样的看法：可能原始人讨论的绝大部分内容都涉及亲缘关系，他们讲述传说故事，以证明在不同族群间通婚规则的有效性和正当性，但同时也谈论迎来送往和劫掠抢夺。也许正像老一代的思辨古人类学家所认为的那样，原始人关于英雄、处女、龙怪的传说故事是有关太阳和群星的加密讯息。不过他们只借助谈论，就保证了他们的传说故事既非只涉及亲缘关系，亦非只涉及苍穹。

与其他群居动物一样，我们相互间收发信号，用以标记我们所偏爱的路线，与儿童玩耍，划分三六九等，聆听阅历丰富的长者教诲（当然不是言听计从），等等。我们已知最早的传说，都试图解释为什么非人的动物不再用人类的言语说话，为什么苍穹不再倚靠大地，为什么兄妹之间必定不能再通婚，为什么我们年齿渐增，终归死亡（我们说，起先并不是这样的），以及为什么有物存在。后来就有了武士、园丁、建筑师、纺织者，有了保姆、厨师、工匠、魔术师。也许还有人享有宣讲奇迹的名望，从上苍或被铭记的祖先那里带来消息。有些人讲述更为精致的传说故事，以容纳那些看似错误的东西，而他们的对手或许力图从那些传说故事中解脱出来，用另外的传说故事或用不那么带有叙事性的消遣吸引人们的注意力。

换言之，无论那些人在流浪的小群落中生活多久，无论他们在荒芜之地定居下来花多长时间营造园地，他们一举一动都和人没什么两样。他们向自己解说他们的世界，对差异感到好奇，并运用他们的言辞之力相互辩驳或取乐。在遇到会说话的其他兽群时，他们就试图获得一定的相互理解，即便只是为了确定是敌是友。他们当中有些人开始思考：在他们的言谈中有神存在，这个神能够比这些终有一死的谈论者活得更长久，并把每一代新的凡人联系起来，这些终有一死的凡人重归已被遗忘的上苍，而这就是事物存在的真正方式。简言之，他们就成为哲学家，而我们发现，那些被后来的渊博的思想家记录下来的神话传说，正如亚里士多德后来所说的那样，是对昔日哲学的歪曲记录。按照惯例，我们认为地中海沿岸的民族构成了古代世界（这里忽略了散布在长江流域、恒河流域以及无数已被遗忘的江河湖泊流域的民族），他们精心讲述了许多传说故事，用来说明他们做了什么，他们看到别人做了哪些事情。没有人会真正满足于说：我们之所以这样做，是因为我们一直这样做；事物是如此这般的，是因为它们就是这样的（"因为这是自然的法则"）。我们都想理解事物，都想知道为什么它们不像我们猜测的那样曾经如何、应当怎样。

上述说法有真实的一面，但是，如果我们走得太远，去详细阐述在文字产生之前的史前民族的思辨，甚至确信我们已经完全理解了具有历史和文字的民族的言说，则未免操之过急。有些注释者提出了宏大的话题：想想我们来自非洲的祖先是如何产生好奇之心，并最终取代了早先移民的产物的（如我们现在还记得的小精灵和食人妖魔）；想想我们如何把自己驯养为既温顺又好玩的动物；想想定居人群如何在欧洲成长，遵从大地之母以及为之服务的精灵，直到被迫迁移的游牧部落打破了古代的和谐，这些遵从天父、擅长骑射的部落，把家长制和祭司灌注到其后继者的心中。这些传说会产生有趣的故事，但其证据相当稀少。我们可以追思当时的人们为其所做所思给出了理由，但谁能知道这些思想和理由是什么？除非我们假设哲学的思维特性乃是晚近的毫无原则的突变，否则，远古的哲学思考当然是存在的，但若要去描述它，这样的尝试与其说是在表现他们，不如说是在表现我们。其中有些传说故事，特别是那些责备"希腊人"或柏拉图（公元前 427—前 347）遗弃了大地之母的传说故事，就表现出我们对这些希腊人和柏拉图所思所想的无知。柏拉图说："大地是［我们的］祖先的家园，我们必须珍爱它，甚至要超过孩子对母亲的珍爱；而且，大地是女神，是一切会死的凡人的主人，对于诸神和已经在本地得以确立的精灵也要以同样的尊敬来对待。"（《法律篇》740A）

当那些传说故事以外人更容易理解的方式写就之时，对于好奇的历史学家来说，生活就轻松多了。在口传文化中，每一次讲述都使传说故事发生变化，而且也没有真正的压力要求每一个传说故事都要明显地与其他所有故事相一致。逝者进入阴曹地府，但也在梦幻世界和遥远的天堂；太阳是天球，被金龟子①推滚到天庭的拱顶上，但也是载着国王本人遨游苍穹的舟楫。如果我们看到被形诸文字的那些论证，可能会视之为无效，但在口头争论中，它们却可能相当适用，因为我们的记忆会重新书写那早已消逝的事情（在议会和法庭中至今仍是如此）。

即便在口传文化中，争论和传说故事当然也能够被"形诸文字"：乡土的景观被记忆尚存的人们刻上我们的乡土历史；权威的每一个象征，昔日努力的每一处遗迹，都是带给未来的讯息。也许有些讯息是每一个原始人都能解读的（如气味、涂鸦或堆石）；另

---

① 古埃及人早在三千多年前就把推粪球的金龟子（dung-beetle）尊称为圣甲虫（scarab），认为它们是推动太阳神的化身。——译者注（本书所有注释均为译者所加，故以下不标明"译者注"）

外一些讯息，在原始人开始成为人的时候，只有那些已被授以各自地方部落的特殊历史的人才能解读（例如为人们所纪念的某个人的图章，或树木的一根枝条，在那儿发生的令人震惊的事情并未过去很久）。因此，无论是用楔形文字还是用象形文字书写下来的东西，都是从前口传心记，并体现在隐秘图像中的东西。通过对它们的书写，我们的祖先便开启了通往正式的论证、普遍可译解的讯息和抽象性想象的历程。我们不再需要被告知，一组特殊的符号集合意味着什么；我们根据对基本符号含义的了解，就能译解它们。那些以往常常"写在风景当中"的神祇，至今在依赖记忆的民族中仍然如此，但因为他们随着故事的每一次重新讲述而发生变化，似乎在回应故事的讲述者和听众，也就变成了活生生的人；而那些被写入文本的神祇，却因为变化相当小，而其人格特征逐渐变少。那些从景观中阅读传说故事的人，会被他们以不可预知的不同方式所知晓的传说故事提醒；而那些从书中阅读故事的人，却至少会有机会昨天怎么读，今天还怎么读（尽管实际上我们的所有阅读都会有点变化）。昔日通常存在于言语当中的神，是在被精心选出的极少数个人的言辞之中得以体现的，因为这些言辞受到神灵的启示，并在口口相传的过程中不断变化、增衍，但如今却栖居在书面语词当中，不管谁读到它，其意思"总是同样的"，当然，这是不可能的。在先知时代之后，乃是经师时代（age of scribes）。

已知最早的书面传说把政治的现实态度与"奇思妙想"熔为一炉，现在的我们会对这些方式感到奇怪。例如，尽管诸神不再与我们共享同一个世界（在传说故事中它们从前是这样的），但它们却是我们这个世界的常客，而英雄也能比巫师更容易地穿越到彼岸世界中去。我们倾向于认为，这些传说故事的作者"必定知道"他们是在写作奇思妙想还是寓言故事。诸神并不"真正"在特洛伊周围打仗，菲迪皮茨（Phidippides）① 也并非在来自斯巴达的路上碰到神祇帕恩②。造就王朝的诸神"显然"必定是人工的产物，只是在自命不凡地一边说应当敬畏新王，一边又说"他的父亲是谁，只有神知道"。事实上，我们的反应有点像认为（例如）毕加索的《格尔尼卡》③ 扭曲了真相的人，只是因为我们认为不会在乡间马路上见到这种东西。事实是，我们实际上并没有看到我们现在以为自己看到的东西：我们的视野是破碎的、虚幻的，只有我们的"理性"才告诉我们，幽灵、鬼火、妖怪皆不存在，而与之相连的含义和评价也不"存在于"世界之中。

　　这一思辨性的开端有两个主要的寓意：其一，既然我们是会说话的动物，我们必须假定我们所谈论的是通过思想交流去追求知识；其二，我们不能过于轻易地假定我们熟悉祖先所解释的世界，似乎他们"一望而知"的事物的样子与我们现在所说的样子并无分

---

①　公元前 5 世纪的雅典长跑运动员。

②　Pan，希腊神话中掌管树林、田地和羊群的神，有人的躯干和头，山羊的腿、角和耳朵。

③　格尔尼卡（Guernica）原系西班牙北部一城镇，1937 年 4 月西班牙内战中被德国法西斯空军夷为平地，毕加索闻讯后极为愤慨，遂为巴黎世界博览会西班牙馆画了壁画《格尔尼卡》，对法西斯暴行表示强烈抗议。此画结合立体主义、现实主义和超现实主义风格于一体，以表现痛苦、受难和兽性：画中右边有一个妇女举手从着火的屋上掉下来，另一个妇女冲向画中心；左边一个母亲与一个死孩，地上有一个战士的尸体，他一手握剑，剑旁是一朵正在生长着的鲜花；画中央是一匹老马，为一根由上而下的长矛刺杀，左边有一头举首顾盼的站着的牛，牛头与马头之间是一只举头张喙的鸟；上边右面有一从窗口斜伸进的手臂，手中掌着一盏灯，发出强光，照耀着这个血腥的场面。全画用黑、白与灰色画成。这幅画描绘了西班牙小镇格尔尼卡遭德军飞机轰炸后的惨状。

别。我们时常假定，"古希腊人"是首先开始对世界进行思辨和推
理的，是首先开始交流和批判彼此的思想的。第欧根尼·拉尔修
（Diogenes Laertius）在 3 世纪早期撰写了《名哲言行录》（*Lives
of the Philosophers*）。他说："被某些人归于蛮族的那些成就是属
于希腊人的，不仅哲学从希腊人开始，人类本身亦复如是。"但亚
历山大里亚的克雷芒（Clement of Alexandria），一位 2 世纪的基督
徒，却确信希腊人的成就取自蛮族。我们还常常假定，希腊人在对
我们发现的世界进行推理。但有可靠的证据表明，哲学的思维特性
遍布整个世界，而且或许也可以假定，这种思维特性在人类的几万
年间贯穿始终，而不管特殊的部族是否推崇这种思维特性（它现在
还受到推崇吗?）。不过，恰恰是因为有可靠证据表明，这期间绝大
多数世代生活在与我们现在迥然有别的状态下，我们才不能理所当
然地认为，我们的祖先之所见完全就是我们所说的样子，只是在所
创造的解释上与我们有区别而已。这样的假设让我们看不到他们推
理的方式，而且附带地也会让我们免于对自身当前思想的任何尖锐
批判。

　　不过，到底能否在某种意义上说，是希腊人开始了哲学思考
呢？在克里特文明和迈锡尼文明的长期衰败之后，那些重新发现了
书写的希腊人具有两个与众不同的特点：一是他们偏爱非个人性的
解释，二是他们愿意给出理由。这两个特点可能是有联系的，但在
逻辑上是有区分的。树木倒下，城池陷落，夏去冬来，皆是诸神的
争吵或女巫的诅咒所致——在其他民族觉得这样的说法可以接受的
时候，有些希腊人却开始诉诸"法则"（Law）。最初这法则只是命
运（Destiny），这就是说，任何东西都不允许长得过高，万物皆有

限制，或者冬去春来。即使诸神中权力最大的宙斯（Zeus）也要臣
服于命运，由于命运具有如此明显的道德特性，所以仍有部分的人
格特征。不过，如果宙斯用自己的独断选择，也不会或不能彻底破
坏这一法则，那么用不着宙斯，我们就能破坏它。事物之所以如其
所是地那样发生，是因为在能被发现的不同因素之间存在着无时间
的、非故意的各种关系。当其他民族发现，求助于特选的文本或先
知的权威去捍卫特定的传说故事实属易如反掌的时候，有些希腊人
却开始要求，要想支持这种或那种理论，就应当给出理由，而任何
致力于这些理论的人原则上都应当能够检验这些理论。他们创造
了，毋宁说发现了一个不再任意行事的世界，不再被变幻不定的
意图所统治的世界；他们主张，在遵循论证的天赋之外，不需要
任何特殊的天赋去揭示这个世界。这就是启蒙的民族所继承的世
界，尽管我们身边仍有许多尚古之士满足于寻求《圣经》的权威
或具有超凡魅力的先知，以捍卫他们对事物的道德化解释。

　　传说故事吁求我们如同辉格式的历史学①那样，去追溯通往我
们现在状况的发展线索。当然，那些对传说故事最深信不疑的人，
立刻就被迫承认，希腊人违背传统戒律，堕落得太快了。柏拉图将
世界重新道德化，他认为事物之所以发生，乃是因为它们应当发

---

　　① 所谓辉格式的历史学（Whiggish histories），是指 19 世纪初期，属于辉格党的
一些历史学家从辉格党的利益出发，用历史作为工具来论证辉格党的政见，其中包括著
名历史学家哈兰（H. Hallam）和麦考莱（T. B. Macaulay）。1931 年，英国历史学家巴
特菲尔德（H. Butterfield）出版了《历史的辉格解释》这部史学名著，他将"辉格式的
历史学"（或称"历史的辉格解释"）的概念做了重要的扩充。例如，科学史中的辉格式
的历史学认为，科学史是科学的直线性真理累积或面向真理的直线性进步，并且信奉依
据目前来解释过去。

生，或是某种与之非常相似的东西应当发生。即便是传统上被视为柏拉图的对手的亚里士多德，也认为任何有助于我们理解神的东西都是最好的。甚至在斯多亚派那里，尽管他们致力于逻辑和"自然科学"，但我们现在印象最深的，还是他们的"斯多亚主义"（stoicism），即他们对神之存在的道德责任。很少有哲学家拒斥日常的宗教习俗，或整个抛弃传统故事的权威。有些哲学家（如克里特人艾皮门尼德斯［Epimenides］，在公元前 600 年左右用警句一般的话说，所有克里特人都是说谎者；或 4 世纪初期叙利亚的杨布利柯［Jamblichus］），其行为或近似于巫医之流，或似乎赞成类似的净化仪式。因此，现代学者推测，希腊人的全部实验都屈从于令人目眩神迷的柏拉图主义和神秘修炼（occult practice），甚至那些无宗教信仰者，由于他们对揭示真理的理性力量丧失了信心，也乐于为他们祖辈的虔敬唱赞歌。一些令现代学者决意去赞美的以往的哲学活动，都只是似应发生却从未发生的事，只是对真正哲学的短暂期盼。听听托马斯·斯普拉特①，这位英国皇家学会首位历史学家的话吧：

> 古代的诗人把一切东西都弄得比实际的样子更加神圣庄严，他们发明了成百上千种虚构的怪物，为每片田野、每条河流、每片树林、每座洞穴都赋予了他们自己制造的幽灵：他们就用这些东西使世界惊异……而在现代，那些虚幻的形

8

---

① 托马斯·斯普拉特（Thomas Sprat，1635—1713），英国罗切斯特主教威斯敏斯特教长。引文出自他的《伦敦皇家学会史》（*History of the Royal Society of London*，第三部分，第七节，1667 年版），但此书是一种宣传性的辩护词，不是纪实。

式又复活并控制了基督教世界……虽然敏锐的哲学家们并未助长这被滥用的一切，但他们也从来无力克服之，甚至连奥伯龙王①和他的无形军队也克服不了。然而，自从真正的哲学出现之日起，就罕有对这些骇人听闻的东西的窃窃私语了……事物的过程以其自身的途径平静地发展着，这途径就是自然的原因和结果。对此我们要感谢实验，尽管实验并未全部完成对真实世界的发现，但是，那些过去时常令人们的心灵惊骇无已的虚幻世界中的野蛮居民，却已然被它们征服。

从上述情形中，很难看出为什么我们应当不厌其烦地讨论古代的文本。希腊人（至少自毕达哥拉斯开始）正确地意识到地球是圆的，认识到这一点是具有历史的重要性的（这种认识或许会阻止后来哥伦布探险被严重歪曲），但是，没有人期望通过阅读埃拉托色尼②的著作，去发现关于地球圆周的新的细节，而实际上埃拉托色尼通过比较阿斯旺和亚历山大里亚的正午阴影，相当精确地计算出了地球的周长。我们也不会指望阿格里真托的恩培多克勒（Empedocles of Agrigentum，公元前 495—前 435）向我们提出堪与达尔文

---

① 奥伯龙（Oberon），小鬼（精灵）之王，亦即中世纪法国诗《波尔多的于翁》中的仙王，他在诗中是个侏儒之王，生活在森林地带，用魔法帮助英雄完成看似不可能的任务。在《尼伯龙根之歌》中奥伯龙守卫着尼伯龙根族的宝物，但后为西格弗里德所击败，在德国中世纪诗《奥尔特尼特》中，英雄奥伯龙得到其父侏儒之王阿尔贝里奇的帮助。它还为莎士比亚的《仲夏夜之梦》和维兰德的传奇故事《奥伯龙》提供了神话素材。虽然这个人物源于日耳曼民族，但故事却含有凯尔特族的传统成分。无形大军指的是他统率的精灵。

② 埃拉托色尼（Eratosthenēs，约公元前 276—前 194），公元前 3 世纪的希腊天文学家、地理学家和诗人。

进化论媲美的理论，尽管我们能够在事后发现二者的相似性。

按照我们的解释习惯，先人的著作仿佛是在口齿不清地说着我们比他们理解得更清楚的真理，这种做法并非一无是处。亚里士多德本人就把早期的哲学家描绘成这样的人：他们是在探索他所阐明的区分，特别是那四种说明的区分（质料因、动力因、形式因和目的因）。他有可能歪曲了他们的思想，不过，歪曲的证据大体上来自他对早期哲学家的记述；可是如果我们全然怀疑亚里士多德的说法，那么在表明早期哲学家的思想的证据上，我们差不多就一无所知了。即使亚里士多德确实歪曲了他们的思想，也不能说我们就能做得更好，因为我们对过去的了解是残缺而扭曲的。亚里士多德的第一个继承者塞奥弗拉斯托（Theophrastus）编辑的 232 808 行亚里士多德著作在哪里？伟大的斯多亚派思想家克里西普斯（Chrysippus，约公元前 280—约前 204）的 705 部著作又在何处？正如亚里士多德的诋毁者所言，倘若亚里士多德引述的还要少一些，那早期哲学家的思想就更少得可怜了。并不是每个严肃的思想家都著书立说，奴隶撰写的著作我们只有一部，女性撰写的著作我们根本就没有。也并不是每一本书都有许多复制品，常足以使之有极大的机会流传后世，实际上许多书籍都有意无意地被火烧毁；许多幸存下来的书籍则因为我们与其背景距离太远，以至难以理解；即便那些我们以为理解了的书籍也已经错过了其背景、评论和暗示所构成的整个领域。最终，我们对昔日哲学的阐释所展现的总是当下的我们自己，从而年复一年地不断变化。"苏格拉底"这个名字命名了许多著名哲学家：柏拉图的苏格拉底和色诺芬的苏格拉底，第欧根尼的苏格拉底和亚里士多德的苏格拉底，皮浪的苏格拉底和普罗提诺的苏格拉底，甚至是普罗提诺的柏拉图的苏格拉底。不管怎样，每个时代，每个个人，在文本中看到的都是他们能够理解的东西，无论好坏。即便经验会教育我们，某位哲学家的门徒通常并不在他止步的地方继续探索，而他的实际影响要数百年之后、几千里之遥才能产生，其间并没有什么影响，然而，通常我们也非得把思想家们安置到各种学派和思想谱系当中才罢休。

要说实际情况并非或不一定是我们所推测的那样，这假定了两个最近遭到质疑的看法：其一，事情的真相是存在的；其二，要是我们发现这真相不是什么，也可以算得上查明了真相。这两个假定现在遭到质疑，实际上在古代世界就遭到怀疑论哲学家极其严格的质疑，他们的论证由塞克斯都·恩披里柯（Sextus Empiricus，盛年在 200 年）加以总结。他们认识到，我们不可能无矛盾地断定任何一个是**错的**；这就是说，如果我们说不存在真理，那至少说明我们是说谎者；如果我们不可能发现真理，那么我们有什么权利说我们不可能？通过抛弃真理之路（the Way of Truth），我们所能应付的最好状态，也不过是又沉入表象之路（the Way of Seeming，详述见下），而闭口不言我们这样做是对的或正确的。我们之中的许多人从一开始就发现这条道路是捷径。我们或许会同意，哲学的思维特性到处都能发现，但是并不是每个人都正好被吸引到哲学之路上来。在提出世界的"真理"问题之前，我们的经验世界仅只是那些显而易见的东西构成的领域；倘若我们第一次提出这个问题，却找不到答案，则我们可能就有理由重返那最显而易见的状态，这时我们就发现，一切都明白易见，连奥伯龙王的精灵大军亦复如是。正是表象与实在之间的艰苦斗争才是一条贯穿过去的金线。

受神灵启示的思想家

已知最早的传说体现为一系列的追问，这些追问既涉及我们的生死，也涉及那些我们在读的时候要把飞鸟、繁花和流水加进去的传说故事。这些最早的传说通常也包含有点令人疲倦不堪的解答，仿佛出自一个衰老的世界：最好不要去渴慕永生，而要服从掌管我们的时间和位置的诸神；最好不要期盼来自爱情与战争这两种孪生激情的不可思议的后果；如果我们不可能吉星高照，那最好还是诚实本分；力量固然好，聪明更重要；光明和秩序的世界被放逐于永久的黑暗当中，那些曾离开光明的人，返回时怎能不改变。一切新的生长最终都要被截断，只有上苍才万古如常。一些被归于公元前6世纪的圣贤的格言（根据不同的偏好有七贤、十贤，还有十一贤），在粗俗的（即令人沮丧的）意义上也是"哲学的"：认识你自己；勿过度；勿做保人；机不可失；天下没几个好人。与此同时，正是在满目沧桑中成长这一事实，让有些人感怀至深，不由得认为他们至少尚且年少。且不管以往有何得失兴废，也许还存在着让这崭新的世界能够重铸或重现辉煌的时刻。正如诗人品达所吟："人是梦中的暗影，可是当神赐的光明降临时，灿烂的光芒照在人们身上，生活变得多么甜蜜。"①

———————

① 语出古希腊诗人品达（Pindar，约公元前 518—前 438）的《毕齐安颂歌》（*Pythian Odes*），第 8 首，第 135 行。

按照第一批为希腊代言的诗人们的说法，某种东西从虚无中生出，缓慢地变成人的世界，希腊人的经验世界：虽然凡人一生一世，步履蹒跚，唯恐撞见美丽的鬼魂或恐怖的妖怪，然而他们也不乏凡人的尊严。那些塑造世界的力量，不过是纯粹自利的本能冲动，如今都在无所不能的上苍之下达到了平衡，这要求人们遵守诺言，善待一切（至少善待那些重要人物）。有些人被囚禁在阴曹地府；另外一些人则再生为忠诚的或相当忠诚的奥林匹亚诸神，例如，灵慧的墨提斯①被宙斯吞入腹中，重新创造出雅典娜。色尼诺斯宙斯神（Zeus Xenios）和赫基俄斯宙斯神（Zeus Horkios）分别是护客之神和誓言之神，他们不会听任背信弃义的行为逃脱报应，也不允许纯粹的凡人力量增长得太大。当初在克洛诺斯②的时代，人们为所欲为，但如今却要在规训下生活。诗人们讲述的传说也有中伤之嫌，似乎诸神都是极其庞大而淫逸好色的儿童，是被那些认为成功就是征服敌手、宴饮游乐者凭想象塑造出来的。后来的柏拉图主义者把这些传说进行了寓言化的解释（正如我刚才做的那样），并因此激发了1世纪亚历山大里亚的犹太人斐洛（Philo）的灵感，

11

---

① 古希腊罗马神话中记载：宙斯的第一个妻子大洋女神墨提斯（Metis）怀孕后，按预言将生下一个比宙斯还强大的儿女，宙斯感到恐惧，便把妻子吞进肚里，从此胎儿即在他的头颅中继续生长；后来宙斯感到头痛，让火神和锻冶之神赫菲斯托斯（Hephaestus）用斧劈开他的头颅，于是雅典娜（Athena）全身披挂跳了出来。雅典娜兼有双亲的长处，成为威力与智慧的化身。

② 克洛诺斯（Kronos），希腊神话中的提坦神之一，乌拉诺斯（天父）和盖娅（地母）最小的儿子。克洛诺斯和瑞亚是奥林匹亚诸神中六位神祇的生身父母。这六位神祇是：宙斯、哈得斯、波塞冬、得墨忒尔、赫拉和赫斯提亚。他推翻了天父乌拉诺斯，但后来又被儿子宙斯推翻。

使他在摩西五经①中发掘出新的哲学内涵。1 世纪的皮奥夏人
（Boeotian）普鲁塔克曾担任德尔斐神庙的司祭（顺便说一句，他为
莎士比亚的许多情节提供了素材），也在埃及人关于伊希斯和奥西
里斯②的神话中发现了同样的深奥思想。科洛封的色诺芬尼（Xe-
nophanes of Colophon，约公元前 565—约前 473），和克雷芒一样，
都鄙弃这样的神话：统治世界的神祇不可能真的化身为依赖于它的
被造物的面貌，它自身就是完全的。不仅任何把宙斯描绘为像人或
像公牛或是一阵金雨③的形象不可接受，连宙斯为低等的淫欲和愤
怒所激动也是如此。在地中海沿岸的其他地方，同样义愤填膺的预
言家也否认上帝具有任何可描画的形状，或是从虚无中产生。上帝
只能被当作正义之神，以色列民族被上帝自行界定为他的独一无二
的民族，而其他民族至多能充当他的仆人，而那些不服从于他的，
就只能当魔鬼。

　　后世可能会承认希伯来人是"哲学家的民族"，他们将自己投
身于哲学家一样的生活，只服从上帝的法则，而不听从国王或群氓
的命令。不过，与希伯来先知相比，希腊哲学家是否在说同样的东
西，起初还不明显。但到了色诺芬尼那里，他的原则就开始发挥其

---

　　①　摩西五经（Torah）指希伯来《圣经》即《旧约》的首五卷，传为摩西书写在
羊皮纸卷轴上，乃是犹太人的律法书。

　　②　伊希斯（Isis），古代埃及司生育和繁殖的女神，为奥西里斯（Osiris）的妹妹和
妻子。

　　③　希腊传说：阿克里西俄斯（Acrisius）从神谕中得知，女儿达娜厄（Danae）日
后所生之子会杀死他，就把她囚禁在狱塔内（一说囚禁在地下的青铜室内）。但宙斯却
化成一阵金雨与之幽会，使达娜厄受孕，生下珀尔修斯（Perseus）。珀尔修斯后来在一
次竞技场上掷铁饼，无意中将阿克里西俄斯打死。

效用了：一方面，世界形成于本原①，而本原自身不可能作为它的某个派生物而形成；另一方面，就对这同一本原的解释而言，如果它过于明显地出自那些给出解释的人的特殊品性，则不可能被相信为真。但是显然，如果一个本原最终与任何特殊事物皆不相同，那它就无法用普通术语来描述；而如果对本原的真实描述必定不借用任何属于描述者的特性的东西，那么这本原就超出了我们的理解范围。因为就这本原是什么而言，凡是我们认为似乎有道理去说的东西，就将是**我们**认为似乎有道理的。如果认为这本原本来就蓝发须髯是荒谬的，那么要认为它是理性的，就必定不荒谬了吗？米利都的泰勒斯（Thalēs of Miletus，一个公元前 6 世纪的从事实际事务的人，并逐渐被认为似乎是哲学家）说水是万物的本原，如果这是正确的，那么他的意思就是这水就不是**水一样的**水，不是普通的水。也许他只是像赫拉克利特那样想说"万物皆流"；也许他只想为那存在（Being）探求最明显的形象，"而我们就在那存在中生活、运动，并具有我们自己的存在"。诗人已经知道，诸神"化身为形"，而这形状并非其自身本质之形，也知道诸神说着另一种语言，呼吸着不一样的空气，但却不是与我们全然相异的东西；色诺芬尼向神祇致敬，并抨击流言中伤，遂使诗人们最终湮没无闻。

尽管存在着与神学不同的理性的领域，而上述问题不会在该领域产生，但关键并非"仅仅是神学的"。神学的最初含义只是谈论那些变幻莫测、难以理解的世界的力量和原因（这就是我为什么说

---

① 原文为 Thing（大写的"物"），但这在此语境中难以确切翻译，姑且引申译为"本原"，以求文从字顺。

本原而不说神祇的原因）。人类的行迹遗踪是一目了然的领域，但一旦世界远离这一领域，就变得神秘起来。真理隐匿于各种深邃之中——阿布德拉的德谟克里特（Democritus of Abdera，约公元前460—约前370）如是说。现在这一警句本身似乎是明白的：事物的真正所是与事物对我们、对任何人显示的样子，并不一定是相同的，甚至是根本不同的。于是，事情就不那么显而易见了，而这一警句也被故意弄成了悖谬。因为我们译作"真理"的希腊词乃是Aletheia，借助一连串的双关语，我们就会明白，当希腊人听到这个词的时候，会理解为"不被隐藏的"或"未被遗忘的"。其实际的词源或许大相径庭。真理隐匿于德谟克里特式的深处之所以是悖谬的，因为"真理"更应当是不隐藏的、显明的东西。真理是我们不能遗忘的，因为真理永不消逝，因为任何东西都无法（像黑暗取代光明一样）取代真理的位置——爱非斯的赫拉克利特（Heraclitus of Ephesus，盛年约在公元前 500 年）如是说。真理是无所不见的苍穹，而我们就生活在其中，而不只是生活在这苍穹之下。

　　然而，真理又隐而不彰。确实，德谟克里特断言：我们一无所知；我们认识到的一切仅只是"约定俗成而成真"，即因习惯而成为真的。不同的习惯便产生不同的感觉世界、不同的传说故事，而全部真理唯有"原子和虚空"。在后来的时代，这种"原子论"被誉为物理理论的光辉预见：柏拉图的诋毁者说，柏拉图从来也不敢直接与德谟克里特打交道（德谟克里特在苏格拉底生前或曾访问过雅典），因为他害怕真正的有能力的对手。近代的自然哲学家也说，人们的日常世界是彻头彻尾的幻象（他们有时候甚至否认存在着显现为幻象的东西）。当然，在这种情形下，提出该理论的语词和著述也是幻象，而且由于它们依赖于能够被完全理解的特殊人类语言，这一点就更明显了。德谟克里特也许更为小心谨慎，他承认他之所以认为感觉不会向我们表明真理，其原因本身就来自感觉向我们所表明的东西。他的原子论与其说是物理理论，不如说是神秘结论。人们说德谟克里特与其他较早的贤哲一样曾周游东方，而且像佛教僧侣那样时常在墓地徘徊，无疑是在沉思冥想他的死亡。人（与味道、温度、颜色一样）是"约定俗成"的："实际上"只有原子和虚空存在。所有寻常对象一概由原子般的单纯物构成。既然诸部分的无穷后退不可能，那就必定存在着无限制的、单纯的单一体（原子），而这些单一体毫无其复合物的领域所具有的特征。如前所述，实在的世界作为解释的前提，不可能具有它所解释的那些特征。

就古代世界（以及许多别的世界）中的哲学思辨而言，其哲学思辨的核心线索正是由表象与被假定的实在之间的这种裂隙构成的。但有一位哲学家走得更远，以至于根本否认多种真理的存在和任何非真理的存在。他就是巴门尼德（Parmenides）："必须这样说和想：存在存在①。"一种可能的解释是：这仅相当于要实话实说的本分，即凡存在者，我们就应当说它存在，凡不存在者，我们就应当说它不存在。

尽管这看上去像是不言而喻的，却也是意义重大的；这就是说，毕竟为什么隐匿起来躲藏真理的不是说谎，不是讲故事呢？真理将其重担强加于我们，而我们**能够**躲藏却不应该躲藏，这便把真

14

---

① Being is，这句名言有不同的译法和理解方式。

理的一些本性透露给我们（特别是真理并非价值无涉的，而后来的思想家偏要我们相信这一点）。不过，巴门尼德的结论更甚于此。在"约定俗成的真理"当中，我们一致认可为真而实则不真的东西，就是关于变化和可能性的论断。除存在的东西外，有的可能存在，有的不存在；有些东西在生成，而有些已终结。这如何可能呢？不存在者不存在，因此不可言说或描述。虚空不可能存在，没有"无"（Nothing）这种东西；什么都不是的东西、虚构的东西不可能存在；事物也不可能生成无或曾经是无。巴门尼德并没有得出这样的结论：在某种意义上存在着不存在的东西（这种东西在常识意义上仍然存在）；他的结论毋宁是：不可能存在着虚空、变化和差异。真理之路要求我们认为"存在存在"，而相反的情形则永远不可能。

这就是所谓"巴门尼德的启示"，他确实就是这样表述的。巴门尼德是公元前 6 世纪土生土长的爱利亚人，据说后来拜色诺芬尼为师，并教过毕达哥拉斯①（详见下文）。他选择了诗歌的形式，以女神启示的方式来表达他的思想，其他人，如他的弟子爱利亚的芝诺，可能主张意见之路中存在着不可解决的矛盾，而巴门尼德本人则可能更关注得到其结论的理性论证（柏拉图当然认为他确是如此）。但他撰写的著作却是以启示的方式开始的，而希伯来人中的老师在谈论上帝的属性时实际上也是如此，但又把存在着的"一"（the One that Is）的惊人启示作为开端。巴门尼德和先知们都说，诗人和艺术家都错误地认为无先于有，"无"过去不存在，现在也

---

① 原文如此。疑有舛误，当为"受教于毕达哥拉斯"。下文说毕达哥拉斯是其老师。

不存在。必须有某种东西存在，这是我们在一切言谈中摸索着试加
表达的唯一真理。任何微不足道的真理都可以借助约定俗成而为
真，因为我们都赞成它们算得上真理。而那个唯一的真理本身既非
偶然的（偶然的东西似乎没有真实可言），亦非不完全的（不完全
的东西似乎还需要某种真的东西来说明），也不会变异为这个那个
微不足道的真理。为便于论证，我们说，如果"毕达哥拉斯生于萨
摩斯"是真的，且"约翰死于爱非斯"也是真的，那么毕达哥拉斯
之生于萨摩斯和约翰之死于爱非斯，就像晨星和暮星（Hesperus
and Phosphorus）一样是同一的（晨星和暮星皆指金星，或者巴门
尼德或者他的老师毕达哥拉斯发现了这一点①）。它们并非**不同的**
真理，因为只能有一个真理存在：任何东西，只要它命名了不同的
真理，就不是什么东西的真实名字。

现在看来，这一观点的许多内容对我们来说都像是诡辩，对柏
拉图来说亦复如是。柏拉图清楚明白地表明了一些方式，在其中我
们最终可以合情合理地言说虚假的东西，并且不"存在"者仍然也
是可以被思考的。诡辩也并非一无是处，它们毕竟能够让我们做出
区分，而如果我们打算在日常生活中妥善处理生活难题的话，就有
必要做出这些区分。例如，尽管塞涅卡（Seneca，罗马斯多亚派哲
学家，以教导尼禄或没把尼禄教育好而闻名）就认为，把时间花在
谬论上太荒唐——比如这样的谬论，"mouse"（老鼠）是一个音
节，而老鼠（mice，mouse 的复数）吃奶酪，所以至少某些音节吃

① 有记载表明，巴门尼德是毕达哥拉斯学派的成员（该学派的活动中心在南意大利
的克罗顿，距离爱利亚不远），与该学派的阿美尼亚过从甚密，但没有证据表明他是毕达
哥拉斯的亲炙弟子。故这里所谓"他的老师"盖指巴门尼德曾入毕达哥拉斯学派而言。

奶酪——这种荒谬性本身跟下面的重要论题没什么两样：地图不是版图，我们的语词无论如何都不是世界——只是由于没用引号而不那么容易察觉而已。不过，巴门尼德的"存在"即便作为观念，也比只当作与系词相关的一些问题的历史要长（系词是把主词和谓词联结起来的语法形式：……是……）。如果他是正确的，那么喜欢隐藏自己的真理本身与意见之路的距离，就比德谟克里特所认为的还要远得多。如果我们对实在一无所知（德谟克里特即如是说），那么我们又如何能够断言：实在是由散布在空间中、穿行在时间中的单个简单物所构成的呢？一旦我们闭上双眼去感觉，我们就没有理由认为不管怎样还存在着几个东西，或者空间和时间本身不只是我们似乎看到的那些方式。如果我们**能够**知道真理——巴门尼德说我们**能够**——那么这不可能以感觉显象为基础。理性自身昭示了何物存在。只对神圣理智敞开的真理就是理智所昭示的真理：存在本身和思想本身不可分。对巴门尼德来说，那就是"一"。

巴门尼德的弟子芝诺的目标是，让那些异于巴门尼德的诠释的选择成为更不可接受的，因为说不可能存在变化和差异，听起来自然很奇怪，而赫拉克利特的名言"无物常驻"乍一看似乎更可能些。但是，芝诺论证道，变化概念本身包含着不可逃避的悖论。要完整地变化就必定要变化到半途，而每一个半途的阶段又可以被视为某个有待完成的东西，这又需要首先达到半途的阶段。阿基里斯永远追不上乌龟，因为每当阿基里斯追到乌龟曾经达到的地方，乌龟总是又向前移动了；飞矢永远达不到它的靶子，而且根本就未曾运动，因为在任何瞬间它都未曾占据比其自身长度更大的空间，而凡是所占据的空间等于自身长度时，就必定处于静止状态。芝诺悖论至今仍然令那些脑筋不灵的人困惑不已，而悖论的设计旨在表明，尽管显象是存在的，但像变化和差异这样的东西却不可能存在，真正存在的只有"一"。在理性的要求和感觉的要求之间存在着不可化解的冲突。一切变异（不仅仅是时间上的变化）都包含矛盾。试考虑假定在 A 是 x 和"非 x"之间存在着区分（这"非 x"可以是从热到冷的变化，或是呈现红色和呈现绿色之间的空间差异）。设若在最后的瞬间（或最远端的点），A 是 x，那么这与起初 A 是"非 x"的那个瞬间是同一个还是不同的瞬间？如果是同一个，那就存在着 A 是 x 且是"非 x"的点或瞬间；如果不是同一个，那么就存在着 A 既非 x 亦非"非 x"的裂隙（谁知道这裂隙有多长？）。无论何种方式都要违反不矛盾律或排中律，因此是荒谬的。据说为了让我们放开紧抓着常识的手，芝诺发明了辩证法，而我们将有理由认为，这里面还留有其隐秘的目的。顺便说一句，芝诺还是位当之无愧、死得其所的哲学家，他大义凛然，敢于向暴君挑战，以至于惨遭谋杀之后，暴君即被推翻。

巴门尼德的诗毕竟可能只是假象，而且他并不真的把他的思想归于启示，这也不无可能。相比而言，西西里和南意大利学派的另外两个人物，毕达哥拉斯（盛年约在公元前 530 年）和恩培多克勒（盛年约在公元前 450 年），不那么容易重新描述。两人都对我们的科学做出了重要贡献，都公开声称自己是预言家，甚至是能治病并通鬼神的预言家。他们两人也都宣称记得一种古老的思想传统所假定的往生，都宣称（或是有人以他们的名义宣称）走上神性之路。与此同时，毕达哥拉斯为演绎性的几何学奠定了基础，而恩培多克勒则探究了自然现象，比亚里士多德之前的任何人都更富有想象力。毕达哥拉斯主义的或"奥菲斯教义的"（Orphic）柏拉图主义，是希腊哲学的终局，此后的大约 1 000 年，它与犹太教、基督教和伊斯兰教的潮流混合在一起，这一状态被启蒙时代的人们称为"令人惊骇的无形黑暗"①（详见下文）。但正是毕达哥拉斯（至少向某些人）表明，如何能够洞悉不可见的实在本身和真理本身。诸神对自己言说的语言是数的语言。我们不再需要仰仗衰弱的视觉去了解新的真理，它们能够从数学原理推演出来，我们也能够以极其不同的方式辨别相同的模式。对于这个主题，毕达哥拉斯主义的或附属于它的许多思辨都是单纯的数字命理学（numerology），依赖于简单数字的富有魔力的性质；但在后来的阶段，由于对所谓无理数的恐惧，其中许多路径被阻断了。据说毕达哥拉斯的一名弟子，由于根据毕达哥拉斯定理的简单应用，发现 2 的平方根是无限的无理数，而在大海中不幸身亡。诸神有时说着莫名其妙的话。但希望仍存：通过忽略那些不可计算的东西，我们能够清楚地认识真理本身。毕达哥拉斯比后来坚持同样信念的某些人更敏锐：如果我们不是诸神本身，为什么终能学会诸神的语言？如果我们不是诸神，如何能指望我们知道的东西比感觉告诉我们的更多？数学家的上帝诞生了，数学家能够向往神性的思想也诞生了。亚里士多德不像柏拉图那样热衷于数字，但即便是他，也说过："正如视觉从周围空气

---

① 语出爱尔兰诗人叶芝的诗《一出剧里的两支歌》（"Two Songs from a Play"）：In pity for man's darkening thought / He walked that room and issued thence / In Galilean turbulence；/ The Babylonian starlight brought / A fabulous, formless darkness in；/ O-dour of blood when Christ was slain / Made all Platonic tolerance vain / And vain all Doric discipline。译文可参见《叶芝诗集》（上海，上海译文出版社，2018）。

中接收光线，灵魂也从数学中汲取光芒。"①

智者运动

18　　我适才描述的那些富有灵感的思想家，都把他们的注意力转向了隐藏着的真理本身，而且也常常是公开的改革者。赫拉克利特早在后来的道德家之前，就弃绝了爱非斯的世俗快乐，据说他厌倦世人，以草为食，终老一生。而有些哲学家则试图发现或想象社会（特别是公民社会）是如何构成的，怎样才能更好地管理社会。德谟克里特不但以其物理学理论激发了早期原子论者的灵感，而且也堪称契约论的奠基人。在他看来，正如存在着不可分的单纯物即原子一样，也存在着不可分的个人，他们起码是因惊惧于习俗，而被吸引到更大的群体当中。萨摩斯的毕达哥拉斯，不但以其数字命理学和几何学给数学上的宇宙论者以希望，而且是希腊城邦克罗顿的禁欲主义的改革者（他突遭横死显然也是政变所致）。如赫拉克利特一样，绝大多数哲学家逐渐总结出，普遍的希望并不存在，而城邦的衰落、道德的堕落乃是普遍的命运，唯有朋友组成的小群体，甚至独居者才能够依其所应当的方式生活。不过，即便他们已经绝望，但仍然给出了指南。塞涅卡说，当我们的灵魂危在旦夕的时候，把大量时间花在逻辑上，未免荒唐；哲学思考的对象应当是治

---

① 语出第欧根尼·拉尔修《名哲言行录》之"亚里士多德生平"。

愈灵魂。也许我们应当谨记爱比克泰德①的警示：谁要是没有知识、德行和灵魂的力量，以对付苦恼的和腐化的灵魂，"而且最重要的是，谁要是没有来自神的指导，建议他尽职尽责，对付这样的灵魂"，却假装在"教授哲学"，那不过是个把神秘事物庸俗化的家伙，一个江湖医生而已。

兹事体大，充满神秘，既非偶然的恩赐，亦非来者有份的才能。……你是开了诊所，可你除了药物之外，再没有别的设备，而且，你既不知道何时用药、如何用药，也从未努力去学习相关知识。……在这些生死攸关的事情上，你为什么竟然斗胆玩火？如果你觉得哲学的各种原理确实好玩，那么，请坐下，只管在你自己头脑里考虑一下，折腾一番，也就够了，但就是别把自己称作哲学家。

因此，爱比克泰德说，哲学家应当反复训练、熟练掌握，并日日记录、付诸实践的课程就是个体道德选择的优先性，以及关于他们自身的真实状况和被允许做何种事情的知识，肉体、职位、财产相对而言就无足轻重了。就此而言，作为奴隶的爱比克泰德与作为皇帝的奥勒留达成了一致：我们能够拯救的唯有自己的灵魂，而且唯有灵魂自身才能拯救灵魂。

柏拉图对公元前 4 世纪的智者（这个称呼曾经仅仅意味着"专家"）的攻击，使他的后继者确信，"诡辩"（sophistry，即智者的

---

① 爱比克泰德（Epictetus）：公元 1 世纪的罗马斯多亚派哲学家。他曾为奴隶，主人是罗马皇帝尼禄的一个比较卑鄙的死党，与塞涅卡相比，他更是个斯多亚主义者。这里是原文正文内容，但放入注释似更合适。

技艺）是有害的，是江湖医生的消遣。他这样认为或许是对的，因为在智者炫耀口才，以期服人之心的行为中，柏拉图看到的是有意缺乏道德感的技巧，是无视真正价值的做法。后来有些科学家断定关于真正价值的知识（科学知识）并不存在，从而得出结论说，他们也没有义务考虑价值。那些声称只要雇主花得起大价钱，自己就已经准备好服务于**所有**雇主的人，其实并不能得到信任，甚至连花钱购买的人也不会信任他们，这不足为奇。不过，尽管柏拉图不无道理，但这也证明智者们的所作所为其实也有道理。

为灵感所激发的思想家和福音派的思想家可能会着手改变世界，但不那么自命不凡的人们也可能会拥有使命。毫无疑问，某些智者不过是他们说他们所是的样子，这就是说，是教授有用技艺的老师，而这些技艺绝大多数在竞赛中才有用。一旦这种值得为之努力的东西事关人的生命或生计，例如在法庭上，那么此种技艺马上就是既值得拥有又充满危险的东西。公民的和平是脆弱的：它能够经受多少竞争？又能够在多大程度上情愿把好处分配给富得足以支付报酬的人？学会为自己辩护和学会贿赂陪审团或击垮敌人，或许并不是非常不同的事情。试考虑一下，当那些雇佣兵愿意教授任何人如何在战斗中搏杀的时候，我们的感受如何：他们的技艺可能是真的，他们的某些事业也是正义的，但他们真的知道那些事业是正义的且为什么是正义的吗？他们全都关心这问题吗？即便他们的事业是正义的，内战会实现正义吗？莱昂蒂尼的高尔吉亚（Gorgias of Leontini）或许就是这样一位善意的教师，在后世的评论中也扮演了道德上和认识论上的怀疑论者的角色。后世的传记作家认定他曾是恩培多克勒的学生，而他自己也曾教过"犬儒"安提西尼

(Antisthenes the Cynic，详见下文)。他从魔术师到物质世界幻觉论者（illusionist）到幻灭论者（disillusionist）的故事固然有几分合理性，但或许只是企图发现思想传统的派别和线索这样一种冲动的结果。像其他许多哲学家一样（但他并不称自己是哲学家），高尔吉亚曾于公元前 427 年出使异邦（对他来说就是雅典），充任使节。

那两位最伟大的智者，即普罗泰戈拉（Protagoras，公元前 *20* 481—约前 411）和苏格拉底（Socrates，公元前 469—前 399），他们已经超出了唯利是图者和世界幻觉论者的范围。柏拉图煞费苦心，要让他的朋友苏格拉底远离任何"智者运动"，但在他的同时代人看来，除了苏格拉底是雅典的爱国者，而其他智者是背井离乡的异邦人之外，其间的差别真是微乎其微。典型的智者周游各地，寻找为他们的努力支付酬劳的人；而苏格拉底则待在雅典，依靠个人收入和朋友资助授业解惑。所有人似乎都以推翻由来已久的确定性为乐。阿里斯托芬写的一部不成功的喜剧《云》，或许有助于在人们头脑中产生不良影响，以反对苏格拉底。他以剧中人物之口说出了大量隐喻，这些隐喻在柏拉图那些最严肃的对话中占据着中心位置。苏格拉底式的思想家不但"把目光离于"人世间的事物，转而沉思那些并非城邦诸神的永恒的东西，而且还实行精神的助产术，鼓励他的追随者产生新的思想——柏拉图还补充道：助产士主动承担起判别哪些婴儿能够被抚养的责任。

与历史上的苏格拉底联系最紧密的思想是苏格拉底式的悖论：无人有意犯错。这就是说，行为在根本上就是去做我们认为善的东西，或我们认为会比其他任何已知选择都更好的东西。有鉴于此，如果谁仍然做了坏事，那必定是出于无知。由此得出，只需要把

"做错事的人"的错误教给他们就够了，而且谁也不应当免于这种教诲。为了避免因做错事而受惩罚，就像避免必不可少的药物或是有意选择错误一样。真正的朋友应当互为净友。苏格拉底似乎假定，不被欺骗总是比较好的，甚至认识到被欺骗所带来的痛苦也是好的（但与不曾发现被欺骗相比，这仍未更好地认识真相）。苏格拉底的对话者并不总是能达成一致，但与他们自以为是的时候相比，或许会因持久的说服而进入更宽容的心态。

普罗泰戈拉显然更是位成功的智者，任何真理，只要超出人们所言说的东西之外，他都否认其存在。他说："人是万物的尺度"；这相当于抛弃了德谟克里特式的对真理的揭示。而且，真理是明显的，但是，对某人如此明显的真理，却不必对另一人也是如此明显。在相互冲突的"真理"之间的选择，必然要依赖于另外的基础，而不是一方"更为真实"。他的目标似乎是要使人们保持"更好"的和平，去发现他们能够共同坚持的某些法则和学说。这样的共识不会对"真实"有更多的要求，但至少会避免战争的苦难。国内和平最好是通过相互说服来保持，而不是通过无可辩驳地来自神的等级制度或宗族世系来维持。据说普罗泰戈拉有个学生答应，一旦打赢了第一场官司，就把学费付给他。由于这学生延迟支付报酬，普罗泰戈拉便以吃官司相威胁，他指出，如果学生丢了官司，就得按照法庭判决支付报酬，如果学生赢了，就得按照合同支付报酬。学生答复说（这可能是杜撰的），如果他赢了，根据法庭判决，他就不必付酬，但如果他输了，依据合同，也不必付酬。这个故事不无讽刺意味，但也有启发作用：诱导性论证能够从两个相互矛盾

的前提中的任何一个开始，而且总能完全改变该论证。最终至关重
要的还是合同所确定的内容。

由此，苏格拉底和普罗泰戈拉的影响同样都是要削弱这样的信
念：我们"知道"真理。如果我们所知的一切只是我们自己的无
知，那么或许我们就能代之以聚精会神地探索我们现在最想得到什
么（而不是坚持认为我们知道对我们来说什么会是善的）。对类似
的绝对者的抛弃，似乎具有"反律法主义"① 的效果，即拒绝被正
义的律法束缚（柏拉图可能就作如是观），但也可以认为，正是反
律法主义者，才更加声称通晓绝对的、客观的知识。退役的雅典将
军修昔底德（Thucydides）在写作他的国家在公元前 5 世纪晚期的
战争中衰落的历史时，描述了出使注定要被毁灭的米洛斯岛②的雅
典使节（雅典准备征服并掠夺该岛）所使用的论证，他认为这些论
证运用了自然法和习惯法之间的古老划分，这就是说，弱肉强食乃
是自然法则，而不承认同等正义的准则。而习惯自身和对诸神的想
象，都要求尊重不设防者，但现实主义者明白，除了自身的成功之
外，谁也没有别的动机，而且人们必定预期现实主义者为保障成功
而采取了一切措施。简言之，雅典人假定，他们知道何谓"成功"，

22

---

① 反律法主义（antinomianism）认为道德准则在意义上和实践上都是相对的，并
不是固定的和普遍适用的。在基督教神学中，这个词是"唯信仰论"的意思，认为福音
书使基督徒们免于遵守任何律法，不论经文、民法还是道德准则，只有通过信仰和上帝
的恩惠才能得到拯救。

② 米洛斯岛（Melos，也作 Milos），希腊东南部岛屿，位于爱琴海的基克拉泽斯
群岛。古时为一繁荣的贸易中心及黑曜岩采掘中心，但自青铜代替黑曜岩成为制造工具
和武器的材料之后，该城逐渐没落。著名的《米洛斯的维纳斯》雕像于 1820 年发现
于此。

而且赢家和输家的一切交换必定是零和博弈（zero-sum games）。如果这是错的，那么雅典人的现实主义就被误导了，而更好的、不太会误入歧途的方式，就是让任何受影响的人都觉得可以接受的存在方式。

有鉴于此，苏格拉底和普罗泰戈拉都倡导宽容和共识，所关注的都是警醒那些自以为发现了真理之路的人，这些人对此非常确信，以至于承受得住对传统和诤友谏言的漠视。较好的"真理"是我们能够暂时达成一致的"真理"。苏格拉底看起来是更古老的方式的捍卫者，视之为最适宜统治的规则，而普罗泰戈拉似乎是拥护民主制的理论家，这些可能只是碰巧。我们现在通常以为，"客观的道德主义"（即相信存在着真实的价值真理）必定导致"专家统治"，而"民主制"则依赖于这样的假设："正确的道路"仅仅意味着我们当中绝大多数赞成的道路。事实上，这一看法似乎毫无理由。普罗泰戈拉声称他帮助一些城邦达到了"更好"的、令世人赞成的状态，而苏格拉底则提醒他们注意那些简单的规则，即他们在日常生活中选择建筑师、鞋匠、医生等等时实际使用的规则。苏格拉底实际上是想请人们在决定他们所希望的统治者时信任他们的常识，而不是仅仅因为这些想成为统治者的人声称知道真理就服从之。普罗泰戈拉主张，最好的统治者应当是最有能力使老百姓确信他们会保障和平的人。但由此并不能得出，苏格拉底的选择是支持贵族制，而普罗泰戈拉的选择是支持民主制。反过来倒可能是实情。按照**古老**的规则，弱者会得到最好的保护，而强者会认为他们经得起失败。因此，说苏格拉底是统治精英的捍卫者，而普罗泰戈拉是艰苦奋斗的老百姓的捍卫者，未免荒谬。正好相反，苏格拉底攻击统治精英，而普罗泰戈拉则向他们兜售武器。因此，似乎他们都冒犯了有权势的一方，并分别被雅典处死和驱逐。（克拉佐美尼城的阿那克萨戈拉［Anaxagoras of Clazomenae，约公元前500—约前428］也曾遭到驱逐，他绰号努斯［心灵］，首次主张不管现象如何，统治世界的是理性，而且太阳是发热的金属球，而不是神。）苏格拉底和普罗泰戈拉或许都不无道理地声称，他们意在做好事，哪怕只是使人们免于错误。

23

神圣的柏拉图

任何古代思想史都无法回避有如巍巍昆仑般的柏拉图。当然，在他那个时代，其所是所为的举足轻重的分量还没那么明显，尚有许多小苏格拉底学派哲学家，以不同的方式扮演着苏格拉底创造或改造了的角色。似乎伊利斯的斐多①就从事逻辑上的探究，他的探

---

① 斐多（Phaedo of Elis，约公元前417—?），古希腊哲学家，伊利斯-埃里特里亚学派的创始人。生于伯罗奔尼撒半岛的伊利斯。公元前401—前400年被俘，在雅典成为奴隶，后被释放为自由民，是苏格拉底最虔诚的学生之一，柏拉图的密友，柏拉图中期对话《斐多篇》即以他的名字命名。在苏格拉底于公元前399年被处死后，回伊利斯创立学派。后梅尼狄莫斯（Menedemos）和阿斯克莱彼亚得（Asklepiades）将其创立的学派迁往埃里特里亚，成为埃里特里亚学派。其学说内容不详，可能和麦加拉学派的欧几里得一样从事辩论术的讨论，也有可能更多地讨论伦理问题。著作有《佐普里斯》《西蒙》，均佚失。

究令此后无数解谜者甘之如饴。昔勒尼的亚里斯提卜①力图确定真正的快乐，认为它比时髦的雅典人所追求的快乐更令人愉悦，也更加持久。安提西尼以及其后的犬儒第欧根尼（柏拉图把他形容为疯癫的苏格拉底），都追随赫拉克利特的指引，拒斥文明，崇尚原始（除了他们只为羞辱城邦仍居住其中而外）。伊利斯的皮浪②试图"剥去自己身上的人性"，以至于不同意他所遭遇的任何事情非善即恶的看法。最终，这些激进分子得享"真正的哲学家"之名；但是，他们最终只是为柏拉图的理论提供了材料。

苏格拉底作为通过与真正的"美"相联系而使自己不朽的人，

---

① 亚里斯提卜（Aristippus of Cyrene，约公元前 435—约前 360），古希腊哲学家，昔勒尼学派中的享乐主义学派的奠基人。生于古希腊人在北非创建的城市昔勒尼（Cyrene，今利比亚格林纳）。商人之子。先后师事普罗泰戈拉和苏格拉底，长期追随苏格拉底，但持自己的独立思想。曾游历希腊诸城邦，后回故乡创立昔勒尼学派。善于随遇而安，由于逸事叙叙古僭主狄奥尼修斯一世（Dionysios I，约公元前 405—前 367 年在位），被称为"国王的驯犬"。其伦理学原则是：快乐是善，痛苦是恶。强调实用，接受苏格拉底关于美德和幸福两种基本原理的学说；特别强调幸福，并把它解释为快乐。其座右铭是"我能克制自己，不受外物迷惑"。亚里士多德认为他是智者。

② 皮浪（Pyrrho，约公元前 365—约前 275）亦译"毕洛"。古希腊哲学家，怀疑学派的奠基人。生于伊利斯。以绘画为生，由于其绘画保存于伊利斯境内的奥林匹亚竞技场内，得名"伊利斯的皮浪"。在哲学上，最初师从麦加拉学派布吕孙，后又受阿那克萨尔柯的影响，曾随后者参加亚历山大的东侵，可能直接受到波斯僧侣和印度婆罗门的影响。习于孤寂，后回到伊利斯过清贫生活。在世时就备受伊利斯人和雅典人的尊重，并获雅典公民权。生前并无著作，学说主要通过学生蒂孟的讽刺作品保存下来。在认识论上，持不可知论观点，认为事物的本性是不可知的，无所谓美与丑、正义与不正义，事物的真正本性是人类认识达不到、不能理解的。因此，对任何事物只能不置可否，"悬搁判断"，并把这种观点贯彻到社会伦理生活中去，对人类生活的种种外界环境采取漠不关心的态度。认为聪明人面临任何际遇都应保持心灵完全平静，不要让任何事物妨碍他的平静。在哲学上与当时的斯多亚学派和伊壁鸠鲁学派展开过争论。他的思想对怀疑学派、中期学园、新学园、怀疑主义和 17 世纪欧洲的哲学思想的发展有深远影响。古罗马塞克斯都·恩披里柯著有《皮浪学说纲要》，留传至今。

这种再造之功主要应由柏拉图负责，而后世的评论家不仅对柏拉图所描绘的苏格拉底的准确性众说纷纭，甚至柏拉图在其对话录中对"他自己"的哲学的展示程度也意见不一（其对话录是苏格拉底或其他某个人与较年轻的朋友或搭档之间富有戏剧性的讨论）。被认为属于柏拉图的那些信件，特别是第二和第七封信，否认柏拉图的任何著述描述了他自己的哲学，但这与其说是因为柏拉图本人否认那些被他归于苏格拉底的观点是他自己的，倒不如说是因为他自己的哲学真理永远无法形诸文字来传达。按照目前常规的解释，早期对话的典型特征是措辞相对简单，结论并不确定，它们或许向我们展示了"真实"苏格拉底的某些东西，即一位致力于摧毁那些被误信误置的确定结论，并追求真理的人。举个有代表性的例子，苏格拉底在探究，当人们使用"勇敢"、"虔诚"、"友爱"或"德行"等语词时要表达什么意思，而人们通常试图给出的回答，不过是举出每一类中的例子，这样的回答是苏格拉底所摒弃的。他认为，如果不根据某种原则，我们就不可能理解如何扩展事例的条目清单，例如属于勇敢行为的事例。当人们为有争议的类型提出标准，回应苏格拉底时，他就举出另外的事例作答，而这些例子要么虽可得到承认（如确是勇敢的）但不符合标准，要么没法得到承认却符合标准。于是，对话就会以令人遗憾地承认我们不知道我们在表达什么意思而告终。在这一套方法中，似乎常有一种未被承认的矛盾，即如果我们甚至在能够给出具体的标准之前，就能够承认某行为是勇敢的，并以这种承认来反驳被假设的标准，那么，很明显，我们最终就不必非得清楚地说出我们十分明白的东西不可。在与欧绪弗洛（Euthyphro）的对话中，苏格拉底很容易被弄得不够诚实：欧绪弗

24

洛确信他父亲的确犯了大错，而我们绝大多数人也都会同意他父亲确实如此（即将一个犯了大罪的雇工扔到沟渠里等死，结果一命呜呼）。应苏格拉底的要求，欧绪弗洛这位"直脑筋先生"说明了自己［为什么要控告他父亲杀人］，而苏格拉底则对他的理由提出了疑问，推翻了他自以为确定无疑的东西。

在达到哲学性文学的辉煌顶峰的中期对话中（如《美诺篇》、《斐多篇》、《会饮篇》和《国家篇》），柏拉图自己彻底推翻了某些明显是苏格拉底式的基本原理。第一，他设计出一套心理学，使得人们虽知某事为错误，却仍有可能做此错事。人的行为能够从理性之外的其他根源产生，而恶行的产生并非仅由于无知。在佛教的结构性心理学中，贪、瞋、痴（无知）皆应受谴责，这对柏拉图来说亦然（虽有把"瞋"扩展到全部错误的野心）。第二，柏拉图注意到，苏格拉底依赖于一种含混不清的知识：什么才算是勇敢、正义等等。我们之所以能够评价被提议的标准是否准确，是因为我们已然能够明智地判断，而不是因为我们能够说出某个被暗示的名称是不是我们已经忘记的名称。第三，柏拉图更为坚定地说出勇敢、正义等类型必定具有的存在类型（从而也对巴门尼德式的难题给出了回答）。简言之，他概括出此后被称为型相论的内容（不过我们不必认为它曾是单一的、完整的理论），我将在下面加以勾勒。第四，他承认，"正确"的意见和健全的教养会让城邦免于"自由思想家"带来的诸多罪恶，而这一点也确实隐含在苏格拉底的践行当中。在中期，柏拉图还试图在叙拉古的政治活动中扮演实际的角色，但以失败告终。可谁又知道此事对他的心气有何影响呢？

晚期对话的特色是在文字风格上具有了新的复杂性，并逐渐消除了富有戏剧性的苏格拉底，这些对话使用了探求定义的新技术，即通过连续的常常相当奇怪的二分法，引导所讨论的概念的发展。例如，政治家一度被定义为某种驯养群居动物的牧人，其所驯养的尤其是陆栖的、会行走的、无角的、非杂交的、两足的动物，我们称之为人。与政治家非常接近的是猪倌。一种稍微不同的划分会代之以把我们确定为两足无羽的动物，而政治家的至亲，根据不言而喻的类比，乃是养鹤的或饲鹅的。这种二分法定义在当时被以喜剧的形式大加嘲弄，也得到了亚里士多德更为严厉的批评（实际上，柏拉图暗中亦复如是）。特别典型的是，第欧根尼·拉尔修就决意把柏拉图主要描绘成一个草拟复杂清单的人：三种善，五种公民管理形式，三类正义，三类科学，五类医学，三种慈善事业，以及五种智慧。后来有些评论家总结道，柏拉图最终抛弃了他曾经或许坚持的任何型相论，也至少背叛了乃师自由思想的激进精神。就此而论，根据《法律篇》里柏拉图的最后设想，苏格拉底也无疑会被思想警察宣告有罪。柏拉图认为，无神论者和那些认为诸神不关心我们的人，都是公民和平的敌人，都应当被教以正道、流放或杀头。

认为柏拉图的思想和方法发生了根本性的变化，并在晚年马上就变成了分析的哲学家和审判官，这种想法过于现代，难以令人完全信服。对早期的批评家来说，即便行文方式的细节发生了变化，但几乎看不到核心的改变。我们应当服从城邦的法律，如同我们服从父母和先人一样，这一思想从（早期的）《克里托篇》一直到《法律篇》皆可寻见。政治家是某种牧人的思想也被色诺芬归之于苏格拉底本人，色诺芬既是退伍的雇佣兵，也是另一种"苏格拉底对话录"的作者。苏格拉底从未被誉为"自由思想家"，专注于自

26

己特立独行的方式，却被视为服从诸神的仆人。国王可成为哲学家的可能性自始至终都是柏拉图所希望的，也是没什么指望的。即便那些"不成文学说"，虽然有时被作为证据表明柏拉图改变了他的思想，但其实并不能确定这一点，因为显而易见，它们是不成文的，不为人所知的。

但是，毕竟存在着关于诸型相（forms）的问题。这些型相，以及与之相联系的灵魂不朽，就是柏拉图主义通常的意思；而且，历史学家和神学家皆以类似的方式，把这种柏拉图主义形容为希腊人以某种方式所期望的可怕的错误，这已是屡见不鲜的了（这些神学家"知道"，希腊人对于自然和历史的世界是抱轻蔑态度的）。这就是说，现代的大工业联合体蹂躏了自然，坚持父权制的人轻视了女性的情感，这全是柏拉图主义和希腊人的错。但是，即使我们对柏拉图主义的批判者稍做了解，也会发现，实际上正是这些批判者轻视了女性的情感，并为蔑视自然和我们的同胞提供了理由。从历史上说，柏拉图主义者通常是这样一些人：他们认为我们要尽义务的是非我族类的东西。据说学园的第三任掌门色诺克拉底，当一只麻雀为逃脱老鹰的追赶而飞到他［胸前］寻求庇护，他抚摸了麻雀，将其放生，宣称切莫辜负恳求者。柏拉图主义者认为有形的自然是圣典的可见形式。普罗提诺，这位伟大的异教徒、柏拉图主义者，是素食者，并拒绝使用从动物中研究制造出来的药物，而且以令人尊敬的方式照顾孤儿，他还谴责那些"诺斯替教徒"（gnostics），因为他们轻视大地。他的学生波菲利（Porphyry），直到最近还是不吝笔墨支持"动物权利"的唯一一位"职业哲学家"。

那么何谓"型相论"呢？型相论至少有三个核心部分：言说何

物存在，言说我们如何知道此物，言说我们应当做什么。首先，型相论是在回答两个孪生假说的挑战，即万物皆变和无物变化，而这个回答就是：如果有什么东西要变化的话，那么必定存在着不变的型相；如果从这一瞬间到那一瞬间，或在不同的位置，任何东西都不会一直是那"同一个东西"，那么即便是瞬间和不同的位置也不可能存在了。理性要求存在着真实的东西，它们出现在时间和空间的许多不同的点上。即便这些"相同性"**仅是**内在的，只为这几个点所拥有，而在它们之外无从发现，那它们也是非常真实的（eidos［型相］有时专指内在的型相，而 idea［理念］有时专指超越的型相）。排斥这种实在论的一切努力，为了其自身的一致性，也依赖于完全相同的思想：即便说除了我们运用**相同的**名称来表示某物（如"狗"）之外，在**这个**和**那个**之间没有任何相同之处，那也隐含地预设了两点，即存在着**相同的**说话人，且存在着在许多实例中**相同的**语词。这种思想后来被称作唯名论（nominalism），实在是一种无法形诸言辞的理论。柏拉图的实在论区别于许多内在的变种，它承认尚未实现的实存物，即那些尚不具有特殊实例的类型，并且（再说一遍）如果我们要思考的话，它们必定存在。毕达哥拉斯所辨明的数学上的实存物不可能等同于在沙石上划出的影像。即便从来不曾有过特殊的几何形状，关于圆和三角形的真理也仍然是真的，而且，即便如此，存在着的实例并不完全就是那些真理所裁定的东西。绝大多数从事实际工作的数学家内心里可能仍是柏拉图主义者，尽管现代哲学家也许会说他们不应当是。

至于我们如何知道这些事物，或其他任何东西，柏拉图认为，我们必定已经知道大量东西，只是不可能完全说出来。尤其是他认

为，我们除非已经知道什么算作证据、什么算是真的，否则永远也
不可能为任何思想找到证据。如果你从未碰到过有血有肉的安提西
尼，你又如何能够可靠地认出他的画像呢？于是问题就产生了：如
何辨认呢？像我们这样的生物应当具有发现真理的工具，或有能力
清楚地阐明真理，这究竟是怎么一回事呢？现代学者以为进化论能
28 够解释这一点，但这一尝试其实无能为力，因为自然选择本质上从
来也不可能为生物做出选择，让它们能够像观天者那样放眼高处，
并把事物弄得一清二楚。也许自然选择能够为生物做出选择，让它
们能够避免直接的危险，或是认清利弊，因为毕竟有直接的结果摆
在那里。但是，即便（这当然难以置信）某一变种看起来确实能够
进行（又如何进行呢？）精确的天象观察，那么，对于远远更为实
际的测地者来说却不会偏爱于此。关于泰勒斯的那则喜剧性的轶事
一点也没错：仰观天象的泰勒斯失足落井了。而另外一则轶事，说
他通过观测天象，预测到橄榄的大丰收，就不太可能了，而且也毫
不相干。如此漫长的收获对进化几乎毫无影响。柏拉图的回答似乎
只是个希望：我们有能力认识到这些真理，因为我们在自身之内具
有真理的影像，而我们并非偶然或因自然选择而得之，却是因为我
们的起源，而这也是世界的起源。仅凭感觉，我们永远也不可能找
到真理，而我们之所以拥有发现真理的必要手段，是因为我们是完
全同一的理智的产物，正是这一理智生成了有秩序的宇宙。这一思
想支配着下一个千年的思想，绵绵不绝。

　　我们应当做什么？型相本身是值得我们崇敬的，也构成了一切
判断的标准。疾病或邪恶的型相并不存在，只存在健康和正义的型
相，而那些不健康的和邪恶的东西则是对它们的偏离，这就是说，

生病只不过是不健康，在许多的方面，都有生病或不生病的可能。特殊的东西所接近的标准，就是纯粹的美之型相能够被认识的方式；我们所渴望的目标，也就是纯粹的善之型相与我们这些特殊存在者所契合的方式。伦理学命题的真如同数学的真一样永恒不变，只是更难确定而已——除了这一点：即便是数学真理实际上也取决于伦理学的真理。只有"数学上的精确是美的一种形式"是真的，而美是我们应该服从的标准，"毕达哥拉斯定理（或其他定理）是我们应当服从的真理"才会（在并非微不足道的意义上）被证明为真。为什么我们应当让自己关注美呢？亚里士多德说，只有盲人才会问这样的问题。无论柏拉图的型相看上去多么抽象或学究气，特 *29* 别是当它们与数相同一的时候，记住这一点是至关重要的：它们是满怀深情的爱的真正对象。它们是若干形式中的美，它们的存在无论如何都来自善之型相本身。善之型相甚至"超越了存在"，如同太一超越于理智一样：柏拉图关于善本身的公开演讲令听众惊讶，因为这演讲似乎是关于算术的。"善"和"太一"皆是其本身的不同名称，因为使任何东西能够存在或被思想的那个东西，其本身不可能是任何理性思考的对象。

　　灵魂，至少是心灵，共同享有型相的永恒存在。这就是说，我们能够把我们自身最重要的部分视为不可毁灭的，这正是因为它除了它所沉思的永恒对象之外再无其他内容；有些人也是这样设想的。通过把我自身与我自身所知的永恒真理视为一体，我自身至少是不朽的。对柏拉图来说，要紧的东西，他念兹在兹的东西，必定是永恒的。在更为形而上学的意义上，在我之内的不朽的心灵与在你之内的不朽的心灵是完全相同的（这种思想也可归于亚里士多德以及后世的哲学家)。事实上,这个心灵就是神,尽管对于某个特殊的有形存在者来说,其心灵只是断断续续、摇摆不定的不朽的心灵。我们并不是总在思考真理,当我们这样做的时候,在我们每一个人当中都有一种思想。这或许就是柏拉图对不朽的实际论证所能够表明的一切(如果他的论证表明了这么多的话),但要怀疑他实际上还想表明更多的想法,却是困难的。这就是说,与毕达哥拉斯一样,他相信存在着真正不朽的个体灵魂,它们注定要过着我们的尘世生活,直到充分纯化了它们的思想。也许这一确信依赖于他的这样一种信念,即存在着"个体的型相":苏格拉底并不是子虚乌有的,并非只是作为那个永恒心灵的白驹过隙般的映像才是真实的,他就是真实的、主动的型相,永远与克里底亚或狄翁的不朽型相相区分(虽然并不必然与其他任何可朽的形式相区分,因为这些形式可能是完全相同的灵魂的另一个化身,如同毕达哥拉斯自命曾为赫尔墨斯的儿子爱塔利德 [Aethalides] 一样)。要是缺失了型相,无论是普遍的还是特定的不朽都没有太大意义;唯一更深入的

30 问题就是,型相是否需要形体才能成为现实的。要是缺失了型相,任何人格同一性都没有意义,一旦承认存在这样的真实的同一性,它们为什么必须连续地显明自身呢?

既然如此,如果柏拉图的理论有这么多、这么大的优势,为什么还有人不承认它呢?一个不重要的理由(之所以不重要,是因为这完全是武断的)是唯一没有疑问的:有些人并不希望存在着不变的标准,我们能够用以进行判断。更严重的是,有些人认为,通常理解的型相观念当中存在着矛盾。这一论证,习惯上被称为第三人论证(the Third Man),出现在柏拉图的对话《巴门尼德篇》和亚

里士多德的著作中。简言之，该论证可谓老生常谈：设想我们为每一类事物都设定一个型相，可以用相同的名称来正确地称谓（例如"理想人"[Ideal Human]）；这种型相本身就将是理想人甲（倘若不是，又能是什么呢），"因此"就会存在着另一个型相，即理想人乙，与刚刚扩大的类相对应，而新的类由所有特殊的人和理想人甲组成。这样，重复这一论证将产生理想人丙，如此以至无穷。当然，最好还是别开始这样的论证，但开端是什么呢？通常的主张是，柏拉图似乎是让两个相互冲突的概念把他自己束缚住了：首先，事物的每一个真实的类，都必定显示或享有或模仿一种型相，而这种型相区别于该类中的任何一个或所有事物（梦露是美的，但不是美本身）；其次，这种型相本身在典范意义上，属于作为型相之化身或模仿的那个相同的类。换言之：

　　（1）任何在肯定意义上是 f 的东西都不与它所表现的型相是同一的。

　　（2）由此类特殊者中的任何一个所表现的型相，其本身都是 f。

抛弃型相本身是 f 的想法并不是必需的（实际上是致命的），例如，如果正义本身不是正义的，什么能是正义的呢？抛弃任何事物都在表现某种型相 f 的想法也不是必需的（这也确实是致命的），例如，如果不存在正义，什么能是正义的呢？该论证的错误是假定了"是 f"必定总是"在肯定意义上是 f"。不妨做个类比，任何在衍生意义上潮湿的东西，都是因为它被液体薄膜所覆盖才成为这样；那么，液体本身是潮湿的吗？如果是的话，覆盖它的超级液体 *31*

薄膜又是什么呢？简单的回答是，液体本质上是潮湿的，这就是说，从同一性上说，液体就是潮湿。理想的人（the Ideal Human）正是如此（在以后的岁月里被等同于理智本身），它在本质上和在同一性上是人本身，而我们这些特殊的存在者在表现它。我们通过部分地分有，而"是"（are）人本身之所是（is）。

亚里士多德的综合？

斯塔吉拉的亚里士多德（Aristotle of Stageira，公元前 384—前 322）是另一位伟人，同时也深遭滥用。当基础性的科学史不再因为"希腊人"不屑于弄脏双手［进行观察实验］而粗暴对待他们的时候，却认定亚里士多德是个可怕的幽灵，因为他甚至数不对妻子的牙齿数量①，还把关于石头的奇谈怪论塞给中世纪的欧洲，说什么石头渴望待在地球上静止不动，越重的石头下落越快，以及被创造出来的各个物种截然不同，而且永远也不会消失或混合。最糟糕的是，他还习惯于让人们相信，唯有书上写的才是真的，一般的观察和实验都徒劳无益。科学经过连续的发展阶段把我们从亚里士多德手中解救出来：石头无论轻重，都以相同的速度下落；有生命的东西不再被"精气"而是被杠杆和肌腱的机制所推动。对于 17 世纪的科学家和哲学家来说，拒斥亚里士多德式的综合是至关重要

---

① 据说亚里士多德认为女人的牙齿数量比男人少（参见亚里士多德《问题集》）。但如果亚里士多德去数一数他妻子的牙齿的话，就会发现在正常情况下并不比他的少，实际上是一样多。

的，而在此之前，除去一些罕见而值得称颂的例外，科学家相信他们从亚里士多德著作中读到的一切。

亚里士多德本人出身于医生家庭，也是柏拉图学园的学生，亚历山大大帝的导师，还是不知疲倦的资料搜集者，他几乎不会承认给他画的这些扭曲的画像。中世纪后期的亚里士多德，被异教徒和伊斯兰的注释家添枝加叶地修饰过，并最终在托马斯·阿奎那手中适应了他在基督教中扮演的角色，与尚未成熟的启蒙运动所装扮的形象相比，仍然要伟大得多，不过，这一塑造过程不是现在关心的问题。当然，对亚里士多德最稀奇古怪的利用，是让他参与到对圣餐的解释中去；差不多同样奇怪的是，要求他捍卫生物学本质主义（biological essentialism），这种思想认为，生物学物种（biological species）的每一个成员都要符合唯一而确定的本质，而且不存在混杂、偏移或祖先类型。亚里士多德会认为"圣餐变体论"（transubstantiation）荒唐可笑（因为一物之所是，是其可感知地所为），也会认为"物种变化论"（transformism）是其生物学的组成部分；二者都会是事实。

亚里士多德的生平系年不像柏拉图那么容易确定。当他结束了在马其顿的执教生涯之后，由于一位雅典本地人掌管了柏拉图的学园，于是他自立门户，创建了自己的学院，从此成为另一脉哲学家之父，这就是漫步学派（the Peripatetic）。不过，后世的柏拉图主义者却将他视为一位柏拉图主义者，既创立了形式逻辑，也矫正了（或试图矫正）柏拉图本人对语言与世界的划分。无可辩驳的是，对亚里士多德和柏拉图来说，最好的生活是沉思和服务于神，而神与纯粹思想的对象是永远同一的。我们的品性需要训练，而我们的心灵需要教育，这也是与柏拉图共同的学说。即便在最微不足道的自然事物当中也能够辨识出某种神圣而美好的东西，这在柏拉图那里是隐含的，而在亚里士多德那里则是明晰的。在后来的时代，通过伊斯兰的注释家，亚里士多德的思想传播到西欧，通过强调个体的存在而反对那些看起来神秘莫测的夸夸其谈，提供了不同于柏拉图主义的哲学。但即便在那个时候，也没有人认为亚里士多德是柏拉图的敌手。亚里士多德主张，真理与吾师皆为吾友，而真正的虔敬当更爱真理；但柏拉图也说过同样的话，而且亚里士多德的意思确实是，柏拉图当然是他的朋友。在文艺复兴时期，柏拉图开始成为反对亚里士多德的战斗口号，这种旁敲侧击最终暗示的是，人享有的神性足以直观实在的真理，而中世纪亚里士多德主义者却满足于通过模型和可能性拯救现象。在 20 世纪，人们认为亚里士多德本人开始是位柏拉图主义者，是人格不朽和真实型相的忠实捍卫者，但后来逐渐把注意力转向了日常世界，转向了可获致的善，以及对日常世界中发生的现象的详尽解释；这似乎是显而易见的。但真相可能更接近古代的观点，即亚里士多德有时候不赞同柏拉图（而且也许不那么愿意抛弃常识），但在绝大多数重要的方面，他们并无二致。

33　　　　对于希波克拉底文集的一些作者表达出的坚定的经验主义，也许由于是医生家庭出身，亚里士多德对此比柏拉图自然更为同情。这部来自不同年代的文集记录了希波克拉底派医师的思想和诊断记录，例如，《古代医学》（其年代通常确定为公元前 4 世纪早期）的作者，对于把理论化当作通往医学真理的途径而嗤之以鼻。因为重要的是个案，而非理想的型相。对于试图仅仅通过思想本身，就去铸造复杂宇宙的模型这种过于夸张的希望来说，这种反应是很自然的。也许是由于家庭传统的影响，亚里士多德坚定不移地认为，即便是最微不足道、最粗鄙不堪的生物，如果得到真正的考察，也能够展现出某种美好和神圣的东西。他试图发现在生物自然界的杂乱无章的复杂性中发现某种秩序，这种令他着迷的尝试不断地根据观察加以修正，尽管他也牢牢抓住一些方法论的箴言不放，如"自然不做无目的之事"。

　　似乎离自然史最远的，是亚里士多德创立的形式逻辑，特别是对三段论推理的系统研究。他通过例证和论证，确立了三段论的各种有效形式。第一格用一个共同的中项联结两个前提，这个中项既用作小前提中的谓词，也用作大前提中的主词，例如，"一切人都是会死的和所有诗人都是人"，由此得出结论"一切诗人都是会死的"，后来此格被称作"典型格"（Barbara）。第二格将共同词项用作大小前提的谓词，其有效修饰只能得出否定结论，例如，"如果没有任何哲学家在意金钱，而所有教授都在意金钱，那么，没有教授是哲学家"，这就是此格中的"区别格"（Cesare）。在第三格中，共同词项用作大小前提的主词，但不能得出肯定的或否定的普遍性结论，例如，"如果所有非人的动物都没有义务，有些非人的动物拥有权利，那么某些东西有权利却没有义务"，这就是此格中的"Ferison"。第四格只是把第一格的结论倒过来（因此得出"有些会死的东西是诗人"），实际上不过是后来为完全性起见而增加的。这些有趣的变形是中世纪逻辑的支柱，在那时也完全出于与最初同样的原因而被用于逻辑论辩。简言之，亚里士多德决意使修辞术成为规则而严谨的技术，从而能够在法庭和学校中使用。

34

亚里士多德对三段论论证的分类，与其性格正相吻合。对生物学的研究亦复如是，他努力恰到好处地划分动物的不同种类，从蚌类、鱼类、鸟类、四足动物直至人类。但是，生物分类既不可能被演绎或证明出来，也不可能被严格分开。相反，"自然憎恶断裂"，正如自然憎恶虚空一样。在任何两个可确定的类之间，总有中介存在；许多种类都能够轻而易举地被理解为某个大类的变种、变形（例如海豹是"变形的四足动物"，或比目鱼是对标准鱼类的"变形"）。他甚至认为，所有存在的动物都能够被解释为某种远祖形态的变种，而这一远祖类型与"最少分化的、最平衡的、最完善的种类"一致，也就是与人类一致。分类是为了便于描述，但我们却不应当认为这些生物学物种仅只是不同类型的镜像。在雌性物质中以不同程度被很好地复制的东西，不是在繁殖过程中被传递的物种，而仅仅是雄性的个体形式。简言之，后来的那些思想，认为不同物种从上帝的心灵中骤然而出，永不（也不应当）彼此混合，完全不属于亚里士多德。

不连续的物种是语言上的虚构，我们试图描述的实在总是连续的。亚里士多德在谈到爱利亚的芝诺时，否定了"刹那间"真理的存在，从而回答了我在前面提到过的难题。这就是说，在 A 是 x 的时候，不存在第一个和最后一个瞬间或点，瞬间或点只是不停变化的实在之物的标记。对于后来将影响斯多亚派的一个论证，亚里士多德尝试给出更为复杂的回答，但在精神上是一致的。"如果某个东西在现在就和将来一样是真的（因此永远是真的），而且如果我们现在不管怎样都不可能影响一直为真的东西，那么，我们也就不可能影响来自那个真理的东西。"因此，我们不可能影响任何东西，然而，正如亚里士多德所主张的，我们显然是能够的。他的回答再次表明，我们不可能让逻辑法则诱使我们否认经验到的事实。承认 35
我们能够影响过去，比把我们逼入否认我们影响将来的地步要好。
真实的世界是变动而连续的，从形式推理的静态的、不连续的方面
无法正确地描述这样的世界。

那么，就亚里士多德怀疑柏拉图理论这样的信念而言，其中确
有实情吗？在亚里士多德的政治理论中，需要政治家以和平为念去
平衡对立双方的利益冲突，这是对柏拉图后期著作完全连续的发
展。而他的伦理学理论认为，在对善与美的东西的追求中，能够在
共同体中实现人之美德，这只是转换了强调的重心而已。他的认识
论并不明显依赖于这种思想：我们已经"知道"或"不完全记得"
那些基本真理，而是把理智直观认作那些关键原理的源泉，我们必
须已经知道这些原理之后才能进行任何证明。他也许远比柏拉图更
依赖于我们通常能够感知到的东西，但他确信，我们"感知到的"
远多于在严格意义上所视、所听、所触的东西。颜色和半透明物是
视觉的特殊对象，我们可以这样想，它们之所以被感知到，是因为
我们的眼睛能够"变成"它们。但是，颜色、大小、时间等等类似
的东西（后来被称为第一性质）却不是任何感觉所特有的，我们是
在共同感觉上感知它们的，因为我们的心灵（不只是眼睛）能够变
成与此类似的形式。这一区分出现在他的形而上学中，但恰恰是在
他的形而上学中，亚里士多德是最不清晰的。

他从个别实体（比如人）开始，个别实体是谓词的第一主词，
是在时间和变化中保持自身的东西，也是不可能被分成部分再组合
起来的东西，更不会像石头能分解为石头那样，分解为更多的同类

东西。某人可以面色白皙，也可以晒得黑黑的，可以重 10 英石，也可以重 11 英石，可以在城里，也可以在乡下，可以在早上，也可以在晚上，可以是父亲，也可以是儿子，可以身披斗篷，也可以不披斗篷，可以躺着，也可以站着，可以作用于他物，也可以被他物作用（清单到此为止，而这些方式就是亚里士多德认为任何实存物都能够被"归入某种范畴"的方式）。个人能够以所有这些单独的方式而变化，但仍然是同一个人。此人本质上之所是，此人的是其所是到底是什么，并不等价于他"当下呈现"的方式（就仿佛他可以失去所呈现的东西，还仍然保持自身）。要正确地认识此人，就要认识他的是其所是何在。反过来说，他所是的本性能够在偶然性上说成是构成此人的质料，比如可以说，那堆东西就是克里底亚（那儿除了克里底亚之外再没别的东西了）。这种彻底的个体主义整个把柏拉图倒了过来。因为柏拉图认为，那个保持同一的、被许多实例分有的、更真实的东西才是实存物（entity），而不是上面画着这些形体的流沙。亚里士多德则主张，正是个体才带有共有的性质，才是真实的实存物，其自身的存在不依赖于他物，不依赖于性质。如果没有具有红色的个体，就不会有红这一性质，而红色的东西也可以成为蓝色的或无色的，却不会丧失自身。

　　不幸的是，单纯的个体，独一无二的实例，根本不可能描述。个体不可能就其自身的个体性而被认识，只有被共同享有的形式才是可知的（即便此形式只是潜在地被共享的）。而且，亚里士多德所信赖的个体实体已经超出了瞬间的点状的殊相，这就是说，如果克里底亚现在能够作为克里底亚而存在，而不会转瞬即逝，这只能是因为"克里底亚的是其所是"（即克里底亚作为克里底亚之所是）

被物质本性的连续瞬间所拥有。性质是对真实实体的述谓，但实体的本质却是由基础性的质料来述谓的。通过连续的论证，这一质料起初看上去像是原始的物质，纯然的实体，后来则令思想家们大伤脑筋，因为它是一切述谓的终极主词，拥有一切性质，但实际上却**是无**。它是容器，是无所是（unbeing），是无，但却被赋予了生命的形式。而且，正因为它在述谓上是任何东西，也就没有让它去成为的任何东西，正因为它是无，因此我们根本不可能认识它。唯有形式［型相］才是可知的，而我们正是在这里开始讲述柏拉图的。

然而，在这两位巨人之间有一处差异。那就是归根结底，相对于逻辑推理而言，或更准确地说，相对于使用逻辑推理以怀疑那些导致不可接受的结论的前提而言，亚里士多德偏爱经验。正是因为这个原因，文艺复兴时期的科学把他拒之门外。轻重不同的东西以不同的速度下落，这个想法实际上是由日常经验所证实的（同时扔一张纸和一本书试试）。但是，说服伽利略的不是经验，而是逻辑，逻辑让他认识到真相是另一番模样，纸与书以不同的速度下落，是因为别的因素，而不是各自的重量。两个一磅重的砝码的重量等于一个两磅重的砝码，如果它们一起下落，其速度应当是多少？那两个连在一块的砝码如果有链子拴着，会不会更快些？那链子非拴得紧紧的吗？简言之，正是因为伽利略是柏拉图主义者，他相信理性而不是易错的感觉，才使他自由地进入了更大的世界，比亚里士多德最终所满足的世界更大。

我们有理由猜想，自亚里士多德之后，没有人对如此之多的人类理智活动的领域，有如此提纲挈领的把握，也几乎没有人像他那样遭到敌友双方如此之多的误解。他的伦理学理论有时遭到谴责，或者是因为有人认为他为了那些无法按照自身选择而生活的人而为奴隶制辩护，或者是因为有人认为他忽略了对人类生存来说至关重要的东西，而这恰恰就是选择。前一个指控可以得到证实（尽管他的思想也带有解放意味的暗示，即靠法律而成为主人的，实际上也能够成为奴隶）；而后一个指控，有时被表述为这样的思想：没有现成的本性恰恰是人之本性，但亚里士多德本人的表述实际上要好得多。对人来说，好的生活乃是这些人必须选择而且去生活的：我们的生活是经过深思熟虑的行为，我们必须过好我们的生活。

斯多亚派、伊壁鸠鲁主义者与漫游的贤哲

公元前 323 年，亚历山大大帝驾崩（据说同一天犬儒第欧根尼也去世了），亚里士多德匆忙离开了雅典，据他所说，是为了避免雅典人**再一次**对哲学造下罪孽。次年，他自己也寿终正寝，而且，按照许许多多本科生课程的习惯说法，哲学也死了，直到勒内·笛卡儿又决意让哲学重新开始为止。事实是在接下来的若干世纪，哲学最明显地变得——用日常语言说——一仍其旧，仍然是对付一个战乱频仍的世界的方式。何以如此？

38　　部分答案必定是苏格拉底，虽然他也有先驱。在苏格拉底的生与死之后，由于他义愤填膺的朋友对这番生死的描绘，就产生了这样一种情感：虽不是苏格拉底，却仍当**希望**成为苏格拉底，这种情感直到一两个世纪之前，就真正的哲学家而言，仍然是确定无疑的写照。这似乎是一个令人警惕的期望。伊壁鸠鲁本人就坦然承认，

他和他的弟子可以说就是犹太人，只不过是口头上的而不是行为上的，"不是地地道道的犹太人"，与实践他们所教导的原则大相径庭："因此，尽管我们甚至无法完成人的志业，我们也要接受哲学家的额外的志业。"纯然赋予哲学如此之高的价值，注定是要引起疑虑的，正如笛卡儿的格言所总结的："哲学教我们凡事都要以真理的口吻说话，让我们得到那些欠缺学识者的仰慕。"不过，无论后苏格拉底哲学家的想法多么自命不凡，也不管他们多么经常地违背誓言，我们还是不能够忽视他们的影响。许多犬儒（字面上就是"狗一般的家伙"）毫无疑问就是流浪汉，但除了我们这个时代而外，每一个时代和民族都承认，许多流浪者都可能是漫游的贤哲。当亚历山大（及其继承者）的远征让希腊人亲身了解了天衣派信徒①（即所谓"裸体智者"）之时，希腊人似乎并没有了解多少印度思想（似乎通过几个中介翻译了一些），但他们并无错误地认为，这些"裸体智者"与"哲学家"并无二致，也在孜孜不倦地消弭欲望。

那么，这些贤哲都是何许人也？第欧根尼（约公元前404—约前323）曾是锡诺帕人（Sinope），但长期居住在科林斯，通过许多逸闻趣事为人所知。例如，当暂执恭敬之态的亚历山大问第欧根尼：我，亚历山大，能给你什么帮助？第欧根尼答道："不要挡住我的阳光。"许多轶事是拙劣的，还有许多现在已不可索解，幸存至今的便是自由的化身。在他的追随者中，有一位克拉底

---

① 天衣派信徒（gymnosophist）：古时印度苦行教派的一支，穿很少的衣服或者不穿衣服，专心于神秘主义的思想。

(Crates)，他放弃了丰厚的遗产，过着犬儒的生活，但有一位同样致力于这种生活的妻子希帕基娅（Hipparchia）与他相伴。他将家产让人托管，并教导他的儿子，如果是凡夫俗子，就应当有钱，如果是哲学家，就应当把钱给人，因为他们，他的儿子们，根本不需要钱。一位来自塞浦路斯的季蒂昂（Citium）的商人，另一位芝诺，在雅典的一家书肆中碰巧读到色诺芬对苏格拉底的记述，他问卖书的，在这里能否找到一个像苏格拉底的人，卖书的指向克拉底，芝诺便放弃了他的买卖，最终在画廊（Painted Portico，即Stoa）建立了自己的学派。那些早期的斯多亚主义者，看起来和犬儒差不多同样缺乏羞耻感，认为传统的优越特性和禁忌一无是处。为什么就不能在庙宇中性交，吃死去的双亲，把别人的财产算作自己的？诸神最终拥有一切；朋友间共有一切，唯有贤者才是诸神真正的朋友；因此贤者拥有他们所看中的一切，但由于他们是贤者，他们不会用来满足可以避免的欲望。这些约束并未付诸实施，后世理论家也淡化了它们的影响。就行为不会随状态改变而言，斯多亚派哲学家是独一无二的，因为他们受本性的掌控，而不受愚蠢的统治者颁布的虚假"法律"的支配，但真正的法律原来是传统的正义观念所要求的。在某种意义上，私有财产是荒谬的，因为整个世界可供人人享用，但实际的财产权利必须受到尊重，正如剧院的座位在一种意义上是公共的，但在另一种意义上又为要坐在那里的人保留。斯多亚主义要求人们记住真正存在于人的力量中的东西：我并非总能阻止暴君（或小混混）掠夺我、折磨我、杀死我，但他们反过来也不可能阻止我去做那些神和本性让我去做的事情。我几乎没有必不可少的需要。如果我保证我只想要我能够得到的东西，并谨记"大门总是敞开的"（即我总能自杀），我就同样能够免于贿赂和威胁。只有这样，我才能成为"自由的"，唯有贤哲得享自由，唯有贤哲心智健全。

斯多亚主义者说，其伦理学是哲学的蛋清，但他们也研究逻辑（蛋壳）和自然哲学（蛋黄）。他们的逻辑分析构成了逻辑上最富有创造性的时代之一，他们不仅推进了亚里士多德的三段论（现在通常视为谓词演算的一小部分），使之成为现在所说的命题演算，也讨论了自然的和习惯的指号。而他们的自然哲学，则是对严格意义上决定论的和自然主义的宇宙的探索，既深刻又富有挑战性。那些最伟大的名字，我们现在只能通过残篇来了解，其中有克里西普斯和波赛东尼（Poseidonius，公元前135—前51），后者似乎接受了一种更接近柏拉图的实在论，而前者则建立了一元论的物质论（materialism）①，并成为斯多亚主义的主流。斯多亚主义者说，除了物质性的个体之外，其他任何东西都没有因果性力量，而且除了这些个体，那些原因也不可能有结果。发生的一切事物，包括人的行为在内，都是在严格意义上必然的原则，从诸原则中流出，而原则就是他们内在的神。但神并不马上就显而易见，至少对于凡夫俗子来说是这样，但有朝一日神就是一切的一切，这时万物皆明显地充满了神，在世界的末日"大焚毁"到来了。在接下来的每一个时代，神都再一次从公众视野中移开，仅当大焚毁到来时才展现自身，而智慧就在于迎接这种周而复始的循环。个别闹独立的斯多亚主义者（芝诺的学生、公元前3世纪的开俄斯的阿里斯托［Aristo of

_____

① 或译唯物论、唯物主义。

Chios〕是他们的头儿），认识到其一般理论更为丰富的意蕴。简单地说，有些人否认存在着特殊的大焚毁（既然神已经统治着整个宇宙），并且认为我们平常渴求的东西（如饮食、性和住所）没有任何价值。大多数斯多亚派哲学家更愿意认为，一切皆善这一观点现在并不明了，而那些与道德无涉的东西仍然是自然让我们去追求的，这些东西如饮食、性和住所，之所以与道德无涉，是因为毕竟没有人因为拥有这些东西，就"真的"更值得景仰。好的斯多亚派哲学家选择的是"更合意的适度的东西"，同时提醒自己，这样的东西与真正重要的东西（即德性）毫无关系。

在更令人感伤的时代，这种斯多亚主义带有不好的影响：我们倾向于认为，好人必须留意发生在朋友特别是孩子身上的很多事情。漠不关心不再那么令人赞美了。这种回应是可理解的，但值得强调的是，斯多亚派关于道德意识的理论（及其主要贤哲的践行）依赖于对孩子的爱。现代的道德学家认为，"后代的权利"这一思想无疑出现在斯多亚派的思想中，即便如西塞罗所记载的那样，他们（更倾向于）是从我们的义务方面来表达这种道德意识的。"如果人们宣称，自己死的时候，才不管宇宙的大焚毁是否会接踵而来，我们会感到这种想法既邪恶又没有人性，因此，我们非得为了子孙后代而思考他们的利益不可，这无疑是正确的。"他们的敌人不是情感，而是沉溺于情感：有位父亲因为儿子发烧而心烦意乱，难以照料儿子，当爱比克泰德劝慰这位泪眼模糊的父亲时，他注意到，这位父亲的"容易伤感的"（pathetic）天性阻碍了他的爱。"冷漠无情"（apathy）、漠不关心不是现代意义上的冷漠（apathetic），它只不过是不容易伤感。

　　如果说人们对斯多亚派的描绘（或歪曲的描绘）有时候过于严苛，那么伊壁鸠鲁主义者则遭到了相反的诬蔑，说他们只关心自己的快乐。事实上，伊壁鸠鲁（Epicurus，公元前341—前270）所鼓吹的快乐，只不过是不带来痛苦的东西，主要是友谊和宁静生活的快乐。如果我们节制欲望，就能够保障快乐，而痛苦的持续，直到不可忍受的时候才结束，这时"死亡之门就敞开了"。伊壁鸠鲁和毕达哥拉斯一样，都生于萨摩斯，但到了公元前307年，他在雅典城外营造了一座花园，他的弟子们也互称朋友。塞涅卡告诉我们："伊壁鸠鲁道，你应当关注与何人一道饮食，而非所饮所食者是何物，因为独食而无友，则与虎狼之生何异。"伊壁鸠鲁或许会赞成，快乐是重要的，而斯多亚派则会赞成德性是重要的，但二者之间实际上几乎没有差异。罗马的执政官（如西塞罗）有理由认为，斯多亚派坚持我们对家庭、朋友和国家的义务，这比伊壁鸠鲁主义者照料花园的愿望更有用，但是，彻底的斯多亚派哲学家也是令人恼怒的，犹如彻底的伊壁鸠鲁主义者令人愉悦一样。彻底的斯多亚派哲学家（即便他们不再主张吃死去的双亲）毕竟也怂恿我们睥睨王侯，而伊壁鸠鲁主义者则更愿意退居江湖之远。我们再一次除了残篇和一部最伟大的单独的哲学诗篇之外，几乎没有可供研究的伊壁鸠鲁主义的材料。这部诗篇就是卢克莱修的《物性论》，写于罗马共和国的最后岁月，一开篇就吁求维纳斯让战争之神平静下来，不过它本质上是严格的物质论和无神论的说教。其结尾是对一场大瘟疫的详细描绘，这场瘟疫曾为四百年前雅典城的毁灭推波助澜。简言之，可以说，这部诗篇终结于希望的破灭。

　　伊壁鸠鲁主义的核心是伦理的，但他和他的追随者也都把自然　　*42*

哲学作为基础。他在叙述中，重申了德谟克里特主义的观点：实在是"原子和虚空"，而日常看来的实体（以及神性的可见形态）都只是原子的聚合，而没有持久不变的实体。斯多亚派认为最终只有唯一实体，即整个世界，这种观点也反映在伊壁鸠鲁主义者的思想中，他们认为，存在着无数实体，但不存在我们自身。这种一元论的观点认为人类个体只是唯一实体的一个部分，而原子论的观点则认为他们只是较小的块状聚合，这两种观点都促使我们不去考虑我们自身的同一性。一切能够起到重要作用的东西（如果有这种东西的话）就是一切事物的状态（不管是一个还是多个事物）。所谓觉悟，就是发现"我并不存在"。

为了避免这个结论看起来有些突兀，让我们考虑一下《弥兰王问经》(*The Questions of King Milinda*，弥兰王即 Menander，公元前 2 世纪统治印度西北部)①。此书通常只在印度或佛教思想的历史中起作用，但在此处亦同样适用。若干世纪以来，《弥兰王问经》中的问题的影响在西方日益减弱，但同样可以说，许多在后世最有影响的文本亦是如此。高僧那先曾向弥兰王解释道，任何复杂的实存物都只是其部分的汇集，更好地说，这些看上去在命名那个复杂

① 公元前 3 世纪（秦始皇初年）希腊人狄奥多特斯（Diodotus）建大夏国（Bactria，即今之阿姆河流域）。此大夏国，在欧绪德谟（Euthydemus）时代，尝征入印度，据印度人的记载，这个印度的希腊王朝，共经 82 年，历八个君主，其中有弥兰王（Milinda, Menander，《杂宝藏经》称为难陀王），在位凡 30 年（公元前 140—前 110）。弥兰王曾从高僧那先（Nagasena，《杂宝藏经》称为那伽斯那），问难佛教的教义。现存巴利文之"Milinda-Panha"（《弥兰王问经》）与东晋失译之《那先比丘经》即为明证。此书于 1889 年经 T. W. 李斯·戴维斯（T. W. Rhys Davids）英译为 "*The Questions of King Milinda*"（见 *The Sacred Books of the East*, Vol. XXXV）。由此文献可见希腊思想和印度思想之互相接触，而其结果，弥兰王乃改信佛教。

的实存物的语词，只是一些称呼，以便于表示那些不具有实体性存在的东西。"那先"这个名称本身就只是"计数的方式、词项、称呼、方便的名称、单纯的名字，用以表示头之发，身之毛……头中之脑，以及身材、感觉、知觉、倾向和意识。但在绝对意义上，找不到自我这个东西"①。后来的佛教徒甚至把从复杂实存物中还原出来的元素也分解掉，与此同时，他们将欲望视为万物的唯一原因。佛教徒也像希腊化时代的贤哲一样，希望把"我们"从苦难中拯救出来，并以各自不同的方式，创造了这样的信念——根本没有东西需要拯救——从而实现了各自的希望。

伊壁鸠鲁主义者和斯多亚派都主张（这一点与绝大多数佛教教派不同），物质的存在者是唯一的原因。对伊壁鸠鲁主义者来说，根本不存在宇宙的总体规划，不存在天命，不存在对神之惩罚报复的恐惧，也不存在人类行为的原因——除了获得一点宁静之外。斯多亚派的想法则不同：虽然物质的存在者是唯一的原因，但它们借助永恒律法，即内在的神性，产生了自己的结果。事物实际如何，即事物应当如何，只有让我们的意图与神的意图保持一致，我们才能获得宁静。那些更激进的、漂泊不定的贤哲，即犬儒，也分享着斯多亚派的许多道德态度，但放弃了这样的尝试，即把行为的根据建立在事物实际所是的方式之上。相反，他们是通过弃绝宇宙论理由的那些危险的便利，而获得了宁静（如果他们确实获得了的话）。我们需要知道的只是，如何在当下生活，即把我们的需要还原为我

----

① 《那先比丘经》卷上："合聚头面耳鼻口颈项肩臂骨肉手足肝肺心脾肾肠胃颜色声响喘息苦乐善恶，合聚名为人"。

们能够轻易获得的东西，而对于万事万物如何发生的问题，则不抱任何想法。当人们发现第欧根尼在市场上手淫的时候，他却评论道，遗憾的是饥饿不能如此轻易地缓解。在这方面，他们虽不曾明言，却反映了某种皮浪主义的怀疑论者所表示的态度：对于确实为真的东西，中止判断，而且反过来把自身与本性、习惯和本能冲动结为一体——还要加上他们希望去操持的那些技艺上的训练。犬儒们因为认为习惯无关紧要而轻视之，但皮浪主义的怀疑论者却因为认为习惯无关紧要而遵循之。当然，这些怀疑论者，虽没有普遍的理由，像犬儒那样放弃文明的行为方式，却同样没有理由认为这种放弃是错的。他们的怀疑主义是对一切理论的合理回应，这种回应所否认的实际上是：我们有什么理由尊重我们自身寻求真理的官能。如果我们所思所想的一切都是物质元素要求我们去做的，那么无论是出于机遇，还是出于生物物理学法则的作用，我们有什么理由非得坚信那些思想实际上是真实无误的？我们可以料想海蛤蝓肚子里装着雅典地图，这跟我们认为这一点点"被叫作思想的大脑出汗"（perspiration of the brain，如后来的怀疑论者大卫·休谟所言）便是宇宙的模型一样容易。宁静就在于必须放弃这种梦想。斯多亚派主张，我们的理性确实是神在我们当中的存在，宇宙法则确实隐秘地铭刻在贤哲的心灵当中。这样的贤哲之士本质上相当于神自身，只要我们发现这样的贤哲。斯多亚主义者说，如果绝大多数人并无智慧，那么我们对贤哲之言的猜测又有何价值呢？他们还说，如果我们所做的一切都被预先确定了，那么我们要去获得不同于我们事实上的所作所为的结论，又会有什么必要呢？斯多亚式的觉悟就是认识到神已是一切，而我们思想中看似错误的东西（包括那些不可能用来真正开悟心灵的思想），也就总是它们应该是的那个样子了。

如果结论仍然可能的话，那么结论必定是：伊壁鸠鲁主义的思想根本没有为正确的认识世界（除了极度的巧合）留下余地，而斯多亚派的思想则没有为有义务抛弃古老的错误留下余地。伊壁鸠鲁主义者认为，他们具有的每一个印象都是"真的"（即都是发生了的），而斯多亚派则认为，唯有贤哲才能分辨哪些是真正可靠的印象。宇宙论开始变成克雷芒所说的减轻儿童恐惧的寓言故事，却是在把人引向绝望。

> 以真理的名义，请问，你为什么向那些信任你的人表明，他们是在流变、运动和偶然的旋涡的统治之下？请问，你为什么用偶像来影响生命，为什么设想风、气、火、土、祖先、石、铁，以及这个世界本身会成为诸神？你又为什么用关于漫游的群星的神性的夸夸其谈，对那些人喋喋不休，而那些人因为这种华而不实的占星术（我不愿称之为天文学）而成为真正的漫游者？我渴望认识风之主，火之主，世界的创造者，正是他赋予太阳光芒。我寻求的是神本身，而不是神的作品。

从怀疑到教条

克雷芒攻击公民习惯与哲学的"因循的结合"，并把柏拉图引为盟友；正是各种形式的柏拉图主义，在公元纪年早期的几个世纪里，塑造了严肃的思想。我们对这一明显事实的评价有时候模糊不清：基督徒和异教辩论家在哲学和宗教信仰（二者都声称自身的高贵基础）之间做出的区分，在教父哲学家和古代后期哲学的研习者之间的专业区分当中得以继承。事实是，无论他们的分歧多么重要，亚历山大里亚的斐洛（犹太人）、《福音书》的作者约翰（John the Evangelist）和克雷芒（基督徒），与普罗提诺（异教徒）都共享着一个世界。而我们也不可能愉快地忽视这个世界。文艺复兴时期的欧洲重新发现了柏拉图，并汲取了柏拉图的灵感，激发了科学和文学的成就。这绝非偶然。对理性主义和实在论的尝试来说，柏拉图式的工具仍然至关重要，正如它对诚实的虔敬至关重要一样。

那么，是何种线索将雅典、亚历山大里亚和罗马联结在一起呢？克雷芒对"蛮族"影响的评论，后来的哲学家关于"闪米特人"对（比如说）斯多亚派思想的影响的思辨，以及后期神秘哲学的"东方"特性当中，都不乏真知灼见，这就是希腊化和罗马世界中的一些最杰出的思想家是来自"东方"的。我们没有必要沉溺于对芝诺和波菲利的略带种族主义的猜测，芝诺的祖先（可能）是腓尼基人，而波菲利的祖先则（确定无疑）是腓尼基人（他是普罗提诺的学生和传记作家，其名最初是马尔库斯［Malchus］）；他们的种族背景，甚至文化背景都无须与土生土长的雅典人不同，就能够一模一样地得出他们实际得出的方法和结论。关键在于，地中海世界尽管语言多样（从拉丁语、希腊语到阿拉姆语①），却是一体的世

---

① 阿拉姆语（Aramaic）：一种闪族语，包括几种方言，源于古阿拉姆语，但被非阿拉姆民族广泛使用，遍及西南亚，自公元前 7 世纪至公元 7 世纪，也作 Aramean，Chaldean。

界。这一明显事实的重大意义在于，在《旧约》与《新约》时期之间的犹太教和基督教，都是希腊化时期的教义，而他们对哲学趋势的思想贡献，可与仍然和希腊诸神冥契一体的异教哲学家等量齐观（尽管这并不总是得到承认）。

柏拉图的直接继承人作为"学园"的主持和领袖，比以前的哲学家明显更加"学院化"。他们可能对政治生活有所贡献，也被期望树立了好榜样。我们猜测他们可能"皈依"了哲学。例如曾担任学园主持直至公元前 276 年的波莱莫（Polemo），年轻时在全城皆有秘藏的现金，因此他总是能有足够的资金任自己享乐（可以说，他是自动提款机的发明人），但因与伟大的色诺克拉底（Xenocrates，学园的第三任主持，死于公元前 314 年）的会晤而洗心革面。若要细究他们的生活方式和死亡方式，便可发现，有迹象表明，他们在哲学上的借口其实是伪善的。但他们在极大程度上稳定而安全，卸任的学者亦无须走犬儒学派的道路，或把更大范围的平民百姓提升至永恒之光的领域。学园主持一任接一任的传承，但与柏拉图的联系越来越弱，阿尔克西劳（Arcesilaus，公元前 273 年至前 242 年任主持）便是例子，虽然第欧根尼·拉尔修认为值得一提的是他拥有柏拉图著作的抄本，并把学园引向了更好辩的道路，让自己和继承者一道推翻了独断论者特别是斯多亚主义者确定无疑的信条。这种"学园派怀疑论"能够在对苏格拉底的追忆中获得灵感，只知道他一无所知，而斯多亚主义者和学园派怀疑论者之间的论争使他们的思想保持生命力。尤其是卡尔尼亚德（Carneades，公元前 137 年卸任，卒于公元前 129 年），在对斯多亚派伦理学的讨论及其对罗马的影响上有所贡献，但他与苏格拉底和古往今来的其他贤哲一样，未著一言。他于公元前 156 年访问罗马时，先是做了一场为正义辩护的公开演讲，赢得满堂喝彩；次日，他反过来又做了一场为非正义辩护的公开演讲。而监察官加图（Cato）① 曾经因摧毁了迦太基而证明了他本人对"正义"的承诺，反对卡尔尼亚德这样的哲学家，因为他们使年轻人思想混乱。在耶稣受难多年之前，"柏拉图式的宽容"成为泡影（"一切多利安式的修养也属枉然"）。学园派怀疑论者，如同各地的学院派人士一样，也许并不全然以其信条"为生"，例如皮浪主义的怀疑论者就抛弃了任何信仰，甚至包括对辩证法的信仰，也不声称知道什么，甚至连他们一无所知也不说。他们发现自己所做的一切就是他们实际的作为，仅此而已（当然，这却可能是辩证法的）。

阿斯卡隆的安提奥库斯（Antiochus of Ascalon，盛年在公元前 87 年）虽然让学园回归柏拉图主义，但其形态却不可能与柏拉图已发表的著作相一致。安提奥库斯来自巴勒斯坦，这个地方贡献出大量后期希腊化时代的知识分子（临近加大拉，或格拉森②，这里可能产生过一个流派，但也许只是一类习惯）。在安提奥库斯的综合当中，以前所暗示的东西已然确定成形。他说，他的老师拉里萨的斐洛（Philo of Larisa，公元前 110 年至前 79 年执掌学园）错误地认为（目前英国大学中大量哲学从业者也这么认为），从苏格拉

---

① 马库斯·波希乌斯·加图（Marcus Porcius Cato，公元前 234—前 149），史称"老加图"，罗马政治家和将军，著有罗马的第一部历史。在任监察官期间，他试图恢复罗马社会生活的简朴作风。

② 加大拉（Gadara，现称乌姆·盖斯［Umm Qais］），格拉森（Gerasa，现称杰拉什［Jerash］），位于约旦。据《路加福音》记载，耶稣曾在此医好了被鬼附体的人。

底经过柏拉图到当时的学园派，在分析的与非独断论的思想之间存 47
在着未曾断裂的线索。我们毕竟还有可以依靠的事实。苏格拉底
（暂时）拒绝这样的真理：自然被遮蔽在神秘之中，而柏拉图所创
立的事业则由两个学派协力经营，即色诺克拉底主持下的学园派和
亚里士多德开创的漫步学派。这反过来又与斯多亚派的最重要的理
论达成了一致，由芝诺在波莱莫的引导下加以发展。安提奥库斯
否认"非物质实体"的可理解性，这似乎是对斯多亚派的让步，
超出了纯正的柏拉图主义者所能容忍的程度，但是，他的主要努
力却是以朴素怀疑论的面目建立起真理标准与行为目的的一致
性。虽然关于这一点缺乏直接的引证，对我们有所阻碍，但可以
说，型相现在被表明为神的永恒思想（也许对色诺克拉底来说已
经是这样了）。

这些相当于"永恒哲学"① 的核心论题，所谓永恒哲学，乃是
这样的信念：存在着某种真理，如果我们改造我们的灵魂，就能够
部分地把握之。这一哲学（或许）在波赛东尼、安提奥库斯、亚历
山大里亚的斐洛，以及最后的普罗提诺手中得到了发展。尽管我们
并不总是直接认识事物，但如果身体康健，有自知之明，则能够把

---

① 按照通常的解释，永恒哲学（英文：perennial philosophy；拉丁文：philosophia
perennis）最初指中世纪基督教经院哲学的中心理论即上帝存在的学说，后被用以指托马
斯·阿奎那的哲学观点，认为它是永恒不变的神学体系。在托马斯·阿奎那的哲学成为
官方哲学后，又被用以指古希腊哲学与中世纪哲学的共同特点，说明二者的联系和具有
永恒真理的意义。近代德国莱布尼茨用以指其单子论哲学体系，认为它继承了哲学史上
永恒不变的内容。意大利罗斯米尼-塞尔巴底继承了莱布尼茨的用法。美国乌尔班则用
以泛指一切有充分根据的哲学，如古希腊的柏拉图、亚里士多德哲学，中世纪托马斯·
阿奎那的哲学等。

握某些直接的实在。斯多亚派指出，那些否认这一论断的，实际上是必定依赖它的，因为任何论证，如果拒绝承认可靠地把握真理的可能性，则由于这样的论证需要其结论成为可靠的真理，所以总是无效的。除非我们让自己被情感的依恋和误导的记忆（或被恶魔引发，或其本身就是恶魔）搞得心烦意乱，否则我们就能够揭示世界中的真正模式，这些模式存在于神的心灵之中，永恒不变。而神，如亚里士多德所说，乃是神圣的理智，与其自身的对象，即永恒的型相，永为一体。尽管上帝永恒，却非首要的来源。唯有我们之中的极少数人，甚至唯有一人，才能有望成为、有望赋形为神心圣子①，从而用斐洛的话说，与神子同一。而我们其他人，有望成为圣子之子，即成为被健全地启示的孩子，从而能够分享圣灵的生活，即内在的神的生活。通过不断地让我们自己回想（使我们回想）圣子，我们便被从一切错误和恶行中拯救出来，在爱比克泰德、克雷芒、斯宾诺莎等人那里，野兽便象征着这些错误和恶行。简言之，神之三位一体（圣父、圣子、圣灵）②的概念，与神之仁慈（Divine Humanity）的概念，弥漫于公元纪年的最初几个世纪中。在基督教教会内部，围绕这些理论细节的争论，成为谴责异端的机会，异端（heresy）这个词本身源于希腊语，指"哲学学派"（*hairesis*），但这些问题是我们熟悉的，至少也与 20 世纪后期围绕

48

---

① 在此对一些译名稍做说明：the Word 指圣子、基督，因耶稣为道成肉身的神之子，而"道"即 Logos 或 Word。而 the Son of God 译作"神子"，sons of God 译作"神之诸子"；the Mind of God 译作"神心"；the Soul of God 译作"圣灵"。此外，embody 译作"赋形"，incarnate 译作"道成肉身"。

② 直译为：太一、圣言、圣灵（the One, the Word, the Soul）。三位一体通常指圣父、圣子、圣灵三位一体。可以说这是两种不同的诠释方式，后者较为通行。

进化论的细节所展开的争论一样熟悉。

斐洛的体系是"圣子从属说"（subordinationist）①，就在这一理论中，他区分了两部分人，一部分人只能从圣子、从律法（Torah，即摩西五经）和神圣哲学（二者是圣子之子）之中接受教诲，另一部分人是"自我教导的"，那就是赋有形体的圣子，"神之诸子"。

> 我们必不得真正抛弃任何随时代而晦暗褪色的教诲……但是，正当上帝使自我启示的智慧的嫩芽，在灵魂内破土而出的时候，来自教诲的知识必定被立即遭到抛弃和清除。上帝的学者，上帝的学生，上帝的信徒，不管你如何称呼他，他都不可能再忍受凡人的指引。

在这些神之诸子即道成肉身的逻各斯中，有麦基洗德（Melchizedek）② 即大祭司，特别是摩西。普罗提诺也区分了那些只能达到理智的人和那些被带入"无知无识的云雾"（Cloud of Unknowing）的人，在那里一切言辞归于沉寂。对基督徒来说，就他们否认**另一种**道成肉身的可能性而言，这区别就无关紧要，因为道成肉身的圣子对我们而言乃是**唯一**的途径。既无人曾见圣父，亦没

---

① "圣子从属说"是古代基督教神学中一种反对三位一体论的学说。研究圣子的产生和本源，认为圣子从属于圣父，是从圣父的本源中派生出来的；虽然圣父与圣子同质，并且都是上帝，但圣子低于圣父；圣灵也与前二者同质，但他从属于圣子，因此低于前二者。此说最早为奥利金所主张，但查斯丁、伊里奈乌和亚历山大里亚的克雷芒也曾提倡此说。

② 麦基洗德，《旧约》中为亚伯拉罕祝福的撒冷王及上帝的大祭司。参见《新约·希伯来书》。

有对圣父的完全描绘，唯有圣子将圣父表明出来。①

　　将圣子与摩西视为同一，或者说与戏剧性的摩西形象视为同一（因为斐洛并非总是确信存在着一位领导犹太人脱离奴役的真实的历史人物，也并不总是认为这有多重要），亦见于撒马利亚人（Samaritan）的思想中。宇宙本身是为着摩西而造的，因为他昔在今在皆为被赋形的圣子。视耶稣为昔在今在皆为圣子的基督徒，采用了同样的语言，当然也免不了同样的问题。斐洛把圣子说成是首生的儿子（First-born Son，长子），与之相当的是，智慧乃是首生的女儿（长女），但他追随《圣经》的先例，认为圣子是神造之物，故并不必然永恒。事实上，无论是对宇宙还是对人类理性而言，除事实上的圣子之外，再无其他模式，但神却"可以"以其他方式行事。创制乃是意志的行为，而非必然的行为。正如凯撒利亚的优西比乌斯（Eusebius of Caesarea）在尼西亚达到高潮的争论中打算说的："无物出于［神的］实体（ousia，他的存在），万物是根据他的意志而产生的，每一个东西正因为产生而存在。"这种确定神与圣子之关系的方式，教会史学家认为是阿里乌斯派的异端邪说（优西比乌斯和他的主人君士坦丁大帝却对此抱有同情），这种方式向我们表明了从柏拉图的《欧绪弗洛篇》挑选出来的标准论证，即倘若神"可能"命令我们相互憎恨，或劫掠撒谎，那毕竟也"可能"会发生"恶成为善的"这样的事情。正统的回答是，圣子本身并非源自神的随心所欲（arbitrium，他的意志），而是出于他的存在本身。准确地说，圣子并非任意，因为不可能有另一个圣子，而与现

49

---

① 参见《新约·约翰福音》1:18。

在实存的圣子不同。实际上，根据神的意志和理性而被造这一想法本身就是荒谬的，圣子**就是**神的意志和理性。

好的消息是圣子曾经并且确实居住在我们当中，这一消息是漫游者中的一派满世界传布的。我们现在把这些漫游者认作基督教的传教士，而在当时的绝大多数人看来，他们就是另一类犬儒。在福音书中确实有诸多对犬儒派的交谈的回应（我们可能会以为它们来自一位希腊化甚深的土生土长的加利利人）。但是，福音书的理论本质上却是"柏拉图式的"。当然，后世的论辩家要么将其形容为"大众的柏拉图"，要么抨击它们所说的乃是对一种诚实理论的扭曲。异教徒对基督教教义的攻击，读起来确实非常像基督徒对异教徒的攻击。在类似的世代争斗中，每一方都以同样的罪名指控对方，这已是司空见惯的了。"神如何能够与卑贱的物质相混杂？神子怎么能受难而死呢？对于把像面包和酒之类简单的东西包括在内的礼拜仪式，明智的人怎么会严肃地对待它们呢？这些东西乃是堕落行为的托词。"容易看到，异教徒可能会认为基督徒的罪责在此，可要害却是：上述三个问题和总结性的嘲弄，乃是克雷芒针对异教思想和行为而提出的。正统神学家仍然坚信，"柏拉图主义者"蔑视时间和物质，或对此奇怪地无知。但他们的正统教义事实上是柏拉图式的。

50

希伯来人的、撒马利亚人的和基督教的思想，如果得到恰当的理解，则绝非令人难以置信的一团漆黑。相反，这些思想家正确地认识到，他们本身就是倡导理性，而对抗黑暗的。根据著名思想史家洛夫乔伊（A. O. Lovejoy）的观点：

人的主要的和最普遍的信仰是其挥之不去的现实主义，这就是他的双重信念：一方面，他处于诸实在当中，而这些实在的东西既非他自己，亦不是他自己的依从于他的影子，而是超越了他本身短暂存在的狭窄范围的世界；另一方面，他自己就能够以某种方式超出这些范围去理解，并把这些外部的存在物纳入自身生活的范围内，却不取消其超越性。

第三种信念是，我们实际上确实存在着，而且不会分解为原子或不变的东西。我们的世纪，如同曾被称为当今世代的那些早先的世纪一样，被视为对真理、理性和自我的攻击。我们的先辈们得心应手地利用柏拉图化的综合，以期战胜绝望，而不管他们发现自己处在多么微不足道的宗派当中。

异教的潜在价值

接下来的世纪就其最重要的灵感而言，是属于希伯来文化的，尽管异教学派仍然继续在雅典和亚历山大里亚招收新的学生，即便在查士丁尼①关闭了雅典学院之后仍是如此。现代的评论家尝言，仿佛是信奉希伯来思想的人向《圣经》所能够确定的东西屈服，出卖了哲学。事实是，这反而表明他们本身是现实主义者：当我们有充分理由认为，我们已经知道了某些意想不到的真理的时候，"遵

---

① 529 年，东罗马帝国皇帝查士丁尼（Justinian，527—565 年在位）下令关闭雅典所有教授异教哲学的学校，雅典学院也被迫关闭，前后持续达 900 年之久。

循论证"而不管它将引向何方，真的更可取吗？犹太人、穆斯林和基督教的学者与哲学家，都确定了哲学的方向应当是什么。他们都深信不疑的是，其结果乃是神意：在君士坦丁大帝之后的那一代，"背教者"尤利安①要中止基督教化进程，恢复"异教的"柏拉图主义，但他实在并无真正的机会。也许那些学者和哲学家是对的，但是，如果那些最后的（也许是最伟大的）坚定的希腊化贤哲当中的一位曾强辩到底，那么，勾勒一下可能会发生什么，以此结束，仍然不无价值。毋庸置疑，此人就是普罗提诺。他的朋友和门生波菲利劝诱他，将他几乎关于一切事物的深思熟虑的观点形诸文字，不注一言，不改一字。普罗提诺来自上埃及，在亚历山大里亚师从安莫纽②，几乎可以肯定，安莫纽亦曾教过奥利金（Origenes）——最伟大的教父哲学家之一，而且最终被判为极其危险，近乎异端。据波菲利的记载，当奥利金意外出现在普罗提诺的课堂上时，普罗提诺停了下来，面有赧色，因为听众已没什么要学的了。普罗提诺的研究生涯在罗马，在那里他公开声称要追随柏拉图。"新柏拉图主义"这个术语只是在大约一个世纪之前被造出来的，而在那个时候，没有谁太怀疑柏拉图主义的连续性。

51

---

① 尤利安（Julian "the Apostate"），罗马皇帝（361—363 年在位），曾宣布与基督教决裂。

② 安莫纽·萨卡斯（Ammonius Sakkas，约175—约242），古罗马哲学家，亚历山大里亚-罗马学派、新柏拉图学派的创始人。生于亚历山大城。出身贫贱，以搬运为生，外号"背袋人"（Sakkas），遂以此为名。经过长期哲学思考和研究后，在亚历山大城开设传授哲学的学校，著名的学生有厄伦尼努斯（Erennius）、朗吉弩斯、普罗提诺等。原信奉基督教，后转向希腊哲学。其学说以柏拉图理论为主，并吸收亚里士多德的观点。生前并未撰写著作，其学说由普罗提诺、奥利金、厄伦尼努斯等继承和发展。对整个新柏拉图主义及其学派的形成和发展有重大影响，受到普罗提诺等人的高度崇敬。

如果异教的普罗提诺主义赢得了胜利，那未来会有何差别呢？当然，首先要注意的是，影响查士丁尼本人的哲学家远不如普罗提诺那么声名卓著（尽管杨布利柯①的著作也许会成为重生的"异教教会"的圣经，但他并不像他的声望那样荒唐）。奥伯龙王的精灵大军四处泛滥。在缺乏任何深厚的坚定信念，相信存在着通往真理的单一道路的时候，人们要再一次面对那"显明"的东西。伊壁鸠鲁主义者说，一切印象如其所是那样都是真的；斯多亚主义者说，既然我们所有人都不是智慧的，而是愚狂的，那么，除非在幻想中，否则就无法逃避我们的信仰；任何派别的怀疑论者都一致认为，由于我们不知道自己知道真理本身，我们就被束缚在表面的东西之中。其结论，如辉格派作家所认为的，非但不是物质论的常识取得了胜利，反而是把形形色色的表象从理智世界中释放出来。对胜利与失望的记忆，古老的故事，以及那些表面上（因此不可避免地）有意义的事情就是全部"显明"的东西。就那显明的东西具体是什么的问题而言，既然缺乏实际的普遍一致，人们最好还是忠于祖先的信条，当然不是劝人改宗。在尤利安的眼中，基督徒最大的罪过，就是抛弃了他们的祖先神祇。

同样，就存在着"真实自我"而言，由于对此缺乏深厚的信念，我们的多种多样的纷扰和情绪就变得无比真实了。断裂的记忆，冲突的动机，以及隐匿的原因并非反常的东西，它们恰恰是日常的人类状况，而唯有圣贤、英雄和哲学家，只要"认识他自己"，

52

---

① 杨布利柯（约 250—325），古罗马哲学家，新柏拉图主义叙利亚学派的创始人。生于叙利亚。后去罗马相继师从波菲利及其学生阿那托利俄斯（Anatolios），后回到叙利亚收徒讲学，获"神圣教师"称号并形成学派。

视作单一的自我，就能驯服并改造那一大群狂暴的冲动。而其余的人并不知道我们为什么做事情，从一个愚蠢的时刻到另一个愚蠢的时刻也不是"一样"的，而且不断错误地辨认哪怕就是我们在"当下"最"直接"的感受。但由此并不能得出，不存在要被揭示的单一自我。使我们认识到（也许在凌晨三点最容易做到）我们的日常思维是多么易变而不受控制，这在自我认识中是重要的一步。斐洛问道："灵魂来自何处，它将去往何方，它作为我们的伴侣和朋友，会有多长时间？我们能否说出它的本质特性？……即便现在，在今生今世，我们也是被统治的，而不是统治者，是被认识的，而非能认识的。……我的心灵是我自己拥有的吗？那虚假猜想的根源，那幻觉的传播者，那发狂的、虚幻的人，在癫狂和衰老中都显示出对心灵的否认。"

简言之，在尤利安时代，理智方面的状况酷似我们当前的状况。有些严肃的思想家，包括尤利安所尊重的那些人，借助仪式而致力于控制"恶魔"（即我所描绘的记忆、"投射"和碎片般的自我），旨在驾驭奥伯龙。他们说，理性是不够的，必定还有看得见的"神工"（theurgy，神通），而这正是因为我们绝大多数人都不具备推断出我们的真理之路的能力。他们试图在更广阔的世界里再造奥林匹亚诸神的绝技，如同先知们告诉他们的那样，在他们视为真实关系的戏剧性表现中，驯服恶魔、狂暴的冲动和可怕的记忆。那些把圣言带入坚信上帝的基督徒的生动想象之中的仪式，或许和那些异教的狂热者为和平而利用的仪式没什么不同，但有一点除外，这就是基督徒如同更正统的普罗提诺主义者一样弃绝血祭（而尤利安则否）。基督徒"说方言"（但他们被警告说，不要以为这种习惯非常重要）；而异教徒则把莫名其妙的深奥语言写成长篇大论。二者都觉得自己要绕过巴别塔，恢复那"真正显明"的东西，即诸神与我们同在的日子。

普罗提诺并不十分赞成的是：我们不应当因诸恶魔而使自己烦乱，而只应因"daimon"（好的精灵）而焦虑，它是我们更好的自我，是被基督徒视为基督一般的神圣理智的声音。因为，赞同存在着恶魔，而且它们必定要被宙斯的锁链束缚，或被克洛诺斯所吞没（这取决于如何寓言式地解释神话），这是一回事；而想象它们唯命是从，想象统治世界的权柄乃是我们随心所欲、发号施令的权柄，或我们所效力的权柄，则完全是另一回事。的确如此，像普罗提诺那样赞成感觉经验的世界不是理想的世界，这是一回事；而对它轻蔑鄙薄，则是另一回事。普罗提诺很可能认为"基督徒"是包括在他所鄙视的"诺斯替教徒"中的，因为这些人宣称极其独特地把握了神，以至于免除了正常的责任，包括思想的一致性。但在这方面，他却无意中与他们一致了，真不啻为对历史的讽刺。尽管流行的宗教总是发现，谈论仿佛存在着两个世界（一个是现世的低级世界，另一个在天国）要更加容易，但任何柏拉图主义者都不会完全赞同这一点。并不是说存在着两个真实的世界，正如并不存在灵魂和肉体这两个真实的东西一样。因此，后世的柏拉图主义者表明，肉体是灵魂的可为五官感知的部分。普罗提诺所说的"从独一个体到独一圣体的飞行"（flight of the alone to the Alone）[1]，用他的话说，就是"绝非用双足行走的旅程！"直接认识事物，就是如其所

---

① 语出普罗提诺《九章集》（*Enneads* VI. 9，"On the Good or the One"）。

是地认识它们，是神圣之美的可见印记。波菲利的著作更猛烈、更直接地反对基督徒（这就是我们现在只有他少得可怜的著作的原因之一），但也发现自己与他们而不是与皇帝相一致，因为那位皇帝把血祭作为不折不扣的义务。

在普罗提诺主义者和基督教正统权威者看来，有两个错误是等 54 价的。其一，假定世界完全是恶的，世间无物可信赖、可尊重。倘是如此，我们就连自己的理智或对启示的反应也不应当信赖。其二，认为就照现在这个样子而言，世界也是值得我们崇拜的，而且世界，感觉世界，也明明白白地是神。倘是如此，我们就既不能高于世界，也不可能指望有什么比"事物所是的样子"更高的标准了。中道则是赞成世界是堕落的，或我们在世界中堕落；赞成世界应当将其存在归功于弥漫于其中的灵魂（因为若非如此，则与虚无无异，没有任何界限或形式），但这一灵魂乃是我们的姊妹，而不是我们的母亲（这是那个圣灵的另一形象）。我们应向她致敬，但绝不要崇拜。尤利安试图重新创造社会，而不行基督教会之所行，即为当时艰难挣扎的诸民族提供意义和谋生手段。当然，基督徒并不是唯一关怀无助者的。普罗提诺本人据信就曾是许多孤儿的保护人，如克拉底一样，他保护着这些孤儿的财物安全，以防他们成不了哲学家。但是，基督教教会提供了唯一有组织的、普遍的慈善。尤利安希望仿效这一德性，但却不能摆脱异教传统的其他特征。例如，362 年，他试图在达夫尼（Daphne，靠近叙利亚的安提阿[Antioch]，在卡斯塔利亚泉①附近）恢复神谕和血祭；但这一尝试

————————

① 卡斯塔利亚泉（Castalian spring），为阿波罗和缪斯之泉，被认为是诗歌灵感的来源。

遭到基督徒的抨击，抨击的措辞有些像启蒙思想家使用的方式，不同的是，基督徒相信，由于殉道者巴比拉的尸骨，神谕失效了。①

　　假使尤利安追随的不是源自杨布利柯的教诲的"神通学派"（theurgic school），而是满足于普罗提诺或波菲利，结果会怎样呢？会出现一个"异教"的柏拉图主义的帝国吗？在这样的世界中，神将被理解为三个位格（Three Hypostases），按降序排列是：太一、圣智和圣灵（the One, the Intellect, the Soul），并比喻为乌拉诺斯、克洛诺斯和宙斯（Ouranos, Kronos, Zeus）。运用理智的人不会成为神话般的毕达哥拉斯，而是要么成为柏拉图式的苏格拉底，要么是普罗提诺本人。我们的圣人是贤哲，他们在生活中，在偶然发生的殉教中，快乐地禁欲苦行。物质将是神圣的，太阳也同时成为"红而热的金属团"，成为神的可见形象。这就不再有血祭存在了，不仅因为这样的血祭只能供给低级的神灵，而且因为被献祭的生物可能会被辨认出是朋友。柏拉图主义者关怀我们的同类生物，但可惜的是，这并未被基督教教会所接受，基督教教会的博士（古怪地）断定，关怀动物必定会关怀由野兽所代表的魔鬼。一个更柏拉图式的或普罗提诺式的帝国会更仁慈一些。在波菲利考虑自杀的时候（与斯多亚主义者相比，柏拉图主义者认为自杀并不那么可敬），普罗提诺突然出现，向他指出，这样的决定是出于纯粹的忧

---

① 巴比拉（Babylas），安提阿教会主教，253 年殉道，与捆绑他的铁链同葬于达夫尼。351 年恺撒·伽路斯（Caesar Gallus，被杀于 354 年）建新教堂于此以示敬意。362 年，其弟尤利安在此地的神庙求阿波罗的神谕，却未得应答。或曰：皆因圣徒巴比拉葬于近处之故。尤利安遂掘其石棺，葬于原地。数日后，10 月 22 日，阿波罗神庙被神秘的大火焚毁。尤利安疑是愤怒的基督徒所为，遂关闭安提阿教堂，命令调查火因，或因灯烛，或因雷电，兹不具言。

郁，而不是理性。据说，关于普罗提诺而求得的德尔斐神谕说，诸神常常使他再一次走上正轨，而他也被赐予了一种洞察力，超越了"这一血雨腥风的生命所带来的剧烈波动"。简言之，对朋友来说，他看起来已经度过了爱比克泰德所规定的方略："兹事体大，充满神秘，既非偶然的恩赐，亦非来者有份。"普罗提诺驾驭了生命，但他一旦"升天"，他的追随者如何能够驾驭呢？更为严格意义上的普罗提诺式的帝国，清晰地做出了一个绝对的区分：供大众所用的（也许是较为文明的）习俗和仅对极少数人适用的禁欲苦行的智慧（这智慧就是事物如何在佛教的世界中发生）。尤利安的帝国会失掉一切意义，根本不能批判古老的习俗。事实上，他发布命令，要求基督徒不得教授古典文本，因为他们并不认为这些文本是真的。也许正是这一命令，迫使尼撒的圣格列高利①放弃了供神学研究的经典，以及主教职位。就所有这些缺陷而言，尤利安之后的想象中的基督教帝国主张，并非只有圣哲可以追求光明，"普通的"圣徒和圣哲都可以。哲学家不是神唯一的朋友，任何人也不会被视为比他人更不值得存在。这思想此前就有，甚至在普罗提诺之前就有，因为亚里士多德在因把施舍给予不当受者，而遭到嘲笑时，他答道，他怜悯人，但不怜悯其性格。在许多异教徒中，实践胜过了教义；而在许多基督徒中，教义却胜过了实践。

　　换言之，像希伯来人一样，我们全都要成为哲学家的民族。基督教世界的漫长实验也许失败了，如同希伯来的柏拉图主义的另一 *56*

---

　　①　尼撒的圣格列高利（Saint Gregory of Nyssa，约 335—395），基督教哲学神学家，神秘主义者，继其兄巴西勒和友人格列高利之后，对基督教思想体系的形成做出贡献。

个后继者即伊斯兰教一样。如果它们失败了，我们的后人也许会发现，他们自己再度生活在我们的先人十分了解的世界中，即毫无希望的习俗、等级和混乱的世界。而我们从前就生活在这样的世界中。在废墟中成长这件事本身可能还会让某些人铭记在心的是：他们至少还年轻。无论此前的胜败输赢如何，也许会有这样的时刻到来：世界焕然一新，而且能够再造或重现辉煌。

第二章 中世纪哲学

保罗·文森特·斯佩德（Paul Vincent Spade）

中世纪哲学最显著的特征是，它是在基督教理论背景当中展开的。这并不是要否认犹太人和穆斯林的贡献，而是说在后世欧洲哲学的主流当中，最具影响力的是基督教传统。因此，可以认为，思想家们开始用基督教信仰的要求衡量他们的哲学思辨之日，便是中世纪哲学滥觞之时。事实上，就哲学与神学的区分而言，以13世纪的划分为例，绝大多数被我们现在视为重要的基督教"哲学家"的，都根本不认为自己是哲学家，而是神学家。

哲学与基督教理论在中世纪的这一密切联系，很容易使人把中世纪哲学仅作为略加掩饰的对基督教的辩护，而拒绝接受。但这未免幼稚。举一个类似的情形，在20世纪后期，有时会有位极受尊敬的哲学家断言（对错不重要）：标准逻辑本身必须改变，因为它与量子力学的某些结论相冲突。似乎哲学很少以理想的自主方式发展。几乎总是有某种"给定的东西"保留下来，如神学理论、科学理论——它要正确处理实验结果，而不管所设计的真正的概念性困难何在，或其他一些因素。无论是在中世纪，还是在今天，这些永恒的"给定的东西"对哲学来说，常常仍然是刺激多于窒息。也正
58 如在现在哲学的许多领域中，人们可以自由地思辨，而无须担心是否冒犯了科学，同样，在中世纪的许多哲学领域，人们也能够自由地思辨，而无须担心是否冒犯了神学的根据。这些情形是相当类似的。

把中世纪哲学的开端定位在上述较早的时期，其后果是后期古代哲学和早期中世纪哲学在时间顺序上有重叠。例如，古代异教哲学的最后一位主要代表人物，普罗克洛（410—485）就比圣奥古斯丁（354—430）年轻得多。

而在这一时代的另一端，中世纪哲学通常被认为是在 1500 年之前的某个时间结束的。虽然没有某个单一的事件标志着它的消逝，但毫无疑问，到 1450 年，人文主义的各种势力已然提出了可以辨别出来的新主题。如此看来，中世纪哲学大约占据了整个西方哲学史的一半。

即便我们承认某些世纪整个在哲学上几乎无足轻重，但仅以一章的篇幅，我们仍然不可能处理这一漫长时代的所有主要人物和论题。对其详细内容感兴趣的读者，可以参考关于中世纪哲学的某部优秀的研究著作，详见阅读书目。反之，本章将集中讨论若干人物和主题，其他内容将作为"连接环节"较为简明地加以处理。但是，许多重要论题被完全略去了；一个人没法做所有事。

本章所展现的中世纪哲学的图景乃是尝试性的。中世纪哲学文

献卷帙浩繁，大量文本一直也没有加以校勘的版本问世；许多现存文献只是手稿，常常残败不堪。不仅那些不甚重要的作家的次要作品是如此，有些已知的重要著作和重要意义尚未有人能够评估的其他许多著作亦复如是。大约 1200 年之后的手稿通常是用高度压缩的缩写词系统写作的，需要特殊的训练来译解，这又使问题雪上加霜。这一情形与古代、近代早期和晚近的哲学大不相同，在这些时代，现存主要著作绝大部分是现成的，剩下的任务主要就是诠释。 *59*尽管许多富有献身精神的学者在辛勤劳作，但我们所知的中世纪哲学史仍然残缺不全。

古希腊哲学的影响

中世纪哲学是两种主要影响的混合物，即基督教教义和古希腊哲学遗产。就后者而言，认识到这一点很重要：在基督教时代的早期世纪中，绝大部分古希腊哲学只是间接地影响着西方世界，至少直至 12 世纪仍是如此。拉丁人已不再可能得到古希腊原文文献，因为即便他们有机会接触复制的手稿，也几乎无人有能力阅读。关于希腊人的知识在西方世界迅速沦落，到 6 世纪已极为罕见。

中世纪所拥有的柏拉图著作，只是《蒂迈欧篇》的一部分（至53C），而且是查尔西迪尤斯（Chalcidius，3 世纪后期或 4 世纪早期）的拉丁译本。其他少数著作也被译为拉丁文，但流传不广。直到马西留·费奇诺（Marsilio Ficino，1433—1499）翻译了柏拉图的著作，对拉丁人来说，完整的柏拉图才得一见。至于普罗提诺，情况就更糟了。他的著作几乎完全不为人知。马尤斯·维克托里努斯（Marius Victorinus）在 4 世纪翻译了《九章集》的一些内容，但即便如此，其译文也很快失传。亚里士多德的命运好一些。他的绝大部分逻辑学著作都被波爱修大约在 5 世纪和 6 世纪之交译为拉丁文，但只有《范畴篇》和《解释篇》在 12 世纪之前是普遍流行的。在 12 世纪中期至 13 世纪中期，差不多所有保存下来的亚里士多德著作都被译为拉丁文，而且容易得到。对亚里士多德的"重新发现"，标志着中世纪哲学的分水岭。较次要作家著作的一些译文时或出现，但除亚里士多德之外，古希腊哲学的主要文本绝大部分在中世纪是难以得到的。

尽管如此，中世纪的人还是想方设法获得了相当数量的古希腊哲学的二手知识，至少是其中的某些方面。一部分是从拉丁异教作家那里了解的，这些作家包括西塞罗和塞涅卡，他们确实读过古希腊原著，并把关于以往哲学家的大量信息传给后人。还有一部分是从拉丁教父那里了解的，包括安布罗斯①和波爱修，他们在不同程度上详细讨论过古希腊人的理论。

在中世纪早期，柏拉图主义的、新柏拉图主义的和广义的斯多

60

---

① 安布罗斯（Ambrosius，约 339—397），古罗马基督教神学家，拉丁教父。罗马帝国驻高卢总督之子，全家均信基督教，但未入教。374 年被选为米兰主教时，才正式受洗。曾任罗马帝国皇帝瓦伦丁尼二世和狄奥多西一世的顾问。出入宫廷，左右朝政。提出国家的职责是忠于上帝，教会即上帝的国度。教会需要国家的物质支持，而报答它以精神的自由。主张国家从属于教会，为西方教会提供教会至上的政治哲学理论，促使狄奥多西一世于 392 年宣布基督教为罗马帝国国教，严禁异教信仰，但也反对屠杀异教徒。认为异教哲学家论述的道德观念主要借助于《圣经》，撰写《论神职人员的使命》，阐述以上帝为准则的基督教道德观。主要著作有《论神职人员的使命》《论天国》等。

亚派的影响支配着哲学思考。这一局面一直持续到 12 世纪和 13 世
纪对亚里士多德的重新发现。因此，认为中世纪哲学主要是对亚里
士多德一成不变的鹦鹉学舌，实在是大谬不然，而有时候人们就是
这样描绘的。在目前看来，就中世纪绝大部分时期而言，亚里士多
德无疑只具有第二等的重要性。

奥古斯丁

"教父学"（patristics 或 patrology）这个术语指对"教父"
（Fathers of the Church）① 的研究，教父乃是被认为表现了真正传
统的早期的基督教作家。一般认为，教父时期在西方拉丁语区延续
至大格列高利（Gregory the Great，即格列高利一世，约 540—
604）和塞维利亚的伊斯多尔（Isidore of Seville，约 560—636），
而在东方希腊语区则延续至约翰·达玛森（John Damascene，约
675—729）。

毫无疑问，教父时期最重要的作家是圣奥古斯丁。354 年奥古
斯丁生于北非的塔加斯特（Thagaste，今阿尔及利亚的苏格艾赫拉
斯），靠近迦太基，其父为异教徒，其母则为基督徒。虽然他被抚

---

① 教父（英语：Fathers of the Church；拉丁语：patres ecclesiae）一般指中世纪
早期撰写论文或著作，反对罗马帝国对基督徒的迫害，反对异端，维护基督教教义的神
学家和哲学家的总称。因教会尊之为父老，故名。一般分为希腊教父和拉丁教父两个派
系：希腊教父的主要代表是查斯丁、塔提安、阿泰纳戈拉斯、克莱门、奥利金；拉丁教
父的主要代表是德尔图良、费利克斯、奥古斯丁。

养为基督徒，但年轻时却过着放荡不羁的生活。奥古斯丁曾受过修辞学训练，373 年读到了西塞罗的《荷尔顿西乌斯》（*Hortensius*，今已佚失），受到激发而转向哲学。他一度受摩尼教影响甚深。383 年他前往罗马教授修辞学，后至米兰。在那里受到圣安布罗斯和新柏拉图主义的影响。经过长期的内心纷扰，最终皈依基督教，于 387 年受洗。后重返北非，391 年被推选为教会执事，395 年或 396 年就任希波①大主教之职。他担任此职务约长达 34 年，死于 430 年，其时汪达尔人正在围攻希波城。奥古斯丁的著作卷帙浩繁，包括一百多部论述各种主题的书籍和论文，500 多篇布道书，以及 200 多封信。

61　　　似乎可以证明，奥古斯丁是自古至今最具影响力的哲学家。他的权威波及范围之广，持续时间之长，都远远超过亚里士多德，因为在中世纪，亚里士多德的权威仍是相对次要的，直到相当晚的时期才有所改变。至于柏拉图，在很长一段时期，他的影响主要是通过奥古斯丁的著作才让人感受到的。在奥古斯丁死后一千多年中，他都是必须不折不扣地与他保持一致的权威。他对中世纪思想的塑造，令其他任何人望尘莫及。而且，他的影响并未随中世纪的终结而终结。在整个宗教改革时期，诉诸奥古斯丁的权威是所有派系的惯常做法。他的光照说在马勒伯朗士和笛卡儿的"自然之光"中生生不息，他关于恶的问题和人的自由意志问题的思路至今仍得到广泛接受。他的思想威力无论是在过去还是在现在都仍然能够感觉

———————

　　① 希波-雷吉乌斯（Hippo Regius），今阿尔及利亚的安纳巴或波奈（Annaba, or Bone）。

到，不仅在哲学中，而且在神学、大众化的宗教、政治思想（例如正义战争理论）中也是如此。

由此观之，奥古斯丁无论是在训练上还是在职业上其实都完全不是个哲学家，这未免带有讽刺意味。他是个"演说家"（rhetor），即修辞学家和修辞学教师。演说家可被要求在仪式场合发表演说，但也被希望在法庭上为案件辩护。修辞学是对语言实际用法的研究，是"如何以言行事"，包括如何塑造人们的心灵和性格。这是古典教育的柱石，实际上在很大程度上也是古典社会的基石。但是，修辞学在现代意义上并不完全是哲学，在这个意义上，我们不应该认为奥古斯丁首先是个哲学家。

奥古斯丁的修辞学训练说明了其著作的风格，那就是几乎没有严密而系统的论证。有时候，奥古斯丁在不同的著作中秉持相互冲突的观点。在另外一些情形中，弄不清楚他的观点到底是什么。因此，奥古斯丁主义或许最好被视为若干广泛的主题和趋向，而不是严格的理论。

这种哲学风格在 11 世纪圣安瑟尔谟的时代之前一直占主导地位。哲学家是受过古典文化和文科七艺①训练的人，他们以不够严谨但常常绝非肤浅的方式沉思他们的宗教以及哲学论题。其中许多思辨包括对实在的洞见和探索，但缺乏严格的论证以证明其真

62

---

① Liberal Arts，古罗马和中世纪大学中的文科七艺，指语法、修辞和逻辑（三艺），算术、几何、音乐、天文（四艺）。本义为 artes liberales，即仅为自由民所享的教育，与 artes serviles，即低级技艺相对。后引申为绅士的教育。现在的含义有所不同，主要指文科、理科等非实用技能的教育，包括人文科学、自然科学、艺术等。有人译为博雅教育。

理性。在安瑟尔谟的时代，这一风格开始发生引人注目的变化。

奥古斯丁的等级化世界

奥古斯丁以柏拉图主义的最佳方式，把世界看作按照等级安排起来的。等级排列的原则是一种内在价值。因此，东西越好或越有价值，在事物的等级中的位置也越高。上帝处于顶端，如同柏拉图的善之型相一样，而物质对象则居于非常低的位置，人的灵魂则位于二者之间，好人的灵魂比恶人的灵魂高一些。美好的天使低于上帝而高于好人，堕落的天使则处于恶人的灵魂与纯粹物质对象之间。

就此而言，这一等级排列无伤大雅，只不过是按照奥古斯丁对事物价值的评估而对事物的安排而已。但是，这一等级划分却有其存在论上的意蕴。因为奥古斯丁非常强调《出埃及记》3:14，在那里上帝告诉摩西："我是我所是"，并叫他告诉以色列人，"那所是的"打发摩西到他们那里去。① 奥古斯丁把这一节解释为暗示上帝是最卓越的，是一切中最真实的。因此，价值等级就成为实在的等级，从而使"存在的等次"成为有意义的说法。物质对象固然处于这一等级中非常低的位置，实际上一切被造物若与上帝相比，都"近乎无"（*prope nihil*）。当然，它们不是彻底的无，而是无论如何不是完全实在的，完全实在仅供上帝独享。

这一看待实在的方式有许多结果。首先，就在我们发现存在的

---

① 这两处引文分别为"I am who am""He who is"，中文和合本《圣经》分别译做"我是自有永有的""那自有的"。兹按英文直译。

事物并非完全实在的地方，可以注意到另一个显著方面，即变化或生成。变化者或生成者在某种意义上是实在的，总归不是绝对的无。但它还不是**完全**实在的，而只是"尚在途中"，"在生成中"。事实上，这一中间地位似乎是变化或生成的典型特征，也使之在哲学上难以把握，这一点自巴门尼德以来已为人所知。因此，虽存在却不完全实在的被造物，就与变化和生成相关联。简言之，**可变性**（mutability）**乃是被造物的标志**；唯有上帝在严格意义上是不变的。

被造物，即可变事物，并非完全实在，而只是"部分"实在。这一谈论方式（以及最终源于亚里士多德的对变化的哲学分析）暗示着被造物在形而上学意义上是复合的：它们具有部分。与此同时，奥古斯丁接受了柏拉图主义的一与至高的善相一致的思想，从而使实在的等级不仅包含善的程度和存在的等次，而且也包含同一性的程度。因此，上帝作为至善和至高的存在，也是至高的太一，而没有任何复合或部分。如同可变性一样，**复合**（composition）**乃是被造物的标志**。

如果善的等次与存在的等次同一，由此可以得出：不可能存在任何纯粹恶的东西，而不具有任何程度的善。如果在一物中根本没有善，则也没有实在性可言，根本就是不存在的。因此，在奥古斯丁的宇宙中，没有为纯粹的恶的力量留下地盘，使之在等级中是与上帝相对立的一极。（这标志着奥古斯丁与二元论的摩尼教彻底决裂，在他皈依之前摩尼教曾十分吸引他。）

如果不存在纯粹的恶这种东西，那么价值较低的被造物就不可能被解释为这样的东西：通过将纯粹的善与其对立面混合，而成为

63

纯粹的善的"稀释物"。因此，奥古斯丁不仅否认纯粹的恶的形式，也否认在等级上低于上帝的东西是以某种方式而形成的善与恶的混合物。等级中的万物即实在中的万物，在不同程度上都是善的，等级中的任何东西都不是恶的。恶当然是需要解释的事实，《忏悔录》的作者对恶知道得太多了，怎么可能否认这一点呢。但是，他的解释并不是说某些东西是恶的，只是由于它们本性上就是恶的。他否认有时被称为"形而上学的恶"的理论，这种理论认为任何达不到最高善（即上帝）的东西，就处于"不完满"的程度中，因此根据其本性而是恶的。

善与恶

64　　对奥古斯丁来说，并非某物之善愈少，则其恶愈多。善恶并非如肯定和否定一样相关联，因此，某种程度的恶可能被界定为只是缺失某种程度的善。某物若只具有低级的善，却并不因之而自动就是恶的。只有当某物应当具有但实则没有更高程度的善的时候，它才是恶的。奥古斯丁说，如若不然，就如同因为大地不是天堂而去谴责它一样（《论意志的自由选择》，iii，5）。因此，恶并非只是善的"缺失"（absence），而是善的"丧失"（privation），即**应当**具有的善的缺失。

"应当"这一概念与形而上学的善之间的主要联系，作为奥古斯丁等级体系固定的组成部分，似乎是这样的（《论意志的自由选择》，i）：较高级的事物应当"管辖和统治"较低的，即拥有对后者的权力，但绝不能反过来。要是想从因果性方面来表述的话，那就是因果性的影响应当根据等级从上至下，而非由下至上。（熟悉笛卡儿的读者在此会回想其他的论断：原因中的实在性必须至少与结果中的一样多。）当事物实际上是其所当是的时候，较高者就统治着较低者，然后它们被"井井有条地"或"正义地"加以排列；否则它们就是"紊乱无序"或"不正义的"。作为这一论断的最终联系，奥古斯丁认为"恶"是不正义或紊乱无序，这时较低者统治着较高者，其间的适当秩序被颠倒了。这样一来，恶就不是实在性等级中的实存物，而是基于那种等级对事物的安排，只不过是以不同于其应当被安排的方式罢了。要问恶如何在世界中产生，就要问较低的事物对较高的事物的统治是如何发生的。

恶的责任

在上述意义上，上帝"正义地"创造了世界，因此较高者拥有权柄统治着较低者，而不是相反。但是，这一秩序却以某种方式被颠覆了。这怎么可能呢？谁或什么有能力倾覆上帝确立的秩序呢？

奥古斯丁的答案是：这是人为的（更早的是天使所为的），而且是通过自由意志做的。世界如上帝所创造的一样，曾经是、现在仍然是被正义而适当地安排的，上帝不对恶负责；相反，人（以及沉沦的天使）承担着这一责任，因为让较低的事物不正义地统治较高的事物的，正是人。

较低的事物永远也不会拥有权柄统治较高的事物，因为这是上帝按照他的永恒法则所安排的方式。但有时，较低者也确实会拥有这样的权柄，因为这是人安排它们的方式。那么，它们是拥有还是不拥有那样的权柄呢？于是开始出现在我们面前的是：奥古斯丁试图兼而有之，并陷入了不折不扣的矛盾。

尽管奥古斯丁在诸多语境中多次讨论了恶的问题，但这一矛盾态度从未完全消除。但这固无足怪。关于自由意志，一开始就有某种东西至少是明显悖谬的，这就是，如果自由意志要对恶负责，那么我们就能够料想恶也以同样的方式呈现为悖谬的。

例如，当两人相爱之时，便会情人眼里出西施。希冀成为法则，而请求成为命令。每个人都可以自由地把真实得足以摧毁其行为的权力赠予另一人，但实际上根本没有任何权力。每一方都保留了严格意义上的可以其他方式行动的自由。

这听起来至少像是包含着自由意志和权力赠予的悖论。毫无疑问，这只是在最后才显明的，但要注意，这恰恰包含在奥古斯丁对恶的解释里的悖论当中。回想一下古希腊和《圣经》（如《罗马书》6:16）中的思想：如果某人把终极价值置于某物当中，他就成了此物的奴隶。如若正义的人将其终极价值放到真正至高无上的事物中，那他就是臣服于他应当臣服的东西了，他正确地"下令去做"他已获得的优先权。不正义的人把所有这一切都混淆了，因此允许低级的事物影响他，即便在严格意义上这些低级的事物尚无权去这样做。

在奥古斯丁的著作中，没有地方表明他确曾成功地清除了这一悖论特征，无论这一特征属于适当有序世界中的恶还是人的自由意志。不过，他实际所做的，是把前者还原为后者。其结果是，就被神安排好的世界中的恶而言，即便我们不知道如何清除所导致的明显悖论，我们接受恶的存在的理由，也绝不亚于我们接受自由意志的存在的理由，但即便在此情形中，我们也不知道如何清除所导致的明显悖论。事实上，这两个明显悖论最终就是一个。奥古斯丁非常确定人有自由意志，而且事实上认为他能够证明之（《论意志的自由选择》，i）。如果他是正确的，那么他的证明就有这样一个推论：自由的被造物能够为世界中的恶负责，尽管这世界是被正义而完善的上帝所安排的。如果一切皆可解决，那么奥古斯丁就处在特别的地位上，表明恶的问题不是抛弃信仰的有力理由，即便他从未通过完全清除所包含的悖论而"解决"这一问题。这真是天才的思路。

怀疑论

奥古斯丁一度被后期柏拉图学园的怀疑论所吸引。实际上，在他皈依之后着手写作的第一批著作中，就有一篇对怀疑论的攻击，即《驳斥学园派》。在另外的著作中，他也曾重返这一主题。

奥古斯丁认为，许多怀疑论论证都是来自感觉幻象的标准论证。他在很大程度上乐意接受这些论证，并主张，虽然在实践中我们必须依赖感觉，但它们根本上是可错的。不过，他并不认为全盘的怀疑论是由此得出的。在《忏悔录》第十章中，奥古斯丁区分了直接或间接呈现于心灵中的东西和只是间接地通过表象呈现于心灵中的东西。感觉的困难在于，它向我们呈现的对象只是以后一种方式呈现的，即通过它们的表象或感觉意象。知识的表象理论的所有常见问题皆同时由此而出。我们能够确定的是，只有把表象与实在本身相比较，并认为它们相符合，表象才是精确的。但是，根据假设，感觉只产生表象，而非实在物本身，我们永远也无法进行比较。

在这一类似的情形中，奥古斯丁也采取了类似的步骤。只要我们说唯有"水中似乎有只弯曲的船桨",而不接着又说"水中确实有只弯曲的船桨",我们的根据才牢靠。唯有当我们超出了被直接给予的表象,而去推论关于被表象的对象的没有直接给予的某些东西时,才会发生根深蒂固的错误。概言之,唯有关于直接且当下呈现在心灵面前的东西,心灵才能够拥有绝对而确定的知识。这将成为奥古斯丁光照说的重要主题(见下文)。

奥古斯丁在此并不主张,就被直接给予的东西而言,心灵是不会犯错的,也不认为错误的唯一来源是心灵与判断对象之间的中介物(感觉意象或其他表象)。甚至对于直接呈现给心灵的事物来说,如果不小心或不注意,我们也会犯错。但是,我们可以通过更加细致的方式,给予这种错误更密切的关注,发现并矫正。只有在关于对象的表象性意识中,我们才遇到**不可逾越的**障碍,阻碍我们达到确定性。

警觉的读者会认识到还有一个遗留问题,也是一个更根本的问题。这就是:我们究竟如何可能确定我们给予了足够的关注,一直足够小心?简言之,我们如何能够阐明知识的确定标准,并知道我们对此标准感到满意?但是,奥古斯丁并未试图阐明这一标准。他关心的只是指出:存在着某些东西,它们直接呈现在心灵面前,只要我们对它们采取合理的谨慎态度和合理的关注,(在某种道德意义上)就可以有正当理由绝对信任我们的判断。反之,也存在着另外的东西(它们只是间接地呈现在心灵面前,如感觉的外部对象),对于它们,即便我们确实采取合理的谨慎态度,也永远无法证明我们有正当理由绝对信任我们的判断。

那么,奥古斯丁认为直接呈现在心灵面前,从而原则上能够确定地被认知的东西是什么呢？自然是感觉表象（虽然不是被感觉到的外部对象），但也包括另外的东西。奥古斯丁认为，心灵不经任何中介就可以认识自身，同样，心灵知道它存在，它活着。心灵也知道它想要快乐，想避免错误。所有这一切都将提醒也应当提醒笛卡儿的现代读者。实际上，在奥古斯丁《论三位一体》中有一节（xv. xii. 21），与笛卡儿的第一沉思非常相似，而且无疑绝非偶然。奥古斯丁在那里认为怀疑论论证的基础是感觉幻象、梦和癫狂，并谈到了笛卡儿所说的许多内容。

不过，其间也有重要的区别。奥古斯丁和笛卡儿一样，都发现心灵不仅能够具有关于其自身、其行为、其感觉意象的确定知识，而且具有关于其他真理的确定知识，而这些真理绝非"精神的"真理或"关于心灵的事实"，也不可能经由感觉而被我们获得。例如，数学真理和（对奥古斯丁而非笛卡儿来说的）关于价值的某些先天真理，如"人好善胜于恶"。而对笛卡儿来说，这种知识只是通过"清楚分明的观念"获得的，与所有观念一样，都是表象。这样，与表象知识有关的问题再次浮现出来，而笛卡儿也面临如何为他依赖于清楚分明的观念而辩护这一著名问题。但对奥古斯丁来说，这种"非精神的"确定性并不是通过表象而被认识的，因此在《忏悔录》第十章的讨论中被排除在外。相反，这些数学和价值的真理则不经任何中介而直接呈现在心灵面前。这将如何实现呢？这正是奥古斯丁"光照说"的主题。

神圣观念与光照说：概述

光照说实际上就是奥古斯丁版的柏拉图的"回忆说"，或后来

69 笛卡儿的"天赋观念论"。这三种理论处理的都是一组共通的问题。奥古斯丁的理论有强弱两种形式，在其毕生著述中皆可以找到支持这两种形式的文本。

较强的光照说版本坚持这样一个一般性论断：光照，类似于柏拉图式的回忆，是一切人类知识都必需的。较弱的版本只坚持上述较一般论断的一个特殊情形：光照是特定类型的人类知识所必需的，非此无法获得这些知识。

较强的或一般性的理论是由如下思想所激发的。配享知识之名的是某种非常尊贵的东西，是一种理想的认知状态，既确定不移，亦永恒不变。（这一态度已然体现在柏拉图对知识与意见的区分和亚里士多德对科学的普遍特征与必然特征的区分中。）因此，既然确定而永恒的知识不可能出现在转瞬即逝的易变事物上，那么知识的对象亦必定同样是尊贵的、理想的东西，有如柏拉图式的型相（而亚里士多德则拒斥了这一步骤）。现在人的心灵能够以这种尊贵的方式，只认识直接呈现在心灵面前的对象。（这一"亲知原则"[principle of acquaintance]乃是对怀疑论的讨论之结论，见上。）最后，既然人的心灵有时拥有这种尊贵意义上的真实知识，那么由此得出，心灵必定偶尔进入了与那些理想的知识对象的直接接触当中。

对柏拉图来说，既然我们身边的世界远非理想的，那么可以得出，这种直接的接触是在今生今世之前发生的，而我们现在所拥有的知识只是回忆。这自然暗含着人之灵魂或心灵的先在（pre-existence），即它们在进入今生的肉体之前的存在。相反，笛卡儿实际上抛弃了亲知原则，他的天赋观念论虽然也是产生最高和最尊贵意义上的真实知识的，却让这些知识成为我们本性的固有部分，将其放置其中的乃是上帝，我们不一定与这些对象直接认知接触。结果，笛卡儿并不像柏拉图那样承诺灵魂的先在。但是，无论是对柏拉图还是对笛卡儿来说，我们通过回忆或通过天赋观念所拥有的知识都是通过表象而获得的。对直接遭遇柏拉图式的型相的回忆，其本身并不是那种直接的遭遇；天赋观念即便是上帝置入的，也仍然是其对象的观念，而不是与对象的直接遭遇。

70

这对奥古斯丁却是不够的；对他来说，确定的知识是直接的知识，而非由表象得来的知识。因此，他不可能接受昔日柏拉图式的回忆说，或后来笛卡儿式的天赋观念论。当我们拥有真实知识的时候，我们是与那种知识的理想对象直接接触的。

那么，这些对象又是什么？如果我们回想可变性乃是被造物的特征，那么，这些对象既然是永恒不变的，则必定是神圣的。奥古斯丁把此类对象解释为上帝心灵中的思想，即"神圣观念"。事实上，它们就是被移入上帝心灵当中的柏拉图式的型相。亚历山大里亚的斐洛（即犹太人斐洛，约死于公元 45 年）以及奥古斯丁之前的其他人，都已经迈出了这一步伐。不过，神圣观念的复多性与上帝的单纯性是如何相容的？这无疑是个问题。

因此，光照说的一般理论便始于这种关于知识及其对象的高尚观念，即知识要严格地成为上帝的特权。被造的心灵变化不定，无法凭借自身的自然能力达到真正知识的坚实而持久的状态。不过，如果人有时确实拥有这种知识，那只能是因为上帝曾将这些知识赠予他们，而不求回报。这样的知识必以某种方式包含了对神圣心灵自身的一瞥。

光照说的特殊理论

相反，较弱的或特殊的光照说则不依赖于奥古斯丁对实在的等级观，或此类关于知识的崇高概念。即便奥古斯丁在此一无是处，人所拥有的某些类型的知识似乎仍然不可能凭借人自身的能力来解释。这样的知识包含理想的概念，限定性的观念。我们可以在两个主要领域最明显地碰到这些概念：（1）数学和几何学，也包括数学化的物理学或自然哲学（例如，关于完美的圆、几何学的点、欧几里得平面、无摩擦的光滑表面、理想气体等等）；（2）价值（完美的正义、理想的美等等）。因此，正是在这两个领域，各种形式的柏拉图主义在历史上一直极具吸引力，这绝非巧合。

困难在于解释人何以拥有此类概念，何以如此之多的命题性知识都包含此类概念。因为很明显，仅仅通过记录在我们周围的经验世界中发现的东西，是无法获得这些概念的。经验世界显而易见缺乏这样的理想之物；我们熟悉的世界也没有展现出完美的正义和完美的圆。而且，也很难看出，就以通常方式源于经验世界的非理想概念而言，通过组合、某种程度上的改变，或一般意义上的**做**某种东西，我们能够产生这样的理想概念。

例如，我们不可能通过观察各种不完美的圆形硬币和餐盘，然后以某种方式在心中"清除"其不完美的地方，从而形成完美的圆的概念。我们也不会承认，除非已经有了完美的圆的概念，而相形之下，发现硬币和餐盘达不到这一标准，才有要清除的不完美之处。基于同样原因，我们也不可能只是说，心灵正好"认出"了那些硬币和餐盘所接近的形状，或是正好"辨明"了它们所趋向的极限。心灵无疑是在这样做，但是，倘若心灵并没有已经具有其他那些东西所接近、所趋向的理想物的概念，它又如何**能够**做到这一点呢？我们也不可能辩护说，也许不存在完美的圆或本质上真正欧几里得式的平面，但确实存在在感知上与那些理想物无从区分的事物，从而心灵完全能够从经验中直接产生理想概念。因为如果存在着与理想物在感知上无从区分的可观察的东西，那么，它们在感知上与稍微不对称的圆或稍微不平的平面也是无从区分的。心灵要做什么才能把一对概念彼此区分开来呢？而且，"不可区分性"理论甚至在一开始就不适用于价值。哎，理想的正义与经验所提供的任何东西都相去甚远啊。

这些思考也许不是决定性的。但是，它们的确表明，就解释我们如何获得理想概念，从而借助人类自身所能做的一切，获得包含这些概念的任何知识而言，其间至少存在着一个严重的困难。因此，某种有如回忆说（柏拉图）、天赋观念论（笛卡儿）、光照说（奥古斯丁）的理论似乎就应运而生了。如果我们接受奥古斯丁式的观点，认为任何确定知识的对象都必定直接向心灵呈现，而不仅仅通过表象，那么回忆说或天赋观念论就不够用了，而需要与理想对象的直接接触。重复一遍，奥古斯丁的光照说让我们瞥见了神圣观念。

光照说的问题

无论何种形式的光照说，所提出的问题也许和所解决的问题一样多。第一个问题只适用于该理论的一般形式：在何种意义上，来自光照的知识是"人的"知识？谁在认识？知识至少部分是认知着的心灵的**行为**。但根据光照说的一般理论，人的心灵是被动的、接受性的，唯有神圣的心灵在主动行动，在照亮人的心灵。而且，如果人的心灵在知识上是被动的，那么为什么我们还要花大力气，耗费多年的求学、研究和博览群书的时光，去得到我们所拥有的那一丁点儿知识呢？简言之，照现在这样子来说，光照说的一般理论需要补充这样一种解释，把某种主动的功能赋予人的心灵。

对光照说的两种形式来说，尚有第二个问题。如果光照包含对神圣观念的直接的一瞥，而且如果上帝的单纯性意味着在他和他的观念之间没有分别，那么，光照如何跟与上帝的直接遭遇相区分呢？而这种直接遭遇乃是"荣福直观"（beatific vision）①，应该留待来生在天国享福的人享有。光照似乎让上帝的心灵直接与我们的心灵相接触。我们是"面对面"地看，而不是"对着镜子观看，模糊不清"（《新约·哥林多前书》13：12）；后者只是单纯的表象，破坏了光照说的要害。进而，奥古斯丁把上帝的直接目光描绘为人类的终极目标（例如《论上帝之城》，xix）。不过，任何关注做一些数学或几何学计算的人在今生都不可能达到这一目标，因为救赎的方式不应当在于增加一栏数字。

第三个问题，谁被照明了？光照看上去很像荣福直观。但是，除了当这种直观理应发生（即在来世发生）时的问题而外，它也理

---

① beatific vision：又译享见天主、真福神视、见主圣面等，指完全净化的灵魂直接面见无限美善天主的圆满境界。

应留待那被赐福的人，即圣徒。然而，即便为上帝摈弃的最堕落的人也能够学会一点几何学，可是这种活动很可能是需要光照的。

实际上，这些问题都是因"自然"与"恩典"相反对而产生的问题之一。上帝赋予被造物某种与生俱来的东西，这些东西被植入其结构本身当中。但是，上帝给予某些被造物的要远多于此。他给它们的是超自然的，这些东西超出了它们凭借本性所能得到的。这些恩赐来自"恩典"，是"不求回报的"。在这一框架中，光照说使知识（或全部或部分）成为超自然的恩典。但是，超自然的知识，即我们拥有却无法凭借自身的自然力量获得的知识，便被称作"启示"（revelation），不是吗？简言之，光照说倾向于把那些看似纯粹自然的知识（部分或全体）比作启示。然而古希腊人并没有启示的帮助，也精于数学和几何学，令人瞩目，而这两个领域，即便在较弱的或特殊的光照说上，也是需要光照的地方。这如何可能呢？

所有这一切都表明，奥古斯丁并未把光照说留作完成了的理论。对此尚需进一步的精致化和区分。这就为奥古斯丁传统中的后世思想家留下了很多要做的工作。

波爱修

在奥古斯丁和波爱修之间的拉丁哲学，实在是乏善可陈。波爱修（Boëthius）于 480 年生于罗马古老的名门望族安尼畿家族（Anicii），幼年丧父，被同样著名的西马库斯收养，此人系企图在

74

370 年前后复活异教信仰的老西马库斯的后代。这时罗马的古老家族，包括波爱修的家族，都是正统的基督徒了，但狄奥多里克的东哥特王国统治下的罗马则不然，他们是阿里乌斯派的基督徒，正统派视之为异端。尽管存在着这样的紧张关系，但波爱修仍然在狄奥多里克治下升任执政官（*Magister officiorum*）。如今虽没有与此相当的职位，但当时无疑是炙手可热的官职，因为它兼管军事和民政。波爱修最终卷入了一场政治密谋，被控以叛国罪，并身陷囹圄，被判处死刑。在等待行刑期间，他撰写了最著名的著作《哲学的慰藉》（*The Consolation of Philosophy*），在书中他宣称他是无辜的。绝大多数学者也愿意相信他的清白。无论是否有罪，波爱修还是在 524 年或 525 年被处死。①

波爱修通晓希腊语和希腊的思想遗产，也是将希腊学术传递给拉丁西方的最重要的通道之一。除了《哲学的慰藉》和另外几部著作之外，他还翻译了亚里士多德的《范畴篇》和《解释篇》，以及波菲利为亚里士多德的《范畴篇》所写的《导论》（*Isagoge*），波菲利是普罗提诺的学生和传记作家。波爱修似乎还翻译了亚里士多德的其他逻辑学著作，但这些译文很久以后才开始广泛流传。此

---

① 收养波爱修的西马库斯（Symmachus, Quintus Aurelius Memius,？—524）是罗马元老、贵族，485 年任执政官。他还把女儿嫁给波爱修。波爱修由于为被指控谋反的元老阿尔比努斯做辩护，也被扣上同样的罪名。因此，西马库斯为波爱修申辩，结果却同被处死。处死他们的就是狄奥多里克大王（Theodoricus，约 454—526），他是意大利的东哥特王国国王（493—526 年在位），也是中世纪早期欧洲最杰出的统治者之一。他征服了意大利，并在此实行了 33 年的和平统治。狄奥多里克极力保持哥特人与罗马人和睦相处，他从来不搞宗教迫害，时时宣传所谓"文明"思想，这意味保持和平秩序和种族平等，对压迫和暴行进行惩处。晚年他却因杀害波爱修而声名狼藉，死后葬于拉文纳，墓石至今犹存。

外，他还撰写了关于逻辑问题的评注和几篇独立的论文。除了柏拉图《蒂迈欧篇》的一部分（查尔西迪尤斯译）和一位伪狄奥尼修斯·阿烈奥帕吉特（Pseudo-Dionysius the Areopagite，见下）的著作外，直到 12 世纪，波爱修翻译的希腊哲学著作仍是西方世界普遍可得的唯一主要文献。

哲学的慰藉

波爱修的《哲学的慰藉》实际上是对恶与命运无常的沉思。因此，书中有许多奥古斯丁的成分，也就不足为奇了。波爱修接受了奥古斯丁的观点，既认为恶并非因自身而成的实存物，而是善的丧失，也认为被造物的自由意志最终是造成恶的原因。虽然他在《哲学的慰藉》中对此长篇大论，但这并非真正困扰他的东西。他主要关注的是一个稍微不同的问题：假如上述两个观点皆成立，为什么这个世界中的恶人得势而好人遭殃？即便在恶的本性和为恶负责任的问题上，奥古斯丁是正确的，但为什么对此仍然无所作为呢？在这部著作中，波爱修真正提出的问题是："为什么我身陷囹圄?"

预知与自由意志

在哲学上，或许《哲学的慰藉》最有意义的部分出现在第五卷，也是最后一卷。在那里，波爱修承认，如果被造物的自由意志要为世间的恶负责，那么他们的自由意志最好还是与上帝对他们将如何行事的预知相一致。简言之，这是一个经典的难题：如果上帝预先知道我们将做什么，那么我们在此事情上如何能够具有自由选择呢?

奥古斯丁在《论意志的自由选择》第三部分中已然提出了这个问题，但波爱修的处理方式极大地促进了这一讨论。他清楚地认识到（而奥古斯丁则不然），此问题不是**因果性**问题：在先的知识引起了将来的行为；反过来也一样。相反，对波爱修来说，这纯粹是必然性、时间和知识的逻辑关系问题。

在波爱修的讨论中，被引用得最频繁的一部分区分了条件句的必然性和可称之为"在条件之下"的必然性。无论是在拉丁语还是在英语中，说"如果已知 p，那么必然 p"是模糊不清的。因为它可以意味这样的条件句"如果已知 p，那么 p"是必然的，这个条件句是真的（因为我们不可能知道假），但绝不阻止它成为自由意志的偶然事件 p。它也可以意味着，如果已知 p，则 p 乃是必然的事实；这一条件句**可能会**蕴含它不是自由意志的偶然事件 p，至少在已知 p 的同时不是。但是，就在后一个断言确实使预知与自由意志不相容的时候，似乎又没有理由相信它一般而言是真的。

76　当然，对这一问题来说，任何严肃的处理方式都必须在这一区分上是清楚的。但是，波爱修并未止步不前。因为关于未来尚有可怪之处。例如，我不知道明年今天（在我所处的位置）是否下雨；这超出了我的理解范围。但是我知道，届时要么下雨，要么不下雨。是否下雨是关于未来的偶然事实（至少就我所知的程度而言），而要么下雨要么不下雨却是必然事实。

波爱修的要点可以概括如下。关于未来可知的东西，如果不只是满怀信心地预言，而是真正地"知道"，那么看起来就要限定在必然的东西上。因此，若 p 是关于未来的命题，则似乎我们具有的就不仅仅是"如果已知 p，则 p"这个平淡无奇的必然性，而且是更强的必然性，即"如果已知 p，则 p 乃是必然的事实"。而在这种情况下，预知就与自由意志完全不相容了。

波爱修以天才般的手段处理了这个问题。他把上帝移到时间之外。虽然他不是第一个采取这种策略的，但在拉丁传统中他是在这个问题上如法炮制的第一位杰出作家。他的理论认为，上帝并不像我们那样把事件视为一个接一个地展开，而是在一种"永恒的当下"同时看到一切事件。事件的排序保存在上帝视角当中，他知道一切事件的先后；但他并不顺次经验它们，它们全都同时"呈现"给上帝。因此，正如当当下的偶然事实发生之时，我们无须以任何干涉其偶然性的方式，就能够知道它们一样，上帝也无须以任何干涉其偶然性的方式，就连我们未来的自由行为也能够知道。

波爱修的解决方案逐渐成为经典，但它是否成功则不确定。如果它有效，则必定可能毫无损失地把关于过去、现在和将来的一切命题（这些命题能够随着时间而改变其真值），转换为关于"之前"、"同时"和"之后"的命题（这样的命题不会随时间而改变其真值）。这实际上是否能够做到，则是时态逻辑（tense-logic）的问题；其结果并不乐观。

共相

共相问题（the problem of universals）是这样的：我们的一般概念是否实际上对应着一般实存物（即共相）。如果是，那么哲学家就要面临这样的形而上学问题：说明这些实存物是什么，如何可能存在这样的东西；如果否，那么就要面临这样的认识论上的威胁：我们的一般概念看起来并不与实在相对应，因此任何关于世界的普遍知识都是不可能的。

在拉丁哲学家中，波爱修是以严肃方式讨论此问题的第一人。他在几部著作中都处理了这一问题，而且在他的著作中实际上有不止一种共相理论。也许最有影响的讨论出现在他对波菲利《导论》的长篇评注中（两篇当中的第二篇）。

在《导论》中，波菲利系统探讨了属、种、种差、特性和偶性的概念。但在序言中，他告诉读者，他不会考虑对于一部导论性著作来说过于困难的特定问题。特别是，他不会问：（1）属和种是真实的实存物，还是仅仅是心灵的虚构；（2）如果它们是实在的，它们是物质的还是非物质的；（3）它们是与可感事物相分离的（如柏拉图的型相），还是被作为其结构中的一部分（如亚里士多德式的本性）。

在这一形势下，评注家就不可避免地感到有必要深入讨论波菲利提出却有意识地拒绝回答的那些问题。波爱修接受了这一挑战。在讨论过程中，他提出了令人钦佩的对共相的描述。共相是为许多事物共同享有的实存物，既是（a）作为整体而共享，而不是像每人都分有一块的馅饼那样一部分一部分地共享；也是（b）同时共享，而不是接连地共享，就像一辆旧车那样，在其使用寿命中被一个接一个的拥有者所使用；还是（c）以这样的方式被共享：内在地进入共享它的那些事物的形而上学构造，而不单纯以外在的方式，如同全部观众把某公共事件当作整体并同时分享一样。（要注意的是，根据这一描述，从条件 c 看来，柏拉图式的分离的型相似乎不是共相。）

在整个中世纪，这一段话被认为给出了共相的标准定义。但并不是唯一流行的定义。在（波爱修翻译的）《解释篇》第七章中，亚里士多德说："共相，我意指那倾向于被用以述谓多个事物的东西。"述谓自然主要是动词关系。但在中世纪，作家们通常认为基于更基础性的形而上学关系的动词关系，亦可被称为"述谓"。这样，按照亚里士多德的定义，共相问题就成为：是否存在"在形而上学意义上"述谓多数事物的实存物呢？

在中世纪，共相问题既以波爱修的方式也以亚里士多德的形式得以讨论。尽管没有先行的理由使我们认为，在一种意义上相信共相存在的人也必须在另一种意义上相信它们，但事实上，这是中世纪最通常的情形。不过，也仍然有些有趣的例外，例如 12 世纪的彼得·阿伯拉尔（见下）。

波爱修本人在他对波菲利《导论》的评注中，采取了一种有时被称为"温和的实在论"的观点。（他说他是从亚弗洛底细亚的亚历山大［Alexander of Aphrodisias］那里得到这一理论的，后者是 3 世纪著名的亚里士多德评注者。）他否认共相是实在的，但又认为这并不危害关于世界的普遍知识。我们的一般概念是基于实在的，即便它们并不基于实在中的一般**实存物**。进行这一工作的方法实际上是抽象理论，波爱修称之为"划分"（division）。对波爱修，也对所有温和的实在论者而言，困难在于清楚地说明这种抽象（或划分）究竟是如何起作用的。而他对此几乎未置一词。

在其他篇章中，波爱修重返共相问题，其中几篇系列作品被收入《神学论文》（*Theological Tractates*）中。其中有一些补充了他对波菲利的评注。但还有一些，特别是在他的《论三位一体》中，主张一种允许最终存在共相实在物的理论。所有这些篇章，后来在

79

中世纪得到广泛阅读，并激发了中世纪后期形形色色的共相理论。

伪狄奥尼修斯与约翰·司各特·爱留根纳

古希腊-罗马文化的解体，其始也远早于波爱修，而在他之后不但继续瓦解，甚至在加速解体。于是欧洲进入了长期的思想蛰伏期，一般意义上的学术和特殊意义上的哲学没有得到广泛的培植。虽然也有一个突出的例外，但这一状态一直延续到千禧年（10 世纪）之后。这个例外就是与查理大帝（Charlemagne，约 742—814）及其继任者联系在一起的"加洛林王朝文艺复兴"（Carolingian Renaissance）。

查理大帝在他的王国全境鼓励僧侣和教区教育，并在宫廷汇集了一批来自各国的学者。其中有约克的阿尔昆（Alcuin of York，约 735—804），他把宫廷学校改变为严肃的教育机构。但这一文艺复兴中最著名的人物也许当属约翰·司各特·爱留根纳（John Scottus Eriugena，约 810—877），他不迟于 850 年来到查理大帝之孙秃头查理的宫廷。

从其姓名可以看出，爱留根纳是爱尔兰血统，也在那里受教育。其时爱尔兰被称为"大苏格兰"（Scotia Major），因此他姓名中有"司各特"（Scottus）。他有时被称为"苏格兰的约翰"（John the Scot），但绝不应与约翰·邓斯·司各脱（John Duns Scotus）相混淆，后者要晚得多（见下）。

西欧的绝大部分地区，到加洛林王朝的时代，关于希腊语知识几乎是荡然无存了。但由于某种原因，在爱尔兰僧侣中却未完全灭绝。爱留根纳通晓希腊语，这足以让他受到晚期希腊思想的充分影响（其中包括某些希腊教父），并能够把希腊语著作译为拉丁语。

在他翻译的希腊语著作中，包括某个伪狄奥尼修斯·阿烈奥帕吉特的著作。就这部重要著作的翻译而言，爱留根纳的译本既非第一个，亦非最后一个，却是最有影响的一个。《阿烈奥帕吉特著作集》（*Corpus Areopagiticum*）包含 10 封信和 4 篇著作：《论圣名》（*On the Divine Names*）、《隐秘神学》（*The Mystical Theology*）①、《论天阶体系》（*On the Celestial Hierarchy*）和《论教阶体系》（*On the Ecclesiastical Hierarchy*）。前两篇在哲学上最为重要。

伪狄奥尼修斯的真实身份已不可索解。根据他的哲学观，或可判定他生活在近东地区，也许是在 5 世纪晚期。但此人的真实身份还不如他的假托身份那样重要。因为被归于他名下的著作，声称是狄奥尼修斯所做，而狄奥尼修斯曾在雅典的阿雷奥帕古斯山上聆听圣保罗的传道，而且也不像聚在那里的其他哲学家那样嘲笑圣保罗，而是信仰之（《新约·使徒行传》17：33–34）。②

在拉丁西方，这些托名狄奥尼修斯的著作一俟广为人知，立刻得到极其严肃的对待。由于其托名的作者乃是使徒本人的直接信徒，因此它们的权威仅次于《圣经》。不过其中不乏棘手之处，因

80

---

①　在狄奥尼修斯以及中世纪用语中，神秘（mystical）的基本含义乃是隐藏。有学者指出，在 16 世纪的用语中，"神秘主义者"即冥想者或灵修者，"神秘"一词并非神怪或怪异之事，而是隐藏，即上帝隐藏之秘密，故需以冥想与修炼来达至了解和融合。因此这里将此书译为《隐秘神学》而非拗口的《神秘神学》。

②　阿雷奥帕古斯（Areopagus）是雅典审判庭之所在，和合本《新约·使徒行传》中译为亚略巴古，狄奥尼修斯被译为丢尼修。

为这些著作中包含的理论，有时其正统性十分可疑，有时则与当时在西方占主导地位的奥古斯丁传统相当不协调。因此，从一开始就有人怀疑它们是伪作，但直到 19 世纪后期其伪作之名才不容置疑。

对拉丁西方来说，人们所熟知的理论是以三种方式谈论上帝，而伪狄奥尼修斯的著作非常接近此理论的来源。这三种方式是：（1）肯定地，即肯定其中的谓词是对上帝的断定；（2）否定地，即否定其中的谓词是对上帝的断定；（3）卓越地，即将上述两种方式调和起来，只在指示某种卓越性上才肯定其中的谓词是对上帝的断定。因此，通过第一种方式，就上帝是我们能够在被造物中所发现的一切善的来源或原因而言，我们可以把上帝称作"善的"。通过第二种方式，如果我们希望谈论作为其自身的上帝，而不是与被造物相关联的上帝，我们就必须否定关于上帝的一切述谓，因为上帝不同于任何能用语言来描述的熟悉的事物。因此在这个意义上，上帝不是善的，而且事实上他甚至不存在！但是，这种否定的方式并不等于彻底而直接的无神论，第三种方式就表明了这一点。上帝就其本身而言不是善的，也不存在。但这并不意味着上帝达不到善或存在，而是说上帝"超越善"（super-good）、"超越存在"（hyper-existing），即超出了善，超出了一个存在物的程度。

81   以这种新柏拉图主义的方式说上帝是"超出存在的"，有其认识论上的推论。我们假定承认存在即可理解性的传统等式（如早在巴门尼德的残篇 2 中所提出的），这意味着上帝在严格意义上是不可知的。结果，在源于伪狄奥尼修斯的这一部分西方神秘传统中，就在神秘经验中与上帝直接遭遇而言，不是从光和理智方面去描绘，而是从黑暗和意志方面去形容了，而就意志而言，即便对于不可理解的东西，也能够去爱。像"未知之云"和"灵魂的暗夜"这些熟悉的片语就是这一传统的特色表征。这与上面描述的奥古斯丁的看法相去甚远，奥古斯丁基于《出埃及记》3：14的权威表述，不仅将上帝视为超出存在者的，而且视为最真实的，因此一切存在者中最可理解的。因此，当奥古斯丁传统描绘与上帝的直接遭遇时，它是从理智和光的方面去描绘的：令人炫目的闪光、"荣福直观"，甚至是"光照"。奥古斯丁的权威和伪狄奥尼修斯的假定的权威意味着上述两种观点皆不可完全不予理会。在中世纪，它们有些时候保持了难得的共存状态。

作为伪狄奥尼修斯的译者，爱留根纳也受到他和另外一些后期希腊作家的强烈影响。结果是，在那些只熟悉拉丁主流传统的人看来，他的著作常常风格怪异，充满异国情调。他的两篇著作《论前定》（*On Predestination*）和《论自然的划分》（*On the Division of Nature*），曾被谴责为异端观点，其中前者在他一生中被谴责了两次。人们对爱留根纳的称呼甚多，从泛神论者到伟大的理性主义自由思想家，无所不有。而对他的观点的正确评价仍然饱受争议。

《论自然的划分》无疑是爱留根纳的代表性巨著。这是一部分为五卷的长篇对话，所提出的实在观是从伪狄奥尼修斯等人的观点出发，把奥古斯丁传统与新柏拉图主义的主题结合在一起。尽管对此书的诠释并不确定，但此书也许是对总体哲学观点的最系统的阐述，在中世纪无出其右者。不过，尽管后来的作者并非完全没有利用这部著作，但其影响似乎并不广泛。

坎特伯雷的安瑟尔谟

82   加洛林王朝文艺复兴只是昙花一现。直到第一个千禧年之后，欧洲才进入了漫长的文化和社会发展的新时期。哲学加入了这一广泛的复苏。在大约 1050 年之前，有重大影响的中世纪哲学家屈指可数，但此后，重要的、深刻的且有影响的哲学家大量涌现，以至于以一人之力不可能尽数了解他们。而且，哲学的风格也发生了改变，不再是那么"空想式"的工作，不只是去解释实在，而且成为非常富有论辩性的学科。

这一情况在坎特伯雷的圣安瑟尔谟（St. Anselm of Canterbury，1033—1109）那里已见端倪。安瑟尔谟是意大利人血统，但后来则进入了诺曼底的贝克隐修院，属于本笃会。诺曼征服之后，前任院长兰弗朗克（Lanfranc）成为坎特伯雷大主教，安瑟尔谟继任为院长。最后，安瑟尔谟自己也来到英国，并继兰弗朗克任坎特伯雷大主教。

安瑟尔谟强调严格的推理论证，今天的哲学家对此既有兴趣也很熟悉。而在那时，他的著作尚未达到运用高度技术化的经院哲学术语的程度，而正是这些术语，使中世纪后期哲学令人望而生畏。因此对于有兴趣阅读原著的非专业人士而言，安瑟尔谟也许是最容易接近的作家。

安瑟尔谟写了几部重要的著作，绝大多数是在贝克隐修院写的。其中最重要的是《独语录》（*Monologion*），此书系统探讨了上帝的存在和本性；《宣讲》（*Proslogion*），此书较为简要地讨论了许多同样的论题，包括安瑟尔谟著名的"存在论证明"（见下）；以及《上帝为何降世为人》（*Cur deus homo*），写于任坎特伯雷大主教期间，是关于道成肉身的对话。

安瑟尔谟的兴趣在于找到信仰真理的"必然理由"。因此，他不仅在《独语录》与《宣讲》中试图证明上帝的存在和本性，而且在前一部著作中致力于找到三位一体的"必然理由"，在《上帝为何降世为人》中发现道成肉身的"必然理由"。在所有这些情形中，所涉及的"必然理由"对于我们纯粹自然的能力来说是可靠的。与奥古斯丁相反，在安瑟尔谟那里，相对来说，几乎没有求助于《圣经》或教父们的权威根据。

尽管由于安瑟尔谟在宗教问题上诉诸理性的方式新奇而极端，因此受到批评，但他的方法却是未来的道路。后来的经院哲学家越来越认为神学不仅事关"智慧书"，而且也是科学的科目。但就安瑟尔谟对推理的使用而言，有两件事值得注意。其一，他并非试图证明神学真理，仿佛若不证明，它们就大可怀疑一样，他的目的不是去支撑信仰，似乎如若不然就站不住脚一样，而只是去仔细考察他已确信无疑的东西。他的态度可以用《宣讲》开头的一句名言来概括："我信仰以便理解"（I believe in order to understand；*Credo ut intellegam*）。其二，安瑟尔谟并不认为他诉诸理性就排除了宗教中的神秘领域。例如，在《独语录》中，他认为他能够证明上帝是三位一体的，但他并不认为他能够解释三位一体是如何起作用的（见第 64 章）。

毫无疑问，安瑟尔谟在哲学上最经久不衰的贡献就是所谓的上帝存在的"存在论证明"。(不过这是后来使用的新词。)在《宣讲》的导论中,他从这样一个疑问开始:是否可能找到一个单一的论证,一下子就能完成《独语录》中借助错综复杂的推理网络,殚精竭虑建立起来的论证。最终,他妙手偶得如下精巧的论证(在此简化为其核心要点):(1)所谓"上帝",我们指"可设想的无与伦比的伟大的存在者"。(2)为采取归谬法,假设可设想的无与伦比的伟大的存在者并不真实存在。(3)但是,我们能够设想它在现实中存在。(4)现在,如果可设想的无与伦比的伟大的存在者实际上也存在,那么就将比它实际上不存在更伟大。因此,由(3)和(4)可得:(5)设想某种比可设想的无与伦比的伟大的存在者还要伟大的东西是可能的。既然(5)是矛盾的,那么假设(2)便是错误的,因此根据归谬法可得:(6)可设想的无与伦比的伟大的存在者(即上帝)终究是实际存在的。这一论证的前提是(1)、(3)、(4)。(3)似乎完全无所谓,而(1)不过是定义,即便没有穷尽我们通常用"上帝"所意谓的东西,但确实表达了"上帝"的独一无二的性质,因此,这一论证中真正起作用的是步骤(4)。

在攻击或捍卫安瑟尔谟这一论证上打的笔墨官司数不胜数。但实际上往往没有仔细看清楚这一论证说了什么,就口诛笔伐,这实在已经司空见惯了。事实上,这一论证也常常与笛卡儿等人提出的一种完全不同的"存在论证明"混为一谈。例如,安瑟尔谟并没有说"存在是一种完满";论证中根本就没有提及"完满"(perfection)。他也没有说任何存在的东西,根据事实本身,就比任何不存在的东西更伟大,甚至也没有说任何东西,如果存在,则根据事实本身,就比倘若它不存在而更伟大。他说的只不过是:对他正在谈

84

论的那个非常特殊的东西而言，后一个断言才站得住脚。他的论证
并不像有时候人们所指控的那样，暗地里预设了上帝是自身协调一
致的（什么前提会预设这一点呢？），尽管如果其论证是可靠的，则
自然可以得出这样的思想：上帝自身是协调一致的，"由是而能"
（*ab esse ad posse*）。再者，安瑟尔谟的论证就其谈及"伟大"的所
有地方而言，并不依赖于任何关于绝对的或客观的"伟大"或价值
的理论。因为此论证的形式上的结构完全是一样的，而不管"更伟
大"是否意味着"绝对的更伟大"，抑或"根据我自己的个人的特
殊分级而更伟大"。而且，对我私人的优先考虑的东西进行分级，
而这些东西在某种程度上证实了那些前提，这自然也是可能的。因
此，即便安瑟尔谟以别的方式相信某种关于绝对"伟大"或价值的
理论（无疑是这样的），就现在的情况而言，假定这种理论也绝不
会影响他的论证。

　　最后，安瑟尔谟的证明之所以常常遭到反驳，是因为它不合法
地从纯粹概念的领域（如休谟所称的"观念间的联系"）转入实际
存在的领域（如休谟所称的"事实"）。而据说这是完全不可能做到
的；否则，我们就能够从我们能够设想它们这个单纯的事实，推出
所有类型的虚假事物的存在。但这一驳斥未免轻率。从安瑟尔谟的
证明绝不可能得出：我们能够从其单纯的概念而推出任何东西的存
在。我们只能得出：鉴于论证本身所给出的理由，我们能够在一个
特定的特殊情形下这样做。而且，这也不是说，好像我们就一点也
不能通过考察概念而分辨实际存在。比如说，我们能够完全正确地
从"方的圆"的概念，推出这种东西不存在。既然我们能够从概念
而推出事物不存在，为什么就不应当有推出存在的可能呢？这种不

85

对称未免太奇怪了。一言以蔽之，对存在论证明的这种"驳斥"，看起来不过是教条而已，实际上从未屈尊看看安瑟尔谟的证明，就企图驳斥之。

然而，安瑟尔谟的证明似乎也有**某种**错误。至少在某些人看起来是如此，甚至在安瑟尔谟的时代也是这样。因为安瑟尔谟的一位同时代人，即一位名叫高尼罗（Gaunilo）的马牟节的僧侣，读了安瑟尔谟的《宣讲》之后，写了一篇答复。安瑟尔谟曾向《圣经》中的一位愚顽人讲他的"存在论证明"，而"愚顽人心里说，没有神"（《旧约·诗篇》14：1）。高尼罗因此就把他的答复命名为《为愚人辩》。当然，高尼罗和安瑟尔谟一样，都不是在一本正经地怀疑神的存在；但他认为，他一见关于上帝存在的证明，就会认出是糟糕的。

高尼罗的文字艰深，晦涩难懂，但有一节却清楚明了。高尼罗实际上断言，如果安瑟尔谟的论证是可靠的，同样的论证亦可用于证明任何类型的理想中伟大事物的存在。例如，他评论道，据说海中某处有一无与伦比的岛屿，不可能设想比它更伟大的海岛了，由于显而易见的理由，只能名之曰"迷失之岛"。这样的岛屿如果存在，自然比若不存在更伟大，因此根据安瑟尔谟的推理，必定真实存在。这两个论证完全对等。既然例子按常规要普遍化，那么隐含的结论就是：由于能够构造出与安瑟尔谟的证明类似的证明，用以证明所有类型的虚构事物的实在性，那么其中必定有错误。

安瑟尔谟也对高尼罗做出答复，看看他对"迷失之岛"论证的回应是很有意思的：

现在我大胆地说，倘若谁会为我找到任何或作为实际的事实而存在，或仅仅在思想中存在的东西（除不可能设想比它更伟大的东西之外），并且能够把我这一论证的逻辑适用于之，*86* 那么，我就会找到那个迷失之岛，送给他，这岛也就不再迷失了。

这就是安瑟尔谟对此所说的全部！换言之，迷失之岛的论证并不与他自己的论证对等。

不过，似乎安瑟尔谟是错的。高尼罗的论证在形式上完全类似于安瑟尔谟的。他只是限制了推理的辖域；他的论证不是在讨论一切可设想的东西，而只涉及可设想的岛屿。但任何论证，只要在较大的推理辖域中有效，在较窄的推理范围中仍然有效。而且既然高尼罗的论证与安瑟尔谟的论证一样，都没有预设任何绝对的或客观的事物分级，也就能够通过适当地选择关于"伟大"的优先考虑因素，而证实高尼罗论证的诸前提。简言之，如果安瑟尔谟的论证有效，那么高尼罗的论证亦复如是。既然高尼罗的论证明摆着不起作用，那么安瑟尔谟的证明也无效。

不过，在高尼罗表明安瑟尔谟的论证有错误之处的时候，他也没有揭示这错误何在。因此之故，思想家们仍必须施其天才，尽其巧慧。安瑟尔谟的证明仍旧是一切时代最引人入胜而又最令人困惑的论证之一。

12 世纪

安瑟尔谟卒于 1109 年，当其时也，欧洲文化和学术复兴的势

头蔚为大观。实际上，12 世纪便是这样一个时代，有时被形容为
"复兴"（Renaissance）。

在这一世纪发生的一个特殊事件，改变了欧洲理智生活后来的
整个进程。在西西里，有时也在君士坦丁堡，特别是在西班牙，希
腊语和阿拉伯语著作开始被大量翻译出来，西班牙的大主教索维塔
的雷蒙（Raymond of Sauvetat，卒于 1151 年）在托莱多创建了一
种培养译者的学校。来自这些地方的译本包括数学、医学和哲学著
作。到 13 世纪早期，这些新获得的思想素材所形成的财富，开始
令人振奋地冲击着西欧。突然之间，学术不再仅仅是保存传统，也
是处理新的、有时也是相当陌生的思想的工作。对哲学来说，起决
定作用的译本当然是保存下来的亚里士多德的文本。到这一世纪的
末期，亚里士多德著作的拉丁译本已可以得到，而在 13 世纪早期，
它们已广泛流传。此外，伟大的阿拉伯哲学家的著作也容易获得，
其中最重要的是阿维森纳（Avicenna，即伊本·西拿 ［Ibn Sina］，
980—1037）和阿威罗伊（Averroës，即伊本·路西德 ［Ibn
Rushd］，1126—1198）。

彼得·阿伯拉尔

在人们尚未感受到这些新发现的文献所带来的影响之时，彼
得·阿伯拉尔（Peter Abélard，1079—1142）就已结束了自己的职
业生涯。实际上，就此而言，他是最后一位中世纪大哲学家。进而
言之，他是一位当之无愧的大哲学家！阿伯拉尔的思想异常丰富而
富有原创性。他在神学、伦理学特别是逻辑学上都著有重要作品；
但也许讨论得最为广泛的是他的一些形而上学思想，特别是关于共

相问题。

阿伯拉尔在几种不同的文本中讨论了共相问题，其中最为人熟知的出现在对波菲利《导论》的注释中，收录在阿伯拉尔的《逻辑初阶》（*Logica "Ingredientibus"*）里。在那里，他讨论并辩驳了几种当时的理论，然后着手提出了自己的观点。首先驳斥的是他的老师，尚波的威廉（William of Champeaux）所坚持的强"实在论"，该理论一度统治了巴黎的主教座堂学校，后来又统治了巴黎郊外圣维克多隐修院的僧侣学校。威廉实际上认为，比如苏格拉底，就是一种形而上学的"夹层蛋糕"，由连续的形而上学因素逐次形成：物质性，肉体性，生命，兽性，人性，希腊性（Greekness），等等。每一个后继的因素将前一个因素变窄或予以具体指定。而个体，如苏格拉底，则是这一切因素的总和。根据波爱修对波菲利的第二篇注释所给出的共相的定义，使威廉的观点成为"实在论"观点的，是这样一个断言：比如说，如果我们从苏格拉底和柏拉图开始，并在心中去掉"人性"之后的一切因素，则将以苏格拉底和柏拉图共同具有的**一种**人性而告终，而不是各自具有的两种人性。

阿伯拉尔认为这一理论在形而上学意义上是不融贯的，因而予以拒斥。在阿伯拉尔的这一部分讨论中，有一个文字上的重要问题，使他的论证看起来不能令人信服。这就是说，那些论证似乎依赖于威廉的另一个断言，即在根据属加种差（例如，人＝动物＋有理性的）来确定的传统定义模式中，差项（difference-term）包含着对属的隐含指涉（因此，理性的＝理性**动物**＝人）。但威廉却可以毫不犹豫地抛弃这后一个语义学论断，而用不着在其理论的基

88

本实在论上做出妥协。

不管威廉有何优势，阿伯拉尔在《我的苦难史》（*Story of My Adversities*）中宣称，由于他天才般的证明，威廉被迫放弃了他的理论，转而采取了另一种理论，即如果我们在心中去掉苏格拉底和柏拉图在"人性"之后的一切因素，则将以两种人性而告终。而这两种人性固然是相似的，但在数量上却是两个，而非一个。

阿伯拉尔继续记录了他对威廉的第二种理论的攻击，其结果是威廉被迫完全放弃了共相问题，他的"讲座就因不够细致周密而陷入困境"。此后，威廉退隐圣维克多隐修院。

阿伯拉尔对威廉的第二种理论不再斥之为不融贯；相反，阿伯拉尔自己的理论与之大同小异。毋宁说他的反驳是：该理论根本不是亚里士多德意义上的实在论了，所谓亚里士多德的意义就是说，存在着非语言学意义的"述谓多数事物"的实存物。阿伯拉尔考虑了威廉的第二种理论的几种变化，而无论对何种变化，他都提出这样的问题：以非语言学的方式"述谓多数事物"的理论是怎么一回事。而他无法找到可接受的答案。显然，这些理论的支持者都认为自己是亚里士多德意义上的实在论者，但阿伯拉尔则论证说他们并不是。

对阿伯拉尔本人的共相理论的正确解释存在重大分歧。但根据至少一种或可接受的解读，阿伯拉尔走了折中道路。他认为，如威廉的第一种理论所说，确实存在某种苏格拉底和柏拉图都共同具有的形而上学因素。这就是阿伯拉尔所称的人的**中间状态**，是由不定式短语"成为人"（to be a man，而不是由"人性"）来表达的。他主张，这一形而上学因素不是一"物"，这似乎意味着这一因素不能被述谓，因此也就不在公认的亚里士多德的范畴之内。（这一限定大概让他本人对威廉第一种理论的反驳缴械投降了。）不过，这一因素却是真实的，并作为"人"这一普遍词项在形而上学上的相关方面起着作用。这一理论拯救了我们关于实在的一般断言的客观性。就设定一般实存物，并符合波爱修在对波菲利的第二篇评注中对共相的描述而言，阿伯拉尔的观点是"实在论的"。而在亚里士多德意义上，则不是实在论的；它不承认非语言上的实存物是"述谓多数事物的"。因此，阿伯拉尔的理论清除了存在论与述谓［或谓项］之间的随便而简单的关联。

这里面尚有许多复杂的因素。特别是阿伯拉尔把这整个解释与"指谓"（signification）的精细理论和关于语言的心理学联系在一起。在这里无法详述这些问题，但它们确实值得仔细研究。

大学

在 12 世纪，各种类型的中世纪教育出现了多种重要的发展变化。僧侣学校，如安瑟尔谟在贝克和尚波的威廉在圣维克多的学校，都负责青年僧侣以及他们关心的其他人士的教育，这至少自卡西奥多鲁斯①的时代就开始了。此外，从大约 1050 年开始，与独自收徒授业的"老师"（masters）相联系的学校也时有建立。这些老

---

① 卡西奥多鲁斯（Cassiodorus，约 477—570），古罗马历史学家、政治家和僧侣。曾任执政官。540 年后退出公职，并建立一座寺院，保存了罗马文化的精华。他的著作有《杂录》、《远古史》、《论灵魂》以及《论宗教文献和世俗文献指南》等。他虽非大作家，亦非学者，但从事手稿之收集工作，责成僧侣们进行抄录，所抄既有基督徒的作品，也有异教徒的作品。此举成为后世各地效法之榜样。

师经常带着学生在各处授业。阿伯拉尔就曾一度在法国的默伦（Melun，约 1104 年）做过这样的老师。

这两种教育方式在大约 1150 年之后，其重要性日益衰败，尽管僧侣学校至今尚存。与此同时，另外类型的学校在教会中不断发展，其目的是教育要担任世俗的神职人员的那些人。阿伯拉尔师从尚波的威廉之时，便在巴黎的主教座堂学校。他也曾在法国拉昂（Laon）的另一所主教座堂学校，在一位叫安瑟尔谟的老师（非坎特伯雷的安瑟尔谟）指导下研究神学。这些主教座堂学校在大约 1000 年到 1200 年繁荣起来。

后来的中世纪大学常常就是因为得到了皇家或教会的特许状的认可，从这些主教座堂学校中孕育而出的。第一批大学始于 1150 年左右的意大利和 1200 年左右的法国。牛津大学和剑桥大学则稍晚一些。值得一提的是，大学作为极少数重要的中世纪建制之一（与教会和议会一道），几乎是完整无缺地保持到现在。

一俟大学体制牢固地确立起来，哲学就成为日益专业化的学科，越来越不同于神学。哲学是在艺学院①中教授的，艺学院提供了一种"本科生"学习课程，所有学生必须完成这些课程，才能到某一"较高"的系科继续深造。而神学则不仅求助于理性，而且求助于《圣经》、教父和教会会议，是作为"研究生课程"在独立的神学系中教授的。

许多（但绝不是全部）被认为是最好的中世纪后期哲学事实上

---

① 在中世纪早期的大学中，一般分为艺学院（Faculty of Arts）、神学院、法学院和医学院四个学院。现在一般称为文理学院。

是神学家的作品，认识到这一点是很重要的。如果我们发现，这些神学家是诉诸《圣经》或教会教义的，那并不是说他们在不合法地把信仰方面的内容输入到应当以理性为基础来展开的论证当中，毋宁说他们只是在做神学家的分内工作。现代的读者必须认识到，仅仅着眼于这些文本的哲学内容来阅读它们，就等于采取了一种人为的选择性立场，并在一定程度上歪曲了作者的意图。而且，即使我们承认这一点，在这些神学文本中，我们仍能发现大量优秀的纯粹哲学内容。

晚期中世纪哲学所具有的严格意义上的学术背景，也是造成重要的风格变化的原因。极其严密而技术化的经院哲学语汇逐渐发展起来，独具特色的"争辩"（quaestio）模式也建立起来，这种"争辩"是用于讨论的，要求作者在给出自己的意见和答复预备性的论证之前，考察问题双方的有时候相当冗长的系列论证。（这种"争辩"模式不仅用来写作，也活跃在实际的学术争论当中。）这些因素使晚期中世纪哲学对非专业人士来说异常困难，而当文艺复兴时期的人文主义者讥讽经院哲学的"讼棍伎俩"和蒙昧主义时，所考虑的也正是这些因素。不过，他们的抱怨不应当令更有耐心的读者望而却步。

大学由于其自身特性，也哺育出大量学者。因此，在大约 1200 年之后，重要的哲学思想家数量猛增也就不足为奇了。

逻辑的新发展

在保存下来的亚里士多德著作中（《范畴篇》和《解释篇》除外，因为它们在波爱修的译本中已得以了解），在 12 世纪，逻辑学著作的拉丁文译本是首批最新得到的著作。尤其是亚里士多德的《辩谬篇》(*Sophistic Refutations*,又译《驳诡辩家》)在1125年之后开始短暂地流传开来。这部小书对中世纪逻辑学的发展影响极大。

亚里士多德的这篇论文考察了各种形式的谬误,以及它们如何产生和如何避免之。尽管文中的讨论有一定的结构,但显然,即便对于初次读到的读者来说,亚里士多德的研究也不是详尽无遗的,并能够完全以不同的方式来组织编排。而且,当这部著作以拉丁文译本的形式开始为人所知时,思想家们就已经非常关注谬误问题了,因为这些问题在关于三位一体和道成肉身的讨论中造成的威胁已现端倪,因此必须予以极大的关注,以避免直接的矛盾。

三段论理论(除了直至今日仍然使所有人都困惑不已的模态三段论之外)已被亚里士多德本人有效地详尽阐明了,只剩下一些细枝末节的工作,因此几乎没有什么可以再创造的了。《后分析篇》所阐发的证明理论非常难懂,只是到了后来,中世纪的学者才感觉应付裕如。亚里士多德的《论题篇》五花八门,零零碎碎,也让中世纪思想家无从下手。唯有《辩谬篇》透露出仍然大可研究的迹象,让中世纪学者无须在精通亚里士多德其他错综复杂的思想,就能够处理那些适时的论题。

所有这些因素的结果,就是从12世纪中叶开始新产生的对谬误逻辑的强调。这一关注看起来在逻辑上造成了许多独具特色的中世纪的成果。这样,"论疑难命题"(*De sophismatibus*)一类的论文体裁就产生了,其中展示、讨论并解决的是形形色色的疑难推理。再有,"论非范畴词"(*De syncategorematibus*)这样的体裁也产生了，研究的是语言中各种令人困惑的表达式的逻辑效力，如"就……来说""除……之外""只有"等等。这些论著大大超出了人们以往在逻辑史中了解的东西。

此外还产生了一组逻辑体裁，处理的是逻辑-语义因子，如指称、时态、模态、双关、真值条件等等。这些因子合称"词项属性"。逐渐形成的处理这些因子的逻辑，被称为"词项"逻辑。中世纪在这一领域的主要成果大约到 1350 年完成，不过许多非常有趣的工作一直延续到中世纪结束的时候。

奥古斯丁主义的学说综合体

在 13 世纪，有一组松散的理论，乍一看似乎彼此完全独立，但事实上往往同时出现在同一个作者那里，特别是 13 世纪中叶之后的圣波纳文图拉和他的方济各会追随者。（波纳文图拉将在下面做较为充分的讨论。）这一组理论被称为"学说综合体"①，就目前而论，这些理论大致皆为"奥古斯丁主义的"。不过，自奥古斯丁时代以来，这些理论已大有增益。不仅波爱修、安瑟尔谟等拉丁传统中的哲学家影响并塑造了这些理论，在 12 世纪，阿维森纳和其他在那时被翻译出来的作家也是如此，特别是某位所罗门·伊本·

---

①　"学说综合体"（doctrinal complex）这个表述是吉尔森提出的（参见：Étienne Gilson，*History of Christian Philosophy in the Middle Ages*，New York：Random House，1955）。

加比罗尔①。

93   伊本·加比罗尔是西班牙犹太人，以阿拉伯文写作。因此很多拉丁人认为他是阿拉伯人。他的著作《生命泉》颇有影响，书中表现出新柏拉图主义的广泛影响。这些影响对奥古斯丁也有作用，于是便可解释这一事实：伊本·加比罗尔的大量思想很容易地就融入了大体上是奥古斯丁主义的拉丁框架。

在这个"奥古斯丁主义"学说综合体中，再次产生的主题有涉及共相问题的实在论、光照说，以及被称为"普遍质型论"（universal hylomorphism，又译普遍形式质料说）和"多型论"（plurality of forms）这一对学说。

在中世纪作家那里，后两种学说是联结在一起的。其中普遍质型论主张，万物皆是质料与形式的复合体，只有上帝是唯一的例外。这一观点基于两个孪生原则：（1）唯有上帝是绝对单纯的，一切被造物在某种程度上都是复合的；（2）复合总是质料与形式的复合，即某种相对或绝对不确定的东西和某种决定被造物的东西的复合。由此得出，一切被造物都包含某种质料。物理对象具有"物质的质料"，而"精神的"被造物（例如天使或灵魂）则也具有某种质料，即"精神的质料"。上面已经提到，奥古斯丁早就主张，复合是被造物的特征。"精神的质料"这一术语也同样出现在奥古斯

---

① 伊本·加比罗尔（Solomon Ibn Gabirol，约 1021—1058；拉丁名有 Avencibrol 或 Avicebron 及其他变体），西班牙的犹太"黄金世纪"的一位杰出的文学界和知识界人物。他代表当时希伯来宗教诗和世俗诗的顶峰，也是一位重要的新柏拉图主义哲学家，被誉为西班牙第一位哲学家。其哲学代表作《生命泉》（*Fons vitae*）是以拉丁名阿维塞卜洛署名的。这部作品对犹太教神秘主义的喀巴拉派和基督教的经院哲学产生较大的影响，但圣托马斯·阿奎那指责他把概念与现实等同起来。

丁那里（如《忏悔录》，xii. xvii. 25），尽管在那里此概念未曾展开为充分的理论。

这种奇怪的学说似乎假定了一种语言观和思想观，根据这种观点，凡是我们能够真正而确定地说出的关于某物的看法，都反映了某种决定该物的实在的存在论性质，如果缺了这种性质，该物就在那种程度上是不确定的。但不确定的是关于"形式"的"物质"，而决定该物的是形式。（注意伪狄奥尼修斯否定地谈论上帝的方式乃是一个推论：上帝的完全简单性杜绝了我们对上帝真正有所断定。）如果这些思考确实是普遍质型论的基础，那么这一事实就解释了何以该理论常常与"多型论"这一相关理论有联系。因为一般说来，我们能够真正断定某个已知对象的多少东西，也就有多少型相寓于其中。

不过，"多型论"这一术语在其较严格的意义上最为常用，用以指称形式的"嵌套"（nesting）类型，这一点可由如下谓词序列来说明（所有谓词都指称同一个东西）："这是个实体"，"这个实体是物质的"，"这个物质实体是有生命的"，"这个有生命的物质实体是可感知的"，"这个可感知的有生命的物质实体是理性的"，如此等等。在这种意义上，谓词序列是根据属加种差来进行的，每一个谓词都与寓于所指称的个体事物中的独特形式相符合。因此，如果我们要把人定义为有理性的动物，即有理性的、可感知的、有生命的物质实体，那么显然，根据定义，人具有若干不同的形式。一旦"实体形式"这一术语随着亚里士多德的形而上学著作流行开来，"多型论"也就被认为是这样的论断：个别实体同时具有若干实体形式，根据属加种差的层级而连续嵌套。

要注意的是，如果人的灵魂是某种精神质料，那么，即使死后仍可在肉体的物质质料之外存在，这样，看起来灵魂凭其自身就是完全的亚里士多德式的实体。因此，我们很难看到灵魂如何像齐一化的物质当中的亚里士多德式的实体形式一样，栖居在肉体当中，并产生单个的统一实体；因为灵魂**已经**是实体。这样一来，质型论的观点便代之以倾向于以柏拉图-奥古斯丁式的"两个实体"的构造，把灵魂与肉体的关系看作一个实体以某种方式寓于另一个实体当中，"有如船长在他的船中"或"统治者在他的城邦中"。

如果灵魂凭其自身就是实体，那么它必定具有自己的特有行为，正如任何实体都具有一样。而且，如果即便在死后它也是完全构造的实体，则必定能够在肉体之外施展特有的行为。这样的行为显然不可能是物理的，而只能是精神的行为，简言之，就是认识。因此，普遍的质型论就倾向于支持一种将感觉作用最小化的知识论，因此自然导致某种形式的光照说。

95　　思维敏捷的读者无疑会在这一切当中发现一种尴尬的混合：亚里士多德的观念和语汇与传统的奥古斯丁主题的混合。他还会认识到，在上面勾勒的这种学说综合体的各种成分当中，其间的联系并不等于逻辑蕴含，而是相当于压力和倾向。不同的作者找到了清晰地阐明细节的不同方式。

托马斯·阿奎那

对现代读者来说，圣托马斯·阿奎那（St. Thomas Aquinas,

约 1225—1274）自然是最著名的中世纪盛期思想家。他的名望也许由于这样一个事实人为地得到了加强：教皇利奥十三世在他 1879 年名为《永恒之父》（Aeterni patris）的罗马教皇通谕中，称托马斯·阿奎那是"一切经院博士中的领袖和大师"，并敦促"那些精心挑选出来的教师，致力于介绍托马斯·阿奎那的学说，使学生铭记于心，使之可靠而卓越，超迈群伦"。这些言辞一度导致了对阿奎那思想的过分强调，甚至对其思想的原创性和内容有所扭曲，这就不足为奇了。当然，承认这一事实绝不是要贬抑阿奎那的真正重要性。

阿奎那生于意大利，但他的职业生涯的绝大部分重要时光是在巴黎大学度过的，在那个时候，巴黎大学已成为整个基督教世界首屈一指的学术机构。在多明我会存在的早期岁月，他加入了该教会，这一事实无疑有助于他在接下来的几代人中间，成为多明我会在哲学和神学问题上的主要代言人。

对亚里士多德的吸收

阿奎那使亚里士多德为基督教思想家所接受，这一方向的声望当之无愧。新出现的亚里士多德著作译本，对于热衷深思、博学多闻的基督徒来说乃是一个挑战。光照说自离开奥古斯丁之手以后，就从未成功地明确区分开充分发展了的知识（需要光照）与启示。但是，亚里士多德到来了，他显然富有真知灼见，可又是未得启示之惠的异教徒。而亚里士多德的观点有时近乎异端，这一事实更使局面变得错综复杂。例如，他主张世界是永恒的，他对灵魂不朽的结论至多是模棱两可的。而且，在亚里士多德的宇宙模式中，没有

96

留下与基督教预知一切的上帝相对应的东西。需要注意的是，中世纪人士在柏拉图那里却没有类似的问题，因为（除了《蒂迈欧篇》的一部分之外）他们并未拥有柏拉图的任何实际著作，因此只是经由奥古斯丁和其他教父的"洗礼"过滤了了解柏拉图的。

在这种情形下，有些作家得出结论：亚里士多德的错误恰恰表明，倘若我们无启示之助，而欲进行推理，会是怎样一副样子。而另外的学者，如波纳文图拉（几乎就是阿奎那的同时代人），他确实熟知且欣赏亚里士多德，但仍然站在持保守的奥古斯丁式理想者的一方。

阿奎那倡导新亚里士多德主义，并与那些逐渐同传统的奥古斯丁主义联系在一起的学说决裂，或至少是彻底地重新解释它们；在这方面，他是开创者之一。

驳斥普遍质型论和多型论

例如，在阿奎那的整个职业生涯中，他毅然决然地抛弃了普遍质型论和多型论这两个孪生理论。他认为后者混淆了实体形式和偶性形式。阿奎那是这样解释亚里士多德的：一旦一物具有了实体形式，它就是实体，而它可能会具有的任何后续的形式都必须是寓于已确立的实体当中的类型，也就是各种偶性形式。实体可能同时具有多种实体形式的思想，在阿奎那看来完全是矛盾的，因为它错误地解释了实体形式的作为。例如，在他看来，人并不具有多样性的实体形式即灵魂。这就是说，"植物"灵魂（vegetative soul）使人成为有机体，给人以生命，以及成长、吸收营养和生殖的能力；"感性"灵魂则增加了感觉和另外的能力（这些能力不与一般意义上的有机体相连，而与特殊意义上的动物相连）；"理性"灵魂则增加了理性，因此使人明确成为理性的动物或人。相反，对阿奎那来说，人仅仅是单一的理性的灵魂，以一种实体形式而行动，并除了理性能力之外还使用植物的和感性的能力。需要注意的是，这一理论与一种关于谓词和语言的观点分离了，该观点把多型论和普遍质型论联系在一起；对阿奎那来说，语言并不总是存在论的可靠指南。

与质型论相关的情形较为复杂。对阿奎那来说，普遍质型论的论断（1）和（2）（即唯有上帝是绝对单纯的，一切被造物都在某种程度上是复合的；复合总是质料与形式的复合）与亚里士多德认识论的一个重要论题相冲突：（3）质料阻隔知识。这对阿奎那来说意味着两件事情。其一，它意味着作为知识对象一方的质料阻碍了对对象的认识。可理解性的原则是形式，因此在对物质对象有所理解之前，其质料必定要能在心中与其纯粹的形式特征相分离。但是，其二，它还意味着在认识者一方的质料阻碍了他的认知。亚里士多德曾注意到（《论灵魂》，3.4.429a24-25），心灵或灵魂的认知部分不能与"肉体混合"。阿奎那对此的解释是，这暗示认知能力必定是完全非物质的主体的能力。如果与质型论的观点（即一切被造物都具有某种质料）相结合，那么这一论题所得出的结论就是：（4）唯有上帝才是认知者，但这个结论显然是错误的。即便奥古斯丁式"综合体"的最忠诚的拥趸也会承认，人确实拥有真知，即便他们需要来自外部的光照，以帮助他们获得真知。

在这种情形下，传统的"奥古斯丁主义者"抛弃了论断（3），至少是阿奎那对它的解释。对他们某些人来说，这不仅事关阻碍知识的问题，而且事关物质质料。阿奎那在《论存在与本质》（*On Being and Essence*）中反驳了这一点，并且根本不愿意就论断（3）达成妥协。对他来说，人的灵魂就其内在结构而言完全是非物质的，即便它们在今生今世与物质的肉体结合在一起。

尽管如此，阿奎那还是承认质型论者的第一个论断，即唯有上帝是绝对单纯、绝非构成的。他之所以部分地坚持这一主张，是因为他接受这样的观点（可见于阿维森纳等人）：任何构造，无论是质料与形式、本质与偶性，还是别的什么，都需要把各种成分合为一处的动因。实际上这就是动因或"致动"因之所为：将事物组合起来。因此，上帝是第一因，而不被其他任何原因所引起，他必定是绝对单纯的；但被造物全都是上帝所创造的，上帝就是它们的致动因，它们都是复合的。因此，阿奎那必须在质料与形式的合成之外，找到使被造物复合的另外的方式。简言之，他避免论断（4）的唯一途径就是否认质型论者的论断（2）。他之所以要这样做，是由于若干原因，而并非都涉及他对普遍质型论的回应。

存在

对阿奎那来说，为把握复合的被造物，我们不需要质料与形式的复合。其实那只是一种复合而已，尚有另一种更基本的复合，即一物的本质与其存在的复合。本质与存在的区分对于理解阿奎那的形而上学绝对是至关重要的。尽管亚里士多德曾经区分了一物何所是（其本质）与该物是不是（其存在）这两个不同的问题，尽管其他作家（尤其是阿维森纳）也曾经依赖于这一区分，但将存在概念加以发展，使之成为重要的新的形而上学因素的，还是阿奎那。

对阿奎那来说，一物之存在当然不是其质料，因为非物质的东西也存在。但形式也不是存在。因为就此而言，此形式要么是本质形式，从而我们可以不再区分一物之何所是与该物是否存在的问题，要么是偶性形式。但偶性形式在存在论上是依赖于已经存在的实体的。因此，存在不可能被还原为人们所承认的亚里士多德的任何范畴或原理；存在概念引入了全新的存在论维度。

对阿奎那来说，物质实体所具有的本质，是由原始物质和实体形式构成的。但除此之外还有另一种构造在里面，这就是复合的本质和存在的行为。此二者在某种意义上必定是"真正"截然不同的，而不是心灵思考的单纯产物，否则的话，如果不知道一物是否存在，我们就不可能真正知道此物是什么。另外，精神的被造物并不具有由质料和形式构成的本质，它们本质上是非物质的。不过，在其中仍有本质与存在的构造。唯有在上帝那里没有任何构造，上帝的本质纯粹只是他存在的行为。上帝是"自身独立自存的"（*ip-sum esse subsistens*）。

阿奎那的存在理论在他整个思想中的应用非常重要。例如，存在扮演了"同一性"原则的角色，这就是说，存在是使个体成为它所是的个体的东西。因此，个别的人本质上是肉体与灵魂的复合；但在死后，他的灵魂在实体之外仍然存活。那么这里是存在一个个体还是两个个体呢？对阿奎那来说，分离出来的灵魂与物质的人仍是同一个个体，因为在这两种情形中所包含的是相同的存在行为。但是，它们并非同一个**实体**，因为人本质上是拥有身体的，而分离出来的灵魂却是非物质的实体。这就是（比如说）为什么向圣徒祷告是有意义的，即为什么圣彼得分离出来的灵魂存在于现在，且与很久之前就已毁灭的作为复合**实体**的血肉之躯是同一个**个体**。

尽管它们在神学上的重要性十分明显，但要是认为阿奎那在这些问题上的观点只是以神学上的考虑为基础的，那就错了。相反，他有数量异常庞大的纯哲学论证，以支持这些为他的神学信念所需要的结论。阿奎那显然是为这样的问题而倾注了意义重大的思想。

100　　当然，这里尚需许多细致微妙的工作。例如，如果上帝的本质严格说来与其存在同一，那么知道上帝是什么却不知道上帝是否存在，大概也就不可能了。这意味着阿奎那接受了安瑟尔谟的存在论论证吗？再者，如阿奎那所主张的，如果每一个个体都具有不同于其本质的存在行为，而且如果上帝只是纯粹的存在行为，那么这是否意味着神圣的存在行为也是被植入被造物内部的存在呢？如果不是，如何区分二者呢？如果是，那么既然存在是同一性的原则，这难道不就意味着存在的万事万物最终就是同一个个体，即上帝了吗？几乎无法设想比这更强的泛神论形式了。阿奎那提出了这些问题，并解决了它们。不过，完整的解说不免超出本章范围了。

波纳文图拉

波纳文图拉（Bonaventura，1221—1274）与阿奎那一样，生于意大利，最重要的职业生涯都在巴黎大学。阿奎那参加的是多明我会，波纳文图拉则成为方济各会修士（Franciscan），最终升任该教团总会长之职。与阿奎那一样，波纳文图拉拥有令人敬畏钦佩的心灵；但阿奎那拥护亚里士多德主义，并试图尽可能将其纳入基督教神学当中，而波纳文图拉与之不同，对亚里士多德主义疑虑甚深，他捍卫的是更为传统的奥古斯丁观点。但波纳文图拉的保守性绝不意味着愚昧或反动。相反，他熟知亚里士多德，凡是他认为能够采纳的亚里士多德思想，便欣然接受。但他认为亚里士多德犯了严重的错误。

在波纳文图拉看来，亚里士多德的基本错误，就在于拒斥柏拉图的型相。当然，波纳文图拉并未拥有柏拉图的原著文本，而且也像亚历山大里亚的斐洛、奥古斯丁以及后来几乎所有人一样，把柏拉图的型相解释为上帝心中的思想，即神圣观念。波纳文图拉认为，正是由于拒斥了型相，亚里士多德犯了几个更进一步的错误。

第一，不存在神意（providence）。

第二，世界是永恒的，无始无终。也许很难理解这一点如何从否认神圣观念得出，但亚里士多德在任何情况下都确实持这一主张。需要注意的是，波纳文图拉认为他能够在哲学上证明，世界在时间中有开端。而阿奎那主张，这个问题在哲学上不管用何种方式也无法确定，但在神学上则是一清二楚的。

第三，既然世界（因此大概还有人类）都没有开端，那么也就不可能有个人的灵魂不朽。要么灵魂在死后根本不再存活，要么必定有某种灵魂的"共享"，就像在轮回说或阿拉伯式的亚里士多德主义中那样，根据这两种理论，心灵或理智（完整地或部分地）是被所有人共享的单一、分离的实存物。这里的推理基于相当直接的亚里士多德观点，即不可能存在事物的实际的无限性。但如果人类世代的演替永恒地延续下去，且如果每个人都有自身不朽的个体灵魂，那么由此可以得出，目前存在的人类灵魂是无限多的。

101

第四，如果不存在个人的不朽，那么也就不存在个人死后的赏罚。

这些问题并非微不足道。波纳文图拉完全正确地指出了亚里士多德主义的这些特征，而这些特征对基督教思想家来说是最难对付的。而且，在有选择地拒斥亚里士多德的某些学说，同时接受其他学说的时候，我们必须非常谨慎。哲学家的各种观点倾向于彼此关联、相互联系。波纳文图拉认为，在对柏拉图的型相的拒斥中，他发现了亚里士多德的根本错误，这个错误与其他错误是绑在一起的。

光照说的后期历史

如上所述，奥古斯丁留下了尚未完成的光照说，存在诸多模糊之处和未曾解答的问题。波纳文图拉曾殚精竭虑，对此加以澄清。他赞同奥古斯丁，认为真正的知识确定不变，其对象亦复如是。同样，他也赞同在被造的世界中没有任何东西能够提供知识的这种崇高对象。唯有"永恒的原因"（神圣观念）才是像这样永恒不变的。因此，为了获得知识，我们需要某种类似于奥古斯丁的"光照"的东西。

谁都承认"光照"乃是个比喻。波纳文图拉想要理解此比喻真正意味着什么。他考虑了如下几种诠释光照说的方式：

（1）根据一种解释，神圣观念是人类知识的"唯一而全部的原因"。在神圣观念和人类心灵之外，不再需要其他任何东西，其他任何东西也毫无帮助。根据这种观点，神圣观念是知识的**对象**，因为这里不涉及其他任何东西。但是，波纳文图拉注意到，这种解释把今生的日常知识与荣福直观混在一起了，而这种直观是对上帝的"面对面"的知识，应当留给来世得享荣光之人的。这就是说，这种解释把来自理性的知识与来自启示的知识，把来自我们自然能力的知识与来自超自然的恩典的知识混为一谈了。我们在前面已经看到了所有这些困难。

（2）由于这些原因，波纳文图拉又考虑了第二种解释。这一次，神圣观念不再是知识的对象，但在人类对知识的获取中仍然发挥着必不可少的作用，正如在看东西时阳光所发挥的作用一样——即便这时我们并未直视太阳本身。虽然近来有些学者认为这是正确解释奥古斯丁的方式，但波纳文图拉断言，要让文本支持这种解释，我们非得歪曲文本不可。而且，根据这一观点，究竟什么是神圣观念的"必不可少的作用"？波纳文图拉称之为"影响"（influence），即神圣观念与人类心灵的一种际遇（concurrence）。他认为关于这一解释有两种子理论。

（a）就上帝促成事物本性的一般因素而言，这是不是一个特例？上帝是第一推动者和创造者，因此上帝"影响"其被造物是通过一个单纯的事实：把这些事物所具有的本性赋予它们。但是，如果这就是光照所包含的一切，那么人的纯粹自然的认知官能就完全足以达到真知，而这明显有悖于奥古斯丁的意图。这实际上是把光照说一起抛弃了。

（b）不过，如果光照中的神圣作用超出了上帝对事物本性的一般影响，那这就是"超自然"的影响了，第一种诠释的诸多问题就又回来了。（不过不是全部问题。解释2b并没有把荣福直观与今生的知识相混杂。）

如果否认神圣观念是知识对象的理论不可接受，而且肯定这种理论的、并说无须其他因素的理论也不可接受，那么，也许可接受的解决方式是波纳文图拉本人采用的解释，即（3）神圣观念确实是光照中的知识对象，但它们不是唯一的此类对象。除此之外，还有被造物特有的对象，日常的、自然的人类能力形成了概念，心灵借助这些概念来把握这些对象。（这一点和心灵对神圣观念的见解并非"清晰"的见解这一事实，把光照与荣福直观区分开来。）于是，在由光照而得的知识中，就给人类认知能力的合法的、必不可少的作用留下了位置，这些能力只是不够充分而已。

波纳文图拉的讨论澄清了此问题的许多困难，但他本人的理论是否有效仍不确定。首先，在真知中，心灵面对两种对象，一种是神圣的，一种是被造的，这作为经验似乎是错的。其次，解释（2b）中的问题（从而解释 1 中的一些问题）仍未得到充分的解决。

波纳文图拉之后的作家们继续与这些问题作斗争。但即便在波纳文图拉的时代，托马斯·阿奎那实际上也已完全抛弃了光照说，正如不久之后约翰·邓斯·司各脱也如法炮制一样。（关于司各脱，见下。）对阿奎那来说，光照说乃是这样一种尝试：说明人类的纯粹自然能力不足以解释其纯粹自然的知识（即仅通过使用纯粹的自然能力而获得的知识）。这里有诸多困难，当然就不足为奇了。不过，阿奎那并没有将其连同奥古斯丁的权威完全一遭抛弃，而是情愿把心灵当中纯粹自然活动的那一部分形容为"光照"，亚里士多德主义者将这一部分称为"主动理智"（agent intellect）。（亚里士多德本人在这一语境中曾用过"光"这一术语。）司各脱后来也是这样做的。实际上，阿奎那和司各脱都采用了上面的解释（2a）。

共相、个体化、统一与区分

在 13 世纪和 14 世纪，对共相问题以及相关问题的讨论五花八　105
门，观点各异。阿奎那采取了有时被称为"温和的实在论"的理
论，很像（如果我们不是特别强调的话）波爱修在他对波菲利《导
论》的第二篇评注中提出的观点。另外的看法从瓦特·伯雷
（Walter Burley，约 1275—1344/1345）的强实在论（这也许会让我
们想到阿伯拉尔所记尚波的威廉的第一种理论中的观点），一直延
伸到奥卡姆的威廉对真实共相的坚决拒斥（见下）。

这些观点复杂而精细，在这么短的篇幅内，即使叙述这些新形
式中那些最重要的观点，而不过分简化和歪曲，实无可能。不过，
指出这些讨论所采取的某些新形式和影响这些讨论的新因素，还是
能够做到的。

例如，共相的形而上学地位有时并不是直接讨论的，而只是在
"个体化问题"的相关语境中间接处理的。个体化问题（problem of
individuation）有若干形式，但在中世纪作家那里并不总是像现在
区分得这么清晰。因此，个体化问题意味着（也许还有另外的东
西）：（1）什么使某物成为个体（而不是共相）？（2）使个体成为个
体之为个体是怎么一回事？（这就是上面说的"同一性原则"。）
（3）允许在同一类中存在多个个体是怎么一回事？阿奎那对
（2）的回答——或许也包括对（1）的回答——可见于他关于存在

的思想，但他对（3）的回答则要求助于质料，特别是他称之为"指定的"质料，这是一个相当模糊的概念。

但在中世纪盛期，也许这一讨论最引人注目的新特色是它达到了这样的程度：统一和区分的问题进入了这幅图景。在早先的世纪里，共相问题通常是从普遍实存物的存在（being）方面来提问的：在波爱修对波菲利《导论》的第二篇评注中，就他对共相的定义而言，以波爱修的方式所描绘的所谓形而上学意义上"为多数事物所共有"究系何意？就亚里士多德从谓词方面定义共相而言，（在纯粹的语词或概念之外）"述谓多数事物"究系何意？在 13 世纪和 14 世纪，共相问题仍然以这些形式被极其复杂地讨论着，当然还要加上涉及统一和区分的新问题。例如，什么是共相与其殊相之间的联结，即"统一"？

这样的问题，在其中世纪的形态中，无论对今天的哲学家还是今天的外行来说，都显得极其模糊而陌生。也许接下来的具体说明会有所帮助。考虑三块砖（ABC）组成的一堆砖。在某种意义上我们可以将其视为单个的实存物，因为它们毕竟是一堆砖。不过，认为子堆 AB 和不同的子堆 BC 都是单个的实存物也同样合理。也可以注意到，砖 B 是 AB、BC 和 ABC "作为整体""同时""共有"的，B 就以这种方式进入了 AB、BC 和 ABC 的"形而上学构造"。可是，B 看起来几乎不可能是哲学家所谓的共相，它只是一块普通的砖而已。

这个例子表明了一个普遍的问题：一个单纯的堆或群所具有的统一性与一个真正的个体应当具有的统一性之间的差别是什么？要想清楚地知道这一差别，就要弄清楚某物能够成为若干整体同时具有的一部分的方式，和一个共相应当为若干个体同时"共有"的方式（如果有的话）之间的区分。而要做到这一点就需以间接的方式弄清楚我们认为的共相是什么。

阿维森纳的影响

对上述问题的新的强调，部分地要归因于阿维森纳的影响，他的著作的拉丁文译本不久才问世。阿维森纳主张共相或"共同性质"具有一种属于自身的存在论地位。它们本身当然不是完全的无，因为它们有重要的哲学工作要完成。但它们也不像个体那样是有充分资格的存在者。就其自身而言，它们有较低的存在即一种本质的存在（*esse essentiae*），即本质所具有的那种存在，不同于个体所具有的存在。不过，就这些共相或"共同性质"本身是一还是多这个问题而言，阿维森纳说，此问题完全不可能产生。实际上，他承认"存在"的等级，却不承认"统一性"的等级。

当这一观点译介到拉丁西方的时候，自然与奥古斯丁将存在与统一性相等同的看法发生了冲突。如果我们接受阿维森纳关于共相的"较低存在"的理论，则因此将被要求设法提出统一与区分的"等级"理论。当然，熟悉奥古斯丁的存在等级的作家，借助存在与统一性的等同，也已经熟悉了统一性的等级概念，但这在以前并未直接应用于共相问题。

107

约翰·邓斯·司各脱

在这一领域内，一些最富原创性和最令人激动的工作是由方济各会修士约翰·邓斯·司各脱（约 1265—1308）完成的。与共同性质所具有的存在的较低等级相对应，司各脱为这些性质区分出了"真实而次要的统一性"或同一性，之所以说"真实"，是因为它们并非单纯的心灵的活动，但之所以是"次要的"，是因为它低于个体的严格的统一性或同一性。在通常的经院哲学术语中，个体被说成是具有"以数字表示的"即"数字上的"统一性或同一性，这种统一性的标准乃是"不可辨识性"（indiscernability），这就是说，个体 A 和 B 在数字上的同一，当且仅当一个为真则另一个必为真。不过，共相或共同性质并不具有这种统一性。例如，苏格拉底的动物性（animality）是一种理性的动物性，但猴子布朗尼（中世纪常举的例子）的动物性却是非理性的动物性。因此，此动物性和彼动物性在数字上不可能是同一个动物性。不过，司各脱认为必定有某种意义，使对苏格拉底和布朗尼来说是相同的动物性，而这就是真实而次要的统一性。（显然，为防止遭到反驳，尚需另外许多步骤，此处从略。）

108　　连同共同性质所具有的真实而次要的统一性一起，司各脱区分出非统一性或曰区分的相关类型。这就是广为人知的"形式"区分。不过，若要完全以一种能够适应所有相关文本的方式，表述这一区分，其困难众所周知，而且实际上，在司各脱职业生涯的不同时期，似乎设计出两种非常不同的版本。其细节在学术界至今仍然众说纷纭。

如果说形式区分是司各脱最著名的遗产之一，那么"此性"（haecceity 或 thisness）则是另一个遗产。奇怪的是，实际上 haecceity 这个词也许不是司各脱本人使用的（其手稿的证据不清楚），但这一理论本身确是他自己的。简言之，此性是司各脱对"个体化问题"的回答。个体化问题的三种形式在上面已做出区分。此性理论主要是要解决第二种形式：使个体成为如其所是的个体是怎么一回事？（这一理论或许也可以回答其他形式，这取决于对司各脱的解释。）

正如种差是把属与种结合起来的东西，因此"个体差别"也是把最低的种与个体结合起来的东西。例如，个体差别加到人这一种上，就得到苏格拉底。司各脱论证了这种个体差别除了有其他要求之外，必须（1）是某种肯定的东西，而不仅仅是某物的缺失或否定；（2）必须与特定性质结合在一起，以构成实体统一性，而不是松散的纯粹偶然的统一；（3）必定不是某种被心灵"构想"出来的东西。这最后一点并不意味着心灵完全不可能把握之，毋宁说理智只有一种"描述工作"，即描述个体差别［（1）至（3）都是这一描述的部分］；心灵知道个体差别是什么，但对司各脱来说，由于理智的恰当对象是共同性质，理智并不直接把握"满足那种描述工作"是怎么回事。"此性"就只是表示做该项研究内容的名字。

有必要指出，尽管细节差异很大，但此性对司各脱来说所发挥的作用，很像存在对阿奎那来说所起的作用。这二者各自位于其作者观点的核心，由于对此没有适当的概念，故每一个观点都是神秘

109

的（对阿奎那来说，是因为理智能认识形式，而存在不是形式），也都承担使个体成其为个体的责任。由于这些惊人的相似性，理清这些差异就更加重要了。

奥卡姆的威廉

奥卡姆的威廉（William of Ockham，约 1285—约 1349）与司各脱一样，也是方济各会修士，但在哲学和许多神学问题上，他们截然相反。奥卡姆毅然决然地拒斥真实共相或共同性质的存在，无论是司各脱的版本还是别的形式。他认为，真实的共相在理论上是不必要的，至少在某些形式中，在概念上是矛盾的。他以大量有力的论证捍卫这些观点。在此过程中，他认为自己是在追随亚里士多德的真正教海，而反对那些把来自柏拉图和阿拉伯人的外来因素掺入亚里士多德学说的人。

奥卡姆的共相理论被称为"唯名论"，因为他认为唯有名称（包括概念，在他那里算是精神语言的"名称"）对他来说是真正"述谓多数事物的"。唯有它们才能满足亚里士多德从可述谓性方面对共相的定义。从"多数事物所共有"方面来说，任何东西都不满足波爱修对共相的定义。

对奥卡姆来说，对"个体化原则"的长期探索只不过是浪费精力和笔墨。物无须"被个体化"，它们从一开始就是个体，它们就是那样产生的。需要说明的倒是，倘若在一个体和另一个体之间绝对不存在任何共同的东西，那么心灵如何能够形成共相或一般概念，使之能以某种方式正确地同时应用于若干个体呢？简言之，我们并不需要形而上学的"个体化原则"，我们需要的是认识论上的"普遍化原则"（principle of universalization）。对此，奥卡姆十分诚实地承认，他完全不知道答案。他说，在形成普遍概念的过程中，"自然是以隐秘的方式活动的"。不过，在奥卡姆那里，关注的焦点从形而上学问题转移到了认识论论题，这倒是一目了然的。

110

　　在奥卡姆那里还有另外一个主题，有时被称为"唯名论"，虽然它完全独立于他对普遍实存物的否定。（实际上，"唯名论"这个词被用来表示广泛概括的诸多论断，我们总是应当非常明确使用这个词的时候意味着什么。）这个独立的主题就是奥卡姆的纲领：把形而上学范畴的名单还原至两个，即实体和性质。奥卡姆认为并论证道，亚里士多德的其他八个传统范畴都能够被扫地出门，只保留这两个。因为它们都不过是谈论实体和性质的缩略方式。奥卡姆哲学的这个方面是有争议的。尽管他一再断言，这样的还原原则上是困难的，但令人惊讶的是，他并没有为这种还原提供哪怕仅仅是一个令人满意的例子。他确实给出了一些例子，但都不是完全的还原；包含亚里士多德其他范畴的词项的命题被解析为其他命题，但这些其他命题绝不仅仅包含实体和性质词项（以及逻辑虚词）。这种奇怪的局面使一些现代学者想知道，奥卡姆的存在论纲领是否也许被误解了。

　　尽管奥卡姆无疑是位意义重大、影响深远的思想家，但当有人告诉我们去寻找其影响的时候，并不总是能够找到。例如，他的逻辑著作在塑造中世纪逻辑上被认为是有影响的，甚至是决定性的，但他在这方面的影响却被大大高估了。他的逻辑观点有时确实与他的形而上学相关联，因此我们能够听到奥卡姆"唯名论逻辑"的说法。

没有比这更不真实的了。当然，奥卡姆关于逻辑的许多论述在后世作者那里皆可找到，但几乎在所有这些情形中，奥卡姆的相关段落都不是原创性的，而只不过是重复通常的理论而已。例如，他对"个人指代"（personal supposition）的解释，有时就被描绘为奥卡姆反对共相的唯名论纲领的工具，因为他的解释只求助于个体，而没有诉诸共同性质。所谓个人指代，指的是当词项指称事物能够真正述谓的东西时（除了名字，这些东西不需要"位格"），该词项所具有的指称类型。瓦特·伯雷也主张几乎完全相同的观点（在某些情形下，这种符合几乎是一字不差的）。但伯雷在共相问题上却是个实在论者。（在另外一些方面，奥卡姆与伯雷自然是大相径庭的。）

反之，奥卡姆确实主张一些特异的逻辑观点，这些观点并非该领域通常的表达方式，也不是流行的且在后世有影响的典型观点。例如，不具有现在时时态的命题，或者具有清晰的模态词（如"可能地""必然地"）的命题，都是模棱两可，需要在两种不同意义中选择其一来解读的；这些理论不同于较为通行的理论，即这样的命题具有单一意义的明确解读，该解读包含那两种解读方式的析取，他的理论和更通行的理论完全是两码事。在术语和学说上也有其他许多差异。

这一点自然不会否认奥卡姆思想的重要性，或否认其精妙之处，而只是就那些关于奥卡姆的影响的论断，在它们那些看起来无法得到保证的地方提出怀疑罢了。

超越亚里士多德

阿奎那、司各脱和奥卡姆传统上是介绍后期中世纪哲学的"三大"人物。但在中世纪后期当然还有其他许多活跃的人物，其中不少人值得严肃的考察。不过，在此只能略提一二了。

早在 13 世纪后期，并确定地到 14 世纪中期为止，亚里士多德主义的主要轮廓开始为拉丁西方所熟知，以至于有些作家开始不仅在亚里士多德的观点中寻找神学上的麻烦，也直接找哲学上的问题了。而这已不再仅仅是捍卫传统观点、反对亚里士多德的新颖观点的保守派的事情了；在某种意义上，这是要在全新的方向上超越亚里士多德。

例如，在牛津大学的默顿学院，大约 1320 年之后，一批逻辑学家和自然哲学家开始提出运动与变化的物理学，其方式已大大超出了亚里士多德，并时常运用数学技术解决物理学问题。这一工作方式前景十分光明，也的确有些直接的影响，在后世的近代早期科学中得以发展。数学技术是默顿学派物理学（Mertonian physics）的鲜明特色，以至于这些研究者有时被指为"计算师"。在欧洲大陆，约翰·布里丹（John Buridan，约 1295/1300—1358 之后）等人就造成了物理学中非亚里士多德式的其他进展，其中包括抛射运动的"冲力"理论。

再有，亚里士多德的知识论中也有问题。对亚里士多德的形而上学来说，个别实体是最基本的第一存在。因此，倘若存在与可理

112

解性同一（这几乎是所有中世纪学者所接受的公理，正如为古希腊人所接受一样），则应该得出，个别实体是一切实存物中最能够被充分理解的。但亚里士多德的认识论，按照中世纪学者的理解，则强调理智的对象是普遍者，而非个别物。亚里士多德当然主要是在他非常严格的意义上思考证明性"科学"的，但事实仍然是，就心灵如何能够具有关于个体的知识，而这知识又超出了单纯的感觉而言，亚里士多德并未给出好的解释。阿奎那在一定程度上讨论过这个问题，但直到司各脱和奥卡姆以及他们关于"直观认识"的理论，才取得解决此问题的经久不衰的成果。

有些学者更为彻底地与亚里士多德决裂了。例如在巴黎，奥特库尔的尼古拉（Nicholas of Autrecourt，约 1300—1350 之后）就完全抛弃了亚里士多德主义。他宣称，在亚里士多德那里，他未曾找到哪怕一个真正确定的证明！尼古拉想把我们所有出自自然本性的确信（区别于来自信仰的确信）奠基于不矛盾律的基础上，似乎又用经验来加以补充。（没有这一补充，他的某些论证完全不可理解。）他继续论证道，不存在充分的理由去相信亚里士多德的实体，也没有可能在哲学上证明上帝的存在。实际上，与亚里士多德对证明性科学的理想相反，尼古拉说，从一物的存在甚至不可能证明另一物的存在。结果，他有时被草率地称为"中世纪的休谟"。尼古拉的观点流传不广，实际上他的主要著作于 1346 年在阿维尼翁遭到谴责。但他的观点确实表明，理智的氛围毫无疑问在变化。

大约在 1350 年之后，由于至今尚未充分理解的原因，英国的哲学著作的水平急剧下滑。瘟疫当然难辞其咎，但这不可能是全部原因。来自这一时期有名望的哲学家相对较少。人们对他们的工作知之甚少，这表明尽管他们的工作有时也精巧复杂，但总的来说是派生的，而非原创的。不过也有少数例外，其中最卓越的人物是约翰·威克里夫（John Wyclif，约 1330—1384）。威克里夫的观点相当特异，而且只是刚刚开始得到理解。在共相问题上，他是坚定的实在论者，尽管他对此问题的看法也许并不像他的修辞风格那样极端。威克里夫似乎在英国有重大影响，而且由于他与扬·胡斯（Jan Hus）的联系，在波希米亚的影响也很大。

在欧洲大陆，情况有所不同。布里丹的大量学生继续着他的工作，而在 14 世纪后期和 15 世纪，在意大利出现了对早期英国哲学家，特别是对默顿式的"计算师"的工作的极大兴趣。而在巴黎和另外一些地方，一度就"未来的偶然事物"问题以及相关的自由意志和得救预定论问题，产生了极富生气和极其精细的讨论。这一工作的许多方面非常优秀，有些还是原创性的，但仍然不是开拓性的。当然，在中世纪的暮色中，再没有人能够企及阿奎那、司各脱和奥卡姆的高度了。

第三章　从笛卡儿到康德

安东尼·肯尼（Anthony Kenny）

欧洲 17 世纪和 18 世纪古典哲学家的著作，在哲学史上构成了一个连续而融贯的篇章。尽管他们的学说之间不乏分歧，但在笛卡儿时代和康德时代之间的主要哲学家，都以大致相似的方法从事着大致相似的哲学议程。就在笛卡儿著书立说的时候，亚里士多德传统在中世纪的蓬勃发展到了尽头；在康德去世之后，欧洲哲学开始分裂为各个学派，彼此之间几乎不相往来。但自笛卡儿至康德的时代，不列颠的"经验主义"哲学家与欧洲大陆的"理性主义"哲学家固然有分歧，但与他们共同坚持的预设和目标相比，则是次要的。

然而，表面上看，与中世纪哲学相比，17 世纪和 18 世纪哲学的同质性要弱一些。西欧中世纪哲学家全都用拉丁语写作，而在 17

世纪和 18 世纪，虽然许多经典之作，如笛卡儿的《沉思集》和斯
宾诺莎的《伦理学》，首次发表时仍然用拉丁语，但哲学家们已经
开始用自己国家的民族语言撰写主要著作了。想通读这个时期伟大
著作的原文的学者，就非得通晓英语、法语和德语，以及拉丁语
不可。

中世纪哲学与早期近代哲学还有另外一些差别。中世纪哲学与
中世纪建筑相似，都是效法传统的工作。作为个体，学者们把自己
的工作建立在以往历代工作的基础之上，甚至用为前人著作做评注
的形式表达他们最独到的思想。而在近代，哲学史如同建筑史一
样，变成了一个个出类拔萃的个体的前后相继，每一个都有自己的
风格，都以给时代打上自己的烙印而自豪。所有中世纪盛期的大哲
学家都把教育建制作为牢固的基础，如隐修院和大学；但康德之前
的 17 世纪和 18 世纪最负盛名的哲学著作，其作者却都不是大学教
师。这一时期典型的哲学家既可能出现在驻外使团、宫廷里，也可
能出现在学院里。

中世纪哲学家是以哲学为业的，他们为其他的专业人士撰写了
卷帙浩繁的著作；他们运用技术化的语言，以构造好的格式写作。
而近代早期大哲学家的论著则简明扼要，精雕细琢，以吸引普通读
者，无论男女。印刷机使思想家能够与更大范围的公众交流，而不
再局限于同行和中世纪学校里聆听教师演讲的学生。只是在康德那
里，我们才遇到了一位第一流的哲学家，他一辈子生活在大学里，
以学术讲座形式的思想产出为乐，当然这些讲座也会印刷成书，广
为阅读。

近代早期的哲学已不再是神职人员的哲学。中世纪哲学家无一

115

例外地是主教、牧师、僧侣或修士（friar）；而此后几乎所有主要的哲学家都是世俗人士。当然贝克莱是主教，但在他那个时代，即便是主教也与宗教热忱保持着一定距离。

宗教改革和宗教战争的结果之一，便是哲学与神学出现了新型关系。这并不是说哲学家不再信仰上帝（这一时期的主要哲学家中只有休谟是无神论者），相反，上帝的观念在笛卡儿、斯宾诺莎和贝克莱的哲学中都具有举足轻重的地位。但天主教会的教义权威不再被认为是至高无上的。不列颠和北欧都支持各种形式的新教教义，而抛弃了天主教。在基督教的欧洲发生的这次分裂，其结果是允许哲学思辨在神学的钳制之外享有更大的自由。

这并不是说每个基督教教派都必然更容忍异议了。相反，17世纪的反宗教改革所施加的思想控制比中世纪基督教世界任何行之有效的控制更加彻底，更加严酷。在新教国家，太多的哲学家不得不小心翼翼，以防遭到异端的指控，笛卡儿和斯宾诺莎便历经此劫；甚至晚至 1793 年，康德也被其国王禁止撰写关于宗教主题的著作。重要的是，处于不同宗教派别的阵营中的哲学家，都能读到彼此的著作，也能相互交流。因此，他们不断意识到宗教舆论的局限。

尽管《圣经》的权威几乎是被普遍承认的，但由于不同的权威所施加的形形色色的诠释而遭到削弱。那些研究《圣经》的人，是以极其认真的方式从文学的或神秘的立场出发着手研究，而不是将《圣经》视为阐明哲学论题的源泉。在伽利略那里，以不同方式研究《圣经》的危险就已显露出来。宗教裁判所因伽利略地球绕日运行的学说与《旧约》文本相冲突，而对他加以谴责。但很快，无论是在天主教还是在新教当中，这种对日心说的谴责便形同虚设。

在整个中世纪，亚里士多德是毫无疑义的科学权威，对圣托马斯·阿奎那来说，亚里士多德就是哲学家的化身，对但丁来说，他是"所有有知识的人的老师"。但在 17 世纪的上半叶，这一局面改变了，因为那个逐渐被认为是近代哲学之父的人而永远改变了，他就是勒内·笛卡儿。

笛卡儿

1596 年，笛卡儿出生在都兰地区（Touraine），大约同时，莎士比亚正在写作《哈姆雷特》。尽管他打出生起自始至终是天主教徒，但他绝大部分时光在新教的荷兰度过，而不是他的故土，天主教的法国。他所受的教育来自耶稣会士，并曾在宗教战争中当了兵，但时间很短。无论从教会方面说，还是在专业的意义上讲，他都是个俗人，一个世俗的人，一个靠他的财产优游岁月的绅士。他从未在大学讲过课，而且通常是为普通读者写作的。他最著名的作品《方法谈》便不是用学术界的拉丁文写的，用的是漂亮而朴实的法文。

笛卡儿是不同凡响的天才人物。如今阅读最为广泛的哲学著作便出自他手，而在他那个时代，其声望则来自他的数学和科学著作。他是解析几何的奠基人，每个学童所学的笛卡儿坐标，这个名称就来自笛卡儿的拉丁名字 Cartesius。在他 30 多岁时，他写了一部关于屈光学的论文，对光学做出了实质性的贡献，因为该论文是细致的理论性和实验性工作的结果，研究的是眼睛和光线的本性。他还撰写了关于气象学的论著——这是该领域最早的科学论文之一，而且他宣称自己是发现彩虹的真正性质的第一人。

他的早期科学研究的顶峰是一部被称为《论世界》（*The World*）的论著。在该书中，他着手对宇宙的起源和本性、对人体的运行方式做出详尽的科学解释。与伽利略一样，他采纳了那个在当时非同寻常的假设：我们宇宙的中心是太阳，不是地球。正当他要完成这部著作的时候，了解到伽利略受到罗马教廷的谴责，遂决定不再发表，于是这部著作便被尘封于卷宗之中，直到他去世后才出版。在步入不惑之年的时候，他在朋友圈里已显天才气象，名声大振，而这时他还未曾出版只言片语。

1637 年，他决定发表他的屈光学、几何学和气象学，并为这些著作写了一篇简短的序言，即《方法谈》。如今这三篇科学论著只有科学史专家才会读，而那篇序言每年都在重印，已经被译为 100 多种语言，无数人士欣然捧读。

118   这是因为它首先是一部引人入胜的自传性著作：生动，雅致，却又不乏冷嘲热讽。略选几段即可令我们了解其透露出的独特风味。

> ［就是因为这个缘故，］一到年龄容许我离开师长的管教，我就完全抛开了书本的研究。我下定决心，除了那种可以在自己心里或者在世界这本大书里找到的学问以外，不再研究别的学问。于是趁年纪还小的时候就去游历，访问各国的宫廷和军队，与气质不同、身份不同的人交往，搜集各种经验［，在碰

到的各种局面里考验自己，随时随地用心思考面前的事物，以便从中取得教益]。

[可是，]我在学生时期就已经知道，我们能够想象得出来的任何一种意见，不管多么离奇古怪，多么难以置信，全都有某个哲学家说过。我在游历期间就已经认识到，与我们的意见针锋相对的人并不因此就全都是蛮子和野人，正好相反，有许多人运用理性的程度与我们相等，或者更高。

[由此可见，]我们所听信的大都是成规惯例，并不是什么确切的知识；有多数人赞成并不能证明就是什么深奥的真理，因为那种真理多半是一个人发现的，不是众人发现的，所以我挑不出那么一个人我认为他的意见比别人更可取，我感到无可奈何，只好自己来指导自己。①

《方法谈》在令人惊讶的方寸之间便总结了笛卡儿的科学观和哲学方法。笛卡儿的禀赋使他能极其优雅地表现复杂的哲学理论，初读之时便可晓畅其意，而对于最高明的专家来说它仍然颇多反思玩味之处。笛卡儿也自夸其著作能够"完全当小说"来读。确实，他的主要思想能够极其简明扼要地加以表述，以至于可以写在一张明信片的背面；但是，这些思想又极具革命性，以至于它们改变了几个世纪的哲学进程。

倘若你想把笛卡儿的主要思想写在一张明信片的背面，那只需要两句话：人是思想着的心灵；物质是运动着的广延（man is a

---

① 译文选自王太庆译《谈谈方法》，北京，商务印书馆，2000。"[]"内的文字是译者为了补足语气而添加的，译文也稍有改动。

thinking mind; matter is extension in motion)。在笛卡儿的体系中，任何东西都可以根据这种心灵与物质的二元论来说明。实际上，我们把下述观点归于笛卡儿：对于我们所寓居的宇宙来说，我们把心灵和物质视为相互排斥但又穷尽了整个宇宙的两大部分。

119   对笛卡儿来说，人乃思想的实体。在亚里士多德传统中，人本质上乃是灵魂与肉体的复合体；脱离躯体的存在，纵然可能，也是残缺不全的人的存在。而在笛卡儿看来，人的整个本质在于心灵。在当下的生活中，我们的心灵与我们的身体密切地联结在一起，但使我们成为我们真正之所是的，却不是我们的身体。而且，笛卡儿以崭新的方式思考心灵：心灵的本质不是智能（intelligence），而是意识（consciousness），即意识到某人自身的思想及其对象。人是**唯一**有意识的动物，笛卡儿相信，其他一切动物都只是复杂却没有意识的机器而已。

对笛卡儿来说，物质是运动着的广延。"广延"（extension）意指具有性质、大小、可分性等几何性质的东西；笛卡儿在基本层次上只把这些性质归于物质。对于涉及热、光、颜色和声音的一切现象，笛卡儿都从不同大小和形状的微粒的运动出发提供了说明。就近代西方科学乃是数学手段与实验方法的结合这一思想而言，笛卡儿是最早的倡导者之一。

我们现在已经知道，笛卡儿哲学的这两个伟大原则都是错的。即使他在自己的一生中，也发现了无法直接根据运动的物质去说明的现象。例如，英国医生约翰·哈维（John Harvey）就发现，血液循环和心脏活动所需要的力的作用，在笛卡儿的体系中就找不到容身之地。不过，他对世界的起源和本性的科学解释，在他死后的一个世纪仍然继续流行；他把动物视为机器的设想后来也被他的一些追随者加以扩展，这些人宣称，人也不过是复杂的机器而已，这令他们的同时代人既震惊又憎恶。

较之他的物质观，笛卡儿关于心灵本性的观点的生命力则要长得多。实际上，就整个西方世界而言，在那些受过教育但并非专业哲学家的人中间，笛卡儿对心灵的观点至今仍然是最为流行的。这种观点后来才遭到康德鞭辟入里的批判，在 20 世纪更遭到维特根斯坦决定性的驳斥。维特根斯坦表明，即便当我们思考自己最私人化、最精神性的思想时，我们也是在运用语言这一中介，而语言不可能与其公共的、物质性的表达相割裂。归根到底，笛卡儿哲学的心物二分是站不住脚的。但是，即便是最崇拜维特根斯坦的人也认为，维特根斯坦最伟大的成就便是颠覆了笛卡儿的心灵哲学，这恰恰成为笛卡儿巨大影响的衡量标准。

笛卡儿说，知识有如一棵树，树根是形而上学，树干是物理学，而果实累累的树枝则是道德科学和实用科学。他本人在《方法谈》之后的著述，也遵循着上述顺序。1641 年，笛卡儿撰写了他的形而上学著作《沉思集》（*Meditations*）；1644 年，他的《哲学原理》（*Principles of Philosophy*，可视为新编《论世界》）出版，1649 年，《论灵魂的激情》（*Treatise on the Passions*）问世，该书总体上是一部伦理著作。17 世纪 40 年代是笛卡儿一生中最后也是在哲学上最丰产的十年。

120

系统的怀疑

笛卡儿之所以深刻影响了后世哲学，原因之一就是他坚持这样一种观点：哲学家的第一项任务就是通过怀疑一切可怀疑的东西，清除自身的一切偏见。这种观点把哲学中的首要地位赋予认识论——对我们能够知道什么和我们如何知道的系统研究。既已提出怀疑，那么哲学家的第二项任务就是防止这些怀疑导致怀疑论。这一策略在笛卡儿的《沉思集》中清晰地展露无遗。下面是从第一沉思中选取的段落，里面提出了怀疑论式的怀疑。

直到现在，凡是我当作最真实而接受过来的东西，我都是从感官或借助感官得来的。不过，我有时觉得这些感官是骗人的；而聪明人对于一经骗过自己的东西就绝不完全加以信任。

可是，虽然感官有时在某些微不足道和离得很远的东西上骗过我们，但是也许有很多别的事实，虽然我们也是通过感官认识它们的，却没有理由怀疑它们：比如我在这里，坐在炉火旁边，穿着室内长袍，手中拿着这张纸，以及类似的事情。

121　　多妙的论证！尽管我不是习惯在晚上睡觉的人，而且还有和在梦里出现跟疯子们醒着的时候所做的一模一样，有时甚至更加荒唐的印象！有多少次我夜深人静之时，习惯地确信我在这个地方，穿着衣服，在炉火旁边，但实际上我是一丝不挂地躺在我的被窝里！

那么现在就假定我在做梦……不管我醒着还是睡着，二加三总是得五，正方形总是只有四个边；像这样一些明显的真理，看来不可能让人怀疑它们是错的。

但是，我心里一直被灌输着这样一种想法：有一个上帝，他无所不能，就是由他把我按照我现在这个样子创造出来的。可是，我怎么知道这个上帝没干过这样的事情：本来就没有地，没有天，没有广延性的物体，没有形状，没有大小，没有地点，而所有这些东西却都似乎如它们现在这个样子存在着的？还有，正如我断定有时别的人甚至在他们以为知道得最准确的事情上弄错一样，上帝就不会同样有意让我每次在二加三上，或者在数正方形的边上，或者在做什么更容易的事情上弄错吗？但是也许上帝并没有故意让我弄出这样的差错，因为他被人说成是至善的。

因此我要假定有某个妖怪，而不是一个至善的上帝（因为他是真理的源泉），这个妖怪本领强大，极其狡诈，而且用尽了他的机智来骗我。我就会认为天、空气、地、颜色、形状、声音以及一切外部事物，都不过是他用来骗取我轻信的一些欺骗性的梦幻。我就会把我自己看成是本来就没有手，没有眼，没有肉，没有血，什么感官都没有，而只有一个错误的信念：我有这些东西。不过，我要坚定地保持这种想法，坚决小心从事，即便我还没有力量认识什么真理，但只要力所能及，我就不去赞同任何错误的东西，也不让自己被这个骗子强加任何东西，不管他多么强大，多么狡诈。

在笛卡儿形成了关于自身存在的著名论证之后，这些怀疑便告终结。这就是说，无论那个妖怪怎么变着法儿欺骗他，也无法把他骗到这个地步：认为当他不存在的时候他是存在的。因此，"如果他骗我，那么毫无疑问我是存在的；就让他想怎么骗我就怎么骗我吧，反正只要我想到我是一个什么东西，他就总不会使我成为什么都不是"。"我存在"（I exist）这个命题，当我想到它的时候，就不可能不是真的；但我也必须认为它是能被怀疑的；一旦认识到这一点，这个命题就是不容置疑的了。

我思故我在

笛卡儿的论证通常用他在其他地方表述过的简明扼要的形式来表达：我思故我在（*Cogito ergo sum*；I think, therefore I exist）。用这寥寥几个词，他就终结了他的怀疑，并由此出发展开探索，以揭示自身本质的真相，证明上帝的存在，并提供指导心灵探求真理的标准。因此，"我思"命题①中的每一个字都被哲学家们斟酌了上千遍，就不足为奇了。

"我思"。这里的"思想"是什么？从笛卡儿在其他地方的表述可以清楚地看出，任何类型的内在意识活动都算是思想。"我思"中的这个"我"的重要性何在呢？在日常生活中，他会用"我"来谈论勒内·笛卡儿这个人；但是，当他怀疑是否会有人应答那个名字的时候，他有资格以自言自语的方式使用"我"吗？他真的只应该说"有思想持续着"吗？要是他这样说了，他还能得出他的结论吗？

"故"。这个词使"我思"命题看上去像是个从前提到结论的论

---

① "我思"命题（The *Cogito*）指"我思故我在"这个命题。

证。在另外的地方，笛卡儿似乎说，他是直接地直观到，而不是间接地推论出他自身的存在是某种东西。也许他有意让它成为推理，但却是直接推理，而不是预设了每个更普遍的原理（如"凡思想者皆存在"）的推理。

"我在"。如果前提应当是"思想持续着"，那么结论不就应该只是"存在持续着"吗？批评者论证说，怀疑着的笛卡儿没有权利得出持续存在的实体性的自我，而只能得出为了暂时的思想而存在的稍纵即逝的主体。因为，他怎么能假定，根据笛卡儿式的怀疑而揭示出来的"我"与尚未被怀疑纯化的、他称之为"勒内·笛卡儿"的是同一个东西呢？一旦身体与心灵的联系被切断，我们又怎么能确定《沉思集》的那位思想者的同一性呢？

这一质疑后来被康德贯彻到底，不过这里姑且存而不论，还是和一些当代的笛卡儿批评家一道，问这样一个问题：如何区别"我思故我在"与"我走故我在"？笛卡儿的回答是：作为论证，无甚分别；但前者的前提是无可辩驳的，而后者的前提却是允许怀疑的。这就是说，如果我没有身体，那我就没法行走，即便我相信我在行走；但是，无论我怎么怀疑，就根据我在怀疑这个事实本身，即可表明我在思想。

123

我是在思想的东西 （Sum res cogitans）

在《沉思集》的其他部分，笛卡儿继续回答"我——我知道这个我是存在的——是什么"这个问题。直截了当的回答是：我是在思想的东西。"一个在思想的东西又是什么？那便是一个在怀疑、理解、设想、肯定、否定、意愿、拒绝的东西，还能够想象和感觉。""思想"是在广义上使用的,对笛卡儿来说,思想并不总是去思想这个东西或那个东西。对他来说,确定思想之特征的乃是意识。"我用［'思想'］① 这个词涵盖如此地存在于我们之内,以致我们对之有直接意识的任何东西。这样一来,一切意志的、理智的、想象的和感官的活动都是思想。"

一种不清晰贯穿在笛卡儿的解释当中。这就是说,在有意识的思想中,思想和意识是否同一,这是不清楚的(因为我的思想乃是意识的一种形式或类型);意识是不是某种伴随着思想的东西,这也是不清楚的(因为我并不只**具有**该思想,我还意识到我具有该思想)。这种模糊不清给笛卡儿的认识论带来了一些后果,因为他一直希望在思想的直接性中找到无可辩驳的确定性。如果思想是意识的一种形式,那么就存在着某些既不为真亦不为假的思想(如疼痛)。如果意识是思想的伴随物,那就似乎存在着这样一种可能性:在缺乏正确的思想时,意识也会发生,并因之而成为假的。(例如,我以为我理解几何学的某些内容,但事实上我并不理解。)笛卡儿所需要的是某种**能够**为真,而**不可能**为假的东西。

思想之物是"在理解、在设想"的东西。笛卡儿说,除意愿 *124* (volitions,即意志的行为)之外,一切思想的样式皆可被称为知觉 (perceptions),即理智的活动。知觉如果是清楚分明的 (clear and distinct),则是最卓越的理智活动。理解"二加二等于四"这个命题,便是知觉的例子;但得出该命题为真的判断,断定二加二确实

① 方括号"［］"中的文字是译者根据笛卡儿著作英译标准本和中文版增补的,以使语气更连贯,表述更顺畅。

等于四，则是意志的行为而非理智的行为。理智提供观念，观念是意志对之加以判断的内容。可以说，提供尚未断定的命题的是理智，而肯定或否定它们的是意志。在许多情形下，意志能够控制自己不对理智提供的观念下判断；但若理智的知觉是清楚分明的，则情形便非如此。清楚分明的知觉能够迫使意志行动，这样的知觉，无论费多大劲，也不可能被怀疑。"我思"命题所产生的对自身存在的知觉就是清楚分明的知觉。

这样，除理解和知觉之外，一个思想的存在者也在肯定和否定，也有意愿和拒绝。意志活动即在于对命题和筹划说"是"或"否"，命题说的是事情如何，筹划（project）说的是去做什么。笛卡儿把两个关键的性质归之于人的意志：一是无限性，二是自由。"我在自身当中所经验到的意志，或选择的自由，其力量是如此之大，以至于我无法把握比它更大的东西的观念。"就人而言，是意志让人具有上帝的特殊形象和相似性。

不过，我们必须区分两种自由：一种有时候被称为"无所谓的自由"（liberty of indifference），即在相反的两个东西之间选择这一个或那一个［上抱无所谓的态度］的能力；另一种有时候被称为"自发性的自由"（liberty of spontaneity），即遵从自己的欲求的能力。笛卡儿认为后者的价值远高于前者。清楚分明的知觉取消的不是自发性的自由，而是无所谓的自由，它没有给意志留下可选择的余地，而要非赞同某一个不可。当人的心灵自发地而非无所谓地赞同清楚分明的知觉材料的时候，人的心灵也就达到了最佳状态。

最后，"在思想的东西"也在"想象和感觉"。笛卡儿对想象和感觉的理解有时候宽，有时候窄。若采取宽泛的解释，则如果没有

125 身体,感觉和想象就是不可能的,因为感觉包含了身体器官的活动,笛卡儿甚至认为想象也无非是查阅大脑中的图像而已。但若采取狭窄的解释,因为它们包含在思想之物的定义当中,则感觉和想象无非是思想的样式而已。正如从怀疑中走出的笛卡儿所言:"现在我看见了光,听到了声音,感到了热。[但是有人将对我说:]这些现象是假的,因为我是在睡觉。[就算是这样吧;]可是至少我似乎觉得就看见了,听见了,感到热了,这总不可能是不真实的吧;这就是正确地叫作我的感觉的东西。"

笛卡儿式的怀疑和"我思"命题的结果是笛卡儿的这样一个结论:他是一个在思想的东西,一个有意识的存在者。但这就是他所是的**全部**吗?唔,在目前的阶段,这就是他能够确定的全部。"存在着思想:思想不能和我分开,而且只有它不能跟我分开。我是,我存在;这是靠得住的;可是,多长时间?我思想多长时间,就存在多长时间;因为假如我停止思想,也许很可能我就立刻完全停止了存在。我现在只承认必然为真的东西;因此,经过这一限定,我只是一个在思想的东西。"此后,笛卡儿总结说:"我的本质仅在于我是一个在思想的东西这一事实。"

> 下述论证是错误的,即
>
> 从
>
> 我具有除思想之外的任何本质,这并非确定可知的,
>
> 到
>
> 我并不具有除思想之外的任何本质,这是确定可知的。

直到今天,笛卡儿的批评者也没有确定笛卡儿是否犯了这个错

误。确定的是他事实上的结论（即他实际上确实既具有身体，也具有心灵），只是兜了一个圈子而得到的东西而已，求助于上帝的存在和诚实便是其中的一个手段。而且，即便在得出这个结论之后，笛卡儿仍然继续相信心灵和身体是彼此分隔的：他能清晰地单独设想其中的任何一个，而且凡是他能分隔开去思想的东西，上帝就能把它们分开。

心灵与身体

笛卡儿同意，这个世界当中的人，乃是心灵与身体的复合物。但是这种复合体的本性，这种身心的"密切联结"，却是笛卡儿体系最令人困扰的特征。而且在第六沉思和《论灵魂的激情》中我们可以读到，除了大脑中的松果体之外，心灵并不直接被身体的任何部分作用，这让事情更含混不清了。按照这种看法，一切感觉都在于身体的运动，身体的运动经过神经，到达松果体，然后向心灵发出信号，从而唤起特定的经验。

这种在松果体中身心的接触面上的交流，是极其神秘的。物质对心灵或心灵对物质的因果作用存在吗？当然不存在。因为笛卡儿体系中物质的因果作用的唯一形式，就是运动的传递；而心灵本身并不是在空间中运动来运动去的那种东西。或者，大脑与心灵之间的交流，是像人与人之间的交往那样，通过信息和符号而发生的吗？如果是这样的话，那么心灵实际上就可以被设想为一个微型人（homunculus，侏儒），一个人中之人。引入松果体并未解决心身问题，只不过是把问题微型化了。

笛卡儿体系的这些困难，在他的时代就已经被迅速注意到。国王查理一世的侄女、帕拉廷的伊丽莎白公主（Princess Elizabeth of the Palatine）是他最会心的批评者之一。她问道："灵魂如何能够使身体运动呢？"因为运动自然包含接触，而接触则包含广延，但灵魂却是非广延的。在答复中，笛卡儿让她思考一下重力，思考一下推动物体下落却不存在任何表面接触的物体重量。但伊丽莎白马上指出，重力的这种运动恰恰是笛卡儿本人视为经院哲学泥沼的东西之一。

她写道："我更乐于允许灵魂具有物质和广延，而不是一个非物质的东西有能力推动物体且被物体所作用。"笛卡儿告诉她：悉听尊便，因为把物质和广延归于灵魂只不过是把灵魂设想为与身体相联结而已。但这个回答几乎肯定不合适。按照笛卡儿对广延和灵魂的定义，广延不可能是灵魂的真正属性，因为前者是可分的，而后者是不可分的。

127

伊丽莎白在这场交流中无疑打败了笛卡儿，而我们那位伟大的哲学家不得已沦落到这样的地步：他告诉伊丽莎白，别让这个问题再搅扰她机灵的脑瓜。笛卡儿告诉她，让对形而上学原理的沉思过多地占据一个人的理智，是非常有害的，因为这会扰乱运用想象和感觉的闲情逸致。

在当下的生命中，心灵和身体是一个单一的东西；笛卡儿的这一主张，在他的一些学术批评者看来，是很难与其二元论相调和的。因为只是由于他相信上帝的诚实无欺，他才能够保证他具有身体。这意味着在他的哲学体系的构造中，确立上帝的存在是至关重要的一步。

上帝的存在

在《方法谈》中，笛卡儿以下述方式论证了上帝的存在：

> 因为我很清楚地看出，只要设定一个三角形，它的三个角就必定等于两直角，可是我并没有因此看出什么东西使我确信在真实的世界中有三角形。然而，我回头再看我心里的一个完满的存在者的观念时，却发现这个观念里已经包含了这个存在者的存在，就像三角形的观念包含着它的三个角等于两直角、球形的观念包含着球面任何一点都与球心等距离一样，甚至还要更明确。由此可见，上帝这个极完满的存在者是（is）或者存在，这个命题至少同几何学上任何一项证明同样可靠。

笛卡儿显然认为，无论世界上是否实际存在着三角形这种东西，关于三角形的定理都是可证的。因此，关于上帝的定理同样是可陈述的，而无须以是否存在着上帝的假定为依据来进行辩论。在这些定理中，上帝是整全的完满存在者即是其中之一；这就是说，上帝包含着一切完满性。但存在本身是一种完满性；因此，既然上帝包含一切完满性，则他必然存在。

数学家皮埃尔·伽桑狄（Pierre Gassendi），这个与笛卡儿同时代的批评者，反对以这种方式处理存在。

> 无论在上帝中还是在其他任何东西当中，存在都不是一种完满性，毋宁说是没有它即不存在任何完满性……不可能说存在像一种完满性那样存在于一物当中；如果某物缺乏存在，则它并不仅仅是不完满的，或缺乏完满，它根本就不存在。

对这个反驳，笛卡儿拿不出从根本上令人信服的答复。就三角形的定理而言，那种不以假定为依据加以陈述的方式，相当于说：如果某个东西是三角形的，则它具有等于两直角的三个角。同样，就关于上帝的完满性的定理而言，那种不以假定为依据加以陈述的方式，相当于说：如果某物是神圣的，则它是存在的。这或许是正确的，但它与没有任何东西是神圣的这个命题完全相容。如果没有任何东西是神圣的，则不存在上帝，笛卡儿的证明也就无效了。

我们刚才给出并加以批判的论证力图只从上帝的观念的内容出发，来表明上帝的存在。在另外的地方，笛卡儿力图不仅仅从上帝观念的内容出发，而且还从这样一种观念的出现来表明上帝的存在，这种观念就是在像他自己那样的有限心灵中具有该内容的观念。这样，在第三沉思中，他论证道，一方面，他的绝大多数观念，如思想、实体、绵延和数的观念，皆可极好地从他自身产生；而另一方面，也存在着不可能让他自己作为创造者的观念，即上帝观念。他论证道，就像我自己这样有限的、依附的、无知的、无力的被造物而言，从对这种被造物的反思中不可能抽取出无限、独立、全知、全能这样的属性。但观念的原因的实在性必定不亚于观念自身；只有上帝才能产生上帝的观念，因此上帝的实在性必定不亚于我和我的观念的实在性。

这一论证似乎由于"实在性"概念的模糊性而失却了效力（比较一下"宙斯不是真实的，而是神话虚构的"与"宙斯是真凶"）。第三沉思中论证的错误似乎与第五沉思中论证的窃取论题（question-begging）的特性有关，尽管这两处论证的确切关系仍然困扰着笛卡儿的研究者。清楚的是，在笛卡儿打算运用这两种论证的同时，他仍然怀疑除了他自己和他的观念而外，是否还有什么东西存在。

这问题相当重要，因为上帝的存在是笛卡儿确立外部世界存在的至关重要的一步。只是因为上帝诚实无欺，独立于我们心灵的物体的表象才不可能全是骗人的。正因为上帝的真实性，我们才能保证，凡被我们清楚分明地知觉的东西都是真的；如果我们坚持清楚分明的知觉，我们就不会在关于我们周围世界的事情上被误导。

笛卡儿循环

笛卡儿的朋友安东尼·阿尔诺（Antoine Arnauld）认为他察觉到上述论证中的一个循环。"我们能够保证上帝存在，只是因为我们清楚而明显地知觉到他存在；因此，在确保上帝存在之前，我们需要确保凡是被我们清楚而明显知觉到的东西都是真的。"

事实上，在笛卡儿的论证中没有任何循环论证。我们必须在特殊的清楚分明的知觉与"凡是被我们清楚而明显知觉到的东西都是真的"这个一般原则之间加以区分，才能认识到这一点。个别的直观，如我存在，或二加三得五，只要我持续地清楚分明地知觉到它们，就没法怀疑它们是真的。但是，尽管我不能怀疑我在这里、我正在清楚分明地知觉等等，我却能在证明上帝的存在之前，怀疑"凡是被我们清楚而明显知觉到的东西都是真的"这个一般命题。

再者，我在过去直观到的命题，只要我不再注意它们，它们就能够被怀疑。我现在能够怀疑我在 5 分钟之前直观到的东西是否确实是真的。简单的知觉只能以迂回的方式加以怀疑；只要注意到它们的内容，这些知觉就不可能被怀疑。求助于上帝的诚实无欺，只是在与一般原则相联系、与对特殊命题的迂回怀疑相联系的时候才

130　是必要的。因此，笛卡儿其实没犯阿尔诺所断言的循环论证。

　　笛卡儿从未提供证明直接直观为真的论证。他认为，作为获得真理的方法，直观优于论证。用论证来证实直观，就好比（可能不太恰当）用望远镜观看近旁用肉眼就一清二楚的东西。在笛卡儿对理性的确证中，没有循环**论证**。不过，毫无疑问，在《沉思集》中，心灵被用来确证自身。但是，这种循环是不可避免的，而且如果得到了正确的理解，这也是无害的；总之，与错误无涉。

　　笛卡儿发表的著作使他享誉全欧。他与他那个时代大多数饱学之士通信交流，展开争论。他的一些朋友开始在大学里讲授他的观点，《哲学原理》原计划就是当作教科书来写的。而另一些教授，因为他们的亚里士多德主义体系受到威胁，便对笛卡儿的新理论大肆口诛笔伐。但是，笛卡儿并不缺乏强有力的朋友，因此他从未真正身临险境。

　　笛卡儿从他与伊丽莎白公主的通信中，逐渐酝酿创作出最后一部完整著作——《论灵魂的激情》。不过，在该书出版时却并未献给伊丽莎白，而是题献给了另一位对哲学有浓厚兴趣的贵族夫人——瑞典女王克里斯蒂娜（Queen Christina of Sweden）。这次笛卡儿的良好判断失灵，他被说服接受了任命，当上了克里斯蒂娜女王的宫廷哲学家，女王派舰队司令率战舰把笛卡儿从荷兰接到了瑞典。

　　笛卡儿对他自己的能力极其自信，对他发现的方法的自信更是有过之而无不及。他认为，假以时日，并且实验资金充足，他就有能力解决生理学的一切重要问题，从而掌握一切疾病的治疗方法。也许他永远也不会知道，这个希望是何等的空想；因为不明智地接受了瑞典宫廷的职位，他的生命缩短了。克里斯蒂娜女王坚持要求

他在清晨 5 点给她讲授哲学课程。由于这种起居方式，终生晚睡晚
起的笛卡儿就成为瑞典严冬的牺牲品，他因病死于 1650 年。他曾
经自负地希望治愈这种疾病，而治疗之道即在他的方法的掌握当
中。他曾为自己的墓志铭选择了一句恰如其分的箴言，既新奇又不
乏讽刺意味：

> 死对人来说并无伤害，
>
> 除非此人虽名动寰宇，
>
> 却尚未学会认识自己。

洛克与天赋观念

我们的某些观念是与生俱来的——这种思想是在笛卡儿身后仍
令他闻名后世的理论之一。例如，他在一封信中说，婴儿在母亲子
宫里的时候"就在自身中具有了上帝观念和一切所谓自明的真理；
婴儿之具有这些观念，与成人具有却并未注意到时无异，而婴儿长
大之后，亦并不再获致这些观念"。不过，他后来对上述观点又有
所限制："我从未写过也从未想过这样的观点：心灵需要某种不同
于它的思想官能的天赋观念。"他解释道，观念之为天赋的，犹如
痛风在家族中遗传一般。

尽管有这些限制，但对天赋观念的信念仍然被视为笛卡儿理性
主义的标志，而与其他 17 世纪哲学家如英国人约翰·洛克（John
Locke）的经验主义相对立。

洛克较笛卡儿年轻一代，生于 1632 年。在威斯敏斯特学校接受教育之后，洛克于 1658 年在牛津大学的基督教堂学院获得硕士学位。取得行医资格之后，洛克成为莎夫茨伯利勋爵（Lord Shaftesbury）的医生。莎夫茨伯利是国王查理二世的核心内阁成员，领导着辉格党，力图排斥查理的信奉天主教的兄弟詹姆士的继承权。1683 年，由于他卷入了一场反对这两位王室兄弟的密谋，不得不逃离英国。洛克随之来到荷兰，并在这段背井离乡的日子里潜心撰写他最伟大的哲学著作《人类理智论》（*Essay Concerning Human Understanding*）。1688 年，"光荣革命"驱逐了詹姆士二世，代之以奥兰治亲王威廉，洛克随之回到英格兰。他的《人类理智论》出版于 1689 年，在接下来的几年中，他出版了大量政治论著，包括《论宽容的书信》《政府论两篇》。17 世纪 90 年代，洛克任职于贸易委员会（the Board of Trade），后卒于 1704 年。

洛克和笛卡儿通常被视为两个对立的哲学学派的创始人，这两个学派就是经验主义和理性主义，前者以感觉经验为知识的基础，后者则信任理性的思辨。事实上，这两派思想家共同主张的预设比给他们划分楚河汉界的问题更重要。在下面我们将看到，他们的共同之处甚多。

洛克始终在谈论"观念"。他的"观念"与笛卡儿的"思想"非常相似，二者都诉诸直接的意识，这就是说，观念和思想都是当我们内视自身时所遇到的。无论是洛克的"观念"概念还是笛卡儿的"思想"概念，都潜伏着一种混淆：思想的对象（被思想的东西）和思想的活动（思想本身之所在或实际上所是的东西）。洛克说，观念是"心灵在思想时所能运用的一切东西"。"心灵所能运用的东西"这个短语表现出模糊性，既可以指心灵所思想的东西（对象），亦可指心灵所从事的东西（活动）。这一模糊性侵蚀着洛克的心灵哲学，正如它侵蚀着笛卡儿的心灵哲学一样。

洛克的经验论与笛卡儿的理性论之间确有差别，而且洛克对哲学问题给出的回答也常常与笛卡儿给出的相冲突。但是，尽管回答有所不同，洛克的问题却也是笛卡儿的问题：动物是机器吗？灵魂总是在思想吗？没有物质的空间能存在吗？有天赋观念吗？

这最后一个问题令洛克十分投入，而对天赋观念的拒斥也常常被视为区分经验论与理性论的明显标志。但是，"是否存在天赋观念"这个问题有多种含义，一旦我们不再坚持这个问题，洛克与笛卡儿之间的明显差别也就不再突出了。

第一，这个问题可以意味着"子宫里的婴儿会对思想进行思考吗？"。笛卡儿和洛克都相信，未出生的婴儿具有简单的思想，因为他们把诸如疼痛和对暖热的感觉之类的东西一并算在"思想"或"观念"当中。但无论是笛卡儿还是洛克，都不相信婴儿具有科学或形而上学类型的复杂思想。

第二，这个问题还可以被认为涉及思想的能力，而不涉及思想的活动。我们可以问：是否存在着人类特有的天生的、普遍的理解力？对这个问题，笛卡儿和洛克都给出了肯定的回答。

第三，我们可以提出不涉及理解的一般官能，而只涉及对某些特殊命题的同意，例如："一加二等于三"，"同一个东西不可能既是又不是"。笛卡儿和洛克都乐意赞成，我们对类似的真理的同意并不依赖于经验，而依赖于它们的自明性。不过，洛克会坚持认为，学习的过程必定先于对这些命题的掌握。而笛卡儿则会断言，

133

并非所有天赋观念都是被理解即获同意的原理，其中某些观念需要经过艰苦的思索，才能恢复清楚分明的特性。

第四，我们可以问：是否存在着应得普遍同意的原则？洛克煞费苦心地论证道：不但普遍同意不足以证明天赋性质（他给出的解释可视为普通的学习过程），事实上我们也不可能假定对任何理论原则或实践原则的普遍同意。但在这里没有一点是笛卡儿需要反对的：普遍同意并不蕴含天赋性质，而天赋性质也并不蕴含普遍同意，因为有些人，也许是大多数人，都会因偏见的阻挠而不会同意天赋原则。

事实上，在很大程度上，洛克和笛卡儿的论证都错过了对方。洛克坚持认为，与经验无涉的天赋概念不足以解释形形色色的人类知识；而笛卡儿则论证到，没有天赋要素的经验也不足以解释我们所知道的东西。二者的观点都正确，这未尝不可能。

134   我们的哪些观念是天赋的，哪些是［后天］获致的？17 世纪关于这一问题的论争充斥着严重的哲学上的混乱。其混乱之处可分解为两类问题：其一是心理学上的（把哪些观念归因于遗传，哪些归因于环境）；其二是认识论上的（我们有多少知识是先天的，有多少知识是后天的）。对此混乱的澄清过程使哲学问题转化为非哲学问题，这对哲学问题来说是司空见惯的。好坏姑且不论，反正遗传与环境的对立问题已被移交给实验心理学，而不再是哲学问题了。我们的知识有多少是先天的，有多少是后天的，这一问题也不再是关于知识的获取问题，而是知识的辩护问题了；而经过这一初步的分疏，该问题仍然是哲学的分内之事。

但是，这一问题也在分解之后得以拓展，其中一部分分解为一系列哲学问题，而另一部分则是非哲学问题了。先天和后天这两个哲学概念又被分疏和提炼为许多问题，其中之一便是："哪些命题是分析的，哪些是综合的？"分析性概念最终根据数理逻辑而得到精确的表述，而"算术是不是分析的"这一问题最终也得到了精确的数学解答。不过这是后话了。

　　洛克断言，他的理性主义对手给出的论证会使我们"假定，我们关于颜色、声音、味道、形状等等的一切观念都是天赋的，而再也没有比这更违背理性和经验的了"。笛卡儿倒不会认为这个结论全然是荒谬的，而其原因连洛克本人也会衷心接受，即我们关于颜色、声音和味道等性质的观念完全是主观的。

第一性质与第二性质

　　洛克把我们在物体中发现的性质分为三组。第一组是**第一性质**：凝性（solidity）、广延、形状、运动、静止、体积、数目、构造（texture）、大小等等；他说，这些性质是存在于物体当中的，"无论我们是否知觉到"。第二组和第三组都被称为**第二性质**，但其中有些是可以直接被感知的（如颜色、声音、味道等等），而另一些则仅是能力，即间接知觉到的第二性质（这些能力是改变其他物体的能力，如太阳使蜡变白，火使铅熔化）。按照洛克的看法，所有性质在一定意义上都是间接被感知的，因为对他来说知觉的直接对象总是观念。真正使第一性质和第二性质有所不同的就是这样一个问题：观念是否与其对象相似。正如洛克所说："物体给我们的第一性质的观念是同它们相似的，而且这些性质的原型确实存在于那些物体本身之中；而由这些第二性质在我们心中所产生的观念，

135

则完全同它们不相似。"

洛克的区分并不乏先驱。亚里士多德主义传统就区分了诸如形状一类的性质和诸如味道一类的性质，前者可由多种感官来感知（被称为"共同感觉"[common sensibles]），后者仅可由单一的感官来感知（被称为"特定感觉"[proper sensibles]）。在洛克的区分之前还有伽利略的区分，但最晚近的先例则出现在笛卡儿那里。笛卡儿做出了根本上的区分：一方面是维度、形状和运动（这些是物质的真正性质）；另一方面是颜色、气味和味道（这些"仅仅是存在于我的思想中的感觉"）。

笛卡儿给出了关于第二性质的主观性的大量论证，但没有一个有说服力。首先，他指出了那个已为亚里士多德认识到的事实，即第二性质只可被单一的感官感知。不过，倘若关于颜色、气味和味道的判断能够得到运用相同感官的不同人群（例如这些人是室内装饰家和品酒师）在主体间的证实，那么该事实就并不排除客观性。其次，笛卡儿对另一种经院哲学理论奚落一番，该理论认为诸如颜色等性质依附于实体的偶性。他断言，真实的偶性这一概念是术语上的矛盾。但他的奚落其实依赖于"真实的"与"实体的"这两个概念的混淆。再次，他论证道，对于第一性质，我们能够给出定量分析，并证明先天的定理（例如在几何学中），但对于第二性质则不可能这样做。他做的这一对照，其精确性是大打折扣的。随着科学的进展，许多定量分析的形式亦可用于第二性质；难道只有通过经验我们才知道任何东西都不可能既完全是红的又全都是绿的吗？最后，笛卡儿论证道，对知觉的生理学解释只需涉及第一性质，视之为说明性因素，这就是说，当我们或看、或听、或尝的时候，在

136

我们体内发生的不过是有形物质的运动而已。但即便这种论断最终可以证实，也并不蕴含第二性质就是主观的。

洛克的论证倒值得更全面的考察。他的第一个论断是，唯有第一性质是与其主体不可分的，这就是说，物体不可能没有形状或大小，却可以没有气味或味道。我们要从这一论证理解到什么呢？物体必须具有某种形状，这或许不错，但任何特定的形状都必定会丧失，例如蜡块可以不再是立方体而变成球体。至少某些第二性质也当然会这样，以热为例，一个物体可以不再是热的，但它必定有一定的温度。我们或许会说，这个反驳包含着误解，因为洛克并不把热视为连续体上的一个点（即便胡克在 1665 年发明了温度计），而是视为感受性。但洛克关于热的论述或许也适用于第一性质。运动是第一性质，但物体可以不运动（motionless）。只有我们把运动和静止视为以"可动性"（mobility）为单一轴心的一对可能取值，我们才能说这时我们得到了一种与物体不可分的性质。

洛克说，第二性质只是在我们当中产生感觉的能力。姑且假定这是对的，但这并不意味着第二性质不是拥有这些性质的对象的真实属性，也不意味着它们仅仅是主观的性质。有毒的就是具有在动物中产生某种效果的能力，但这是客观的事情，事关可确定的事实，而无论某物是否有毒。我们会同意洛克的看法：第二性质是由它们与人类感知者的关系所确定的，但是，属性（property）也能既是关系的，同时也是完全客观的。"比戴高乐更高"是一种关系属性，但丘吉尔是否比戴高乐高则是一个直截了当的事实问题。

洛克断言，在我们心灵中产生观念的能力的手段只是具有该能力的对象的第一性质。例如，对热的感觉是由某种另外的物体的微

137

粒引起的，这些微粒引发了我们体内微小部分的运动的增减。但是，即使只把第一性质包括在微粒论说明当中，我们为什么应当得出这样的结论：热的感受只是"我们神经中微细分子的一种和一定程度的运动"呢？为什么第二性质应当包括在因果性说明当中呢？看起来只有当我们接受相似者产生相似者这一老掉牙的原则才能如此。但是，接受这一原则的理由又在哪里呢？实体若自身无恙，能够是有毒的吗？

洛克认为，第二性质若不被感知则不能存在。但这与他将第二性质视为能力的观点不相吻合。能力在没有被运用的时候也会存在（我可以有说法语的能力，但现在实际上并没有在说法语）。除第二性质被感知到之外，它们是未加运用的能力。若用洛克所遗弃的亚里士多德主义传统的说法，事情会更清楚一些。按照亚里士多德的观点，第二性质的活动与适宜的感觉官能的活动是一回事，例如，一块糖果对我来说尝起来甜，与我在尝糖果的甜是一回事。但是，感觉性质和感觉官能是不同的能力，谁缺少了谁都会继续存在。洛克断言，在黑暗中对象没有颜色，但这是其主张的结论，而不是为之而做的论证。

138 　　洛克说，由第二性质引起的观念与物体本身当中的性质并不相似。但是，这个为第二性质的主观性所做的论证，依赖于观念与意象之间的错误类比。如果知觉某物可称为具有该物的观念，那就没法指望"具有颜色的观念"与"被赋予颜色的东西"相似，正如没法指望"吃土豆"与土豆相似、"知道如何弹钢琴"与钢琴相似一样。

最后，洛克从情感和感觉的类比展开论证。如果我伸手入火，火就会引起热和痛；这疼痛并不在对象中，可为什么我们会认为热在对象中呢？再重复一遍，这个类比是以错误的方式得出的。火既引起疼痛，也是热的。在说火引起疼痛时，没人会称火感到疼痛；同样，在说火是热的时候，也没人会称火感到热。如果洛克的论证有效，则会自相反对。我用刀子割伤自己时，钢的运动会引起疼痛：那这运动就是第二性质吗？

洛克认为第二性质是在人身上产生感觉的能力，这是对的；他也有论证表明相同对象引起的感觉会随环境而变化（温水对冷的手会显得热，而对热的手显得冷；颜色在显微镜下看来是大不相同的）。第二性质是以人为中心的（anthropocentric），是相对的，但从这一事实却无法得出，它们是主观的或虚构的。罗伯特·波义耳提出了一个令人印象深刻的形象比喻：第二性质有如钥匙，适合于特定的锁，这锁就是不同的人类感觉。

实体观念

实体观念无论是在亚里士多德主义还是笛卡儿哲学中都扮演了重要角色。洛克说，实体观念源于我们观察到某些观念是经常联结在一起的。没有人具有清晰的一般实体观念，那"只是一个假设，因为他只是假设有一种莫名其妙的东西，来支撑能给我们产生简单观念的那些性质"，例如关于第二性质的简单观念。

特殊种类的实体观念，如马或金，洛克称之为种名观念（sortal ideas），即并发的简单观念的集合加上这个关于某物的一般而混乱的观念，对于该物来说，除了那些可观察的性质之外，我们不知道它是什么。（洛克是否认为每一种种名观念都蕴含支撑或基质观念，种名概念是不是不确定的暂时假设，这都不十分清楚。）

特殊实体是具体的个体，分别属于不同的种或类。它们可分为两种一般类别：物质的和精神的，物质实体是由第一性质来刻画的，而精神实体则是由拥有理智、意志和引起运动的能力来刻画的。

实体（如人和树）具有本质：要成为人或成为一棵橡树，就要具有人的本质或橡树的本质。但对洛克来说，本质有两类。一类是名义本质（nominal essence），它有资格承担特殊名称。名义本质是人类心灵的创造物，因为把世间万物分门别类置于不同的类名词之下的是人类的语言，而语言的分类通常是任意的。但事物还有实在的本质（real essence），它们是大自然的作品的结构，但至少在实验探究之前常常不为我们所知。

按照洛克对我们的表述，实体的概念晦暗不清，无法理解。他似乎坚持认为，实体本身是不可描述的，因为它缺乏性质（propertyless）；但我们能严肃地论证说，实体没有性质是因为正是实体才**具有性质**吗？洛克告诉我们，实体是不可知的；但是知道并刻画无性质的实存物的特征究竟是怎么一回事呢？按照洛克的看法，什么才是混淆的一般实体观念的起源呢？它是先天的吗？抑或源于经验？是由抽象形成的吗？实体与本质的关系仍然晦暗不清。似乎是说，实体本身原则上是不可知的；但事物的实在本质尽管通常不可知，却是某种通过科学探索而有能力洞察到的东西。

洛克传统中后起的哲学家要最终做出裁决：实体概念是可有可*140* 无的；但他们省去的并不是日常生活中的实体概念，也不是经院哲学甚至笛卡儿哲学中的实体概念，而是洛克自己所创造的虚构怪物。对洛克来说，正是因为需要承担固有性质的主体，才设定了实体。但是，在他的体系中，什么东西在进行内在性质的归属呢？说是"性质"行不行？然而，在洛克的体系中，性质是不可知觉的，因为概念在性质和知觉者之间遮上了一层帷幕。那说是"观念"行吗？但观念已经是某种内在固有之物了，即内在于知觉者的心灵当中。由此可以看到，通往贝克莱对物质实体的观念论①批判的发展线索。

在亚里士多德主义传统中，不存在无性质的实体之类的东西，即不指涉任何种名而能够确定为特殊个体的东西是不存在的。斐多（Fido），只有当它是一条狗的时候，这就是说，只有当种名"狗"能够真正运用到它身上的时候，才是个别实体。如果不问 a 是否与 b 是相同个体 F（在这里"F"代表留给某个种名的位置），我们就没法有意义地问 a 与 b 是不是相同的个体；在这个意义上，一切同一性都是相对的同一性。（a 与 b 可以是相同的书，但却是不同的版本；可以是相同的版本，但不是同一本书。）洛克混乱的实体理论使他陷入了关于同一性和个体化的不可解决的困难，但这也在他讨论人格同一性问题时，促成了他的一些最有趣的哲学著述。

人格同一性

围绕个人同一性的哲学问题产生于许多不同的背景。例如，许多宗教学说都论述过这些背景。我们死后身体还能继续活着吗？如果不朽的灵魂死后仍然活着，它还仍然是人吗？单个的灵魂能够接续寓居于两个不同的身体之内吗？如果能够，我们是有了两个不同的人还是具有两个肉身的单个的人呢？两个灵魂或精神能够同时寓居在同一个肉体内，如同所谓的妖魔缠身一样吗？

---

① 在本书中，idealism 一般译为观念论、唯心论，偶尔译作理想主义或唯心主义。

141 　　不仅是宗教背景，连科学的和医学的背景也提出了人格同一性理论的问题。当单个的人体在不同的时期表现出不同的认识能力和差异明显的行为模式时，我们会很自然地谈论人格分裂和双重人格。但是，单个的身体在两个不同的时段真能是两个不同的人格吗？如果单个人脑的左右半球的联系被切断，那么单个身体的这两个部分的能力和行为就将彼此分离。这种情形算是在单个身体内同时存在两个人格吗？类似的问题令人开始反思身体、灵魂、心灵、人格等概念，以及与上述每一个概念相伴随的辨认和再辨认的标准。

　　洛克不是第一个讨论这些问题的思想家。若干世纪以来的神学家运用大量特别富于基督教色彩的学说，赋予这些问题极其重要的形式。基督徒相信在末日审判时，死者将复生。不过，我们可以提出这样的问题：现在死去并归于尘土的身体与荣耀地复活的未来身体之间存在着何种联系？根据三位一体理论，单一的上帝具有三个位格，而根据道成肉身理论，单一的位格能够既是人又是神：何种人格同一性的概念能与这两种教义协调一致？

　　因此，天主教徒相信，在死与复活之间，脱离躯体的个体灵魂有的在天堂得享荣光，有的在地狱或炼狱中饱受煎熬。基督教的亚里士多德主义者竭力让这一教义与他们的"物质是个体化的原则"这一哲学信念协调一致。根据这一主张，两个豌豆无论怎样相似，总是两个而不是一个豌豆，因为它们是两个不同的物质团。但是，既然脱离躯体的灵魂是不死的，什么使脱离躯体的彼得的灵魂区别于脱离躯体的保罗的灵魂呢？

　　尽管洛克对实体的解释是混乱的，但他清楚地看到，只有我们承认同一性是相对的，才能解决人格同一性问题。这就是说，a 能够成为像 b 一样的 F，而不成为像 b 那样的 G。他说，一匹小马驹在长大成年的过程中，虽然有时胖，有时瘦，物质的质量并不相同，但总一直是同一匹马。"在物质质量和活的躯体这两个情形中，**同一性**并没有被应用于同一个东西。"

植物的和动物的同一性在于符合有机体特有的新陈代谢作用的连续生命。但洛克问道，同一个人（man）的同一性在什么地方呢？（当然，他用"man"这个词指的是"human being"，包括男性和女性。）对此也必须给出类似的回答。

> 人的同一性就在于一个组织适当的身体，而且这个身体中的各个物质分子虽在不断地变化着，可是那些分子同这个身体都连为一体，延续一种共同的生命组织，而且这个身体不论你从那一刹那来观察它，它以后仍是要继续着与此刹那相同的组织。这种同一性正和动物的同一性一样。因此，有人如果主张，人的同一性不在于这个有适当组织的身体，而在于别的东西，则他就会发现很难说胎儿、有年岁的人、疯狂者、清醒者，是同一个人，除非他所立的假设，使塞特、以实玛利、苏格拉底、彼拉多、圣奥斯丁、博尔吉亚①可以是同一个人。

① （1）塞特（Seth）：基督教《圣经》中的人物，为亚当第三子。（2）以实玛利（Ismael，应为 Ishmael）：基督教《圣经》中的人物，亚伯拉罕和使女夏甲所生之子，后来与母皆被其父所逐。（3）彼拉多（Pilate）：1 世纪朱迪亚的罗马统治者，曾下令把耶稣钉死在十字架上。（4）圣奥斯丁（St. Austin）：恐为奥古斯丁之误。（5）博尔吉亚（Caesar Borgia，1475/1476—1507）：教皇亚历山大六世的私生子，成长于西班牙。1491 年任潘普洛纳主教，1493 年升为枢机主教，成为教皇的主要顾问。1495 年任教皇军司令。1507 年为纳瓦尔国王平定叛乱，在军事活动中丧命。意大利文艺复兴时期政治思想家马基雅弗利著《君主论》，鼓吹欲达目的可不择手段，即以博尔吉亚为新时代君主师表，博尔吉亚因此而著名。

如果我们说单凭灵魂即可成为同一个人，那么就不可能排除灵魂轮回和转世投胎。人是特定种类的动物，也是有特定外形的动物。（把人定义为有理性的动物并不充分，因为就我们所知，也可能存在着有理性的鹦鹉。①）因此，"人的同一性一定是由相同的连续而不至于骤然变化的身体与相同的非物质的精神，共同合成的"。

但是，洛克在"人"这一概念和"人格"（person）概念之间做了区分。人格是能够具有思想、理性和自我意识的；人格同一性即自我意识的同一性。"这个意识在回忆过去的行动或思想时，它追忆到多远的程度，人格同一性亦就达到多远的程度。现在的自我就是以前的自我，而且以前反省自我的那个自我，亦就是现在反省自我的这个自我。"

在这里，洛克的原则是，哪里有相同的自我意识，哪里就有同一个自我的意识。但是，上述所引的段落却包含着致命的模糊不清之处。这就是说，我现在的意识向回追忆，这是什么意思？

如果我现在的意识向回追忆，而只要这个意识具有连续的历史，则仍需回答的问题是：什么东西使**这个**意识成为它所是的个体意识？但洛克没让自己做这样的回答：**这个**意识即**这个**人的意识。

143　　如果我现在的意识向回追忆的程度只是我所记得的程度，那么要是我忘记了我的过去，我的过去也就不再是我的过去了，而且我还能够否认我不再记得的行为是我自己的。洛克有时似乎准备接受这一看法。这就是说，我不是同一个人格，而只是同一个人，他的所作所为我全都忘记了，而惩罚也应当针对人格而不是人。但是，

---

① 参见洛克：《人类理智论》，第三卷第二十七章"同一性和差异性"的第八节。

他似乎并不愿意继续思考进一步的结果：如果我误以为我记得我就是下令屠杀无辜婴儿的希律王（King Herod）①，那我就能罪有应得地遭到惩罚。

按照洛克的观点，我同时总是一个人、精神和人格，这就是说，是个作为人的动物、非物质的实体和自我意识的中心。这三种实存物是完全可以区别的，而且在理论上也可以用各种方式结合在一起。我们能够想象单个精神处于两个不同的躯体中（例如，如果暴君赫利奥盖巴勒斯②的灵魂转世到他的一条狗身上，则会如此）。我们能够想象单一的人格与两个精神结合在一起，例如，如果昆斯伯罗（Queensborough）的现任市长与苏格拉底分享相同的意识的话，便会如此。我们还能够想象单一的精神与两个人格结合在一起（例如洛克的一位朋友，基督教柏拉图主义者，就相信他继承了苏格拉底的灵魂）。

更复杂的结合也是可能的。洛克力邀我们考虑一下这种情形：王子的灵魂携带着对王子过去生活的意识，进入并激活了鞋匠已死的躯体。他说，这便是同一人格、同一灵魂和两个人结合的例子。对洛克来说，醒时的苏格拉底与睡着的苏格拉底不是同一个人格，醉酒的苏格拉底与清醒的苏格拉底也不是同一个人格，但他们都是同一个人；婴儿时的苏格拉底与肉身复活之后的苏格拉底确实是同

---

① 犹太王（公元前40—公元4）。据《新约》记载，他命令杀死伯利恒所有两岁以下的儿童，想借以杀死尚处于襁褓中的耶稣。

② 赫利奥盖巴勒斯（Heliogabalus）：罗马皇帝（218—222），太阳神教的牧师，在其堂兄卡拉卡拉217年被谋杀后登上皇帝宝座。其人性情古怪，淫逸堕落，把自己的宗教强加在罗马人民头上，后引发暴动并丧生其中。

一个人。因此，在这些例子中，我们可以发现，两个人格与同一个精神和同一个人相结合。

我们怎么理解洛克的精神、人格和人的三位一体呢？理解非物质的实体确有困难（这绝非洛克的体系所独有的），而且现在赞赏洛克思想的人几乎没有人再使用这一概念了。但是，将人格性确定*144* 为自我意识的做法在某些人群中仍然流行。布特勒主教（Bishop Butler）早就指出，这种方式的主要困难源自与记忆这个概念的联系。

如果史密斯声称记得做过某事或到过某地，则我们就可以从常识的观点出发，看看史密斯实际上是否做过那件事，或是否在相应的时候出现在那个地方，以核查这一记忆是否准确。这就是说，我们是通过调查史密斯的身体的所在和活动来进行的。但是，洛克对人格和人的区分却意味着这一调查告诉我们的，与史密斯这个人格完全无关，而只与史密斯这个人有关。可以说，史密斯从内部无从区分对过去事件的真正记忆和当前意象，而这些事件带有欺骗性地将自身作为记忆呈现。洛克思考意识的方式也使得对真实记忆和虚假记忆的彻底区分遇到困难。如果我们愿意把洛克打散的东西整合在一起，并承认人格即人，才有可能做出这一区分。

贝克莱与抽象概念

洛克对英国科学家和哲学家影响巨大。在哲学家中，他最重要的继承者乃是乔治·贝克莱（George Berkeley）。贝克莱 1685 年生于爱尔兰，此时正值洛克写作《人类理智论》的时期。贝克莱主要的哲学著作都是他二十几岁时写就的，这时洛克辞世不久，而他自己也刚刚从都柏林的三一学院毕业。他的《视觉新论》（*New Theory of Vision*）发表于 1709 年，《人类知识原理》（*Principles of Human Knowledge*）和《海拉斯与斐洛诺斯对话三篇》（*Three Dialogues between Hylas and Philonous*）都发表于 1710 年。1713 年，贝克莱来到英格兰，成为斯威夫特（Swift）和蒲柏（Pope）圈子里的成员；并作为贵族的家庭教师和牧师游历了欧洲。他对传教活动颇有兴趣，还横渡大西洋，试图在百慕大建立学院，但最终计划流产。1734 年，他成为克洛因主教（Bishop of Cloyne），退休之后于 1753 年死于牛津，葬在基督堂大教堂（Christ Church Cathedral）。耶鲁大学的一所学院和加利福尼亚大学的一处分校即以他的名字命名。

贝克莱在哲学上的重要性大体上是作为洛克的批评者体现得的。他的主要批评集中在三个突出的矛头之上：抽象的一般观念的概念、第一性质与第二性质的区分以及物质实体的概念。于是，在贝克莱的抨击下，洛克经验论的自身特色七零八落，一变而为独具特色的观念论形态。

按照洛克的语言观，词凭借代表观念而具有意义，普遍性语词（如种名）则对应于抽象的普遍观念。洛克认为，抽象的普遍观念的能力，把人与不会说话的动物区别开来。

贝克莱从洛克的《人类理智论》中抽取出对普遍词项意义的几种不同解释。其一可称之为代表性理论（representational theory），即普遍观念乃是因为被用来代表某一类中的全体事物而具有普遍性

145

的特殊观念，如同几何学教师画出一个特殊的三角形，用来代表全体三角形。其二可称之为消除性理论（eliminative theory），即普遍观念乃是只包含同类的所有特殊事物之共同之处的特殊观念；这就是说，人的抽象观念排除了彼得、詹姆斯、约翰等个体的特殊之处，而只保留下他们共同的东西：颜色，但不是特殊的颜色；身高，但不是特殊的身高；等等。贝克莱的特定攻击目标是洛克的一段话，在那里洛克把上述两种理论的特征结合起来，并解释说，要想形成三角形的普遍观念，非需要一些辛苦和技巧不可，"因为这个三角形观念不是单单斜角的、直角的、等角的、等腰的、不等边的；它是俱是而又俱非的"。

在洛克的解释中深藏着两个主要错误。认为拥有概念（这通常是使用语词的能力所昭示的）可由具有意象来说明，这是错误的。若要运用图形或意象来代表 X，则必须已经具有 X 的概念；而仅通过剥离意象的特征却不可能获得概念。某些概念是没有对应的意象的，例如与语词"所有"和"非"相对应的逻辑概念就是如此。另一些概念永远不能不带歧义地与意象相关联，如算术概念。同一个意象可以表象四条腿和一匹马，也可以表象七棵树和一片灌木丛。

贝克莱的批评采取了不同的形式。"同样，我给自己所形成的人的观念，不是白的，就是黑的，要不就是黄褐色的；它不是直的，就是曲的，不是高的，就是矮的，或者就是中等身材。我的思想无论如何努力，也不能设想上述的抽象观念。"① 这里，贝克莱的批评却与洛克的术语一样，都不免含混不清。与洛克一样，贝克

① 《人类知识原理》，第 10 节。

莱也用"观念"这个词无差别地意指感觉经验、意象、第二性质和概念。他的批评是逻辑的还是反思的实验心理学的，这并不清楚。似乎清楚的是，他所攻击的不是从意象到概念的过渡，而是对意象本身的描述。

如果贝克莱否认抽象意象的可能性，那他似乎就错了。心理意象并不需要它们所表象的对象的所有性质，就像画布上的肖像并不非得表现被画像者的一切特征一样。一个服装设计方案并不需要确定服装的颜色，尽管任何实际的服装都必定有特定的颜色。没有任何特定颜色的衣服的心理意象并不比没有确定颜色的服装设计更成问题。实际上，某个意象既具有所有颜色同时又不具有任何颜色，这未免古怪，如同洛克所举的三角形同时既具有所有形状又没有任何形状一样。不过，仅凭这一段带有修辞性质的话来评判洛克的解释，未免有失公平。

贝克莱认为我们能够把掌握语言与拥有抽象的普遍观念分开，这是对的；但他认为名称之所以具有意义，是因为它们"无差别地表示许许多多的特殊观念"，这就错了。一旦把拥有概念（concept-possession）与制造意象（image-mongering）区别开来，心理意象在哲学上也就无关紧要了。产生意象对于思想并不是必不可少的，犹如图解对于书籍并非绝对必要一样。解释我们之所以拥有概念的并不是意象，而是我们那些把意义赋予意象的概念。

贝克莱反对抽象观念的那些论证在《人类知识原理》中差不多已得到完整的表述；他对洛克的其他批评在《海拉斯与斐洛诺斯对话三篇》中得到了精致的发挥。他本人的论点凝缩在那句名言中：存在即被感知（*esse est percipi*）；这就是说，对于非思想的东西，

147

存在不过是被感知到而已。《海拉斯与斐洛诺斯对话三篇》中体系的展开包含四个主要方面。第一，他论证了一切可感性质都是观念；第二，他对无活动力的物质（inert matter）观念发动了猛烈攻击；第三，他证明了上帝的存在；第四，他用自己的形而上学重新解释了日常语言，并采取了必要的步骤以捍卫他的结论的权威性。

观念与性质

第一篇对话的策略是这样的：一开始，贝克莱就把洛克当作同盟，以论证第二性质的主观性；接下来以其人之道还治其人之身，以对等的相似方式论证了第一性质的主观性，占据了上风。他从洛克式的前提开始，即唯有观念才是直接被感知的，得出了这样的结论：任何观念都不与对象相似。对话中的两个人物分别是海拉斯（洛克式的物质之友）和斐洛诺斯（贝克莱式的观念论的代言人）。海拉斯嘲弄斐洛诺斯不相信可感事物的实在性，而斐洛诺斯则坚持，他们非得探究一下"可感事物"究系何意。有些东西我们是通过感觉逐渐认识的，但只是通过符号或影响而间接认识的。但这不是海拉斯的意思，他说："所谓可感物，我指的只是那些被感官感知到的东西；说真的，除了直接感到的东西，感官并不能感知到其他任何东西：因为感官不做推论。"海拉斯继续表明，他只是半心半意的物质之友，因为他并未论证即接受了这样的观点：我们知觉到的不是物质的东西本身，只是它们的可感性质，"可感物仅是许多可感性质，如此而已"。

不过，在这一阶段，海拉斯希望坚持可感性质的客观性；为了击垮这一立场，贝克莱让斐洛诺斯扩展了论证的路线，而这一论证是洛克用以表明热的客观性的。当然，我们已经认识到，该论证中错误不少。正是借海拉斯之口，贝克莱狡猾地安置了许多错误的步骤。

这样，起先海拉斯断言，像热这样的性质既具有"不同于它们的被感知的存在，也与它们的被感知没有关系"。而性质客观性的精明捍卫者或许承认，这些性质与它们的被感知有关系，同时仍然坚持认为它们不同于知觉。

如果去掉该论证的对话形式，可概括如下。一切热的程度都是被感官感知的，热度越大，则被感知得越明显。但既然较高的热是较大的疼痛，而物质实体不会感觉到疼痛，因此这较大的热不可能存在于物质实体中。想通过区分热与疼来避免这个结论未免徒劳，因为当把手伸入火中，感觉都是千篇一律的。热的所有程度都是同样实在的，因此如果较大的热不是某种存在于外部对象中的东西，那么任何程度的热也都不是。

有如所有包含谬误的哲学论证，如果我们仔细推究其用词，清晰区分那些含混不清之处，上述论证就将缴械投降。当斐洛诺斯问："最猛烈、最剧烈的热难道不是极大的疼痛吗？"海拉斯就应该回答："说热的**感受**是疼痛，或许如此；但要说热本身是疼痛，则绝非如此。没有感知能力的东西也就没有能力感觉疼痛，这没错；但这并不意味着它们没有能力引起疼痛。"

再者，当斐洛诺斯问："你的物质实体究竟是无感觉的存在物，还是被赋予了感觉知觉的存在物？"海拉斯就应当答复说："有些物质实体（如岩石）是无感觉的；但其他的（如猫）却是有感觉的。"当斐洛诺斯问，当伸手靠近火焰时，人们感知到的是一种感受还是两种感受？海拉斯就应当回答说："哪种也不是"，感受不是被感知的。火的热是被感知的，但疼痛则否。"感觉到火的热"中的"感觉"的意思非常不同于"感觉到疼痛"的"感觉"；唯当在前者的情形中，"感觉"（feel）才等价于"感知"（perceive）。

149   为了论证的方便，我们姑且承认我感受到热和我感受到疼是同一件事。但这并不能得出热和疼是同一个东西。与之类似的是，我赢了比赛和我赢得了金牌或许是同一件事，但并不能得出比赛和金牌就是同一个东西。

    海拉斯被哄骗得否认了热的感受的客观性，但要逐字逐句地解说斐洛诺斯所耍的花招未免冗长乏味。在关于味道、气味、声音和颜色的论证中也犯了类似的谬误。在第一篇对话的结尾处，斐洛诺斯问，观念如何可能与事物相似？这就是说，可见的颜色如何能够与其本身不可见的实在事物相似？除了此一感觉、此一观念能和彼一感觉、彼一观念相似，还有什么东西能与感觉或观念相似呢？海拉斯只得同意，观念只能同观念相似，任何观念都不能没有心灵而存在；因此，他深感无力去捍卫物质实体的实在性了。

存在即被感知

    但就在第二篇对话中，海拉斯试图反击，提出了许多关于物质的实存的辩护；不过每一个辩护都很快被干掉了。物质不可被感知，因为大家都同意只有观念才能被感知。按照通常被接受的观点，物质是广延的、坚实的、可运动的、无思想的不活跃实体。这种东西不可能是我们观念的原因，因为无思想的东西不可能成为思想的原因。我们可否说，物质是那个神圣原因的工具呢？但上帝无疑只根据其意愿行事，何必需要无生命的工具！抑或我们可否说，物质提供了上帝行事的偶因？但全智全能的上帝又何须提醒！

　　斐洛诺斯嘲弄道："您终于还是明白了，在一切形形色色的接受物质的观点中，您一直在假设的不过是个您并不知道的东西，既无假设的理由，亦无假设的用处？"无论把物质设想为对象、基质、原因，还是工具、偶因，都无法为物质辩护。甚至都不可能把物质置于**实存物**这个最抽象的可能概念之下，因为物质并不实存于空间中，它缺乏实存的方式。既然物质并不对应于心灵中的任何概念，它还是作为无的好。

　　物质也曾被幻想为我们观念的基础。但在贝克莱的体系中，这种作用并不属于物质，而是属于上帝。所有基督徒都相信，心灵中的一切东西都属于上帝。"人们之所以常常相信，一切事物皆为上帝所知、所觉，是因为他们相信上帝的存在；另外，我之所以要直接地不可避免地立刻断定上帝的存在，是因为一切可感物都被上帝所知觉。"

　　贝克莱从可感世界的纯粹存在出发给出了上帝存在的证明。世界只由观念组成，而任何观念都不能存在于心灵之外。但可感物具有外在于我的心灵的实存，因为它们完全独立于心灵。因此，它们必定存在于另外某个心灵当中，只是我无从知觉它们而已。"既然这可以适用于一切其他有限的被造的精神，结果一定有一个无处不在、永恒无限的心灵，知晓万物，理解万物。"

　　即使我们承认贝克莱的前提，即可感世界只由观念构成，在他关于上帝存在的证明中似乎也有一处缺陷。这就是说，从前提"不存在万物皆存在于其中的有限心灵"到结论"因此必定存在万物皆存在于其中的无限心灵"的推理，是包含着错误的。（试比较"不

150

存在任何人皆为公民的民族国家；因此存在着任何人皆为公民的国际性国家"。)

在得出万物皆存在于上帝的心灵中这一结论之后，贝克莱又着手承担重新解释日常语言的任务，以便表明我们关于世界的日常信念完全可证明为真。关于物质实体的陈述被重新解释为关于观念集合的陈述。"实在事物正是那些我看到和感觉到的事物，是被我的诸多感官所感知的……例如，一块可感的面包，在我腹中要远胜于你所谈论的既不可感亦不可理解的实在的面包。"

151 　　由此，物质实体乃是由各种感官所感知的可感印象或观念的聚集，并由于印象或观念的恒常联结而被心灵结合为一物。贝克莱根据这一现象主义的论题，重新解释了科学说明（如运用显微镜）和自然法则（如重力与质量的比例定律）。我们通常视为现象与实在的差别的东西，只从观念的不同生动程度和意愿控制的变化范围就得到了说明。

贝克莱根据不同的完善程度，论证说他的体系表明正统神学不存在任何困难，从而总结了他的阐释。他向我们保证，世界由上帝心灵中的观念所组成，这一主张并不导致这样的结论：上帝遭受着痛苦，他是原罪的创造者，抑或他是不完善的创造者，无法产生任何在他自身之外的实在事物。

贝克莱的体系比洛克的体系更反直观，因为它既否认了物质和一切精神之外的存在的实在性，也没有给除有限或无限精神的意志行动力之外的其他任何因果作用留下地盘。但是，贝克莱又不像洛克，他会允许性质真的属于对象，感觉对象的存在也能够真的被认识。如果说这两个体系最终都不太可信，那是因为它们具有共同的错误根源，即这样的主张、观念，而且只有观念，才能被感知。

斯宾诺莎与一元论

　　洛克和贝克莱对笛卡儿的意识概念加以改装，配备到自己的认识论当中。就在英国经验论者在笛卡儿认识论的后果上苦心孤诣之时，欧洲大陆那边的理性主义者在把笛卡儿的形而上学原理发扬光大。其中最杰出的两位形而上学家便是斯宾诺莎和莱布尼茨，我们现在就来谈谈他们。

　　巴鲁赫·斯宾诺莎（Baruch Spinoza）出身于一个讲西班牙语的犹太人家庭。他所受的教育是正统的犹太教育，但他在早年就抛弃了犹太神学，并于 1656 年 24 岁的时候，被逐出犹太教区。此后，他靠磨制眼镜片和望远镜片谋生，起先居住在阿姆斯特丹，后迁居莱顿和海牙。斯宾诺莎终生未婚，过着孤独的思想者的生活，并拒绝接受学术上的教职，不过，他与当时许多饱学之士有通信联系，其中包括皇家学会的第一任秘书［奥尔登堡］。1677 年，斯宾诺莎死于肺结核，部分原因应归咎于吸入的玻璃粉尘，这是镜片磨制师的职业病。

　　斯宾诺莎发表的第一部著作，也是唯一一部署他真名的著作，是以几何学形式改写的笛卡儿的《哲学原理》。这部早期著作既受到笛卡儿的影响，也出于对几何学严格性的关注，其特征亦可见于他成熟时期的杰作《伦理学》（*Ethics*），该书于他去世几个月之后匿名出版。在这两部著作之间，他还匿名发表过《神学政治论》

152

（*Tractatus Theologico-Politicus*）。此书主张对《旧约》诸卷进行晚期年代确定和自由主义的诠释，并提出了一种政治理论，该理论对自然状态中的人类持乐观主义态度，并由此推出民主政体、言论自由和宗教宽容的必要性。

斯宾诺莎的《伦理学》采取了有如欧几里得几何学的表述形式。该书分为五个部分，每一部分都包含一组定义、一组公理，并继之以对标有序号的命题的形式证明，且以"证讫"（QED）结束。斯宾诺莎认为，哲学家就应当以这种方式阐发思想，以便使其初始的假设容易理解（它们应当是自明的真理），并显示出组成其体系的各个论题的逻辑关系。但是，对逻辑关系的阐明并非仅只是服务于思想的清晰，对斯宾诺莎来说，是逻辑关系把世界凝为一体。

斯宾诺莎哲学的关键是他的一元论（monism），即只存在唯一实体的思想，而这个无限的神圣实体与自然同一：*Deus sive Natura*，"神即自然"（God or Nature）。神与自然的同一化可从两种迥然不同的方式加以理解。如果我们认为斯宾诺莎的意思是，"神"只是以独具特色的方式指涉自然世界的有序系统，那么斯宾诺莎看起来就是位无神论者。但如果我们认为他是在说，当科学家谈论"大自然"的时候，他们实际上一直在谈论神的话，那么他看起来就像克尔恺郭尔所说的"陶醉于神的人"（God-intoxicated man）。

斯宾诺莎一元论的起点是笛卡儿的实体定义，即"无须任何东西，凭自身即可存在者"。这一定义实质上只能用于神，因为其他一切东西皆需被神创造，亦能被神消灭。但是，笛卡儿不仅把神，也把物质和有限心灵算作实体。笛卡儿的心灵加物质的体系通常被称作"二元论"（dualism），但他总共承认多少不同的实体，这并不清楚。通常谈论物质对象的方式是，它们仿佛只是单一物质实体的各个部分，但心灵却似乎不像物质那样统一，而是每个人似乎都具有作为独特实体的个体心灵。

斯宾诺莎严格采取了笛卡儿式的实体定义，但从中得出只存在唯一实体的结论。这个唯一实体就是神，心灵和物质都不是实体。思想和广延，按照它们的规定性特征，事实上都是神的属性。因为神是无限的，故斯宾诺莎主张，神必定有无限多的属性；但我们能够知道的仅是思想与广延这两个。

除神之外没有别的实体，因为倘若存在其他实体的话，它们就将对神做出限制，但神却是不会受到限制的，因为神是无限的。个体的心灵和身体都不是实体，而只是样式，即特殊的构造，分别属于思想和广延这两种神圣的属性。

在传统神学中，一切有限实体都把上帝作为创造者和第一因而依赖于上帝。斯宾诺莎在处理神与被造物的关系时，是用主词与谓词的逻辑术语而非原因和结果的物理学术语来表述的。表面上关于有限实体的任何表述实质上都是关于神的谓词：指涉像我们这样的被造物的正确方式，是用形容词而非名词。经院哲学家会说，上帝是广延的物质的原因，但他自身却既非物质亦非广延。相反，斯宾诺莎却告诉我们，"广延是神的属性，换言之，神是广延的东西"。

对斯宾诺莎来说，既然"实体"具有如此深邃的意蕴，则存在着实体这种东西就完全不是显而易见的假设。斯宾诺莎自己也不将其视为当然，因此实体的存在不是他的一条公理。实体在一开始即被定义为："在自身内并通过自身而被设想的东西。换言之，形成实体的概念，必不需要借助于他物的概念。"另一个初始定义给出

154

了神的定义，即神是［绝对］无限实体。《伦理学》的第一个命题被用来证明至多只存在一个实体。直到命题十一，斯宾诺莎才告诉我们至少存在一个实体，他证明："神，或实体，具有无限多的属性，而它的每一个属性各表现其永恒无限的本质，必然存在。"

关于实体存在的证明是斯宾诺莎式的关于上帝存在的存在论证明。该证明如下：实体 A 的存在不可能由另外某个东西 B 所导致，因为如果能够的话，B 的概念对于 A 的概念构成就是绝对必要的，从而 A 也就不能满足前面给出的实体定义了；因此，任何实体都必须是自身的原因，包含其自身的解释，而存在必定是其本质的一部分；设若神并不存在，则其本质不会包含存在，因此神不是实体；但这是荒谬的，因为根据定义神即实体；因此，根据归谬法，神存在。

上述论证最薄弱的地方似乎是这一论断：如果 B 是 A 的原因，则 B 的概念必定是 A 的概念的一部分。这相当于因果关系与逻辑关系的不可靠的同一化。不知道肺是什么，却知道肺癌是什么，这自然不可能；但不知道肺癌的原因是什么，却知道肺癌是什么，这难道也不可能吗？因果性与逻辑的同一化就通过看似无害的最初的实体定义而被偷运进来。

必然、自由与解放

155　　尽管斯宾诺莎对神的存在的证明很难令人信服，但许多人却和他一道赞成把自然视为单一整体的观点，这样的自然乃是在自身内包含着自身的全部解释的统一系统。许多人还赞同他的自然依必然性而运行的思想，根据这一思想，万事万物的发生皆是被决定的，

除了实际发生的事件，并不存在任何其他事件序列的可能性。"自然中没有任何偶然的东西，反之一切事物都受神的本性的必然性所决定而以一定的方式存在和动作。"

　　尽管自然依必然性而运转，但斯宾诺莎说神是自由的。这绝不意味着神具有类似于自由选择的东西；因为斯宾诺莎说，倘若一物仅依据自身本性的必然性而存在，并仅由自身在其行动中所决定，它才是自由的。神和被造物均是被决定的，但神是自我决定，而被造物，即神之样式，却是被神决定的。不过，对人来说却存在着不同程度的自由。《伦理学》的最后两部分分别被称为"论人的奴役"和"论人的自由"。就我们被有限的外在原因决定而言，我们处于奴役当中，一如我们屈服于情感时那样；就我们是自我决定的而言，我们是自由的，一如我们运用理智的力量时那样。

　　世人常常相信是他们自己给自己做出自由选择，不被他物决定，但这实为无知导致的幻象。正因为我们不知道我们选择的原因，我们才假定选择没有原因；只有真正的解放才可能让我们自己意识到那些隐藏的原因。斯宾诺莎阐发了引导我们通往知识、走出奴役的思想。

　　斯宾诺莎教育我们说，万事万物都致力于保持其自身的存在，而万事万物的本质确实就是其保持自身的驱动力。人的这种趋向伴随着意识，而这种有意识的趋向被称为"欲求"（desire）。快乐和痛苦分别是过渡到身心较高和较低的完善层次的意识。其他的情感都被驱往欲求的这两种基本情绪：快乐和痛苦。但是，我们必须区分主动的情感和被动的情感。被动的情感，即激情，如畏惧和愤怒，都是外部力量作用于我们身体的结果，它们是由不充分的观念

156

(inadequate ideas) 产生的。而主动的情感则源于心灵对宇宙中的人类状况的理解。"被动的情感只要当我们对它形成清楚分明的观念时,便立即停止其为被动的情感。"

如果我们摆脱了奴役,则像希冀、恐惧、悔恨等被动的情感就将被像勇敢和精神的慷慨等主动的情感替代。我们必须放弃恐惧,特别是对死亡的恐惧。"自由的人绝少想到死;他的智慧,不是死的默念,而是生的沉思。"道德升华的关键在于把握万事万物的必然性。一旦我们认识到他人的行为是被自然决定的,我们就会停止对他人的仇恨。我们"在永恒之光下"① 把握了万事万物的整体必然性的自然安排,这一把握同时也就是对神的理智之爱。既然神即自然,我们越理解神,就越爱神。"凡是清楚明晰地了解他自己和他的感情的人,必定爱神,而且他越了解他自己和他的感情,那么他便越爱神。"

斯宾诺莎说,心灵对神的理智的爱就是神对人的爱;这就是说,神对自身的爱是通过思想属性这一中介来表达的。但是,斯宾诺莎也警告我们:"凡爱神的人绝不能指望神回爱他。"确实,如果你想要神回爱你,则你就是想要神不成其为神了。

显然,斯宾诺莎拒绝接受正统的犹太教和基督教的人格神的观念。他还将灵魂不朽的宗教观念视为幻象。对斯宾诺莎来说,心灵和身体是不可分的;他也确实把人的心灵描绘为人的身体的观念。"我们只有当心灵表示身体的实际存在时,才能说心灵是持久绵延的,其存在才能受时间的限制。"不过,斯宾诺莎还说,心灵不可

_157_

---

① "在永恒之光下"(*sub specie aeternitatis*),通常译作"在永恒的形式下"。

能随人的身体而被完全毁灭，其中有一部分是永恒的；只要在永恒之光下认识事物，心灵就是永恒的。

如果我们反思一下，对斯宾诺莎来说，时间是不真实的，那么斯宾诺莎明显与灵魂不朽相冲突的论断或许能够与之达成和解。我们认为过去是不可能改变的，而将来是向可能的选择敞开的。但在斯宾诺莎决定论的宇宙中，未来正如过去一样是确定不变的。因此，在有智慧的人的反思中，过去和将来的差别是不起作用的。"就心灵被设想为在理性的指导下而言，无论是现在、过去还是将来的事物的观念，心灵所受的激动都是同样的。"这也就是为什么希冀、恐惧和悔恨都是非理性的情感的原因。任何特定心灵的存在都只有一次，但作为单一、无限、必然的宇宙的一部分，它又是永恒的真实；而且，只要心灵在永恒真理之光下认识万物，则心灵就将弥纶天地，遍及无尽、必然且永恒的宇宙。在这个意义上，心灵是永恒的，并可认为无论生前死后皆存在着。但这一切非常不同于流行的虔敬所期待的来世生活中的个人生存。

莱布尼茨与逻辑

莱布尼茨（Gottfried Wilhelm Leibniz）生于 1646 年，其父乃是莱比锡大学的哲学教授。莱布尼茨自幼年起就开始阅读形而上学，逐渐熟悉了经院哲学著作。他先在耶拿大学学习数学，而后在阿尔特多夫大学学习法律，21 岁时该校向他提供教职，但被他拒绝。后为美因茨的大主教服务，并接受外交使命访问巴黎，在那里结识了当时许多第一流的思想家。1676 年，莱布尼茨在巴黎发明了微积分，但此时尚未了解牛顿比他更早但并未发表的在微积分上的发现。在他返回巴黎的途中，他访问了斯宾诺莎，并研究了《伦理学》的手稿。

从 1673 年直至去世，莱布尼茨一直列位汉诺威（Hanover）选帝侯的宫廷参议。他还是位于沃尔芬比特尔（Wolfenbüttel）的宫廷图书馆馆长，并花了多年时间编纂布伦瑞克（Brunswick）家族史。莱布尼茨创立了不少学会，并成为普鲁士科学院首任院长。他还曾几次尝试重新团结各基督教派，建立欧洲联盟，但都无功而返。1714 年选帝侯乔治成为联合王国（英国）国王乔治一世，但莱布尼茨留在了汉诺威；他不愿意在英国成为不受欢迎的人，因为在微积分发明者的归属问题上，他曾与牛顿有过节。1716 年，莱布尼茨病情恶化，与世长辞。

莱布尼茨一生在哲学的许多分支领域都撰写了具有高度原创性的著作，但他只发表了一些相对较短的论文。他最早发表的著作是 1686 年的《形而上学论》（*Discourses on Metaphysics*），1695 年发表了《自然的新系统》（*New System of Nature*）。他一生发表的篇幅最长的著作是《神正论》（*Essays in Theodicy*），此书旨在面对人世罪恶而为神圣正义辩护，并题献给普鲁士王后夏洛特。莱布尼茨最重要的两短篇论文都问世于 1714 年，即《单子论》（*Monadology*）和《论自然与神恩的原则》（*Principles of Nature and of Grace*）。他对洛克经验论的实质性批评体现在《人类理智新论》（*New Essays on Human Understanding*）中，但在他去世近 50 年才发表。莱布尼茨许多非常引人入胜的著作都直到 19 世纪和 20 世纪才问世。

由于莱布尼茨没有把许多最有力的思想发表出来，如何才是对其哲学的正确诠释一直就是个争论不休的问题。莱布尼茨在逻辑学、形而上学、伦理学和哲学神学领域都著述颇丰，而他对这些不同学科的重大贡献在多大程度上是彼此协调一致的，他的体系中的哪些部分是基础，哪些是上层构造，至今仍不清楚。

我们首先从莱布尼茨的逻辑开始。他区分了理性真理和事实真理：前者必然为真，若否定之则必然导致矛盾，因为它们是以不矛盾律为基础的；而事实真理则不然，可被否定而不导致矛盾，因为它们并不以不矛盾律为基础，而是建立在不同的原则之上，这原则就是凡事皆有其充足理由。

一切必然真理皆是分析的："若一真理是必然的，则其原因可由分析而得，这就是说，可以将其分解为更简单的观念和真理，直至那些原始的观念和真理。"而偶然命题，即事实真理，从普通人的观点看，则是综合的。但对于莱布尼茨来说，在另一种意义上，它们也是分析的。亚历山大击败大流士，这是个事实真理；人们只能通过经验性探究发现它。但是上帝却不然：

> 上帝看到了亚历山大的个体概念或"此性"（haecceity）①，

───────────────

① "此性"，源自拉丁语 haec（这），haecceitas（此性、个体本质）。该词为邓斯·司各脱引入的术语，阿奎那对此讨论较多，并重新流行于当代形而上学中。其本义指个体的本质，依靠它，一物才是其所是那个个体，种的一个成员才得以和同种的其他成员相区别。因此，它意指一物必定拥有其他任何事物都不可能具有的那种必然性。例如，苏格拉底的灵魂是拥有它的苏格拉底特有的。断言此性存在的理论可称为"此性论"（Haecceitism）。

与此同时也在其中看到真正属于亚历山大的一切谓词的基础和理由，例如他是否战胜了大流士和波罗斯①，甚至还能先天地知道（而非借助经验）亚历山大是自然死亡还是被毒身亡，而我们只能通过历史记载知道究竟。

在"亚历山大击败大流士"这个句子中，谓词以一定方式包含在主词中，因此必定使自己出现在亚历山大的完全而精确的观念中。若某人未曾被该谓词断定，则不是亚历山大，而是另有其人。因此，这个命题在某种意义上是分析的。但为展示这一点而必需的分析将是无限的，只有在上帝那里才能是完全的。因此该真理可称作是有限综合的，却是无限分析的。而且，从神的观点看，亚历山大对其一切属性的拥有乃是必然的，任何一个可能的亚历山大都将拥有所有这些属性，但是，即使从上帝的观点看，亚历山大的**存在**也是偶然的事情，因为上帝自身的存在才是唯一必然的存在。

任何谓词，无论是必然的还是偶然的，也无论是过去的、现在的还是将来的，都包含在主词的概念中；这一论断是莱布尼茨在给阿尔诺的信中表达出来的。他从中得出了一个极其重要的结论："由此得出，每一个灵魂都是一个孤立自存的世界，独立于除上帝之外的任何其他东西；灵魂不仅是不死的，而且也可以说是不受伤害的，但它在自身的实体中保存着发生在自己身上的一切踪迹。"

---

① 波罗斯（Porus，活动时期在公元前 4 世纪）：印度王公。亚历山大大帝入侵时，他奋力抵抗，但在海达斯帕斯一役为亚历山大的骑兵所败。亚历山大允许他保留原有国土。此后他拥护亚历山大，成为马其顿的臣藩。公元前 321 年至前 315 年间被人暗杀。

单子论

这种"孤立自存的世界"就是莱布尼茨后来所称的"单子"（monad）。单子是单纯实体，没有部分。在《单子论》中，莱布尼茨以如下方式论述了单子的存在。任何复杂的东西皆由单纯的东西组成，而单纯的东西是无广延的，因为如果它是有广延的，则能够被进一步分割。而任何物质的东西都是有广延的，因此单子必定是非物质的、灵魂般的实存物。对斯宾诺莎来说，只存在唯一的实体，思想和广延都只是实体的属性；而对莱布尼茨来说，存在着无限多的实体，而其属性只是心灵的属性。

单子既然没有部分，所以无生长、无衰朽，只能因创造而始，因毁灭而终。这样，其他任何被造物都不可能以因果性的方式影响单子，"因为在单子里面不能移动任何东西，也不能设想其中可以激起、引导、增加或减少任何内部运动，这在复合物中是可以的，那里有部分之间的变换。单子并没有可供某物出入的窗户"。不过，单子能够变化；实际上，单子总在持续变化，但其变化是来自内部的。单子不具有任何可改变的物理性质，因此它们的变化必定是精神状态的变化，这就是说，单子的生活乃是一系列知觉。

但知觉就不包含因果性吗？我看见一朵玫瑰，难道我看到的这个景象不是玫瑰花引起的吗？莱布尼茨的答复是：非也。单子如镜像般映出世界，但这不是因为它被世界影响，而是因为上帝已经安排妥帖，让它与世界同步变化。好的钟表匠能够制造两个完全准时的钟表，使它们永远在同一时刻报时。在与其创造物的关系中，上帝就是这样一位钟表匠，他在万物之初即为宇宙建立其预定的和谐。

一切单子都具有基本类型的知觉，这就是说，它们具有一种内在状态，此状态乃是宇宙中其他一切东西的表象。内在状态会随环境而变化，但不是因为环境的变化，而是因为其内在的驱力即"欲望"（appetition）。单子是无形体的自动机，被莱布尼茨称为"隐德来希"（entelechies）①。

在物质的最小的部分中，也有一个被创造物的世界，里面包括生物、动物、"隐德来希"和灵魂。物质的每个部分都可以设想成一座充满植物的花园，一个充满着鱼的池塘。可是植物的每个枝丫，动物的每个肢体，它们的每一滴体液，也是一个这样的花园或这样的池塘。

我们现在熟悉的观念是，人体乃是细胞的聚合体，每个细胞都过着个体的生活。而在莱布尼茨的体系中，与人体相对应的单子也正像具有个体的生命历程的细胞，但其非物质和不死的特性又不像细胞。每个单子都表象着宇宙，尤其表象着与之有特殊联系的身体。"每一个活的形体有一个统治着的'隐德来希'，这就是动物中的灵魂，但是这个活的形体的肢体中又充满了别的生物，既有植物也有动物，其中的每一个又有其统治着的'隐德来希'或灵魂。"在人类当中，统治着的单子是理性的灵魂。这个主导的单子与其他单子相比，其知觉更为清晰，其欲望更为强烈。它不仅仅有知觉，更有"统觉"（apperception），这个统觉就是对作为知觉的内在状

①《单子论》第十八节：我们可以把一切单纯实体或创造出来的单子命名为"隐德来希"，因为它们自身之内具有一定的完满性，有一种自足性使它们成为它们的内在活动的源泉，也可以说，使它们成为无形体的自动机。

态的意识或反省的知识。它以自身的善为鹄的或目的因，但这一鹄的并不只属于其自身的活动，而且还属于它所统治的其他一切东西。在莱布尼茨的体系中，这便是对灵魂作用于身体这一论断的再次解释。

自由、可能性与恶

莱布尼茨的体系是否未给自由意志留下地盘呢？人与所有或有限或无限的行动者一样，都需要理由去行动，这就是莱布尼茨的"充足理由律"。但他主张，对自由的行动者来说，提供充足理由的动机"有所倾向却不使这倾向成为必然的"。但我们很难看到他能够为人留下特殊类型的自由的地盘。在他的体系中，无论何种行动者都不受外界的作用，一切行动者皆完全自我决定。但是，任何行动者，无论是不是理性的，都不能走出前定和谐为之安排好的生活史。因此，看起来按照自身的动机去行动的自由，不过是虚幻的自由。

为回应这一反对意见，莱布尼茨需要求助于他为上帝与宇宙的关系所描绘的图景。在决定创造世界之前，上帝考察了无限多的可能的创造物。在所有可能的创造物中，会有许多可能的尤利乌斯·恺撒；而在这些恺撒当中，会有一位跨过了卢比孔河的尤利乌斯·恺撒，也会有一位没有跨过的。每一位可能的恺撒都依原因而行动，但每一位都不会是必然如此的（没有任何逻辑法则说卢比孔河或者要被跨越，或不被跨越）。因此，当上帝决意赋予跨越卢比孔河的恺撒存在时，他是在创造出现实的自由选择的恺撒。所以，我们那位现实的恺撒是自由地跨过卢比孔河的。

162

　　但是，当上帝赋予我们所生息的现实世界时，与他可能会创造的数不清的其他可能世界相对照，上帝自身的选择是出于什么？上帝的这一选择是否有理由，是不是自由的选择？莱布尼茨的回答是：上帝自由地选择而创造了一切可能世界中最好的世界。

　　并非所有预先可能的东西都能够一起被创造为现实的。用莱布尼茨的术语说，A 和 B 都是可能的，但 A 和 B 未必是共存的（compossible）。因此，任何被创造的世界都是共存者的系统，而最好的可能世界是具有善超出恶的最大盈余的系统。在存在自由意志的世界中，虽然有时这自由意志会被罪孽深重地错误使用，但也比既没有自由也没有罪恶的世界好得多。因此，世界中的恶不会提供责难上帝之善的论证。正因为上帝是善的，而且必然是善的，所以他选择了最完美的世界。不过他的行为又是自由的，因为尽管只能创造最好的东西，但他完全可以什么也不创造。

　　拿莱布尼茨的观点与笛卡儿和阿奎那的观点比一比，无疑是有趣的。笛卡儿的上帝是完全自由的，甚至逻辑法则也是上帝的任意命令的结果。而莱布尼茨则有如昔日的阿奎那，主张永恒真理不依赖于上帝的意志，而是上帝的理智；举凡涉及逻辑的领域，上帝也别无选择。阿奎那的上帝虽然不像笛卡儿的上帝那样自由，但也不像莱布尼茨的上帝那样拘束。因为根据阿奎那的观点，尽管上帝所做的一切都是善的，但他永远不会非得做那最好的不可。说实话，对阿奎那来说，既然上帝是全能的，"一切可能世界中最好的世界"这个概念，或许和"一切可能的数中最大的数"这个概念一样，都是不可理喻的。

　　在小说《老实人》中，伏尔泰无情嘲弄了莱布尼茨的乐观主义理论，令世人难以忘怀。在小说中，莱布尼茨主义者潘罗斯医生对一系列不幸和灾难，总是用这句口头禅来答复："在一切可能世界中的最好的世界中，一切结果都会是好的。"

　　莱布尼茨的单子论是形而上学原则的巴洛克风格的繁荣，而笛卡儿试图用以替代中世纪的亚里士多德主义共识的正是这些原则。莱布尼茨的著作标志着大陆理性主义的高峰。他在德国的继承者，特别是沃尔夫，发展出一套墨守成规的独断论传统，伊曼纽尔·康德正是在这种哲学传统中成长起来，并在他自己的成熟时期将其作为批判的目标，给予致命的打击。但在研究康德之前，我们还须回到英国哲学家休谟，因为康德自己说过，把他从独断论的迷梦中惊醒的正是大卫·休谟。

休　谟

　　1711 年，休谟生于爱丁堡。他是一位早熟的哲学家，他的代表作《人性论》（*A Treatise of Human Nature*）写于他二十几岁的时候。用他自己的话说，此书"一从印刷机中生出来就死了"；不过，考虑到其风格的矫揉造作，行文的曲折繁复，也许就不足为怪了。休谟后来将《人性论》的内容重新改写为两部更流行的著作，即《人类理智研究》（*An Enquiry Concerning Human Understanding*，1748）和《道德原则研究》（*An Enquiry Concerning the Principles of Morals*，1751）。在休谟的一生中，他作为历史学家的声望更胜于作为哲学家的声望，因为自 1754 年至 1761 年，他撰

写了六卷本的《英国史》。在 18 世纪 60 年代，休谟作为英国大使
馆的秘书寓居巴黎。他性情温和可亲，竭尽所能与难以相处的哲学
家卢梭做朋友，经济学家亚当·斯密形容他是人类所能达到的最接
近完美的人。在他最后的岁月中，休谟撰写著作，向自然神学发起
了攻击，这就是在他去世三年之后于 1779 年发表的《自然宗教对
话录》（*Dialogues Concerning Natural Religion*）。詹姆斯·博斯
韦尔（James Boswell）详尽记录了休谟临终前的病况，令他失望的
是，休谟最终还是拒绝了宗教的安慰，安详地与世长辞。

164

《人性论》是这样开篇的："人类心灵中的一切知觉可以分为显
然不同的两种，这两种我将称之为印象（impression）和观念（i-
dea）。两者的差别在于：当它们刺激心灵，进入我们的思想或意识
中时，它们的强烈程度和生动程度各不相同。"印象包括感觉和情
感（sensation and emotion），观念则是包含在思想和推理当中的东
西。印象和观念的区分试图清除洛克和贝克莱使用"观念"时的一
个含混不清之处。但是"生动"的标准却又成了难以运用的东西。
在休谟那里，它有时相当于内容的丰富程度，有时等价于对行动的
明显影响，甚至还相当于情感的特色。一个如此含混暧昧、形式多
样的观念是没法用来做出清晰的区分的，而且由于运用了这个概
念，休谟使思想和感情（feeling）过于相似了。

165

休谟说，观念是印象的复本（copy）。这是定义呢，还是经验
的假设？有时看上去像定义，有时又像假设。休谟时常邀请读者反
观诸己，以验证某些哲学的论断。这一伪经验方法（pseudo-empir-
ical approach）是英国经验论者的拿手好戏，但其科学的心理学探
究的表面现象却容易误导读者。内省不是实验，而想象的内省离科

学何止一步。

　　不管它到底是定义还是假设，观念完全与印象相似的论断却只应用于简单观念。我可以构造一个新耶路撒冷的复杂观念，同时从未看到过这样的城市。但就简单观念而言，休谟说，观念与印象一一对应，此规则绝无例外。结果，要想对休谟式的简单性给出一致的解释，并不比休谟的生动性更容易。但在休谟体系的推进过程中，他却把"任何观念皆有其在先的印象"这条原则用作反形而上学的有力武器。

　　休谟告诉我们，印象在观念中重新出现的方式有二：记忆的观念和想象的观念。记忆的观念比想象的观念更生动；而且记忆也不像想象，必定在其观念中保持原始印象的时空顺序。我们倒是可以问问，对记忆的描述是否能够提供标准，以区分真实的记忆和带有错觉的记忆。休谟的第二个标准可能是试图完成第二个任务，但也是不可靠的。（我幻想自己把对老板的真实想法告诉他，这可能会比我实际上洗耳恭听老板的斥责生动得多。）

　　记忆有时比休谟描述的复杂得多。记忆至少有三种：其一，事实性记忆，即甲记得事情如此这般（that p）；其二，个人记忆，即甲记得事情如此这般，是以其个人经验为基础的；其三，我们或可称之为感知记忆，即甲记得事情如此这般，以形象的方式重新唤起并再次经历之。休谟的解释实际上只适合于第三种记忆，而这种记忆却是最不基本的。无论我们在想象中再度经历的过去事件如何生动，那也只是借助其他类型的记忆，我们才能知道脑海中的影像意味着什么，才能把它们与所涉及的时间、地点、人物联系起来。

　　"想象"的范围更是宽泛得多，它包括各式各样的不同事件、能力和错误。和其他东西相比，想象可以是错误的感知（"是有人敲门，还是我不过是想象如此"）、错误的记忆（"我是把信寄出去了，还是我想象我寄出去了"）、无根据的信念（"我想象他不久就会因为和她结婚而抱憾"）、耽于猜想（"设想印度和巴基斯坦核战争的后果吧"），以及充满想象力的创意（"布莱克的想象力无与伦比"）。这些类型的想象并非都必定涉及心理意象，而休谟正是把这一类型当作典范。而且，在涉及意象的时候，其作用也与休谟赋予它的作用相去甚远。

休谟相信，我们语言的语词意义在于它们与印象和观念的关系。正是我们心理中的印象和观念之流，使我们的言谈成为并非空洞的声音，而是思想的表达；如果我们不能表明语词指涉印象或观念，则它必定要被当作无意义的东西抛弃掉。

休谟论信念

167　　或许可以认为，记忆与想象的区别最好从**信念**（belief）方面来辨明。如果我认为自己记得事情如此这般，那我就相信事情如此这般；但是，我能够想象某某事情是怎么一回事，而无须上面那种信念。如休谟所说，我们会构想许多我们并不相信的东西。但是，他又发现，让信念适合他所规划的心灵内容的一般方案，实际上非常困难。那么，对休谟来说，单纯具有事情如此这般的思想，与实际上相信事情如此这般，其间的区别在哪里？

相信与设想的区别不在于内容；倘若是内容上的区别，则将要增加一个观念，也许是存在的观念。但休谟说，我们不需要存在这个观念。

　　显然，存在观念和任何对象的观念没有什么不同，而且当我们简单地设想一个对象之后再来设想它是存在的时候，我们实际上并没有增加或改变我们的最初观念。例如，当我们肯定说上帝是存在的时候，我们只是照人们向我们描述的样子，形成那样一个存在者的观念；我们并不是通过一个特殊观念来设想归属于他的那种存在，并把这个特殊观念加到他的其他性质的观念中去，而是把这个特殊观念和那些性质的观念分离开、区别开。

　　概念与信念的区别不在于所设计的观念，而在于把握观念的方式。信念必定在于其观念的生动性，而且在于它与某些当前印象的联结；印象，无论是什么印象，都是我们的信念的基础。"信念乃是由于和当前印象相关而被产生出来的生动的观念。"

　　休谟认为相信与设想的区别不必在于内容，这是对的。如他所说，如果甲相信事情如此这般，而乙不相信事情如此这般，则他们的不一致正是关于同一观念的。但是，当他说没有存在这个概念，却又错了。倘若他的解释是对的，那么我们如何能够判断某物并**不**存在呢？这个困难实际上与"观念"这个观念相关，因为它既可表示概念（例如上帝的概念），也可表示命题（例如，恺撒死于他的床上，或上帝存在）。

　　休谟把生动性解释为信念的标志，这里也有几个困难。有些是 *168* 他的体系的内在困难。例如，我们可以问：为什么这一感情系于观念而非印象？既然信念和记忆的标准都是生动性，我们如何区别信念和记忆？另外一些困难则不仅仅是内部的。其中至关重要的困难是：信念完全不必包含意象（当我坐下时，我相信椅子会支撑我，但这时并没有关于此物的思想进入我的心灵）。而当意象包含在信念中时，强迫性的想象（如配偶的不忠）可能会比真实的信念更生动。

休谟对心理学概念的解释是有缺陷的，因为他总是全神贯注于心理动词的私人性第一人称用法，而不是去探寻心理术语是如何被人们在彼此间公开运用的。休谟以自己在心理学上的成就而自豪，以为堪与牛顿对物理学的贡献媲美。他贡献出了（空洞的）观念联结理论，以为与引力理论珠联璧合。但他的心灵哲学如此粗糙，有欠成熟，以至于如果这就是他的全部贡献，那他在哲学史上只是个微不足道的角色。赋予他重要性的是他对因果关系的解释。

因果关系

如果去寻找因果性观念的根源，就会发现，它不可能是对象的任何特殊的内在性质；因为绝大多数类型的对象都能够成为原因和结果。我们必须代之以在对象的关系中寻找。实际上，我们发现，原因和结果必定是相互毗邻的，而原因必定在其结果之前。但这还不够。"一物可与另一物相邻且先于后者，但并不被认为是其原因。需要考察的是必然联系。"但是，这种必然联系的本性却难以确定。

休谟否认凡开始存在者必有存在的原因："所有个别的观念既然是可以互相分离的，而原因和结果的观念又显然是个别的，所以我们很容易设想任何对象在这一刹那并不存在，在下一刹那却存在了，而无须对它加上一个个别的原因观念或产生原则的观念。"当然，"原因"和"结果"是相互关联的术语，任何结果必有其原因。

但这并不能够证明存在的每一个开端或变更都必定有原因在先，也不能得出这样的结论：因为丈夫必有妻子，所以每个男人都必定是结了婚的。

如果设想某物没有任何原因就开始存在或经历变化并非荒谬之事，那么设想一事件发生而没有特殊的原因就更非无稽之谈了。那为什么事实上我们相信，如此这般的特殊原因非得必然产生如此那般特殊结果不可呢？关于原因的知识不可能源于来自可感性质的先天推理，无论是对于非同寻常、错综复杂的未知对象，还是对于我们熟悉的标准情形（如弹子在运动中相互碰撞或火散发热量），皆是如此。因为可以合乎逻辑地设想，从一个特殊的原因产生许多不同的结果，只有经验能够引导我们得到实际的结果。但是，以什么为基础呢？

我们观察到的事情是这样发生的：一类事物的诸个体恒常地伴随着另一类事物的诸个体。"接近和接续并不足以使我们断言任何两个对象分别是原因和结果，除非我们觉察到，在若干例子中都保持着这两种关系。"但是，这能让我们得出什么进一步的见解呢？如果因果关系不是在单一事例中被发现的，那么它又如何能在多次重复的事例中被发现呢？单纯的重复自然不能产生必然联结的观念。

重复当然不会在对象中产生什么东西。每一个因果事件都独立于每一个其他的此类事件。"我现在所见的由两个弹子相撞而发生的那种运动的传递，和我在一年以前所见的由那种撞击得来的运动的传递，完全是互相区别的。"

但是，尽管相似的事例并不彼此影响，对相似性的观察却**在心**

灵中产生了新的印象。因为我们一旦观察到 B 随 A 而发生的足够多的例子，我们就感觉到一种从 A 到 B 的心灵倾向。正是在这里我们获得了必然联结观念的来源。必然性"只是心灵的内部印象，或把我们的思想从一个对象带到另一个对象的倾向"。当原因出现时，对结果的期待感，作为由习惯性联结产生的印象，就是获得必然联系观念的那个印象。

休谟认识到，断定因果之间的必然联系取决于我们从此到彼的推论，而不是该推论依赖于那种必然联系，这看起来是悖谬的。但休谟没有被这个悖谬吓住，他坚持认为，必然性是存在于心灵中而非对象中的，以此为基础，他提出了对"原因"的著名定义——更准确地说，是两个密切相关的定义。

第一个定义是这样的：原因是"这个对象先行于、接近于那个对象，而且在这里凡与前个对象类似的一切对象都和与那个对象类似的那些对象处在类似的先行关系和接近关系中"。在这个定义中，对必然联系未置一词，也没有对心灵的活动进行推论。因此，休谟又给出了第二个更为哲学化的定义：原因是"这个对象先行于、接近于那个对象，它和那个对象那样地结合起来，以至这个对象的观念就决定心灵去形成那个对象的观念，这个对象的印象就决定心灵去形成那个对象的较为生动的观念"。

在休谟对因果关系的崭新分析中有四个主要因素，它们可陈述为如下原理：

（1）理性和经验都不能提供基础，让我们认为将来与过去相似。

（2）原因和结果必定是不同的存在，哪一个都无须另一个即可被设想。

（3）因果关系可以根据接近、先行和恒常联结来分析。

（4）每一个存在的开始皆有原因，这并非必然真理。

在上述原理中，每一条都可与对印象和观念的心理学配置相分离，而休谟的实际解释正深深包含在那种心理学配置当中。上述每一条原理都应得到而且也得到了精细的哲学审查。我们会看到，其中有些遭到了康德鞭辟入里的批判，而另一些则被更晚近的哲学家所修正和抛弃。但是，时至今日，研讨因果关系的议程仍是休谟确定的。

171

自由意志与决定论

在前面引述的"原因"的第二个定义中，我们注意到休谟说彼观念的出现就"决定"心灵去形成此观念。我们会问，"决定"难道不是"因果性"的同义词或密切相关的概念吗？倘若如此，该定义是否涉及循环论证呢？

倘若说休谟所考虑的是世界中的而非心灵中的因果关系，则不可能拒绝上述异议。因为休谟把他的恒常联结理论既用于自然的必然性，也用于道德的必然性，既用于自然科学，也用于社会科学。在他对人类意志的定义中也存在着同样的循环，该定义说"意志只是指我们自觉地发动自己身体的任何一种新的运动，或自己心灵的任何一个新的知觉时，所感觉到和所意识到的那个内在印象"。倘若这是休谟的正式理论，那么，此定义中的"发动"是什么？

休谟将人的行为看作必然的，恰如其他自然行动者的活动一样。我们的所作所为都是动机与行为之间的因果联系必然产生的。

他举出以证明恒常联结的例子不免市侩，眼界褊狭，难以令人信服。（"一个做散工的人的皮肤、毛孔、筋肉、神经，与一个名门绅士的各不相同；他的情绪、行为和态度也是这样。"）不过，他反对自由意志的论证却随着他的仰慕者而流行开来。

休谟主张，就出于我们欲求的行动而言，我们对此的经验不会确立自由意志。我们必须区分"自发的自由和无所谓的自由，前者与暴力相对立，后者意味着对必然与原因的否定"。经验确实表现出我们自发的自由，即我们通常做我们想做之事，但这并不能提供无所谓的自由的真正证据，这就是说，能做与我们事实上所做的不同行为的能力。我们可以想象自己感觉到自己心内有一种自由，"但是一个旁观者通常能够从我们的动机和性格推断我们的行动；即使在他推断不出来的时候，他也一般地得出结论说，假如他完全熟悉了我们的处境和性情的每个情节，以及我们的体质和性格的最秘密的动力，他就可以做出这样的推断"。

事实上，无论是我们对他人的性格和行为抱有信心这一事实，还是在社会科学中进行概括的可能性，都无法像对自然事件那样，能真正确定自愿行为乃必然之举。而且，鉴于休谟正式表述的心灵哲学和对因果性的解释，根本无从谈论行为的"秘密的动力"。休谟主张，意志被因果性地赋予了必然性；这一主张既与他自己对意志的定义，也与他自己的因果关系理论不一致。

在 20 世纪，休谟得到了相当广泛的研究和模仿。特别是他对宗教和形而上学的敌视态度，使仰慕者蜂拥而至。但他在哲学史上的重要性实则既依赖于他对因果关系的分析，也依赖于他对 18 世纪最伟大的哲学家伊曼纽尔·康德的影响。

康德的批判事业

伊曼纽尔·康德（Immanuel Kant，1724—1804）一辈子都生活在他出生的小镇哥尼斯堡（Königsberg），当时位于普鲁士的东部边陲。他在路德宗的虔敬主义传统中成长起来，后来却在神学观点上成为自由派，不过他毕生保持着严谨的生活方式，极有规律的生活习惯。哥尼斯堡的居民习惯于在康德每日例行散步经过他们家窗前时对表，这则轶事我们早已耳熟能详。在担任了一些临时的教职之后，康德终于在 1770 年成为母校哥尼斯堡大学的逻辑学与形而上学教授。康德终生未婚，也未曾担任公职，他的生活历程就是他的思想历程。

康德年轻时对科学的兴趣更甚于哲学，而他第一次开始写作哲学著述时，也属于谨慎因循那一类。直到 57 岁时，他才写作了那部让他当之无愧地获得近代最伟大哲学家声望的著作。这就是他的巨著《纯粹理性批判》（*The Critique of Pure Reason*），发表于 1781 年，后于 1787 年又出版了经过重大修订的第二版。随后康德还发表了另外两部重要的著作，即《实践理性批判》（*The Critique of Practical Reason*，1788）和《判断力批判》（*The Critique of Judgement*，1790）。本章对其哲学的诠释差不多完全基于他的第一批判，即《纯粹理性批判》。

康德在这部著作中的目标是让哲学第一次成为真正科学的哲学。他说，自从某个已被忘怀的数学家首次发现了几何学构造的作用之日起，数学长期以来已然踏出了一条可靠的科学之路，而物理学只是在培根和笛卡儿的时代，才成为完全科学的，因为这时科学家认识到通过实验确证理论和借助理论指导实验的同时存在的必要性。留给形而上学的任务还没有做，形而上学这个最古老的学科，"即使其余的科学统统在一场毁灭一切的野蛮之深渊中被完全吞噬，它也会留存下来"，但它至今尚未达到科学的成熟。

要想成为科学的，哲学需要一场革命，这场革命要像哥白尼那样，将太阳而非地球置于宇宙体系的中心。我们不要问：我们的知识与其对象相符合是如何可能的；我们必须从这样的假设开始：对象必须符合我们的知识。只有通过这一方法，哲学才能表明：先天地、先于经验而具有关于对象的知识是如何可能的。

对康德的任务来说，先天与后天的区分至关重要。先天知识是独立于一切经验的知识。我们的一切知识确实始于经验，但这并不能得出它们源于经验。先天知识或是纯粹的，或是不纯粹的。我们关于"每一个变化皆有原因"的知识是先天的，却并非纯粹的先天知识，因为它包含了源于经验的概念，即"变化"。除先天知识之外，还有经验知识，即源于经验的知识，康德称之为"后天知识"。

174　　　先天知识的标志是必然性和普遍性。与休谟相反，康德认为，命题"每一个变化皆有原因"表述的是具有严格的必然性和严格的普遍性的判断。而"一切物体都是有重量的"这个命题则只是一个未曾发现例外的概括而已。

分析与综合

除了先天判断和后天判断的区分之外，康德还运用了另一个区分，即分析判断与综合判断的区分。他是这样引入这一区分的：

　　在所有思维主词与谓词之关系的判断中，[这种关系以两种不同的方式是可能的。] 要么谓词 B 属于主词 A，作为（以隐蔽的方式）包含在概念 A 中的某种东西；要么 B 虽然与概念 A 有关联，但却完全在它之外。在第一种情形下，我把判断称为分析的，在第二种情形下我则把它称为综合的。（A6/B10）①

　　不过，从现在的眼光看，这一区分并不完全清楚。康德的意思显然是要让它普遍适用于命题，但正如他所言，只有主谓形式的命题才适用，而并非一切命题都是以这种简单方式构成的。"包含"这一概念也是隐喻性的，而且尽管这一区分有意要成为逻辑的区分，但它却是部分用逻辑学术语、部分用心理学术语构造出来的。进而言之，是否既存在先天真理也存在先天谬误，这也是尚未确定的。

　　一个世纪之后，弗雷格（Gottlob Frege）沿用了康德的区分，并以更清晰的形式加以表述。弗雷格说，分析命题乃是仅依赖于一般逻辑法则和定义而得以确证的命题；综合命题则是依赖于特殊科学的原理而得以确证的命题。与康德一样，弗雷格把后天命题定义为依赖于特殊的事实和经验的命题。

　　判断不可能既是分析的又是后天的；康德也好，弗雷格也好，都以此为基础来构造他们的定义。但是，判断可以既是综合的又是先天的；这两位哲学家都允许这种可能性。实际上，在康德的体系

---

　　① 在本译文中，凡涉及《纯粹理性批判》的引文，皆引自中译本《纯粹理性批判》（李秋零译，北京，中国人民大学出版社，2004）。中译本与本书的英译本略有出入，主要以中译本为标准。对于比较重要、比较长的引文，标注《纯粹理性批判》A/B 版页码，其中 A 指第一版，B 指第二版。

中，先天综合命题的领域既广泛又重要。例如，他认为一切数学命题都属于这个范围：算术和几何都是综合的，因为它们既超出了单纯的逻辑，大大拓展了我们的知识，同时又是先天的，源于直观而非经验。康德在这个问题上的立场与其他不少哲学家相去甚远：一方面，他与经验论者相反对，例如约翰·斯图尔特·密尔（John Stuart Mill）认为算术命题是后天的；另一方面，他也与弗雷格和罗素的立场相左，我们将在后面看到，后两位试图表明，算术是分析的。

不过，康德之所以提出先天综合的主题，是因为尤其与哲学相关。康德说，纯粹理性的固有的问题可以用下面的术语来表述：先天综合判断是如何可能的？只有这个问题解决了，形而上学才是可能的。在某种意义上，形而上学的可能性是无法否认的，因为它实际存在着；但它只是作为一种自然的倾向存在着，要追问特定类型的问题，例如作为整体的宇宙的问题。因此，真正的问题是：是否有可能存在作为科学的形而上学？

理性的任务是要确定我们是否有能力认识形而上学的对象，因此我们要么把信心扩展到纯粹理性的领域，要么为之设置确定的界限。理性必定要被批判地运用，而不是独断地运用；这就是说，理性的首要任务就是理解其自身的性质与界限。科学的形而上学的唯一可能的起点必须是"纯粹理性批判"。一般而言，对先天知识的研究，被康德称为**先验的**形而上学（*transcendental* metaphysics）。纯粹理性批判是先验的形而上学的预备性部分。它是建筑师的规划，要阐明构造先验的形而上学所需的要素和这种构造所用的方法。

"人类知识有两个主干，它们也许出自一个共同的但不为我们所知的根源，这两个主干就是**感性和知性**，对象通过前者**被给予**我们，但通过后者**被思维**。"（A15/B29）感性与知性的作用是以不同寻常的方式交织在一起的。感官的构造决定了经验的内容，而决定经验的形式，即其先天结构的，却是知性的构造。

先验感性论

康德将其著作中致力于研究人类感性的必然条件的那一部分，称为"先验感性论"。与 17 世纪和 18 世纪的先辈一样，他认为感性本身是接受显象的被动能力。不过，他区分了经验中的质料与形式：质料是直接源于感觉的，而形式则让表象的杂多具有呈现出秩序的可能性。感觉的质料包括在对蓝色的一瞥和对绿色的一瞥之间、对玫瑰花的香味和奶酪的香味之间做出区分的东西。在先验感性论中，康德之所以对感性直观的形式感兴趣，是因为这种形式是先天的。

在人的经验中，感性的对象也是思想的对象，这就是说，凡是被经验到的，也是被分门别类整理出来的，是为知性在一个或多个概念之下所作用的。先验感性论的首要任务是，通过把知性凭借其概念所思维的一切都从感性那里除去，把感性孤立起来，以便仅仅留下经验性的直观。第二项任务是，把经验性的直观分割开来，以便只留下纯直观及其先天形式。康德说："在进行这一研究时，将发现两种作为先天知识原则的感性直观纯形式，即空间和时间。"（A22/B36）

与先辈一样，康德接受了内感官与外感官的区分。空间是外感官的形式，借助外感官，我们"把对象表象为外在于我们的，它们全都在空间之中"。时间是内感官的形式，借助内感官，心灵直观到自身的内在状态，一切内在状态都在时间序列当中。

177

> 那么，空间和时间是什么呢？是真实的存在物吗？它们虽然只是事物的规定或者关系，但却是即便事物不被直观也仍然本来属于事物的规定或者关系吗？或者说，它们是仅仅依附于直观的形式从而依附于我们心灵的主观性状，没有心灵的主观性状这些谓词就根本不能被赋予任何事物的规定或者关系吗？（A23/B37）

康德回答他的问题时，区分了先天概念的**形而上学**阐明和**先验**阐明。空间和时间的形而上学阐明告诉我们：空间和时间是经验所预设的，而不是来自经验的；我们能够设想没有对象的空间和时间，但不可能想象没有空间和时间的对象；只存在唯一的空间和唯一的时间，二者都是无限的。

空间和时间概念的先验阐明旨在表明，我们能够认识空间和时间的以直观为基础的真理（因为它们不是分析的），而它们又是先验的，这是怎么一回事。这种关于空间和时间的先天综合真理的知识，唯有感性的先天形式的存在，才是可以阐明的。

空间和时间不是物自身的绝对或相对性质。这意味着空间和时间是不真实的吗？康德的回答是，它们在经验上是实在的，但在先验的意义上则是理想的［观念的］。"如果我们把主体去掉，那么空间和时间都将消失：它们作为显象不能就自身而言，而是只能在我们心中实存。"物自身的性质我们是不可知的。

那么，这是否意味着一切皆是纯然的显象呢？在日常意义上当然不是。我们通常在经验中区分出两个方面：一是为一切人所把握的，一是偶然发生于个别视角的。例如，晴天雨中的彩虹可以称为纯然的显象，而这场雨却可以被视为物自身。在这个意义上，我们可以承认，并非一切皆是纯然的显象。但康德说，显象与实在的这一区分，是纯然经验的。当我们提出先验问题时，我们认识到，"不仅这些雨滴是纯然的显象，而且就连它们圆的形状甚至它们在其中下落的空间，都不是什么就自身而言的东西，而仅仅是我们的感性直观的一些变形或者基本形式，而先验的客体依然不为我们所知"（A46/B63）。

这一结论似乎令人不快，但如果我们考察几何学的性质，它就会强迫我们接受。几何学是人类理智的辉煌成就，但它依赖的基础是什么？几何学不可能依赖于经验，因为它是普遍必然的；也不可能依赖于纯然的概念，因为概念不会告诉我们，不可能存在像两面的图形这种东西。因此，几何学必定是依赖于先天直观的综合性学科。

康德的先验感性论是他的工作中最不成功的部分之一。在他写作的时代，欧式几何被视为唯一可能的空间理论；但不久之后就表明，还存在另外的可靠的非欧几何。而且，我们生活于其中的世界的基本结构到底是欧几里得式的还是非欧几里得式的，这逐渐被认为是一个真正的问题，是要由科学探索来解决的。但是，如果说空间性是心灵以唯一的、不可逃避的欧式几何形式来建构的东西，却是不可能的。

非欧几何的发现意味着"几何学是分析的还是综合的"这样的问题，不像看起来那样直截了当。对此问题的答复可以是这样的：

一组特殊的定理是不是源于一组特殊的公理，解决这个问题正是分析的工作；不过，任何已知的公理（如平行公理）是否把握了我们生活于其中的世界，这倒是个综合性的问题。康德认为，这样的综合命题只能够先天地认识，这或许是正确的；然而如果这样，就需要以某种方式来说明，但这种方式要不同于它出自几何学的论证。

算术是不是先天综合知识的问题同样发生了转变，这一次是由于数理逻辑的发展。对此问题也没有直接的答案，但康德求助于直观，将其作为算术理论的基础，则是相当不恰切的，这已被证明是毋庸置疑的了。

剩下的问题涉及这样的争论：是否能够以既非常真实又相当康德化的方式重新诠释先验感性论。

概念分析论

179 在康德体系的展开中，先验感性论（其主题是心灵的接受性部分，即感性）之后便是先验逻辑（其主题是心灵的创造性部分，即知性）。

知性使感性直观的对象成为思维的对象。知性和感性彼此平等，相互依赖。"无感性就不会有对象被给予我们，无知性就不会有对象被思维。思想无内容则空，直观无概念则盲。……知性不能直观任何东西，而感官则不能思维任何东西。只有从它们的相互结合中才能产生出知识。"（A51/B75）

所谓"逻辑"，康德意指知性发挥其功能时所依据的规则。逻辑可以是特殊的，也可以是普遍的。特殊的逻辑是特殊科学的方法论；普遍的逻辑"包含思维的绝对必然的规则，没有这些规则就根本没有知性的任何应用"。接下来，普遍的逻辑可以是纯粹的，也可以是应用的。应用的逻辑涉及经验的和心理的条件，这些条件使知性得以施展。纯粹的普遍逻辑涉及思维的形式而非内容。纯粹的逻辑对我们思想的起源不感兴趣，它独立于且先于心理学。

康德本人并不关注详细阐明或发展形式逻辑本身。他无批判地接受了当时的逻辑（他错误地认为是亚里士多德逻辑，也错误地认为这种逻辑穷尽了逻辑学的可能性）。他的先验逻辑要成为一种不同于当时逻辑的东西，这就是说，要成为这样一种探究：就逻辑的可应用性而言，能够先天地知道什么。先验逻辑分为两个主要工作：分析论和辩证论。先验分析论着手确立知性有效的经验运用的标准；先验辩证论则着手批判理性的虚幻的独断运用。

我们知性的运用在于概念的产生和对原理的把握。（知性中概念与原理的区分，可以理解为类似于语言中语词与句子的区分。）因此，先验分析论包括两个部分：概念分析论和原理分析论。先验分析论的主体部分致力于概念分析论，亦称范畴演绎。范畴演绎首先是形而上学演绎，然后是先验演绎。

所有这些术语究系何意？我们可以从"范畴"概念入手。康德从亚里士多德那里接过了"范畴"概念，而亚里士多德试图列出事物的不同类型的清单，这些类型都可能述谓着个体。清单中包括十个项目：实体（substance，所是）、性质（quality）、数量（quantity）、关系（relation）、位置（place，何地）、时间（time，何时）、姿态（posture，所处）、动作（action）、承受（passion）和状况（dress，所有）。以苏格拉底为例会容易理解：苏格拉底是人（实体），五尺九寸高（数量），聪慧睿智（性质），比柏拉图年长（关

180

系），生活在雅典（位置），公元前 5 世纪的人（时间），在坐着
（姿态），在扯布（动作），被火所烧（承受），身披斗篷（状况）。亚
里士多德的方案作为谓词类型的最终划分，到底有多严肃，是很难说
的。无论如何，反正康德是抛弃了这份没有指望的毫无系统的清单。

取而代之的是康德自己的范畴的形而上学演绎。这一演绎基于
概念与判断之间的关系。概念事实上不过是做出特定类型的判断的
能力而已。（例如，要想具有"金属"这一概念，就要具有这样的
能力：用包含"金属"或等价语词的句子，能够做出可表达的判
断。）因此，做出不同的可能判断类型，就决定了不同的可能概念
类型。康德用下述列表阐明了二者之间的关系①：

	Judgements［判断］	Categories［范畴］
Quantity［量］	Universal［全称的］	Unity［单一性］
	Particular［特称的］	Plurality［复多性］
	Singular［单称的］	Totality［全体性］
Quality［质］	Affirmative［肯定的］	Reality［实在性］
	Negative［否定的］	Negation［否定性］
	Infinite［无限的］	Limitation［限定性］
Relation［关系］	Categorical［定言的］	Substance［依存性与自存性（实体与偶性）］
	Hypothetical［假言的］	Cause［因果性与隶属性（原因与结果）］
	Disjunctive［选言的］	Ineraction［共联性］
Modality［模态］	Problematic［或然的］	Possibility［可能性］
	Assertoric［实然的］	Existence［存在］
	Apodictic［必然的］	Necessity［必然性］

181

---

① 译者根据《纯粹理性批判》做了更严格的列表。

不同判断类型的划分承袭了当时的逻辑学家的做法。例如，把判断区分为全称判断（"人皆有一死"）、特称判断（"有人终有一死"）和单称判断（"苏格拉底是会死的"），在当时是老生常谈了。同样，逻辑学家也把判断划分为肯定的（"灵魂是可朽的"）、否定的（"灵魂不是可朽的"）和无限的（"灵魂是不朽的"）。再者，判断可以是定言的（用康德的例子，"存在着完满的正义"）、假言的（"如果存在完满的正义，则冥顽不灵的恶人将受惩罚"）或选言的（"世界要么根据难以理解的偶然性而存在，要么根据内在的必然性而存在，要么根据外在原因而存在"）。

康德的创新之处在于，他从这些判断的分类中得出了崭新的、基本的概念分类。不过，如何做到这一点，康德并未给出令人信服的细节，实际上，在如何解释"概念本质上是判断能力"这一论题上，他给我们留下了不确定性。

研究者提出了各种不同的类比，来说明康德归于范畴的作用。有人主张，如果我们把语言比作棋盘游戏，棋子在棋盘上移动，那么范畴就是能够做到的根本性的可能移动（如前、后、斜向、对角线，等等）。还有人主张，如果我们把语言当作处理世界的工具，就会把范畴表设想为类似于万能工具的明细单（此工具必须能够切、钻、磨，等等）。

自康德时代起，逻辑的发展使康德根据他的范畴的形而上学演绎而做出的判断分类，就不那么自然而然了。现代的逻辑基础读本包含两个基本要素：一是命题演算，即将逻辑关系形式化，而这些关系是用"与""或""如果"等命题联结词来表达的；二是谓词演算，这也是将逻辑关系形式化，但这些关系是用命题当中出现的量

182

词（如"所有""某些"）来表达的。如果以此为背景，那么康德根据量、质、关系而对判断的划分，就不再与之密合无间，而像是相当混乱的分类系统了。

不过，我们还是可以问，在现代背景中，对知性运用而言，是否存在不可或缺的概念？我们可以用语言学形式表述这个问题：对充分发展了的语言来说，有没有不可或缺的概念呢？任何语言使用者，无论与我们如何相异，都需要否定概念，需要使用量词（如"所有""某些"）的能力。如果他们要成为理性的语言使用者，还需要推出结论的能力，而这就需要把握"如果""那么""因此"等语词才能表达。

范畴的先验演绎

就必定存在必不可少的一系列核心范畴而言，即便康德是正确的，这与我们对这些范畴的把握必定是天赋内在的问题，也不是一回事。为了仔细考察评价这个问题，我们必须从形而上学演绎进入先验演绎。知性纯概念的先验演绎处于康德哲学的核心，我们现在就来考察它。

"演绎"在康德的术语中是个类法律术语，一个从谱系和遗传得来的比喻。概念演绎是一个证明，我们有权使用之，而且在使用中，我们是在我们的认识论权利当中行动的。范畴演绎是一个证明，我们有权把这些先天概念应用于对象。先天概念的演绎不可能是对我们如何得到这个概念的单纯经验的说明，而必定是先验的工作，即这样一个证明：如果要根本上存在经验这种东西，就要表明先天概念是必然的。

183

例如，考虑康德的范畴表中出现的"原因"这一概念。如果它是先天的，那么就不可把经验引作其来源；因为经验永远也不可能确立把原因和结果联结在一起的那种联系的必然性和普遍性。毫无疑问，我们的经验确实向我们唤起了各种不同的概括。但难道就不可能存在这样一个经验世界，其中存在着巨大的混乱，以至于根本不可能把什么东西确定为原因和结果吗？先验演绎的核心就在于，如果没有范畴的概念，包括实体和原因的概念，那么即便是最零碎、最混乱的经验，我们也不可能理解，不可能将其概念化。除非我们能够把其存在不仅仅是单纯显象的对象概念化，我们才能在根本上把直观概念化。

经验的概念化包含三个要素。首先，存在着时间中的直观序列；其次，存在着单一意识中的直观的统一；最后，该意识的所有者将直观归摄于概念之下的能力。康德论证道，这一切都包含自我意识的持久可能性。"在某个直观中被给予的杂多表象如果不全都属于一个自我意识，就不会全都是**我的**表象。"（B112）

自我意识包含着经验的必然所有权。**发现**某个东西是**我的**意识中的项目，这是不可能的。在面对意识中的项目时，可以说我们不可能怀疑它属于谁，也不可能在探究之后，得出这样的结论：它恰恰属于我自身。通过反思，我能够意识到我的意识经验的不同特征，但我不可能变得意识到它是**我的**。我能够对我的经验所做的属于自我意识的各种发现，被康德称为"统觉"。意识到我对经验的所有权并非经验的统觉，而是"先验统觉"。

意识到经验是我的，同时也就是意识到经验属于单一的意识。但是，把这些经验统一起来的，却不是经验自身；因为如康德所

184

言，我的经验是"驳杂不同的"。在这里起作用的又是知性的先天活动，产生了康德所谓的直观的"综合"，使诸直观联结为单一意识的统一体。

知性综合直观的方式是，把诸项目作为判断中的可能要素联系起来。但是，范畴完全是判断的领域，因此，任何被给予的直观中的杂多，都必然被归摄于范畴之下。

经验的自我归属得以可能的条件是，直观在时间中演替的统一性和具体性。但是，这些条件与下列条件是相同的：使直观的演替构成单一的客观世界得以可能的条件。因此，自我意识的可能性预设了关于外在于心灵对象的意识的可能性。

康德先是完全赞同经验主义者，随后就表明，根据他自己的理由，经验主义是不够的。他赞成就对象的任何知识而言，即便把我自身也作为对象，经验也是必不可少的。统觉的原始统一性给我的只是我自身的概念；要想获得关于我自身的任何**知识**，直观都是必需的。但是，经验知识，无论是关于我自身的还是别的什么东西的，都涉及判断；而没有概念就不可能有判断。如果没有为经验所预设的概念，就不可能有源于经验的概念；因此，即使是关于显象的知识，关于我自身的知识，也必定服从于范畴。

自然的客观秩序的来源是先验自我，这一自我是在统觉的先验统一性中显示出来的，而不是被认识到的。这样，我们就解决了这样一个难解之谜："既然范畴不是从自然派生的，不把自然当作范型来遵循，那么，如何理解自然必须遵循范畴呢？"（B163）

185　　由此，康德从统觉的先验统一性出发，得出了世界的客观本性，并表明存在着实在与显象之间的差异。唯有当我们的经验是关于世界的经验，而这个世界可为范畴所描绘的时候，统觉的先验统一性才是可能的。这本质上就是范畴的先验演绎。

康德论证的细节仍然晦涩难解。康德曾以许多不同的形式表述和重新表述之，但留给读者的仍是孤立的灵光闪现，而不是对令人信服的论证的综观。康德的先验演绎指出了驳斥经验主义的方向，而经验主义似乎尚未真正遭到令其寿终正寝的致命打击。

原理分析论

康德区分了心灵的两种能力：知性与判断。知性是形成概念的能力，而判断是运用概念的能力。知性的运用表现在个别语词中，而判断力的运用表现在整个句子中。先天的概念即范畴，先天的判断被称为原理。每一个范畴皆对应一个原理。

我们还记得，先天判断要么是分析的，要么是综合的。分析判断的至上原则是不矛盾律，因为自相矛盾的判断是无效的，而分析判断的标志就是与之相矛盾的判断是自相矛盾的。但不矛盾律不会让我们超出分析命题的领域，因为它虽是必然的，却不是综合判断为真的充分条件。

在综合判断中，两个非同一的概念被结合在一起。康德说，这一表象综合的中介，乃是借统觉的统一性之力而将两个概念联结在一起的想象力。因此，综合判断的至上原则可表述如下："每一个对象都服从可能经验中直观杂多的综合统一的必要条件"（A158/B197）。由此，我们可以通过把这些条件与经验的可能对象联系起来，而得出先天综合判断。

186

康德把综合原理分为四种类型，对应于范畴表的四重划分。其一，直观的公理，对应于量的范畴；其二，知觉的预先推定，对应于质的范畴；其三，经验的类比，对应于关系的范畴；其四，[一般] 经验性思维的公设，对应于模态的范畴。让我们挨个了解一下康德的说明。

直观的公理。这些公理的原则是：一切直观都是广延的量，因为凡所经验者，无论是在空间中还是在时间中，皆为广延的（即具有不同于其他部分的部分）。康德说："一切显象都已经被直观为集合体（被先行给予的各个部分的集合）。"根据康德，正是这一原则才是几何学公理的基础，例如，使两点之间直线最短成为可能。

知觉的预先推定。其原则是：在一切显象中，作为感觉对象的实在的东西都有强度的量 [即一种程度]。例如，如果你感到一定程度的热，你就意识到你能感觉某种较热或较不热的东西，因为你所感觉到的是向两个方向延伸的标尺上的一点。同样，看到一种颜色就是看到位于色谱上的某种东西。"预先推定"（anticipation）这个词是不合宜的，因为它使康德看上去似乎在说，凡是你有感觉的时候，你就能先天地知道接下去的感觉会是什么。但是，当然只有经验才能表明这一点，正如康德所说，"感觉真正说来就是那根本不能被预先推定的要素"。凡是当我有感觉时而被先天认识的东西，只是处于共同标尺上的另外诸点的类似感觉的逻辑可能性。"预估"（projection）也许比"预先推定"更符合康德之意。

187　　　**经验的类比**。这一节极其有力，引人入胜，相当于成功地驳斥了经验论的原子主义和休谟关于因果关系的怀疑论。类比的原则是：经验唯有通过知觉的一种必然结合的表象才是可能的。其论证有两个阶段：（1）如果我要有所经验，就必须具有对一个客观领域的经验，而这必须包含持久的实体；（2）如果我要有对一个客观领域的经验，就必须具有关于按照因果关系排列的共联实体的经验。

在这三个类比中，每一个论证都广泛使用了对我们的时间意识的反思：时间首先被考虑为持久，继之以相继，最后是并存。

三个类比

第一类比指出，时间本身不可能被知觉到。在对瞬间的经验中，瞬间只被考虑为内在事件，没有任何东西表明，经验何时发生，或者经验是发生在任何被给予的瞬间经验之前或之后。由此，我们对时间的意识，必定是把现象与某种持久的、实体性的基底（substratum）联系起来。因此，该原理说："无论显象如何变易，实体均保持不变，实体的量在自然中既不增多也不减少。"

如果要存在变化的东西（与纯然分离的序列相反对），则必定存在某种东西，它起初是一物，然后又是另一物。但这一持久的要素不可能由我们的经验提供，因为经验本身是不断变动的；因此，必定是由某种客观的东西提供的，我们可以称之为"实体"。"〔借着这种持久的东西，〕时间中的一切存在和一切变易，都只能被视为常驻不变的东西之实存的一种样式。因此，在一切显象中，持久的东西都是对象本身，即作为现象的实体（substance as phenomenon）。"

在第一类比的论证和结论中都有许多含混不清的地方。"实体"有时似乎用作其含义已知的词，如范畴表中的实体，又如总是作为主词而从不作为谓词来表达的东西；有时似乎又根据变化中的持久要素这一定义而被引入。康德所谈论的变化类型是什么，这一点也

188

并不总是清晰的：该论证涉及的是实体的生成和消失吗？抑或涉及的是持久实体的性质改变？结果，该论证究竟证明了多少东西，就令人怀疑：是必定存在持久的东西这一结论，还是必定存在一个持久的东西呢？抑或是必定存在实体的不变的量吗？实体何以是持久的，这一点当然仍不清楚。不过，该结论的最弱形式就足以驳斥经验论的原子主义了：至少有某种客观的、并非瞬间持存的实存物。

第二类比和第三类比则针对休谟的观点发动了更强有力的攻击。第二类比基于一个简单而深刻的观察。如果我看一间房子，在我的经验中必定有前后相继的过程：首先也许是我看了看屋顶，然后是上面几层，接着是底层，然后是地下室。同样，如果我静止站立，看见一艘船顺流而下，我就会得到不同视野的相继：首先是船在上游，然后船继续向下游行驶，等等。把现象的纯然主观的相继（如对房屋各种不同的查看）与客观的相继（如船只顺流而下的运动）区分开来的是什么？在前一个而不是后一个情形中，知觉的顺序能够颠倒。"除非有一条规则作为基础……否则，即便是在经验中，我们也绝不能把相继……归于客体，并把它与我们把握的主观相继区分开来。"因此，休谟的观点，即我们首先知觉到事件之间的时间性相继，然后认为一为原因、一为结果，就彻底站不住脚了。事实正好相反：没有原因和结果之间的关系，我们不可能建立时间中的客观顺序。

189　即便时间序列能够独立于因果关系而被确立，仅有时间序列也不足以说明因果关系。因为原因和结果可能是同时的。例如，把一个球放到塞满的垫子上，球一放上就在垫子上造成了一个坑。但球是原因，而坑是结果；我们知道这一点，因为每一个这样的球都会

造成一个坑，但并不是每个这样的坑里都有一个球。时间和因果性之间的关系远比休谟所想象的复杂。

在第三类比中，康德采取了时间的第三个方面，即并存性，表明没有因果关系，并存性也不可想象。如果 A 和 B 在时间中并存，那么我们无论是把关注点从 A 转到 B 或从 B 转到 A，都是无所谓的。但如果我们设想 A 和 B 处在因果孤立状态中，以至于哪一个也不可能作用于另外一个，那么，我就没法分辨这种明显的并存是客观的，还是仅仅是我们的把握所具有的性质。唯有我们对 A 和 B 的知觉是 A 和 B 作用于我们的实例，与它们的因果孤立状态不相容，我们才能说，我们对二者的同时的知觉是同时性的知觉。

第三类比不像第二类比那样令人折服，研究者也猜测，在阐述他的三个类比时，康德不仅单纯受到哲学动机的指导，而且也希望他关于经验的形而上学能够与牛顿物理学的三个伟大定律相匹配。

经验性思维的公设

在"经验性思维的公设"这一标题下，最吸引人的部分是他对观念论的驳斥。康德所考虑的是双重目标：一是笛卡儿的成问题的观念论（"我在"是唯一不容置疑的经验性断言），二是贝克莱的独断论的观念论（外部世界是虚幻的）。这两种观念论的共同之处是这样一个论题：内在领域比外部领域能够被更好地认识，外部实体是从内在经验中推论出来的。康德的论证如下：我意识到变幻不定的心灵状态，因此我意识到在时间中的我的存在，这就是说，我先在此时具有经验，然后又在彼时具有经验。但是，如前所述，对变化的知觉涉及对某种持久之物的知觉。但这种持久的东西不是我自

190

身，因为我的经验的统一性主体是某种我无时无刻不意识到的东西，却不是我所经验的东西。因此，唯有当我具有外部经验时，对我来说才有可能做出关于过去的东西的判断。

康德的先验分析论以关于知性能力界限的主张而告一段落。范畴不可能决定其自身的适用性，原理也不可能确立自身的真。知性自身不可能确立这样的观点：存在着实体之类的东西，或每一个变化皆有原因。先天确立的一切，无论是根据范畴的先验演绎还是根据原理系统的阐明，都是这样的结果：**如欲使经验成为可能，就必须坚持某些条件**。但是，经验是否可能，却不能预先确立，因为只有经验本身的实际发生，才能表明经验的可能性。概念只能应用于可能经验的对象，概念不可以应用于一般事物和物自身。除非我们在直观中把归摄于概念之下的对象呈现出来，否则，概念就是空的、无所指的。

康德注意到，哲学家们区分了现象（显象）与本体（思维对象），并把世界划分为感觉的世界和知性的世界。而他自己的分析则表明，一个由纯然的显象、纯然的感觉对象组成的世界，而这些对象并不归摄于任何范畴之下或示例任何规则，则是不可能存在的。但是，我们不可能由此得出，存在一个不可感的世界，仅凭知性自身即可发现。康德承认，在消极的意义上存在着本体，即并非感性直观的对象的事物。但是，他否认积极意义上的本体，即作为非感性直观的对象的事物。得到正确理解的本体概念，只是一个限制性的概念，其作用是为感性设定界限。承认可感对象之外的本体的存在（这些本体能够仅根据理智的使用而得到研究），就进入了幻象的世界，这个世界的地理学将在先验辩证论中得到研究。

从先验分析论到先验辩证论

先验分析论勘查了纯粹知性的领域。

这片国土是一个岛屿，被自然本身包围在不可改变的疆界中。它是真理的国土——多么诱人的名字！——周围是一片浩瀚无垠而又波涛汹涌的海洋，亦即幻象的故乡，其中许多雾堤和即将融化掉的冰山扮成更遥远的海岸的模样，令人受骗上当，并通过不断地以空幻的希望诱骗着四处追逐发现的航海家，而使他卷入他永远不能放弃却也永远不能达成的冒险中。

在先验辩证论中，康德旨在勘察幻象的逻辑，使先验心理学、先验宇宙论和先验神学接受批判。他关注的不是偶然、附属的错误，如错觉或逻辑谬误，而是更重要的、超验的东西，即超出经验的界限而运用心灵的尝试，这是一种"自然而不可避免的"幻象，源于我们诸官能的本性。

康德说，我们的一切知识皆始于感觉，从感性到知性，而终于理性。康德对知性和理性之间的区分所做的说明并不清晰，或许也不是完全一致的。但他聚焦于推理的三种模式：定言的（如"所有 M 是 P；所有 S 是 M；因此所有 S 是 P"）、假言的（如"如果 A 则 B；A；所以 B"）和选言的（如"要么 A，要么 B；并非 A，所以 B"）。

理性如同知性一样，也是通过概念发挥作用的。康德仿照亚里士多德而把知性纯概念称为"范畴"，现在又有意唤出柏拉图，把纯粹理性的概念称为"理念"。理念是理性的必然概念，而在感觉经验中却没有相对应的对象。

纯粹理性的理念是通过采取推理形式，并努力将其绝对化而得到的，我们是从前提推出结论的；如果前提为真，则结论也是真的。但这看上去只是有条件的真理，因为前提的真是可以被怀疑的。理性寻求的是无条件的东西，是绝对的基础，这就是说，是其自身得出的。绝对有效者即在一切方面毫无限制的无条件有效者。

192

通过把三种不同的推理模式绝对化，就得到了纯粹理性的三个理念。一是作为持久的实体性主体的灵魂的理念，是在把定言三段论穷究到底而对无条件者的追求中产生的。二是作为以因果相关联的事物总体的宇宙的理念，是把假言三段论穷究到底而产生的。三是作为一切存在者之存在的上帝的理念，是把选言三段论穷究到底而产生的。"纯粹理性为一种先验的灵魂说，为一种先验的宇宙学，最后也为一种先验的上帝知识提供理念。"

三种不同的辩证论证导致了三种不同的理念。从主观经验出发，得出作为实体的灵魂的论证线索，被称为**纯粹理性的谬误推理**（paralogisms of pure reason）。从经验对象之间的因果关系出发，前进到总体宇宙的观念（因其包含一切条件而成为无条件者），被称为**纯粹理性的二论背反**（antinomy of pure reason）。从经验对象的偶然性出发，前进到一切存在者之存在的无条件的必然性的线索，即上帝，被称为**纯粹理性的理想**（the ideal of pure reason）。

纯粹理性的谬误推理

我们必须区分经验的和理性的心理学。经验的心理学把灵魂作为内感官的对象来研究；而理性的心理学则把灵魂作为每一个判断的主体来处理。康德说，理性的心理学"建立于其上的唯一命题就是：我思"。它并非基于内感官的经验性知觉，而是基于纯然的统觉，没有任何经验内容。"我思"是"理性心理学的唯一解说词"。"能思维的我或者他或者它（物）"是未知的 X，即思想的先验主体。

笛卡儿曾把"我思"作为类词，以涵盖一切心理状态和心理活动。但是，当"我思"被用作理性心理学的解说词的时候，思维就不是被当作思想的类，而是作为思想的伴随状况了。思维是与思想不可分离的自我意识的表达。不过，我们如何知道一切能思的东西是自我意识呢？答案是：要思想思维（think of thinking），自我意识是必不可少的，而且我们先天地把那些作为我们思考事物必备之条件的诸性质归于事物。

康德列出了纯粹理性四种谬误推理，即我们超出单纯的经验心理学的限制的这种冲动，把我们引向四种谬误。在第一种谬误推理中，我们从前提"必然地，思想主体是主体"前进到结论"思想主体必然是主体"。在第二种谬误推理中，我们从前提"自我不可能被分为部分"前进到"自我是单纯的实体"。在第三种谬误推理中，我们从"凡我有意识之时，总是同一个有意识的我"得到"凡我有意识之时，我意识到同一个我"。在第四种谬误推理中，我们从事实"我能够撇开其他任何东西（包括我的身体）思维我自身"得到结论"撇开包括我的身体在内的其他任何东西，我也能够思维我自身"。

在每一种谬误推理中，无害的分析命题被转换为有争议的先天综合命题。合而观之，四种谬误推理相当于这样的论断：自我是非物质的、不可毁坏的、人格的、不朽的实体。

纯粹理性的二论背反

康德相信，理性形成"宇宙论概念"（即作为整体的世界的观念）的任何尝试，都注定要导致不可解决的矛盾。为了具体表明纯粹理性的虚幻倾向，他构造了一组二论背反。每一个二论背反都由两个相互对立的论证组成，每一个论证都导致矛盾的结论（正题和反题）。

例如，第一个二论背反的正题是"世界有一个时间中的开端，就空间而言也被封闭在界限中"，反题是"世界没有开端，没有空间中的界限，相反，它无论就时间而言还是就空间而言都是无限的"。

194　　　"世界有一个时间中的开端"和"世界没有开端"这两个命题在哲学家的著作中有悠久的历史。亚里士多德认为第二个命题是可以证明的。而奥古斯丁则认为第一个命题是可证的。阿奎那认为二者皆不可证。现在，康德主张，这两个命题皆可证。当然，这并不意味着这两个矛盾命题都是真的，而是意在表明，理性无权谈论作为整体的"世界"。

事实上，康德的两个"证明"都不严密。对正题的论证依赖于完成无限的系列的不可能性。康德说，无限的系列"绝不能通过渐进的综合来完成"，因此一个无限的已经流逝的世界序列是不可能的。康德之后的数学家给出了定义无限性的另一种方式，但是，即便我们接受康德的定义，我们也能够抛弃他的结论。无限的不连续序列必定有一个开端，这没错，因为这样的序列不可能在具有两个终点的意义上"完成"。但是，它为什么就不可以在一个方向上达到终点，而在另一个方向上无限延展呢？这样，流逝的时间就将因达到现在的终点而"完成"，同时永远向后延伸。对于这一意见，康德没有给出令人信服的反驳理由。

世界的空间无限性的不可能性应该是源自时间无限性的不可能性。无限的时间不可能一眼就一览无遗，只能一点一点地看到，而无限数量的点需要无限的时间才能饱览无遗。但是，相信空间无限性的人为什么就要承诺下面这个观点呢？——某人数尽世界里的每一样东西是可能的。难道我们就不能接受如下观点吗？——世界是无限的，但又是不可计量的。

反题的论证如下。如果世界有一个开端，那么必定在某一时间，世界不存在。这一"空的时间"的任何瞬间都彼此相似。因此，"为什么世界在它开始的时候开始"这个问题是不可能有答案的。我们能够答复说，相信世界在时间上无限的人不必非得相信"空的时间"不可。他既能赞同，从外部（在"空的时间"中的某个点）定位世界的开端是不可能的，同时也能主张，我们能从内部（在现在之前有那么多的时间单元）定位世界的开端。

康德给出了类似论证，以反驳那些相信宇宙在空间上无限的人。"如果世界在空间中是有限的，则必定为空间所限制，但空的空间就是无。"类似的答复也能给出。康德的论证影响的似乎只是那些相信空间是绝对实存物的人，而不是那些认为空间的观念是涉及真实实存物之间的空间关系的抽象方法的人。总之，就确立理性的无力而言，第一个二论背反似乎达不到预期效果。

康德总共提出了四个二论背反。第二个涉及简单性和复杂性；第三个涉及自由和因果性；第四个涉及必然和偶然。在每一个二论背反中，反题肯定某种序列无限延续，而正题则肯定同样的序列将完全中止。

二论背反	正题	反题
第一个	空间和时间中彼此**相邻**的项目序列有终点。	该序列永远继续下去。
第二个	作为其他项目**之部分**的项目序列有终点。	该序列永远继续下去。
第三个	被另一个项目**引起的**项目的序列结束于一个自由的、在自然意义上不被引起的事件。	该序列永远继续下去。
第四个	**取决于**另一个项目的项目序列终结于绝对必然的存在者。	该序列永远继续下去。

每一个被强调的关系都被康德视为**以他物为条件**的一种形式，因此，这些序列中的每一个都是条件的序列。"纯粹理性的整个二论背反都建立在以下的辩证论证上：如果有条件的东西被给予，那么，它的一切条件的整个序列就也被给予；这样，感官的对象就作为有条件的东西被给予我们；余此类推。"（B525）

196　　康德认为，每一个二论背反的双方都犯了这样的错误：正题犯的是独断论的错误，反题犯的是经验论的错误。二论背反所揭示的是经验性探究的领域与理性理想的要求之间的不匹配。正题表明世界小于思想，因为我们能够超出世界去思想。反题总是表明世界大于思想，因为我们不可能思及世界的终点。"在所有这些事例中，宇宙论理念对于经验性的回溯来说，要么太大，要么太小"。我们的责任就是整饬我们的宇宙论理念，使之符合经验性探究，而不是

相反，因为唯一能够把实在给予我们的概念的，就是可能经验。

独断论的正题和经验论的反题的共同的错误根源正是宇宙整体的理念：无论是在正题还是反题中，任务指向（如回溯在因果性上的先行事件）与完成的任务（如对原因整体的考察）被混为一谈了。作为整体的世界永远无法在经验中被给予，因此"作为整体的世界"是一个伪概念。所以，既没有世界有限这回事，也没有世界无限这回事。

二论背反为先验观念论提供了证明。如果世界是自身存在的整体，那么要么有限，要么无限。但二者都是错的（正如反题和正题的证明分别表明的）。因此，说世界（显象的总体）是自身存在的整体也是错误的。由此得出，一般意义上的显象不在我们的表象之外，而这正是它们的先验的观念性所意味的。

宇宙论理念不能被严肃地视为真正的概念。但是它们有范导性（regulative）的作用。"因此，理性的这条原理真正说来只不过是一条**规则**罢了，它要求在被给予的显象的条件序列中进行一种回溯，这种回溯绝不允许在一个绝对无条件者那里停留下来。"（B236）

自然与自由

第三个二论背反与前两个有所区别。在前两个二论背反中，正题和反题都作为错误的而被抛弃。但到了第三个二论背反，康德试图表明，如果正确地加以诠释，正题和反题都是真的。他说，这些二论背反的区别，源于这样一个事实：前两个处理的是在经验上同质的序列（空间、时间和质料的部分），而第三个则涉及两个异质

197

的成分（自然的因果性和自由的因果性）。

第三个二论背反的正题论证说，自然的因果性不足以说明世界的现象；在决定性的原因之外，我们还必须考虑自由和自发性。反题则论证说，设定先验自由就是让我们听从于盲目的无法无天，因为未确定的原因的侵入将使自然的解释系统分崩离析。

康德对第三个二论背反的讨论，在哲学家们调和自由与决定论的诸多尝试中占有一席之地。决定论是这样一种信念：在充分的前提条件的意义上，凡事皆有原因。决定论者有时被分为两类。一类是强硬的决定论者，相信自由与决定论不相容，因此自由不过是幻象；另一类是温和的决定论者，相信自由与决定论相容，因此能够承认人类自由是真实的。康德是温和的决定论者，他试图表明，如果自由得到了正确的理解，就与得到正确理解的决定论相容。事件可以既被自然所决定，也奠基于自由。

对康德来说，人的意志是感性的，却又是自由的，这就是说，意志受激情的影响，但并不为激情所强迫。"人固有一种独立于感性冲动的强迫而自行决定自己的能力。"（B562）但是，自行决定的能力的发挥有两个方面，即可感的（可在经验中知觉到）和理智的（只有理智才能把握）。我们的自由动因是可感效果的理智原因，而那些可感现象也是符合不变法则的完整序列中的一部分。

自由的先验理念和我们的行为的理智特征，是由"应当"（ought）这个词的使用来揭示的。我们不能说自然中的任何东西**应当成为**异于与其实际所是的东西。我们强加于我们行为的律令表达了一种必然性，而这种必然性不是源于自然，而是自主的理性。"'应当'这个词表示一种必然性和与种种根据的联结，而自然中不

198

会也不可能将其呈现在人的心灵面前。"

面对调和神的无所不能与人的自由之间的困难，神学家常常宣称这里面没有问题，因为人在时间中行动，而神的知识是外在于时间的。面对调和人的自由与决定论的自然之间的问题，康德断言，自然是在时间中运行的，而人的意志，作为本体而非现象，同样也外在于时间。因此，主动的主体作为具有经验特征和理智特征的感性的对象，其可能性就取决于这样的论题：物自身是在时间之外的。

许多温和的决定论者认为，自由和决定论是相容的，因为我们的行为虽是被决定的，但是被我们自己心灵中的精神事件所决定的；而且，如果行为被内在原因而非外在原因所决定，那么按说行为就是自由的。康德是不是这种心理学决定论的信奉者呢？一方面，他说，"如果我们能够穷根究底地研究人的心灵中的任性的一切显象，那么，就不会有任何一种人的行动我们不能可靠地预言并且从其先行的条件出发认识为必然的"。另一方面，他说，确实能够存在一些行为，"它们之所以发生，并不是因为它们是由经验性的原因规定的，不是的，而是因为它们是由理性的根据规定的"（B578）。

看起来康德确实是心理学的决定论者，但他的相容主义（com-patibilism）形式并不依赖于把自由行动定义为在心理学上被决定的行动。他所提出的调和并不发生在内在经验的层次上。他固然正确地相信，因果性说明和理性说明是完全不同的说明类型，彼此不可归约。但是，既然他给出的调和是在本体层次，即物自身层次上发生的，与这些概念相伴随的模糊不清就不幸地侵蚀了他的调和方案。　　199

在第四个二论背反中，康德考察了支持和反对必然存在者的论证。在那里，他并没有将下面这个问题盖棺定论：必然的存在者是会在世界本身当中被发现，还是在世界之外作为世界的原因而被发现。正是在讨论纯粹理性的理想的那一章里，他转而考察了作为最高实在的上帝的概念，这样的存在者是唯一、单纯、完全而永恒的。纯粹理性的理想是先验神学的对象。

上帝存在的证明

根据康德的观点，确立上帝存在的一切证明必然属于下述三类之一。一是存在论证明，从一个至高无上的存在者的先天概念出发来论证；二是宇宙论证明，出自一般经验世界的本性；三是自然神学的证明，从特殊的自然现象开始。安瑟尔谟的证明——存在着"可设想的无与伦比的伟大的存在者"——是存在论证明，笛卡儿在第五沉思中的论证也是如此。阿奎那证明上帝存在的第三种方式是宇宙论的证明形式，而第五种方式则可视为自然神学的证明。阿奎那和其他哲学家提供的其他证明，不太容易归入康德的分类，而这一分类也不像康德所以为的那样滴水不漏。

在康德的理性神学中，存在论证明被赋予了非常特殊的作用。他断言，宇宙论的证明只是伪装的存在论证明。他还论证说，自然神学的论证本身只会把我们引向宇宙的设计者，而不是真正的宇宙创造者。

康德对存在论证明的批判影响深远。他一开始就问，说上帝是绝对无限的存在者究系何意？我们有多种必然性的构想：例如，有逻辑和数学命题的必然真理，大体上可以称之为逻辑的必然性；也有因果法则的物理的必然性；还存在所谓形而上学的必然性吗？事物和命题能够是必然的吗？有些哲学家把必然的存在者定义为在一切可能世界都存在的存在者。如果我们以这种方式来定义上帝，那么他当然存在。我们的世界是一个可能世界，否则它就不会成为现实的世界；因此，如果上帝在每一个可能世界中都存在，必定也在我们的世界中存在。

但是，以这种方式把存在（即便是可能的存在）纳入某物的定义合法吗？康德以为不然。"无论以什么暗藏的名目，如果你们已经把你们只想按照其可能性来思维的事物之实存的概念带入该事物的概念，你们就已经陷入了矛盾。"（B625）存在论证明旨在把关于上帝存在的论断弄成分析命题。但如果命题是分析的，其谓词就是主词的一部分，也不可能否认这一命题，康德的例子是"三角形有三个角"。他评论道：

> 设定一个三角形但却取消它的三个角，这是矛盾的；但把三角形与它的三个角一起取消，这却不是矛盾。一个绝对必然的存在者的概念恰恰就是这种情况。如果你们取消这一存在者的存在，你们就是把事物本身连同其所有谓词一起取消；在这种情况下，矛盾又从何而来呢？（B622-623）

但为什么康德如此确定一切存在命题都是综合的呢？我们能够从概念出发证明非存在，因为只要我们把握了"方"和"圆"的概念，就知道不存在方的圆。我们为什么就不可能从概念出发去证明存在呢？如果"不存在未婚的单身汉"[①] 是分析的，那么"必然的

---

① 原文如此，似应为"单身汉都是未婚的"。

存在者是存在的"为什么就不是分析的呢？

康德的主要论证是：存在不是谓词，而是系词。"'上帝是全能的'这个命题包含着两个概念，它们都有自己的客体：上帝和全能；'是'这个小字眼并未增加任何新的谓词。"（B626）康德说，如果我们说"上帝存在"或者"存在着一个上帝"，"我并没有为上帝的概念设定一个新谓词，而是仅仅把主词自身连同他的所有谓词，也就是说，把对象设定在与我的概念的关系中"（B627）。

201

"是"作为系词的用法与它在表存在的命题中的用法实际上非常不同，但是，我们可以同意康德的观点，即在这两种情形中，它都不是谓词。康德暗示道，表存在的命题并不总是"设定"；说"如果存在着一个上帝，罪人就将受惩罚"的人并未设定上帝的存在。

我们可以用"A 存在"这样的断言把 A 指派到事实的领域，而不是虚构的领域（如"罗宾汉是真实存在的"），可以指派到具体的领域，而非抽象的领域（如"基因是真实存在的"），也可以指派到现存的领域，而不是已逝的领域（如"亚历山大里亚的灯塔尚在否？"）。无论我们谈论的是何种存在，但我们如同康德那样，说"存在"不可能被视为直接的一阶谓词，则完全正确。

在现代逻辑中，存在是用量词来表示的。"上帝存在"可用公式表述为"对某个 x，x 是上帝"。这种方式澄清了围绕存在论证明所产生的问题，但并未解决它。因为关于从可能性到现实性的论证的问题，回过头来又成为涉及变项"x"所覆盖的域的问题：这个域是否既包括可能对象也包括现实对象呢？

康德还有如下要旨：

　　因此，当我思维一个事物时，无论我通过什么谓词以及多少谓词来思维它（甚至在普遍的规定中），通过我附加上"**该物存在**"，也对该物没有丝毫的增益。因为若不然，就会不正好是该物，而是比我在概念中所思维的更多的对象在实存着，而且我不能说，恰恰是我的概念的对象实存着。（B628）

　　换言之，在实在中是否存在与我的概念相对应的东西，这本身不可能成为我的概念的一部分。概念是在与实在相比较之前就确定下来的，否则我们就不会知道**哪个**概念在与实在相比较，**哪个**概念与实在相对应或不对应。"存在着一个上帝"这一点不可能是我们用"上帝"这个词所意味的东西的一部分，因此，"存在着一个上帝"不可能是分析命题，而存在论证明必然无效。

　　这是否意味着一切关于上帝存在的证明都不奏效呢？康德认为宇宙论证明是在偷运存在论证明，因为它要得出的结论是必然存在者的存在，而这种存在者的本质包含其存在，但他刚才已经表明这是不可能的。不过，许多形式的宇宙论证明都声称自己表明必然存在者的存在，而这一必然性是在不那么可疑的意义上使用的。这就是说，如果不接受存在论证明，宇宙论证明也许可以就这样的存在者给出证明：不被引起的、不变的、恒久的存在者的存在，与经验世界中被引起的、多变的、偶然的东西相反对。

　　实际上，康德还对宇宙论证明提出了另外的批评，独立于对存在论证明的驳斥。他是这样表述该论证的："如果某种东西实存着，那么就必定也有一个绝对必然的存在者实存着。现在，至少我自己实存着，所以一个绝对必然的存在者实存着。"（B632）这一表述不

202

仅涵盖了阿奎那的第三种证明方式，也包括了笛卡儿在第三沉思中的论证。小前提依赖于这样的论证：偶然原因的序列，无论多长，都只能够被一个必然原因所完成。但是，如果我们问，这一必然原因是不是原因链条的一部分，则将面临一个两难推理。

如果该必然原因是此链条的一部分，那么，在这种情形下，如同在该链条的其他成员所处的情形一样，我们就可以提出这样的问题：它为什么存在？但是，康德说，这是一种我们无法容忍的思想——"一个存在者，我们也把它表象为一切可能的存在者中间的最高存在者，仿佛在自言自语地说：我是从永恒到永恒的，在我之外，除了仅仅由于我的意志而是某物的东西以外，没有任何东西存在；**但我是从何处来的呢**？"（B641）但是，如果那个必然的存在者不是因果链条的一部分，它又如何成为第一个成员，并解释以我自身的存在为终点的所有其他联结呢？

自然神论的证明只被康德轻轻带过，因为他说，这种证明在任何时候都值得尊重地提及。他的目的不是减损该证明的权威，而是限制其结论的范围。该论证认为，在世界上到处都能找到一种按照一定意图的秩序的迹象，由伟大的智慧来贯彻。这种秩序对于世界的个别事物来说是完全陌生的，个别的事物只是去促成该秩序的协调一致。因此，必定是一个（或者多个）崇高和智慧的原因所施予的，这样的原因并不是像自然那样盲目地起作用，而是像人那样自由地起作用。就这一论证在自然的作用和人类技艺的智巧之间所做的类比而言，康德搁置了其中的困难。但他主张，该论证能够证明的，"至多是一个总是受他所加工的材料的适用性限制的**世界建筑师**，而不是一切都要服从其理念的一个**世界创造者**"（B655）。

康德论道德

在《道德形而上学的奠基》（*Groundwork of the Metaphysics of Morals*，1785）中，康德简明扼要而又雄辩有力地阐发了其伦理体系的核心思想。在这部著作中，康德着手批判地建立了实践理性的先天综合原理，使之与他对理论理性的先天综合原理的批判性阐发相匹配。

康德的起点是，唯一能够无限制地成为善的，只有善的意志（good will）。才能、性格、自制和幸运的赐予都可用于恶的目的，甚至连幸福也能够是败坏的。善的意志并不因它达成的东西而善，它就自身而言是善的。

> 即使由于时运不济，或由于自然如继母般只予以吝啬贫乏的捐赐，遂使善的意志完全无力贯彻自己的意图；如果它在尽其所能之后依然一事无成，只剩下善的意志……即便如此，它也宛如一颗宝石，只为在自身中就具有其全部价值的东西，就光芒四射。（《道德形而上学的奠基》，第一章"由普通的道德理性知识到哲学的道德理性知识的过渡"）

人之被赋予意志，非为追求幸福；而本能会更有效地实现这个目的。理性之被给予我们，是为了产生这样的意志：不是作为追求其他意图的手段而成为善的，而是自身就是善的。善的意志是最高的善，而且是其余一切善（包括幸福）的条件。

那么，什么使这一意志自身就是善的呢？要回答这个问题，我们必须考察义务（duty）这个概念。行为出自义务，便是在困难面

前展示善的意志。但我们必须区分合乎义务的行为和出自义务的动
机的行为。杂货商出于自利而诚实，慈善家因为他人的满足而快
乐，他们会做那些合乎义务的行为。但是，这种行为无论如何正确
而友好，在康德看来，都没有道德价值。只有在某人不是出于偏
好，而是出自义务去行善，品性的价值才能表现出来。例如，当一
个人失去了生活的一切趣味，渴求死亡，但仍然合乎道德法则、尽
其所能保存自己的生命，便是如此。

在这里，康德的教导与亚里士多德的教导直接对立。亚里士多
德教导说，只要人们遵行德性的时候与自己的性情格格不入，那就
不是真正有德性的，真正有德性的人在做有德性之事时，完全是在
享受。对康德来说，善行的艰辛劳苦乃是德性的真正标志。只有当
行正当之举要我们有所付出的时候，我们才能保证是出自义务的动
机而行动。康德认识到，他在确立道德行为的令人畏惧的标准，他
已经完全准备好思考这样的可能性：事实上从来就没有单单基于道
德理由或仅仅出自义务意识的行为。

那么，何谓出自义务的行为？出自义务的行为就是出自对道德
法则的敬畏的行为；检测我们是否出自义务去行动的最好的方式，
就是追求这个我们据以行动的准则或原则。如果我是出自对道德法
则的敬畏而行动，那么我必须只以这种方式去做：我也能够愿意我
的准则成为一个普遍法则。这就是康德著名的"定言命令"（cate-
gorical imperative，绝对律令）。

命令有两种：一是假言命令，一是定言命令。假言命令说：如
果你想要达到某个意图，就要以如此这般的方式行动。定言命令是
说：不管你所意欲达到的意图是什么，你都要以如此这般的方式行

动。假言命令有许多，因为人可以为自己设立许多不同的意图。但定言命令只有一个，那就是道德律令。定言命令乃是符合法则的纯粹普遍性的要求。"因此，定言命令式只有一个，那就是：要只按照你同时能够愿意它成为一个普遍法则的那个准则去行动。"

康德用几个例子具体说明了这个定言命令，在这里我们可以提及两个例子。第一个是这样的：我已身无分文，很想借钱，但我知道我将无力偿还。我的行为准则是这样的："如果我认为自己迫切需要钱，我就要借款并且承诺还款，尽管我知道我永远还不了款。"但我不可能愿意每个人都将其作为行为准则，因为如果人人都这样做，那么整个承诺制度就会崩溃。因此，在这样的情形下，借钱是破坏定言命令的。

第二个例子是这样的。某人处境优裕，但当含辛茹苦维持生计的人向他求助时，却很想答复说："这与我何干？不如让每个人都如上天之所意欲或如他自己之所能为一样地幸福算了。我不会伤害他，但也不会帮助他。"他不可能愿意这样的准则成为普遍的，因为他自己需要他人的爱和同情的局面也是可能出现的。

这些例子表明了定言命令的两种不同的应用方式。在第一个例子中，该准则之所以不可能被普遍化，是因为其普遍化涉及矛盾（如果没有人信守诺言，那么也就没有承诺这种东西了）。在第二个例子中，该准则能够无矛盾地普遍化，但没有人能够理性地**愿意**出现其普遍化所导致的局面。康德说，这两个不同的例子对应于不同的义务方式：严格的义务和值得赞扬的义务。

但康德的例子并不都是令人信服的。例如，康德论证说，定言命令排斥自杀。但是，普遍的自杀当中并无矛盾；而且有些彻底绝

205

望的人会把自杀看作一种他虔诚渴望的圆满。

康德进而给出了定言命令的另一个公式："你要如此行动，即无论是你的人格中的人性，还是其他任何一个人的人格中的人性，你在任何时候都同时当作目的，绝不仅仅当作手段来使用。"他断言，这一定言命令与前一个是等价的，而且能够得出相同的实践结论，尽管许多读者并未被他说服。事实上，这个定言命令在排除自杀上更有效。康德敦促我们，剥夺自己的生命，就是把我们自己的人格用作手段，以终结我们的艰辛和不幸。

206

作为人，我不仅以自身为目的，而且还是目的王国中的一个成员。康德说，所谓"王国"，意指"不同的理性存在者通过共同的法则形成的系统结合"。康德已经说过，我的意志，就其准则能够成为普遍法则而言，是理性的。这一点反过来就是，普遍法则是被像我这样的理性意志所造成的法则。理性的存在者"只服从它给自己所立的、使他的准则能够属于一种普遍立法的那些法则"。在目的王国中，我们全都既是立法者又是臣民。

康德以对德性之尊严的颂词，总结了对他的道德体系的阐发。在目的王国中，一切东西要么有一种**价格**，要么有一种**尊严**。如果某个东西有价格，那么可以被某种别的东西所兑换；而尊严则是独一无二的、不可兑换的，它超越一切价格。康德说，有两种价格，一种是市场价格，与需求的满足相关；另一种是鉴赏价格（fancy price），与趣味的满足相关。道德在任何一种价格之上，超越任何一种价格。

"道德和能够具有道德的人性是唯一具有尊严的。工作中的技巧和勤奋具有一种市场价格；机智、活跃的想象力和情绪具有一种鉴赏价格；与此相反，出自原理（不是出自本能）的信守承诺、仁爱具有一种内在的价值。"（《道德形而上学的奠基》，第二章"由通俗的道德世俗智慧到道德形而上学的过渡"）康德的这番话在整个 19 世纪回荡，时至今日，仍然拨动着人们的心弦。

第四章　大陆哲学：从费希特到萨特

罗杰·斯克鲁顿（Roger Scruton）

　　怀特海曾把西方哲学形容为"柏拉图的注脚"。如果不那么夸张地说，启蒙时代以来的德国哲学就是康德的注脚。康德的直接追随者既不可能超出"先验观念论"的框架去思考，也不可能抛弃康德的术语。在抛弃或无视康德最伟大的洞见的同时，他们却采纳了康德对已然确立的真理的更为奔放的思辨。对莱因霍尔德（Karl Rheinhold，1757—1823）、贝克（Jacob S. Beck，1761—1840）、费希特和谢林来说，先验观念论的成就在于对物自身的罢黜。按照他们的诠释，这也意味着"外在于我们的客体"是在自我意识主体的心灵当中被"建构"的。哲学变成了对"官能"（faculties）的研究，包括直观、知性、理性、想象、判断、反思，通过这些官能，自我获得了对其知识的把握。这一切的基础在于意识主体；意识主体虽然不为知性所知，却可由作为自由和意志的实践理性来揭示。

但是，如果自我是知识的来源，就留下了某种尚未解释的东西。超出概念范围的纯然主观的实存，如何能够建构客观的世界，并把空间、时间和因果性的秩序赋予这个世界？这个问题激励着在欧洲大陆被称为"德国古典哲学"的传统，但形容为"德国浪漫主义哲学"也许更准确，这不仅因为它与浪漫主义文学的联系，而且因为它明显偏爱宏大视野，胜于有效论证。这一传统是由费希特和谢林开创的，并包括其最伟大的代表人物黑格尔和叔本华。这些哲学家中每一位都以自我意识主体为前提，建立起庞大的抽象思想体系，都认为构造体系是哲学的真正任务，因为表明事物的整体如何能够从自我这个微小的种子那里出现，乃是哲学家的责任。

208

费希特

费希特（Johann Gottlieb Fichte，1762—1814）是卢萨特地区（Lusatian）一位制造缎带的手艺人的儿子，也是大家庭中的长子。冯·米勒提兹男爵（Baron von Miltitz）见其聪慧，遂纳为养子，并于 1780 年送他到耶拿大学求学，后来费希特又去了维滕贝格和莱比锡，在那里他吸收了风行一时的德国浪漫主义的思想和态度，并与康德的批判哲学相遇。1788 年，他行至哥尼斯堡拜谒这位大师，但直到 4 年之后才得一见。在发表了《试评一切天启》（*Critique of All Revelation*）之后，其成功（这要归因于人们普遍把康德本人误为作者）才促使康德对这位注定要取而代之的思想家产生了兴趣。费希特与歌德和席勒相与为友，而且幸亏他们的影响力，费希特 32 岁时被任命为耶拿大学的哲学教授。

费希特的讲座深受欢迎，他以《全部知识学的基础》（*Grundlage der gesamten Wissenschaftslehre*，以下简称《知识学》）为题于 1794 年发表了这些演讲。这部简短但极其难懂的著作后来重写了许多次，其中之一出版于 1804 年，成为标准本的《知识学》，其他版本在死后问世，但并未失去其粗鲁笨拙的特征。费希特本人也是如此：他瞧不起反对者，对同事也时有冒犯，对对手则严厉尖刻。他演讲时处于一种全神贯注的激动当中，这使学生如痴如醉，却不管学生听懂了多少。他是位共和主义者，也是位激进分子，由于他富有煽动性的评论，他不仅遭到无神论的指控，而且他自己和家人也受到身体上的攻击，并于 1799 年丢掉了教职。幸亏有像歌德这样有影响力的朋友，他才能够最终恢复学术生命，担任了柏林大学教授；与此同时，他又以《对德意志民族的讲演》（*Addresses to the German Nation*，1808）重新赢得了演讲者的声望，这篇演讲指责德国人不够团结，这使他们在拿破仑的军队面前过于懦弱顺从。1812 年至 1813 年，他积极参加到反抗拿破仑统治的斗争当中，并在充当志愿卫生官员的时候，患上斑疹伤寒，不治身亡。不管他作为形而上学家的成就如何，他总是被人们铭记为德国民族主义之父，这是好是坏就不说了。

费希特写道："什么样的人接受什么样的哲学；因为哲学体系不是无生命的摆设……而是被拥有这种体系的人的灵魂赋予生命的。"这对他自己的哲学来说是千真万确，通过他的哲学，一种饱受折磨的自我迷恋赢得了崇高的形而上学的认可，显然是有意谋求他那些陶醉于康德的读者的同情。在《知识学》的序言中，费希特骄傲地宣称："我的体系跟康德的毫无不同之处。"虽然康德本人并不同意，但他垂垂老矣，无能为力了，而他书生气十足的学生莱因霍尔德也无力抗拒这位神气十足的新贵，结果，费希特就打着理解康德体系的幌子，开始了对它的颠覆。

费希特认为，只有两种可能的哲学家，一种是观念论的，一种是独断论的。观念论者期望说明理智中的经验，而独断论者则期望说明"物自身"里的经验。虽然一以贯之的独断论者能够避免驳斥，但他的立场已被康德攻击得站不住脚了，因为康德表明，观念论能够解释独断论所解释的一切，而无须对超出观察范围的事物做出假设。观念论者和独断论者之间的争论涉及"物的独立性是否应当以牺牲自我的独立性为代价，或者反过来，自我的独立性是否应当以牺牲物的独立性为代价"。因此，观念论哲学的起点是自我（das Ich），费希特宣称（与其他康德主义者一致），这也是康德的起点。

我们的任务是揭示"人类知识的绝对无条件的第一原理"，即一切知识所能够依赖的原理，但这原理本身却不依赖于任何东西。逻辑学家在同一律中向我们提供了无可辩驳的必然真理的例子：A＝A。但即便是在同一律中，也预设了我们尚未证实的某种东西，这就是 A 的存在。这一思想使费希特有能力引入一个改变哲学进程的概念，即动词"设定"（setzen，to posit）所表达的概念。他认为，一旦 A 被"设定"为思想的客体，我就能够前进到 A＝A 这一真理。但是设定 A 向我证明了什么呢？没有答案。只有当我们能在思维自身的行为中找到某种被设定的东西，我们才能达到自我证明的基础，我们才能对知识做出断言。这个被"绝对"设定的东西就是自我，因为当自我是思维的客体的时候，被"设定"的东西就与进行"设定"的东西是同一的，因此，在"我＝我"这个陈述中，我们就达到了根基。这就是不预设任何东西的必然真理。自我的自我设定是同一律的真正根基，因此也是逻辑本身的真正根基。

康德认为，我们不可能只通过直观或只通过理智来理解世界，只有通过直观与概念的综合，我们才能获得知识。因此，我们所认识的世界是显象，永远也不是"物自身"。唯有我们获得了"理智直观"，才能认识物自身，而理智直观对我们来说是不可思议的。（要获得理智直观就要像上帝知道世界那样认识世界，直接把握世界的总体，而且不从任何有限的观点出发。）我相信，理智直观的概念对康德的体系来说是无足轻重的附属物。但康德的直接追随者们，却欢天喜地地接受了这一概念，视之为"任何未来形而上学"的导线。于是，理智直观就成了德国哲学的圣杯（至少到黑格尔为止，他指责理智直观犹如"黑夜观牛，无牛不黑"），要获得理智直观就要达到造物主的洞察力，即洞见事物整体的非分之想。

211　　　因此，费希特把自我认识描绘为自我的"直观"。他认为，这是唯一的理智直观，并因此成为通往一切真实实在之门。解释这种直观的可能性是哲学的第一任务。而这**就是**解释：自我通过设定自身而直观到自身。证讫。

费希特把这一知识的第一原理称为同一性原理，并增加了第二原理。自我的设定同时是对非我的设定。因为我所设定的东西总是知识的**客体**，而这客体不是主体，因此在自我认识的行为中，出现在我的直观面前的东西，被直观为非我。这是反设原理（或对向原理）。从这一原理出发，与第一原理一道，就能得出第三原理，即非我在思维中是可分的，并对立于"可分的自我"。这个第三原理（被称为根据的原理）照理派生自另外两个原理的"综合"。这便是先验哲学的基础，因为它探索了非我根据概念的"划分"，借以建构世界的客观秩序。

自我被非我所"规定"或"限制"，反过来非我又被自我所限制。这就仿佛使自我意识被可移动的障碍所穿越，这就是说，非我中的任何东西都是从自我传递到那里的。但是，既然自我和非我的起源都是自我设定的行为，那么，在最终的分析里，这障碍的两边没有别的，唯有自我。不过，在非我中，自我是被动的。将这种被动的客体归摄于空间、时间和因果性这样的概念之下，从而将其置于自然秩序之中，并不存在矛盾。作为主体，自我是主动的，自发地"设定"知识的客体。因此，自我是自由的，因为自然世界的概念（包括因果性）只能应用于这些概念所设定的东西上，而不能应用于设定这些概念的主体。

非我当中的一切活动（包括我们应当描述为因果性的活动）都是从自我那里传递过来的。通过探索这种传递，我们就演绎出"范畴"，这些范畴是非我的必然规定，因为非我是被主体所设定的。但是，活动的传递也是自我在非我中的一种"异化"（Entfremdung，alienation），是非我对自我的规定。这种自我规定（Selbstbestimmung，self-determination）是自由的实现，因为规定我的非我只是在自我意识行为中被客观化的自我而已。

篇幅有限，我们不能进一步考察费希特的论证了，他的论证与其说是论证，不如说是一堆狂轰滥炸的行话，"设定"这个花样百

212

出的动词像被装进了万花筒，形成了千百个自我反射的图像。叔本华把费希特形容为**"冒牌哲学之父，阴险把戏之父**，他含混不清地使用着语词，借着不可理解的夸夸其谈和诡辩，企图……愚弄那些急于求知的人"。这一苛刻的评判（文如其人）可能是费希特难以推脱的，但这绝不是否认他巨大的影响力，他的影响甚至在叔本华自己的著作里也有迹可寻。因为费希特传给后继者的，根本不是论证，而是一出戏，戏的梗概可以概括如下：

作为知识的基础，却又超出其范围的，是自由而自我产生的主体。主体的命运就是通过"规定"自身而认识自身，从而在客观世界中实现其自由。这一伟大的冒险只能借助**客体**才得以可能，而客体是主体设定的，却又作为主体的否定与之对立。主体和客体之间的关系是辩证的，即正题遇到反题，从而产生合题（知识）。每一次朝向外部的历险都是一次自我的异化，只有经过长期的自我分裂的艰苦跋涉之后，才能获得自由和自我认识。自我最终出现在对圣杯的占有当中，圣杯就是理智直观，但不仅是对自我的，也是对整个世界的理智直观，这世界包含在自身当中，犹如包含在水晶球当中一样。自我规定的"过程"并不在时间中发生，因为时间只是它的一个产物，实际上，事件在时间中的秩序是其在"逻辑"中的秩序的颠倒。

这出戏剧，或有细节上的出入，但仍然不变地保留在谢林和黑格尔的体系中，而其残余则经过叔本华、费尔巴哈和马克思，一直保持到海德格尔。它在说服力上所欠缺的，却在魔力上充分地补足，即使在今天，这出戏剧催眠术般的意象也浸染着大陆哲学的语言和议程。

谢林与席勒

谢林（Friedrich Wilhelm Joseph von Schelling，1775—1854）　*213*
是富有学者风范的路德宗牧师的儿子，虽对费希特极度崇拜，却文
质彬彬，极有教养，毫无费希特的粗暴尖刻之气。他曾担任许多学
术职务，并在临死之前，适时地被授予了普鲁士宫廷的枢密顾问和
柏林科学院院士。他的《先验唯心论体系》（*System of Transcen-
dental Idealism*）出版于 1800 年，其时谢林年方 25，此书的每一
页都受惠于费希特。谢林赞赏费希特的主体和客体的辩证法，并用
令人惬意的文笔将其打扮得漂漂亮亮，还加上了意味深长的暗示：
先验唯心论必须包含两种哲学，一是主观的哲学，研究自我及其自
由；一是客观的哲学，研究自然世界。这两个存在领域具有共同的
根源，那就是先验主体。这一新哲学的最高任务，便是康德在《判
断力批判》（此书相对受到忽视，直至谢林对它的研究）中所指示
的：证明自然与理智的和谐，主观与客观的和谐，以及非意识活动
与意识活动之间的和谐。在审美经验中，我们直观到这两个领域的
统一。实际上，只有通过艺术提供的直接的和非推论性的领悟，我
们才能充分理解精神与自然的综合，并因此理解世界的绝对真理。
于是，艺术就向我们提供了直接而感性的路线，这路线通向的目标
是哲学永远无法独立达到的。

在后来的著作中，谢林不把先验主体视为个别自我，而是视为
普遍精神（Geist），普遍精神也将自己表现为意志。"在最终和最

高的实例中，除意志之外别无他物。意志是原始的存在，一切谓词都只能应用于它自身……"(《论人类自由》，1809)① 精神在他物(the Other) 中也在自我中彰显自身，而他物在我的自我实现中起着至关重要的作用。尤其是，只有当主体意识到行为上的约束，而这些约束是由所有其他行为者设立的时候，主体才能够享有真正的自由。因此，通往自我认识的旅途也是通往道德和政治秩序的路程。谢林主张，这一旅程，唯有通过康德在《论永久和平》(Per-petual Peace) 中预示的普遍法则，才能完成。自我认识的最终成就包含了以往曾被理解为差异的一切东西的统一。自由的存在者是把实在把握为一、绝对或上帝的存在者。

214

谢林所勾勒的这些思想，被黑格尔苦心经营并充分阐发，谢林在耶拿大学执教时，曾与黑格尔一道编辑《哲学批判杂志》(Criti-cal Journal of Philosophy)。谢林试图把艺术哲学整合到他的形而上学中，在整个哲学体系中给予美学核心地位，这一尝试也引人注目。他关于美艺术②的讲座出版于 1807 年，包含对音乐、绘画和造型艺术之意蕴的反思，其中的文化史框架在德国独开风气之先。不过，在理智上，谢林的艺术哲学远不如诗人席勒 (Friedrich Schill-er，1759—1805) 的艺术哲学，席勒的《审美教育书简》(Letters on the Aesthetic Education of Man) 发表于 1794 年至 1795 年，与

---

① 按，在此提供另一种从德文译出的原文，以资理解："意志活动是原存在，意志的所有谓语，如无根据性、永恒性、独立于时间、自我肯定，都仅仅同原存在相关。整个哲学所企求的仅仅在于找到这一最高表达。"(海德格尔：《谢林论人类自由的本质》，附录之谢林《对人类自由的本质及与之相关联的对象的哲学探讨》，271 页，沈阳，辽宁教育出版社，1999)

② 美艺术 (fine arts) 是指像绘画、雕塑、建筑、诗歌、音乐等艺术形式。

谢林的一样，都受到康德的第三批判（《判断力批判》）的启发。席勒处理的是康德提出的那个问题：唯有无目的的观照才能理解的东西，其价值何在？审美经验就是完全"无利害的"（disinterested），同时也涉及对其对象的评价。那么，我们如何能够评价我们对之没有利害关系的东西呢？

　　按照席勒的看法，答案在于区分两种活动，一种是作为手段而有价值的，另一种是因其自身作为目的而有价值的。二者之间的对照可以用工作（这里仅被视为手段）与游戏之间的对照来具体表明。游戏不是享受乐趣的手段，恰恰是从中享受乐趣本身。游戏提供了人与自身和平相处的一切活动的原型，例如运动、交谈、散步、艺术等等。（试比较约洛克斯先生的格言："凡是不花在打猎上的时间"就是被浪费掉的。）席勒走得很远，以至于把游戏提升到内在价值的典范地位上。他说，人对于愉悦的和善的东西只是一本正经，对于美却是在**游戏**。

　　从这种略带悖论的思想出发，席勒发展出了审美教育理论，审美教育的地位在于塑造自由的公民。他认为，审美教育是必不可少的，不仅是为了个体灵魂的适当平衡，而且是为了社会的和谐发展。他的理论注定要对德国浪漫主义哲学发挥经久不衰的影响，至少影响了马克思。马克思在席勒的论证中发现了一条线索，这条线索通往异化劳动和自我表现活动的区分，正是在后一种活动中，人"才回归自身"，并与他的"类存在物"（这个表述从席勒经费尔巴哈被马克思所吸收）在一起。

215

黑格尔

谢林曾批评自己的早期哲学是"否定的"哲学，并在他最后的讲座中致力于建立新的体系，在新的体系中，他早期的宗教情感得到了更为开放的表达。但是，这一"肯定哲学"在谢林去世后才出版，而早在这之前，这种哲学已被他旧日好友和合作者黑格尔的著作超过了。黑格尔（G. W. F. Hegel，1770—1831）与所有德国唯心论的代言人一样，也是学院派人士。不过，在他开始写作的时候，唯心论体系多如牛毛，一文不值，你要等着获得大学教席，才有权详细阐发之。在当过编辑、记者、中学教师和文科中学校长之后，黑格尔终于在 1816 年升任海德堡大学哲学教授，两年后又从海德堡来到柏林。但他已然为自己赢得了名望，起初是一篇比较费希特与谢林的论文（1801），随后是发表于 1807 年的《精神现象学》（*Phenomenology of Spirit*），此书被广泛接受，认为是一部具有革命意义的著作。《精神现象学》所阐发的思想在后来的著作和讲座中得到了重新表达和提炼纯化，最终在《哲学全书》中得到总结（黑格尔在海德堡期间已经开始写这部著作了）。在这一阶段，黑格尔还把自然哲学、宗教哲学和历史哲学补充到他的体系中，全部包括在《哲学全书》中，但这时他尚未扩展到对艺术的处理上，而艺术在他的《美学讲演录》中得到了极其精彩的研究。黑格尔 1831 年死于霍乱，此后美学演讲和其他演讲都出版了，大大增强了他身后的影响力。

黑格尔体系的概要如谢林所勾勒的那样：实在的根基是精神， 216
精神通往自我认识的历程，经过辩证的步骤，直达绝对理念，理智
的一切不完全的规定都被超越，包含在绝对理念当中。辩证的旅程
有两种形式，即主观精神之旅（精神哲学）和客观精神之旅（自然
秩序）。（这两个旅程对应于费希特的自我和非我。）主观精神之旅
就是**我们的**旅程，走向外部客体，指向他物，这是一个异化和自我
分裂的漫长故事，通过这一旅程，精神最终以客观的和实现了的形
式返回自身，这样的形式就是伦理生活（道德和政治的领域）、艺
术和哲学。

黑格尔把康德的批判工作、"辩证法"的激进理论和"普遍历
史"（谢林另一个有影响的措辞）理论一道整合到他的框架中。他
因此而著名是当之无愧的，同样令他著名的是对人类状况的引人入
胜而令人信服的解释，这在很大程度上使他的辩证方法幸免于完全
的毁灭。

黑格尔认为，康德哲学通过表明我们的官能被内在地引向真
理，以期为我们的知识论断做辩护。但是，对我们的官能的这一
"演绎"是依靠这些官能而进行的，因此恰恰预设了它旨在证明的
东西。但对我们理性能力的辩护，不可能不是循环的：哲学所能做
的，就是从事对知识的不断批判，从而由于连续克服每一个局部认
识的不完善之处，上升到更高的立足点。然而，正是经过这一过
程，哲学才能达到整体的观点（绝对理念），在整体中，完成了的
知识自己证实自己。哲学上升到绝对的过程是辩证的，是对人类努
力的每一个阶段的忠实写照，因为辩证法和理性是同一个东西，是
在个体努力追求自由和自我认识中，在对自然的科学研究中，在制

度、宗教、艺术和历史本身中揭示出来的。

　　辩证法的原则是在黑格尔的《逻辑学》中得到阐发的。黑格尔并不是在现代意义上使用"逻辑"一词的，即关于推论和论证的理论。他意指的是对逻各斯（logos）的抽象研究，也就是对语词、描述、概念、解释和推理的研究。这样看来，黑格尔的《逻辑学》是对概念运用的预先研究。一切思想都涉及概念的运用，而任何概念的首要形式（或"环节"）就是**抽象**。要尝试把握实在，我必定要从用最抽象的词项开始描述之，如"物""客体"。然后我就会感受到这种概念方式是不充分的，所以要获得更"确定"的把握。但是，更确定的概念与抽象是冲突的，是处于矛盾之中的，因为什么东西也不可能既抽象又确定。（黑格尔引用斯宾诺莎的话说，"一切限定都是否定"。）从这一冲突之中产生出新的概念，比第一个概念"更真实"，既做出更为精细的区分，也展现出更为完整的实在之图像。当辩证的链条完成之后，在知识的终点，概念就成为理念，而世界的真理已然被揭示出来。黑格尔以下述方式表达了这一思想：

　　1. 第一个环节：提出一个概念，而这概念是抽象的、"直接的"和不确定的。（"直接"［immediate］意味着**直接**［directly］从思想过程产生，且不借助其他中介概念。）

　　2. 第二个环节：抽象概念经过对立概念的中介，从而成为"确定的"，这就是说，成为特定于其主题的东西。

　　3. 第三个环节：抽象概念与确定概念之间的冲突被理智的"扬弃"（*Aufhebung*）所解决，而达到包含二者的"更真实"（更完全）的概念。因此，这就是"意识认识了自身，使自身从抽象思维提升到理性思维"。

理解概念运用如何在发展阶段中从抽象前进到确定，这并不困难，这就是说，我把客体首先理解为空间中的东西，其次理解为活的东西，然后又理解为动物，最后理解为一只猫。但是，说借助**矛盾**而达到不同的阶段，这究系何意？黑格尔的想法大体上是这样的：概念本质上是普遍的，因而是抽象的，而概念的**运用**总是特殊化的。不过，在概念之外没有任何东西能够引入特殊性的要素，因为我们无法接近在概念之先的实在。（这是先验唯心论的基础性假设的形式之一。）概念必定以某种方式**运用自身**，这就是说，它们必须把对于确定特殊实例来说必不可少的任何东西包含在自身中。因此，在每一个概念中的抽象的、普遍的要素都必定要被具体的、特殊化的要素所平衡，如果你愿意的话，可以把后者比作矢量，它趋向于**反抗抽象**，并因此反抗抽象形式中的概念。二者的冲撞便是导向关于具体实在的理念的东西，而这个具体实在既**是**猫，又**不是**猫，因为它并非与普遍相同一。

存在概念具体展示了黑格尔的辩证法。在最初的构想中，存在是完全抽象的，如黑格尔所言，是"不确定的直接性"。这就是说，我能够不借助其他任何概念的帮助而理解这一观念（它是"直接的"），但这只是因为它是完全不确定的，可以用于任何东西，所以实际上什么也没说。（在黑格尔那里，我们发现了一个有趣的思想，即我们要以确定性为代价才能获得直接性，因此当然也就是以牺牲内容为代价。我们的知识越确定，我们所知越少。）由此得出，在述谓存在时，我们对于"是**什么**（存在**什么**）"说不出任何东西。

218

因此，说"有存在"（there is being）就等于什么也没说。黑格尔
认为这是一个矛盾，我们不仅运用了存在概念，也运用了无和非存
在的概念，而这两个概念，可以说是隐藏在存在之中，并渴望与存
在发生冲突的。非存在确定或限制了存在，迫使它"过渡"到辩证
链条的下一个概念，即确定的存在，这是真正的特殊者所具有的那
一类存在。例如，一张桌子存在，但同时对其存在有限制，即存在
着它并不处于的位置，而且，当我们使用桌子这个概念时，也就把
世界分为是桌子的东西和不是桌子的东西。这一切都是在这样的思
想中被把握的，即桌子具有确定的存在，在这种存在中，存在和非
存在都被包含在其中，并被超越［扬弃］。黑格尔使用了德语词
"定在"来表示这一思想。（"定在"意指存在，但在词源上意味着
"在那里存在"［being there］，这个"那里"保存了我们关于存在
的观念中的确定的要素。）

219　　于是就在存在和确定的存在之间产生了新的辩证法的对立，黑
格尔认为，这一对立唯有通过思想的时间性方式才能解决。我们通
过设定同一事物在这一时间存在，而在另一时间不存在，就使这同
一事物既存在又不存在的思想具有了意义。通过时间，我们辨识出
实存物，计算并区分它们。时间也向我们提供了"变化"的概念
（辩证法的下一个阶段），通过变化，我们理解了有机物的存在。有
机物是持续变化状态中的实存，但尚未保持其同一。

　　与费希特和谢林一样，黑格尔把逻辑关系描述为仿佛它们是**过
程**，因为对他来说，概念的"展开"也就是精神向自我意识的成
长。不过，这不是在时间中发生的成长，因为精神**产生**时间，将时
间作为感性的一种形式。在《精神现象学》中，费希特的主体戏剧

被淋漓尽致地展现出来，因这里只有一点篇幅，故仅介绍一下他的一个核心论证的概要。不过，我希望这足以表明，黑格尔在多大程度上把前辈们传授秘法的修辞转变为真正的论证，同时仍然保持着先验的框架。

根据费希特彻底阐发过的原初的同一性，自我首先是被"设定的"，即"我＝我"是"直接的"，也是不确定、缺乏内容的。知道我存在，只是近乎一无所知，因为这个"我"尚未经受论辩的考验，还不是其自身意识的客体。这个不确定的自我却是一个统一体，它拥有康德所刻画的"统觉的先验统一性"，通过这种统一性，自我就成为自身的意识状态的主体。不过，这样的统一性必须要在时间中**实现**为同一性。自我的主体前后**相继**，每一个状态都趋向下一个，并被自我设定的主体的活动所推动。黑格尔谈到了亚里士多德的 *orexis*，即欲望（appetite），借助这种欲望我们努力寻求占有我们的世界。在意识的最初阶段，自我就相对于婴儿原始的"我要"，或是巢中雏鸟肆无忌惮的尖叫。

但是，欲求若不是对某物的欲求，就不可能存在。欲求将其客体设定为独立于自身的东西。由于这一朝向客体的历险，自我的"绝对简单性"就分裂了。不过，在设定欲求对象的过程中，精神并未上升到自我意识，因为它尚未将自身设想为客体世界之外的东西，并在与客体的关系中成为自由的。它所达到的阶段只是动物的精神性，即把世界作为欲望的客体去探索，对其自身却是无，缺乏真正的意志。在这一阶段，欲求的客体只是被设想为一种匮乏，而欲求本身摧毁了所欲求的事物。

自我意识等待对立的"环节"。对于欲望的要求，世界不单单是被动地不合作，也会主动地**抗拒**之。这样一来，世界就成为真正的**他物**，似乎要清除我的欲求中的客体，与我的欲望竞争其客体，力求把我作为对手消灭掉。

自我现在"棋逢对手"了，由此产生了黑格尔诗意地称为"与他者的生死斗争"的概念。在这场斗争中，在与他者的意志和力量的遭遇中，自我开始认识到自身是意志，是力量。完全的自我意识并不是这场斗争的直接结果，因为这场斗争源于欲望，而自我尚未**发现**自身（即将自身确定为知识的对象）。唯有当主体将意义投入世界中的客体时，把这些有价值的东西与没有价值的区分开来，这一自我确定才得以实现。生死斗争并不产生**处于其自由之中**的自我概念，爱生命胜于荣誉的人就成为准备为荣誉而牺牲生命者的奴隶。

自我意识的这一新的"环节"是最有趣的，而黑格尔的这番描绘也一定会对 19 世纪的伦理和政治哲学产生深远的影响。一派奴役另一派，并因此获得了强索另一派劳动的权力。通过这一劳动，主人无须意志的支出，就能获得闲暇，满足欲望，不过，闲暇却带来了意志的萎缩和衰退，世界不再被理解为有抗拒力的客体，主体必须与之斗争，并据此必须努力规定自身。闲暇瓦解为懒散，世界的他者性质被遮蔽隐藏，通过与客体世界的对立而自我规定的主体，则开始丧失其神秘。它又倒退着沉入惰性当中，而其刚刚获得的"自由"也变成了一种酩酊中的幻影。主人的自我规定不幸被削弱了，对于通过观察他的奴隶的活动而欲求的东西来说，他已不可能获得其价值的意义了。因为在主人的眼中，奴隶是纯然的手段，奴隶看起来不会追求自身的目的。相反，奴隶被同化到无差别的自然机制当中，无法赋予他那微不足道的工作一丝一毫的意义，否则，这意义能让主人肯定对这些工作的追求所具有的价值。

现在要通过奴隶的眼光看待事物了。尽管他的意志被枷锁束缚着，却不曾被摧毁。即便在他的臣服中，他仍然主动地面对世界，同时他的行动虽然听命于主人，却又把自己的劳动赋予客体，通过客体认识到自身的同一性。他的劳动的结果被视为**我的**工作。即便不是为了自己使用，他也以自己的意象形成世界。这样，他就将自身与他的他者的性质区分开来，并通过劳动发现了自身的同一性。他的自我意识成长起来，尽管他被视为手段，也不可避免地获得了其活动目的的意义和使这一目的为自身所有的意志。他的内在自由恰与其主人懒散的程度成比例地得到强化，直到他奋起反抗，奴役其主人的时候，只让主人自身在专注于闲暇状态的被动性中"消逝无踪"。

主人和奴隶各拥有一半的自由：主人拥有运用自由的范围，奴隶拥有认识自由之价值的自我意象。但谁也没有全部的自由，而在二者的权力往复中，每一方都不曾安宁，未得满足。二者关系的辩证法等待解决，但只有当各自都把对方不是作为手段，而是作为目的的时候，这就是说，当他们都放弃奴役他们的生死斗争，而尊重对方意志的实在性的时候，这种解决才能发生。在这一过程中，他们各自接受了对方的自主性，并随之接受定言命令，而正是定言命令给我们下命令，要把对方视为目的而非手段。这样，每个人都把自己视为主体（而不是单纯的物），处于自然之外，因共同道德法则所支撑的互利要求，而被约束在共同体当中。用康德的话说，这种法则是自由的法则。在这一环节，自我获得了其主动本性的概

222

念，它是自主的，却又是被法则所统治的，带有共同的本性，追求普遍的价值。自我意识变成了**普遍的**自我意识。

黑格尔就以这种方式，从自我的前提及其无差别的自由出发，给出了康德的定言命令的一种证明（至少也是一种"合法化叙事"）。但是，他认为道德法则自身是不牢固的，要服从于另一种扬弃，这种扬弃发生在人与人的直接关系的领域，这在辩证法意义上是真实的。个体通过抽象的权利，把自由所要求的空间相互赋予，而这种权利就进入了与义务（*Moralität*）的那些联系的冲突之中，正是义务把我们划分为不同的共同体和群体。这一冲突唯有在更高的伦理生活领域（*Sittlichkeit*）才能解决，这就是城邦（*polis*）的领域，在城邦中，人的世俗的存在获得了具体的实现。

伦理生活也具有辩证的结构，因为个体在其中并通过它成长起来，在这一公共领域中上演永恒的理性戏剧。社会在直接的、无差别的和抽象的关系中开始：自我和他者在血缘关系中融汇，义务源于服从和虔敬。但是，精神努力实现其作为个体意志的潜能，并因此使家族纽带分裂，这就是说，家族成员各走各的道路，进入了"市民社会"的敌对领域，在这一社会中，个体只是根据一致才结合，而契约成为统治的原则。家族和市民社会是辩证对立的：家族的安全和封闭威胁着市民社会的自由和冷漠，同时也被后者所威胁。因此，它们的辩证冲突需要更进一步的扬弃，这要通过国家才能实现，而国家的意志就是法律。国家是"理性在世界中的循序前进"，而其制度构成了绝对理念在伦理领域的最终实现。

马克思

在定义国家的过程中，黑格尔得到的也许是不公平的指责，说 他只是在捍卫普鲁士国家，而且认可了普鲁士走向专制的危险倾向。不过，他的论证的细节，即在首次发表于 1821 年的《法哲学原理》（*The Philosophy of Right*）中展开的论证，却更有趣一些，而且这是一部有史以来最微妙、最精练的政治哲学著作。黑格尔在书中为私有财产给出了重要的辩护，认为私有财产是实现人类自由的必不可少的"环节"。正是这一辩护启发了卡尔·马克思（Karl Marx, 1818—1883），他"让黑格尔脚踏大地站立着"，用其唯物主义的否定取代了唯心主义形而上学。

马克思的早期哲学属于"黑格尔左派"圈子共同的熟练的思想操作，他在柏林大学的求学生涯中就感受到这一派别的影响，后来在他充满活力的激进报纸《莱茵报》中，他也捍卫了黑格尔左派的立场。1843 年，这家报纸被当局查禁，这一事件也使马克思终生自愿被放逐，他首先到了法国，后来又被法国驱逐，来到比利时和英国。黑格尔左派的领袖人物是布鲁诺·鲍威尔（Bruno Bauer, 1809—1882）和费尔巴哈（Ludwig Feuerbach, 1804—1872），他们有意保留了黑格尔的许多重要思想，特别是费希特式的"主体的戏剧"，同时也抛弃了黑格尔保守的政治观点，甚至是用以表达这些观点的唯心主义形而上学。他们的核心思想有两个成分：一是辩证法（与其说被设想为一种理性论证的形式，不如说是过程），二是异化概念。这两个成分在费希特那里都有其源头，但现在又为黑格尔式的增长大大改造了。

按照黑格尔遗赠给后世的图像，每一个精神实体，无论是概念、欲望还是感情，首先都以原始而"直接"的形式存在，虽没有自我认识，但本质上是统一的，并且是熟悉自身的。其最终的"实现"是通过返回这一原初的统一性而达到的，同时又以完成了的自我认识和获得满足的意图为条件。为了达到这一终点，精神必须经过分离的漫长轨迹，从精神的家园开始分裂，并在它无法掌控的世界中奋力确证自身。这一异化状态，如同泪水之谷，乃是生成的领域，意识在这个领域中与其客体乃至自身相分离。异化有许多形式，正如精神生活的多样性一样，但在每一个形式中，根本的戏剧都是一样的，这就是说，精神唯有设定其知识的客体，唯有将他者的观念投入自己的世界，才能够认识自身。在这一过程中，精神变成了自身的他者，而且通过冲突与不和谐而生存，直至与他者最终统一，正如唯有当我们充分理解了科学的对象，才能与之统一，唯有当我们克服了罪与宗教的疏离，我们才与自身统一，唯有我们与他人结合于一个合法的政治体当中，我们才与他人统一。

黑格尔证明私有财产是主体意志的必要的实现或对象化（*Entaiisserung*），这就是说，主体的部分尝试就是在客观秩序中为自身赢得位置，并对他的世界主张统治权。但是，马克思却认为，对象化也是异化，而黑格尔的论证被他自己的辩证法驳倒了。在异化的环节中，没有任何过程能够被阻止，因为异化本质上就是要在更高的统一性中"被克服"。因此，私有财产把人与人的"类存在"

（*Gattungswesen*）分裂开来，因此必须被扬弃，从而人能够"回归自身"，与其同胞生活在自由的共同体中。马克思在他的《1844年经济学哲学手稿》以及其他著作中，运用了席勒和费尔巴哈所启发的多种思想，支持这一论证。他认为，在私有财产的统治下，人生存于奴役状态中，只是他自己的工具的工具，是客体而非主体，被迫把自己当作世界中可交换的商品，在这样的世界里，一切东西，包括人的生命，都只是手段，从来不是其自身中的目的。

在他完整地阐明这一论证之前，马克思经历了从黑格尔哲学向亚当·斯密、大卫·李嘉图以及其他英国作家的经验主义经济学的转变。此后，他试图以社会科学的形式，重新阐述他对私有财产和"资本"体系的批判（"资本"一词源于法国空想社会主义者圣西门）。在马克思晚年大部分未完成的著作中，他探讨了历史科学，人们对这方面的兴趣始终长盛不衰，而这并不只是因为他的历史科学在重大事件、语言表达和现代政治上的空前影响。

黑格尔的历史理论在影响上仅次于马克思的历史理论，其基础在于谢林的"普遍历史"思想，在这一思想中，精神走向自我发现的历程在文明化的生活的回响中反射出来。（因此，"意识的每一个环节"都有其在人类历史中的平行对应，例如，主人与奴隶的环节，也是皇帝马可·奥勒留［Marcus Aurelius］与曾教他如何获得自由的奴隶爱比克泰德的环节。）彼此相随的回响遵循着辩证法的逻辑，每一声回响都被精神的统一性（即时代精神，*Zeitgeist*）赋予了生命，都似乎具有了数学证明中的严格必然性，朝向"历史的终极目的"进发，达到了这一目的，精神才第一次完整地认识到自身。（不应当忽略的是，黑格尔的哲学标志着时间中的这一时刻。）

因此，根据黑格尔的主张，历史的第一推动者是精神，而人类"物质的"环境，包括对自然的掌控和允许文明驾驭自然的经济关系，都是"理性的狡计"的产物，在辩证的阶段中逐渐展开。

马克思接受了这样的历史观：历史在各个阶段中向其终极目的发展；但是，他又把黑格尔的唯心论形而上学作为伪宗教的胡话摒弃掉。历史的真正动力在于**物质**条件，特别是生产力，历史的每一个时期的特点都要归因于在该时期占统治地位的经济关系（生产关系）。历史发展有六个阶段：原始共产主义、奴隶主义、封建主义、资本主义、社会主义，以及最终完成的共产主义，在其中每一个阶段，人的自由的发展都与他对自然世界的控制成正比。每一个历史阶段都被占统治地位的生产关系所界定，这些人与人之间的关系是生产和分配经济价值的过程（其本身必定是社会的）所要求的。例如，在封建制度中，土地为地主所控制，其农奴则依附于土地，耕作于土地，以求得一份产品。在资本主义制度中，人要在"工资契约"下把劳动力出卖给资本家，即那些控制生产手段的人。

这一理论的细节既复杂又微妙，但其重大意义包含在这样一句口号中："不是意识决定生活，而是生活决定意识"（《德意志意识形态》）。这句口号的首要意义在于，法律和制度不是引发社会变化的原因，却是由社会变化所引发的。它们之所以存在，是因为它们是功能性的，与产生它们的经济关系相对。同样如此的是"意识形态"（ideology），即观念体系，意识形态是统治阶级（即由掌握生产资料的人组成的阶级）自我粉饰的赏心悦目的图画，将其优势地位认可为"自然"秩序的一部分。法律、制度、政治体制和宗教形式构成了社会的"上层建筑"，只有当经济"基础"（即生产关系的

226

体系）保持其稳定性时，上层建筑才存在。不过，生产力总是在发展的，在某一水平上与之相适应的经济关系很快就将开始阻止生产力的增长。因此而发生的生产力和生产关系之间的冲突，使社会进入了革命时期。经济基础的瓦解也引发了整个上层建筑的崩溃，于是就暂时产生了混乱无序的状态（《〈政治经济学批判〉导言》，马克思从未完成的多部著作之一）。

这一幻影般的人类史继续焕发着迷人的色彩，其原因不难索解。因为在这里，在"科学的"形式中存在的仍是旧有的费希特式的戏剧，只是被有效地赋予了令人欣喜的结尾。历史始于"原始共产主义"，这是"直接的"统一与和谐，然后经过长期的自我分裂和异化，即人剥削人和为争夺优势地位而展开的阶级"斗争"，开始向外发展。历史在"更高的"、自我认知的和完全"实现了的"形式即"完成的共产主义"当中，最终返回其原初的统一性。辩证法紧紧抓住了马克思的思想，其力量之大使马克思即便在勾勒关于社会发展的纯粹"唯物主义"理论时，也无法放弃辩证法。实际上，他的继承者（如著名的普列汉诺夫和恩格斯）坚信马克思描述和预言的革命将因**矛盾**而发生，每一种矛盾都因一种扬弃而得到解决，社会也因之向其目标而发展。因此，他们就把一个从此广为人知的名字赋予了马克思的历史科学：辩证唯物主义。

227

叔本华

马克思与黑格尔的对立既是马克思深刻而持久地受惠于黑格尔

的表现，也是子革父命的行为。而叔本华（Arthur Schopenhauer，1788—1860）与黑格尔的对立则更多地属于兄弟阋墙（他们同时是柏林大学教授，黑格尔吸引的听众更多），但黑格尔构造体系的吹牛骗术令叔本华十分厌恶，引发了他与黑格尔的对立。许多人认为叔本华是通俗作家，借用了康德的框架，贴上"生命哲学"的标签来贩卖。另外有些人——叔本华也身在其中——认为他的哲学是唯一可能的先验观念论，而不仅仅是对康德的**批判性**论证。双方的解释都有真知灼见。不过，不管什么使叔本华位居哲学家之列，作为最伟大的德语散文作家，叔本华的确值得一读。听过了他同时代哲学家们的呻吟之后，再转向叔本华睿智而多姿多彩的散文，就如同在烟雾缭绕的房间里打开窗户，呼吸清晨的纯净空气一样。

叔本华的代表作《作为意志和表象的世界》（*The World as Will and Representation*，1818；修订版，1844）总结了他的形而上学理论。他断言，对于哲学论辩的遗产来说，先验观念论是唯一可能的回应。这意味着经验世界只是作为表象而为主体存在的："**任何客体，无论其起源是什么，作为客体，都已经以主体为条件，因此本质上只是主体的表象。**"表象（*Vorstellung*）是一种主观状态，已经根据感性和知性的基本形式（空间、时间和因果关系）而得到"整理"。只要我们把思想转向自然世界，那么寻找表象背后的物自身便是徒劳无功的。一切论证和一切经验都唯一地导向这同一个终点：表象的系统像是一层帷幕，处于主体和物自身之间。任何科学的探究都不可能穿透这层帷幕。但是，叔本华断言，它只是一层帷幕而已，只是如果我们愿意，就能够用另一种手段穿透的幻象的薄纱罢了。他不吝笔墨，大加褒扬印度作家对这一点的认识。

228

康德偶然发现了穿透这层帷幕的道路，但他并未认识到自己的论证的重大意义。在自我认识中，我所遭遇的恰恰是不可能当作表象来认识的东西，因为这种东西是一切表象的来源，即先验主体。要把先验主体当作客体来认识，恰恰不是去认识它，而是再一次碰到了表象的帷幕。但是，我能够把它**作为主体**来认识，而这是通过直接且非概念性地意识到"我拥有意志"来认识的，简言之是通过实践理性来认识的。这一切都引导叔本华得到如下结论：

> 在通往**客观知识**的道路上，就这样从**表象**开始，我们永远无法超越表象，即现象。因此，我们仍然在事物之外，永远也不能洞悉其内在的本性，考察其自身之所是……就此而言，我赞成康德的主张。但现在，为与这一真理平衡起见，我要强调另一个真理，即我们不仅是认识主体，而且**我们自身**也在我们需要认识的那些实体当中，**我们自己就是物自身**。因此，一条**从内部开始**的道路向我们敞开了，它通往事物真实的内在本性，而**从外部**出发，我们不可能洞悉这样的本性。可以说，这是一条地下的通道，秘密的结盟，仿佛是借助背信弃义［的里应外合］，我们一下子进入了［敌方的］要塞一样，要是从外面，我们可是占领不了的。

我的本质是意志（康德的"实践理性"），而我对自己的直接且非概念性的意识就是对意志的意识。但是，即便就我自身而言，我也只能够通过现象来认识意志，因为我的一切知识，包括内在意识，都要服从于时间的形式。同时意志作为物自身的真正本性是对我显示出来的（叔本华并未真正解释何以如此）。我知道意志是一，是不变的，具体体现在个体生物瞬息即逝的生存意志当中，而在其自身中却是无限而永恒的。

那么，意志与个别主体的关系是什么呢？叔本华的回答借助了莱布尼茨的术语框架。我是个体，通过个体化原则（*principium individuationis*）而被确认为与自身同一。唯有在表象的世界中，才能找到这一原则，即事物唯有在空间和时间中，唯有根据其因果性质去理解，才能被个体化。而物自身既不是空间性的，也不是时间性的，更没有因果性特征，因此与同一律无涉。所以，在任何意义上，我都不与意志**同一**。我们能够说的就是：意志在我当中**显示出来**，仿佛被诱骗为个体存在的条件一样，而诱骗它的，就是个体在表象世界中展现自身的无尽欲求。意志自身是无时间性的，不可毁灭的。意志自身是普遍的基质，一切个体都由此出发进入表象的世界，在暂时而徒劳的生存斗争之后，不料竟再度沉沦。

意志在现象中显示自身的途径有**两种**：作为个体的努力和作为理念。就理念能够在表象世界中被把握而言，它仿佛是意志的完全概念。只有在类当中，理念才显示自己。因此，在自然世界中，物种比个体更得到偏爱，因为在物种当中，生存意志找到了持久的化身，而个体却是根据其本身被评判的，乃是瞬息即逝、可有可无的变异。叔本华用他最美妙的比喻之一，表达了这一要点：

> 正如咆哮的瀑布喷溅而出的水滴如闪电般瞬息万变，而它们所支撑的彩虹却保持静止不动，仿佛不为那永不停息的变化所触动一样，一切理念，即一切生物物种，都完全不为其个体的持续变化所触动。但生存意志真正植根于理念或物种当中，

并在其中显示自身，因此，意志只在物种的衍续中才是真正至关重要的。

从这一前提出发，叔本华推出了自然对个体的漠不关心这一精巧的描绘，仿佛是提前运用了进化论生物学的措辞。他的悲观主义部分源于他的社会生物学，这种悲观主义将自身无情地插入每一个生活环境，而人们本来是想在里面寻找舒适和慰藉的。正是用社会生物学的语言，叔本华阐发了哲学著作中最令人印象深刻的性爱理论之一。不过，叔本华的悲观主义另有其更为形而上学的根源。按照叔本华的观点，个体的生存实在是个错误，而生存意志把自身作为理念展现给自身的需要，却不断把生存意志诱入这个错误之中。意志陷入了个体性当中，又从作为其家园的永恒的宁静之海当中分裂出来，被诱入了表象世界而暂时地生存着。意志的生命作为个体的生命（如我的生命）实在是原罪的补偿，是"生存自身的罪孽"。

尽管理智最多不过是意志的奴隶，无力评论它不可能控制的过程，但在其力量中却有一种禀赋，即自我克制的禀赋。理智通过表明我们对死亡没有什么可以畏惧，反而会得到一切，就能够克服意志对死亡的抗拒。死亡不可能扑灭意志，而且尽管死后留下的不是个体物而是普遍者，这也不应当令我们忧虑，因为作为个体的生存本来就是个错误，首先使我们遭受一切痛苦。叔本华就以这种方式为自杀做了辩护，但是，他从未表明自己有采取自杀这一步骤的倾向。

意志浸染着我们的一切思想和行动。不过，我们能够站到它后面，让它暂时搁置起来，并且独立于我们暂时的目标，客观地认识

230

事物。这样，而且唯有这样，我们才能对世界感到满足，把自身从无休止地改变自身的欲求中解脱出来。这一与意志的分离要通过艺术和审美体验。因此，艺术和审美体验必定要与人的自我理解的最高层次相一致。实际上，正是通过一种特殊的艺术，即音乐艺术，我们才能领悟以另外的方式永远向我们隐藏的东西，这就是意志自身的客观呈现（与意志在我当中的主观呈现相对立）。在音乐中，我聆听到的不是**我的**意志，而是**你的**意志，但是意志与个体的一切努力、与欲求和恐惧的一切对象相分离，并成为客观的和可理解的。旋律和转调向我们呈现的是纯粹**理想性的**运动，通过它们，我

231 们瞥见了永恒之海。这就是为什么即便在贝多芬最激烈的交响乐中，我们听到的也只是相互竞争的力量的平息与崇高的慰藉的成就。在音乐中，意志与自己游戏，如同波浪在海的平静之上一般。

　　叔本华对他的哲学的运用，想象丰富，气韵生动。叔本华的文章表现出一种非凡的能力，能够从他的体系中用魔力召唤出对人类命运的新奇而惊人，却又总是恰当而敏锐的观察。他的体系是用于日常使用的，不是费希特的抽象行话，而是武器，用来反对萦绕在他周围的"肆无忌惮的乐观主义"。他对自己的悲观主义结论欣赏得过了头，一定要让读者坚信他真的相信这些结论。他对流行的偏见冷嘲热讽，加以攻击，与其说显示了他所鼓吹的自我克制，不如说是显示了对生命的更多依恋。他确实以自己的方式傲慢而专横，而且略带乖僻，这使他即便睡觉的时候也总是随身带着一把上了膛的手枪。但他的性格是喜爱交往的，他爱美酒、女人和歌，过着一种以自我为中心的通常的学术生活。黑格尔受到公众的欢迎和接受，他对此极度痛苦。但他自己的哲学也有了广泛的影响。叔本华

不仅以容易理解的方式展现了康德的体系，也使之与 19 世纪中期德国的流行口味相投合，而这种口味是一种陷于困境的希望和浪漫主义的听天由命。通过他的意志与自我克制的哲学，叔本华把新的生命形式（或至少是新的死亡形式）赋予了基督教文化。没有叔本华，既不可能有我们所认识的瓦格纳，也不可能有尼采，正是尼采最终选择了意志而非自我克制，这遂使德国浪漫主义哲学曲终人散。

尼 采

"瓦格纳受之于叔本华的恩惠真是不浅。正是**颓废哲学家**才使**颓废艺术家**找到了自己"（《瓦格纳事件》，1888）。因为瓦格纳从叔本华那里吸收的东西，恰恰是尼采认为最有毒的东西，即自我克制的否定生命的伦理学。正是因为这一点，瓦格纳"才让音乐病魔缠身"。

尼采（Friedrich Wilhelm Nietzsche，1844—1900）与他的大多数哲学先辈分享了两个特点：刻板的学院生活和全神贯注的艺术兴趣。谢林，以及某种程度上的黑格尔，都从美学理念出发构造他们的体系。谢林和叔本华也使艺术成为最高的知识形式，而在马克思（他虽然不是学院派人士，却仍然是学院派永远的学生）的科学背后的，是谢林和席勒的美学理论。不过，唯有在尼采这里，哲学才屈尊把首要的位置让给艺术，将艺术作为真理与错误的真实表达。尼采的思想是**批判性的**，一般地说是对人类状况的广泛的沉思，具

232

体地说是对现代性的沉思，在他的思想中，艺术不仅被视为主要的表征，而且是他偏爱的表达方式。他的哲学是以艺术形式来构思的，与瓦格纳的音乐和荷尔德林的诗歌一道参加竞赛，作为对手角逐缪斯的桂冠。

尼采是一位路德宗牧师的儿子，但终生都是基督教的反叛者，不仅反对福音书的道德，而且反对耶稣的人格，（至少在发表的著作中）他从未停止自己与耶稣的比较。尼采的散文，嗜用格言，节奏抑扬顿挫，充满了比喻和乞灵，对抽象哲学的堡垒发动了持续的攻击。不过，它也具有丰富的哲学启发，并成为孤独者的圣经——但不是给孤独的女人。

尼采年仅 24 岁时就被任命为巴塞尔大学的古典语文学教授，很快就用一部对希腊悲剧的革命性诠释，证明了人们寄予在他身上的信心，这就是《源于音乐精神的悲剧的诞生》（这里用的是富有启发意义的全名）。此书向自温克尔曼和歌德以来一直是学术正统的希腊文明观发起了挑战。尼采首次提出了对希腊人的人类学观点，认为希腊人的文化不是柏拉图的对话所祈求的宁静而理性的东西，而是某种更隐秘、更返祖的东西。希腊文化的生命源于以狄奥尼索斯为代表的非理性力量，这是原始舞蹈的力量，是它爆发出城邦的生命，挑战着城邦脆弱的秩序。悲剧是为了向狄奥尼索斯致敬而表演的，而和谐与纪律之神阿波罗的精神缓和了狄奥尼索斯精神。从狄奥尼索斯的和阿波罗的这两种原则的综合中，产生了一切形式中希腊艺术特有的阳刚之美，在这种艺术美中，生命遭到抑制但不是摧毁，可怖的和非理性的东西与宁静的东西肩并肩地生存着。

《悲剧的诞生》显示出瓦格纳的影响，它捍卫了瓦格纳的音乐剧概念，以及叔本华的影响，意志与表象分别成为狄奥尼索斯和阿波罗。但尼采已经站在狄奥尼索斯一边了。他转向古希腊并不是因为他们赞美理性原则（他像敌对基督一样反对苏格拉底），而是因为他们能够把目光转向黑暗诸神的脸庞，能够在最高的艺术形式中保存生机勃勃的野性魔力。尼采的论证充斥着对诸神的误解（特别是对阿波罗），关于悲剧的思辨也频繁受到后世学者的质疑。但是，尼采是第一个把希腊宗教作为**宗教**来回应，而不是作为一系列艺术象征的思想家。他所看到的，是以往的学者从未觉察到的。

　　尼采逐渐远离了这部早期著作，他会将其谴责为"黑格尔的味道"（因为狄奥尼索斯和阿波罗之间的"辩证"对立，在悲剧舞蹈中被超越了），而且会谴责为"受到叔本华的死尸般气味的浸染"。这两个措辞是很典型的。尼采的争执从来不仅是对思想的，而且是对人的，他以强烈的自我厌恶拒斥了自己的某些部分，因为这些部分背弃了他从前对它们的爱。他的对手是那些曾经是朋友的敌人，他对他们的挞伐也是对"疾病"的攻击。面对 19 世纪德国文化的疾病，他提出了生命疗法。像绝大多数把生命本身变成其目标的人一样，尼采所写的远远超出了他所亲身经历的。

　　接下来的格言体著作包括《快乐的智慧》（*Joyful Wisdom*，1882，这是他主要的形而上学著作，现在被荒唐地译为《快乐的科学》，*The Gay Science*），《旧约》预言的杰出模仿作品《查拉图斯特拉如是说》（*Thus Spake Zarathustra*，1885），这些著作表达出的生命观，既叛逆传统、打倒偶像，也充满了道德的紧迫感。按照尼采的观点，哲学不是对真理的追求，根本就没有真理，只有解释，每一个体系都不过是创造者根据自己的口味解释实在、把世界

234

拉到他这一边的尝试而已。真正的问题是,我们是否应当加入那一方。哲学家是在邀请我们以令我们腐化堕落的方式去思考,从而赢得支配我们的力量,赔偿他与生俱来的虚弱吗?抑或他是在向我们提供滋养,以增强我们的"权力意志"(will to power)?

哲学之被接受,是因为它增强了我们的力量。但是,我们必须区分这些体系,像叔本华的体系,就是把力量从尼采的体系转让给更虚弱的范例,而尼采的体系则毫不羞耻地把我们之中最强的东西释放出来,能够使我们提升到更高的水平。这更高的水平面是超人(Übermensch,Superman)所居的,超人即是未来的人,也是在我当中(但未必在你当中)未曾实现的潜能。既然"上帝死了",我自己就必须完善这个世界,我通过在超人中超越我自己就能够做到这一点。为了达到这一崇高的地位,我必须把自己从枷锁中解放出来,而这些枷锁是弱者用来阻碍我的。弱者的原则就是基督教,以及在善恶之间所做的令人衰弱的区分。基督教道德(以及康德提出的世俗的形式)都把自我肯定谴责为恶,而把善的垄断权赋予谦恭、顺从、怜悯的人,简言之,就是赋予奴隶。为了取代这种"奴隶道德",尼采在《善恶之彼岸》(Beyond Good and Evil,1886)中称颂希腊人的道德,这是异教的,肯定生命的道德,拒绝为了好与坏(意味着好的和坏的**范例**)的对照而在善恶之间做出的对立。

好人如同骏马与豪侠,是健康的、生机勃勃的、强壮有力的;坏人则是疾病缠身的、软弱无力的、虚弱不堪的。骄傲、勇敢和生命意志,这些远不是恶,而是真正的德性,无论是对现代人还是对古希腊人来说都是如此。像爱自己那样爱自己的邻居是不错的,但是首先要保证你爱你自己。愿意让你的行为准则成为普遍法则是不错的，但首先要保证你决定自己的欲求，愿意它成为法则。

为了支持这一煽动性的立场，尼采用心理学取代了哲学，对论 　235
证的评价不是根据其有效性，而是根据这些论证所提升的精神状
态。一旦看穿了一切体系，剩下的就**只是**心理学。尼采的伦理学是
怀疑的伦理学，他对产生他的社会秩序的诊断虽然片面，却极其卓
越，同时也是对这种社会秩序的最终报复。在阐明他的诊断的过程
中，尼采随心所欲地运用了哲学立场，特别是休谟对因果性和统一
性的怀疑论，以及康德对笛卡儿的自我的摧毁，但他最终也承认，
没有任何思想大师在他冷酷无情的理智之外，把与他敌对的一丝一
毫的神性都驱逐出他的理智领地之外。

尼采以骄傲的孤独站在世界中，世界中根深蒂固的恶习乃是无
名怨恨（ressentiment）。尼采对这个法语词的使用既源于他对德国
人矫揉造作的嘲弄，也出自这样一种怪异的信念：在心理学问题
中，法国人是真正的观察者。现代人作为退化的范例，也许是尼采
第一个命名的，现代人由于憎恨他不可能达到的权力和尊严，而成
为被毁灭的生物。他忍受着集体的欲求，被基督教化而假装出热忱
的怜悯，用一种无害的一致取代了一切差异，使人人平等，把卑微
生活理想化，而且毁灭了那些敢于争取成功的人。因此，尼采对基
督教的敌意流溢而出，也对社会主义、实证主义、功利主义、民主
制以及他那个时代的一切秘方妙策产生了同样的敌意。

不过，让超人独自立于尼采的巅峰，感受到怀疑的冷风，这是
可能的。但这值得吗？超人是我从我的自我超越中得到的，抑或仅
仅是在我当中的类型？尼采在"永恒回归"（eternal recurrence）的
理论中提供了一种慰藉。黑格尔主义者所宣扬的线性的历史进步

观，不过是自欺欺人的胡说，把超越自我的义务转让给了历史之神而已。历史是循环的，这才是真理（或者毋宁说，既然不存在真理，这就是最好的、最伟大的提升生命的解释）。我如何度过我的当下生活，就是我如何永恒地生活。生成的循环无休无止，在每一个时刻再次展现，在我此刻正在走向的最佳状态中反复继续。因此，生活吧，这样你就可以骄傲地看到你自己："对你自己要真实"，或者用尼采超人式的方式说："成为你自己"。

236

带着这些思想，尼采精神失常了。1889 年①6 月，他看到一匹马正受到残酷的鞭打，他猛扑过去用双臂搂住这个可怜的动物的脖子，屈服于他比所有其他东西都更嗤之以鼻的情感，失掉了精神（Geist）。他作为无声的植物人又活了 11 年，由他的一个妹妹，一个比他自己更受人排斥的人照料余生。

德国哲学并未随尼采一起终结。远非如此。但是，他相信自己站在德国人之外，预言他们的衰落，则并不完全是荒唐之言。尽管尼采的自我中心主义在德国曾有先例，即施蒂纳（Max Stirner, 1806—1856）的《自我及其所有》（*The Self and Its Own*, 1845）②，但是，对于用体系来证明人对人的方式的合理性这一希望而言，通过将其一笔勾销而摧毁了观念论的道德的，非尼采莫属。就这一尝试而言，他的最伟大的先驱不是施蒂纳，而是克尔恺郭尔（Søren Kierkegaard, 1813—1855），一位严格的虔信主义背景下的丹麦基督徒，当他在哥本哈根大学求学时，被强行灌输了黑

---

① 原文误作 1899 年。

② 中译本名为《唯一者及其所有物》，北京，商务印书馆，1989。

格尔的思想，但终其一生，都在反叛这一观念论体系。

克尔恺郭尔

　　克尔恺郭尔通常被描绘为第一位实存主义者（existentialist，或译存在主义者）；当然，他是第一个使用这个词的，但他会如何看待后来那些挪用这个词的人，恐怕就仁者见仁，智者见智了。克尔恺郭尔是一位忧郁而饱受罪感折磨的基督徒，他运用自己出色的文笔致力于捍卫信仰，认为信仰是精神承诺的终极而无根据的行为。他认为，真理总是**对我而言**的真理，是我能够为之生、为之死的观念。在《非科学的最后附言》（*Concluding Unscientific Post-script*，1846）中，他试图表明，个体的生存是一切合法思考的唯一根据。我是作为具体的自由选择的行为者而生存的，唯有这一点是确定的，一切真理都是**主观性**。对于生存之谜，即我为什么存在这个问题，除了履行选择之外，不可能有任何答案，如果某个选择真要是我的，那它必须是无标准的、无根据的，是向未知者的纯粹的"信仰跳跃"。因此，我解决了这个谜，并根据未得到辩护的承诺保留了我的自由。

237

　　这一形而上学的立场难以向怀疑论者推荐，因为你几乎不可能推荐一种本质上超越一切证实的东西。因此，克尔恺郭尔著作最有趣的地方在于，那个黑洞边缘的遭遇战，他誓言要在每一个时刻都把自己投入这个黑洞，特别是他的散文体著作《非此即彼：生活断片》（*Either/Or：A Fragment of Life*，1843），在书中他区分了美学的和伦理的生存方式。此外，在《恐惧与战栗》（*Fear and Trembling*，1843）、《恐惧的概念》（*The Concept of Dread*，1844）、《致死的疾病》（*The Sickness unto Death*，1843）等著作中，他还探索了宗教病理学，这几部著作阴沉的标题让人看不出书中包含的活泼欢快的诗歌。和尼采一样，克尔恺郭尔也是艺术家，不过他为自己有能力表达他不与他人分享的观点而骄傲。他很少写出像《非此即彼》的第一卷那样杰出的著作，包括其中当之无愧的名著《勾引家日记》（*Diary of a Seducer*）以及透彻入理地分析莫扎特《唐璜》（*Don Giovanni*）的论文，认为只有音乐才能捕捉肉欲体验的"直接性"。

《非此即彼》表面上的目的是要表明，遵循审美观念而生活和遵守道德义务而生活，二者是同样可能的。在这两个选择之间不存在**合理的**选择，这一事实具体表明，我们一切最重要的态度在本性上都是**无根据的**。实际上，谈论选择根本就是误导，唯美主义者追求每一种感受，但并不选择自身，因为他像那喀索斯①一样爱的是自己。即使伦理生活也并不是追求这种生活的人所选择的，因为他是将其作为他不可能不服从的**命令**来接受的。这似乎意味着，宗教生活才是唯一被真正选择的生活，因为唯有在宗教生活中，选择的非理性才是被公开承认和信奉的。

因此，在《恐惧与战栗》中，克尔恺郭尔依靠亚伯拉罕和以撒的奇异故事，探索了从伦理生活通往宗教生活的道路，以及亚伯拉罕以"悬搁伦理"来表明自己已经准备好了"信仰跳跃"。在宗教

---

① 那喀索斯（Narcissus）：这个青年由于对水池中自己形象的眷恋而死去，变成一种以他的名字命名的花——水仙。

信仰中，唯美遭遇到生存的神秘，这就是荒谬。这样，围绕信仰的 *238* 行为，像被磁铁吸引到一起一样，我们的情感中那些最极端、最难驾驭的部分就汇聚在一起：恐惧、焦虑、绝望（"致死的疾病"），这些情感一直逼迫着那种无可名状的选择，而唯有在这一选择中，它们才能被消除。

克尔恺郭尔精彩地描绘了宗教情感，特别是也能转向信仰或否弃的绝望。但是，倘若他勉强坚持某种哲学立场而不是持一种无所不在的嘲讽，他对哲学的贡献就是有疑问的。摆在克尔恺郭尔的读者面前的，是一排自我意识的人物角色，他们不断地变换着遮掩的行装；如果读者急于知道他们背后是什么，他最终发现的只是一个谜，这个谜现在被描绘为信仰，或真理，或主观性，但是在这些名称之下的其实是不可知、不可说的东西。

克尔恺郭尔或许是丹麦人，但他是作为一个荣誉德国人进入历史的，他所进行的战斗，如果没有德国浪漫主义哲学，就将是毫无意义的。那么 19 世纪欧洲大陆的其他地方如何呢？我的简明扼要的回答本身就足以说明问题了。法国哲学长期迷失在思辨社会学的无主之地，徒劳地极力消化着圣西门的乌托邦思想，或普鲁东（Proudhon）和巴贝夫（Babeuf）的犬儒主义的无政府主义，并最终被奥古斯特·孔德（Auguste Comte，1798—1857）的科学主义宗教所殖民，而孔德本人深受圣西门的影响。孔德的"实证主义"一方面是对有组织的基督教的反动，另一方面是对近代科学的反应，他的尝试产生了关于科学的或"实证的"（positive）原则的形而上学体系，由此占德国人的上风。孔德为现代社会学确立了基础，并在科学方法、伦理学、宗教和心灵哲学上著述广泛。不过，也许他最引人注目的成绩是创立了实证主义教会，这是罗伯斯比尔的上帝庆典迟到的衍生物，在法国，其追随者之众令人惊讶，甚至在英国有一段时间也是如此。这一非凡成就如今几乎荡然无存了，而孔德卷帙浩繁的著述现在也很少有哲学家问津了。

柏格森

239   最重要的［法国哲学家］是柏格森（Henri Bergson，1859—1941），他的《创造进化论》（*Creative Evolution*，1907）和《物质与记忆》（*Matter and Memory*，1896）试图把生物科学的发现与一种意识理论整合在一起，同时保留一些孔德的科学的乐观主义。不过，在从事这一大胆工作之前，柏格森已著有有影响的《论意识的直接材料》（*Essai sur les données immédiates de la conscience*，1889），英译名为《时间与自由意志》（*Time and Free Will*），此书对现代哲学有持久的影响。在这部书中，柏格森认为，主观时间与客观时间非常不同。物理学家观察前后相继的对象和事件，而时间作为**绵延**（duration）呈现在意识面前，绵延是一种连续流动的过程，在这种过程中，一个瞬间产生于另一个瞬间，并产生其后继的瞬间。绵延的经验唯有内溯方可得到，外在的观察测量的是时间。但这一内在呈现向我们表明，时间的真正本性是过程，而物理学观察到的时间是分解的、原子化的。

在记忆中，我们被赋予了另一种绵延的观点，这种绵延既是反向的过程，又在我们的掌控之中。记忆让我们直接与过去相接触，也给我们力量去发现过去真正的顺序。这一真正的顺序是意义的秩序，可以完全不同于物理学家所记录的事件的顺序。生活在时间中并通过时间来生活的能力，根据时间的内在特性来整理时间的能力，是意识的独特之处，也是让我们认为意识根本不是物理过程的原因之一。

柏格森的观察来自令人欣喜的耐心记录，而这份耐心会让超人幻灭；柏格森在启迪怀特海和"过程哲学家"学派上很有影响力，而且也为后续的尝试确立研究方略，这些尝试就是胡塞尔、海德格尔、梅洛-庞蒂洞悉主观时间的内在秘密的尝试。柏格森的观点还为普鲁斯特伟大的追忆小说提供了思想，给法国文学留下了经久不衰的印记。几乎可以肯定地说，现在人们对柏格森的研究要少于他应得的研究，这在很大程度上是因为他写得太浅显易懂，写作方式也过于优雅（他甚至在 1927 年获得了诺贝尔文学奖）。现代粗鲁不文的乡巴佬怀疑他不是在真正地思想，而只是在把玩辞藻。

240

克罗齐

另一位德语传统之外的欧洲大陆大哲学家的命运亦复如是，他就是克罗齐（Benedetto Croce，1866—1952），现代美学的创始人。不过，把克罗齐完全放在德国传统之外也不准确，因为对他的思想影响最大的是康德和黑格尔。但他自成一家，摆脱了行话的束缚，以道德说教的方式关怀着他的国家及其政治的未来，这种关怀充分证明了他作为伟大的意大利思想家的声望。克罗齐出身富有家庭，终生在那不勒斯过着绅士般的学者生涯，对于当代人所关心的每一个重大问题都有著述，同时也提出了自己的唯心论体系。在政治上，他是自由思想的著名捍卫者，也是声望卓著的社会批判家和文学批评家。但在今天，人们是因为他的《美学》（*Aesthetic*，1902）而记住他的，此书决定性地改变了艺术哲学的面貌。

　　克罗齐从康德对直观与概念的区分开始，但又根据自己早期的体系加以诠释。在科学和日常思维中，我们是通过概念认识世界的，概念给予我们一幅推论性的实在的图像，其真假有待于我们的评价。但是，概念本质上是普遍的，永远无法捕捉个别的和具体的东西。具体的殊相既是直观，也是通过直观来理解的。在日常经验中，直观与概念是相结合的，因此世界自动地以其普遍性而呈现，但在审美经验中，我们是将二者分开的，享受着不受概念束缚的直观，因此显示出唯一的和个别的东西。这种直观在艺术中表现出来，并因此而把握了客观实在，不仅成为艺术家的收获，也让所有理解他的艺术作品的人能够获得。但是，直观只能通过专心于体现它的那个独一无二的对象才能重新得到，从而将直观作为**那个**特殊经验的表达。［美学］批评不可能基于原则或推论性的理论，艺术作品的意义便是艺术作品表达的东西，而且总是这种艺术作品独有的，是从整个审美表现中被理解的。出于类似的原因，我们永远无法把艺术作品的形式和内容分割开来，也不应当从艺术作品所产生的情感或激发的思想方面来理解它，因为这些情感或思想与审美经验无关，审美教育只是在作品自身所包含的直观中产生的。

　　因此，我们必须区分表现与再现（expression from representation）。再现式的艺术作品，如具象绘画（figurative painting）、小说、叙事诗，包含着推论性的成分。这些作品讲述了一个故事，这个故事可以用其他手段、以其他形式来讲述。如果我们的兴趣仅仅是对这个故事的兴趣，那么这个艺术作品就成为推论性的象征，即一种传递信息的工具，从而只具有工具性的（而非内在的）价值。但当我们对表现感兴趣的时候，我们感兴趣的是**这个**艺术作品所表现的**独一无二**的经验。这件作品不再是可替换的，也不能再把它评判为诸多可能选择中的一个，用来传递独立存在的信息。把艺术理解为表现，我们就能够理解为什么艺术在我们生活中被我们赋予了如此重要的位置，为什么艺术总是从来不被而且必须不被视为单纯的手段，而是目的本身。如果说艺术中的再现也是重要的，那是因为再现是表现的手段，一种把经验对象呈现出来的方式，而经验的唯一性必须用另一种方式来传达。

现代美学就是从理解再现与表现的区分这一尝试生长出来的，但很少有人把这一区分的首次发现归于克罗齐。他那些闪光的著作所遭到的忽视，适足以成为近来哲学状况的令人悲哀的注释。从克罗齐转向德国浪漫主义的最后喘息，会令我们回想起自克罗齐写作的时代以来，大陆哲学丧失了多少东西。不过，我们短暂的阳光假日已经结束，必须向北旅行了。

布伦坦诺

尽管布伦坦诺（Franz Brentano，1838—1917）的姓氏是意大

242　利的，但他却是说德语的奥地利人，而只是到了现在，人们才理解了他的广泛影响。他认为自己是心理学家，而他最初的著作也名为《从经验的观点看心理学》（*Psychology from an Empirical Stand-point*），其第一卷发表于 1874 年，第二卷的出版时间非常晚，是1911 年，而第三卷则是死后于 1928 年出版的。布伦坦诺根本没有履行书名中的承诺，实际上他自己也适时地开始怀疑能否履行之。此书事实上是对心灵本性的抽象的哲学反思，趋向于得出这样的结论：心理事物的经验科学不大可能被创造出来。

　　布伦坦诺留给现代哲学的最重要的遗产，来自他对"心理现象"的定义标准的探索。意识的内容有两种，一是再现物理实在，二是属于心理领域自身。布伦坦诺认为，这些"心理现象"是根据它们"指向对象的方向"来区分的，而其对象只是"意向性地"存在于它们当中的。例如，在恐惧的经验当中包含的是恐惧的"对象"，这对象无须与实在相对应，但仍然作为现象的一部分存在于那儿。每个心理状态都以这种方式"被定向"，包含着"在心理上并不存在"的但又确定其方向的对象。布伦坦诺认为，任何物理现象都不会表现出这种特征，因此主张这就是他对心理事物的定义性标准。在胡塞尔和布伦坦诺（他自己追随的是一种中世纪的经院哲学传统）之后，这一特征现在被称为"意向性"（intentionality，这个词源于拉丁文的 *intendere*，是瞄准、旨在的意思）。

　　布伦坦诺有许多著名的学生，其中包括马萨里克（T. G. Masaryk），也是整个奥地利哲学学派的创始人，这个学派的代表人物有迈农（Alexius Meinong，1853—1920）和冯·埃伦费尔斯（Christian Freiherr von Ehrenfels，1859—1932）。他曾经教过经验心理学的创始人，如冯特（Wilhelm Wundt），许多创造了现代维也纳的思想和文化的人士也曾听过他的讲座，包括弗洛伊德（Sigmund Freud）和穆齐尔（Robert Musil）。不过，无论怎样，现在人们认为他在哲学上最重要的学生的，乃是上面提到过的胡塞尔（Edmund Husserl，1859—1938）。

胡塞尔与狄尔泰

胡塞尔生于摩拉维亚①，但他在德国大学里度过了绝大部分繁忙的岁月。他起初作为数学家开始了学术生涯，撰写了《算术哲学》（*Philosophy of Arithmetic*，第一卷，1891）。但不论公正与否，这部书因罗素和弗雷格的工作而黯然失色（弗雷格曾为此书写过完全否定的评论）。胡塞尔曾许诺撰写《算术哲学》的第二卷，但从未出版。他转向了逻辑，由此又转向了现象学（phenomenology）。他从布伦坦诺那里得到了暗示，将意向性作为他主要研究的对象。要了解什么是现象学很困难。这个术语是德国 18 世纪的数学家兰伯特（J. H. Lambert）发明的，用来表示关于现象的科学，黑格尔曾在他对"主观精神"的描述中使用这个词，即向自身显现的精神。在胡塞尔那里，现象学也意指类似的东西，即研究在自我意识的反思行为中显现在心灵面前的东西。但胡塞尔的两部主要的

243

---

① 摩拉维亚（Moravia）：捷克历史地区名。6 世纪末期斯拉夫人定居于此，后在 830 年成为独立公国，但 906 年又陷落于匈牙利之手，后又被波希米亚人控制，1526 年起处于奥地利哈布斯堡人的统治下，1918 年并入捷克斯洛伐克，现为捷克的一部分。

现象学著作，即《大观念》（*Ideas*，1913）和《笛卡儿式沉思》（*Cartesian Meditations*，1929），在其理论需要解释的任何地方都既含糊其词，又过分精细，以至于批评家对于现象学到底相当于什么，众说纷纭，莫衷一是。不过，清楚的是，现象学是一种先验研究，其结果不可能被经验科学所推翻。

在早期著作中，胡塞尔追随布伦坦诺，把心理现象分析为"部分"和"环节"（moment，乃是一种不可分离的特征，如强度）。不过，在后期著作中，他开始相信，除非把心灵现象与关于物理世界的残余信念完全分开，否则对心灵的任何研究都不可能。为达到这个目的，我们必须采取"现象学还原"，将对外部事物的指涉悬搁起来或"括起来"，以便直面纯粹现象。例如，在研究我对蜘蛛的恐惧时，当这种恐惧在内部出现时，我要把对蜘蛛的指涉括起来，只研究指向蜘蛛的意向性。然后，我把关于蜘蛛的科学**概念**也括起来，而用蜘蛛对我显现的观念取而代之，包括威胁、陌生、魂不守舍（*unheimlich*）。最后，胡塞尔认为，我就达到了意识中纯粹**被给予**的东西，就作为自身之所是的显现。

244 现象学还原现在成了"本质"（eidetic）还原或"观念直观"（ideation），即我们标示出界限，一物在此界限内虽能够被想象为不断变化，但仍是它所是的东西。这一过程至少导向了一种理念或本质，即"潜能性的视域"（horizon of potentiality），也就是当现时性的东西的杂质在思想中被清除之后所把握的。

还原的过程甚至必须指向思想者本身。作为我的意识的对象，我只是"经验性的自我"，是偶然世界中的成员，像其他一切东西一样偶然生灭。唯有作为纯粹主体，我的固有本性才向我揭示出来。因此，主体必定是作为其本身而被理解的，即总是作为认识者，而从不作为被认识的东西。简言之，现象学引导我们走向先验主体，与理念一道让世界显现给认识。"先验自我"作为主动的主体，只存在于主体而绝不存在于对象当中，因为在这样一种"自我构成的自我"中，意识的对象总是前后相继地产生，并被其组织能力统一起来。

这样，经过在内在的黑暗中的大量摸索，胡塞尔起码是无意中找到了陈旧的费希特式的戏剧：主体与客体之间的较量。与他浪漫主义的先驱一样，胡塞尔也通过把终极实在唯一地赋予主体而告一段落。不过，由于这一主体总是认识者而非被认识的东西，它就躲避了我们描述它的尝试。胡塞尔的先验自我就像克尔恺郭尔的"主观性"或康德的"本体"一样，成了某种不可说的东西。在这一点上，我们会记起维特根斯坦和他对私人语言的可能性有名的抨击，以及他的评论："不存在的东西和不可说的东西没什么两样"。

胡塞尔也意识到他被他的笛卡儿式沉思所逼入的僵局，在他最后的未竟之作《欧洲科学的危机和先验现象学》（*Transcendental Phenomenology and the Crisis of the European Sciences*，死后出版于 1954 年）中，他试图借助一种生活实在的理论，克服对现象学的主观强调。这一焦点的转换是从"我"到"我们"，尽管是"先验的'我们'"。这种复数的主体类似于语言使用者所暗含的共同体，这些语言使用者共同建构了常识的世界，并居于其中。胡塞尔把这一常识的世界称为"生活世界"（*Lebenswelt*，life-world），这就是说，生活世界是由我们社会性的互动构成的，并被赋予了"意义"，而这些意义栖居在我们的交往行为当中。我们通过富有想

245

象力的自我投射而达到了先验的"我们"，由第一人称意识的"这儿"到达了另一种意识的"那儿"。在这一过程中被给予的，就不再是难以把握的某种现象学还原的剩余物，而是生活世界本身了。

生活世界概念使胡塞尔能够复活德国浪漫主义哲学事业，这一点我一直都没有提到，即试图把人的领域（意义的领域）与科学的领域区分开来。浪漫主义神学家施莱尔马赫（Friedrich Daniel Ernst Schleiermacher，1768—1834）受到康德划分知性与实践理性的启发，认为自然科学所使用的方法不可能用来解释人类行为。人类行为必须被理解为自由存在者的行为，为理性所促动，在对话中被理解。对文本来说也是如此，唯有通过与文本作者的富有想象力的对话，我们才能诠释文本。诠释的艺术，即"诠释学"（Hermeneutics），所涉及的不是寻找原因，而是探求理由，是尝试把文本作为理性活动的表达来理解，即在我当中显示出来的活动本身。

晚于施莱尔马赫的康德主义者狄尔泰（Wilhelm Dilthey，1833—1911），把前者的诠释学方法扩展到整个人类世界。他认为，我们对他人的态度，根本上不同于甚至对立于科学态度。我们寻求理解他人行为的时候，不是从外部原因出发去说明，而是"从内部"，根据理性的自我投射行为去解释，狄尔泰把这种行为称为"理解"（Verstehen）。在理解人类生命和行为时，我必须为他的所作所为找到这个行为者的理由。这意味着如同行为者那样把世界概念化，认识到他所认识到的联系和统一。例如，一旦我像你那样把某个地方概念化，即作为"神圣"的地方，就可以理解你在那个地方不敢说话的理由。

这一点把狄尔泰引向了更深入、更有趣的思想。我们在日常生

活中把世界概念化的方式，并不是追随由科学说明所确立的方向。 *246*
相反，这些方式把世界描绘为"准备行动"。我从我自己的自由方
面去认识世界，对世界做出相应的描绘和回应。例如，在我面前的
这位不是人类这一物种的一员，而是**特定的个人**，他看着我，向我
微笑；在他旁边的也不是一块弯曲的器官组织，而是一把我可以坐
在上面的**椅子**；墙上的这个东西也不是一组带颜色的化学物质，而
是一幅画，在画中浮现出一位圣者的面庞；等等。简言之，我们并
不单纯是进入了彼此之间的对话，而是与世界本身不断地对话，通
过我们的描述来塑造世界，从而用我们的理性规划来校准世界。我
们的范畴并不**说明**世界，甚至也不把**意义**赋予世界。

　　胡塞尔主张，前苏格拉底的世界观所表达的不仅是我们作为理
性存在者的身份，而且是作为理性存在者的**生命**，这让狄尔泰的这
一思想上了一个新台阶。世界是以"被赋予生命的环境"这一面貌
出现在我们面前的，在这一环境中，我们使自己处于行动着、遭受
着的有机物的状态。我们把对象理解为"友好的"或"敌对的"，
"舒适的"或"不舒适的"，"有用的"或"无用的"，并按照我们的
兴趣把世界分割成成千上万种方式。我们的分类并不构成科学说明
工作的任何部分，却具有科学无法消除的权威。现象学的新工作是
唤醒我们面向生活世界，为那些"我们"式的思想做辩护，在这样
的思想中，对象的意义被创造和公开出来。

　　狄尔泰是尝试在精神科学（*Geisteswissenschaften*，即人文科
学，humanities）和自然科学之间做出系统区分的第一人，他主张
精神科学是理解当中真正广泛而超越历史性的应用。不过，胡塞尔
认识到，这些"人的科学"在我们的世纪进入了危机状态，而这正

是因为自然科学专横跋扈地侵入了它们的领地，从而促使人们把那些借以理解和组织生活世界的概念，当作已经消失的生活方式的无用残渣弃置不顾。因此，这场危机不仅仅是理智上的，更是道德上的，实际上是文明自身的危机。因为当生活世界不再由反思来维持时，便四分五裂了。其结果是意义的丧失，道德的真空，只要我们在科学的虚假神祇面前俯首帖耳，我们就会被引入这样的状态。

海德格尔

247　　胡塞尔没有完成他对生活世界的探索，也没有成功地表明我们前科学的概念具有客观的权威，使它们免于在科学家手中被"祛魅"（disenchantment）。"祛魅"这个词因胡塞尔的同时代人马克斯·韦伯（Max Weber，1864—1920）而广为人知，韦伯也有意识地扩展了始于狄尔泰的分析。不过，胡塞尔后期哲学的遗产却极为庞大，不仅有他的学生舒茨（Alfred Schütz，1899—1959）创建的现象学社会学，还有德国浪漫主义最后的绝望闪光，这一闪光出现在他的另一个学生海德格尔（Martin Heidegger，1889—1976）的著作中。如同他浪漫主义传统中的前辈一样，海德格尔也是学院派人士，他最重要的著作《存在与时间》发表于1927年，此时他是马堡大学的哲学教授。表面上这是一部"现象学"著作，对现象学这个难以琢磨的词赋予了新的解释。按照海德格尔对希腊人的解读，"现象"是"显现自身的东西"；因此，现象学研究的就是事物在表象中的显现。正是在这一研究的脉络中，海德格尔提出了他所谓的"存在问题"。这个问题相对于其他一切问题，具有"存在论的优先性"，这就是说，不仅其他问题必须等待着对这个问题的回答，而且**我们也**依赖于那个回答。我的存在在这个问题中岌岌可危。唯有以另一种方式存在，我们才能发现答案。

黑格尔曾经区分了两种存在：一是对象的自在存在（being-in-itself），一是自我意识对象的自为存在（being-for-itself）。对此，海德格尔增加了几个新的类型："在世的存在"（being-in-the-world）、"与他人的共在"（being-with-others）和"向死而在"（being-towards-death）。这些类型不是拥有它们的那些事物的单纯特征或性质，而是实在的基本形式。从存在的一种模式到另一种，乃是一场巨变，有如黑格尔主义的辩证的扬弃，或马克思的革命的回声。

海德格尔区分了 Sein（存在）和 Dasein（此在），前者是单纯的存在，而后者则是"存在为之而成为问题的存在物"[①]；换言之，此在不仅是存在，而且是存在的问题；简言之，此在是自我意识的主体。此在必须与实存（Existenz）区分开来，实存是"此在能够让自身与之符合，并且总是确实与之相符合的那种存在"[②]。此在将自身置于时间中，并在时间中寻找其实存的意义。（此在具有"历史性"。）此在的本质就是它的实存，如果这说的不是实存乃此

248

---

① 《存在与时间》的中译本译作："这个存在者在它的存在中与这个存在本身发生交涉"（海德格尔：《存在与时间》，14 页，上海，三联书店，1999）。

② 《存在与时间》的中译本译作："此在能够这样或那样地与之发生交涉的那个存在，此在无论如何总要以某种方式与之发生交涉的那个存在，我们称之为生存"（《存在与时间》，14 页）。

在所达到的境域，亦是由此沉沦的境域的话，那么这听起来就像是对自我实存的存在论证明。

此在问题部分源于事物的"被抛境况"（*Geworfenheit*），即无缘无故地被抛入世界中。我既以这种方式看待事物，也以之看待我自己。不过，在世界之外没有"必然的存在者"，不存在意欲清除世界的偶然性的上帝。我们每一个人都必须与自身的偶然性达成和解，在偶然性本身中发现意义；唯有这时，存在问题才将为我们而被回答。这个问题与其解答一样，都是**实存性的**，都涉及我们在世界中的存在方式。唯有通过特定方式的**存在**，我们才能解决存在问题。但到了那个时候，我们就不是在理论或论证中，而是在这样一个事实中发现存在的意义了：存在不再对我们成为问题。当存在问题不再成为问题的时候，其答案也就出现了。

《存在与时间》极其晦涩难懂，如若不然，就是彻头彻尾的胡说——倘是如此，此书之易懂将令人捧腹。既然如何评判此书尚无定论，评论家读过之后甚至有人还没开始弄懂它，我也就满足于简要地说说它的某些主题了。

首先要谈到的或可称之为"物的纯粹理论"。海德格尔从康德和后康德哲学中接受了人与物的区分（不过他用的不是这样的语言，也许因为这将使他的思想过于容易理解了）。他告诉我们，物是"上手的"（ready-to-hand），也是"现成的"（to-be-used），前者是用希腊词 pragmata 来表达的，用以表示物，后者源于动词 prassein，即使用或行动。海德格尔的上手理论是现象学的，因为它描述了对象如何在意识中向我们显现，我们对对象的态度是把它们作为自我意识的对象。

其次是个人与个人关系的理论。此在承认同类的他者，因为此
在的世界充斥着主体，都带着富有才智而令人惶恐的目光，凝视着
他们先验的巢穴。在对此的回应中，此在进入了海德格尔称为"为
他人而在"的境域，在其中，对"我如何在他人的意识中呈现"的
意识，修饰并改变了我的生活。与他人的关系可以是本真的，也可
以是非本真的。当我用他者来隐藏存在问题，从而逃避了回答"我
是什么"这一责任时，这些关系就是非本真的。这就是说，当我允
许他人指导我的生活，我向他们"投降"时，非本真性就出现了。

最后是关于畏的讨论。畏（*Angst*，anxiety）乃是一种存在状
态，当我认识到我自个儿就面临存在**问题**，并有责任回答它的时
候，我就"沉沦"于这种状态中。为了把我从这种无名的恐惧中拯
救出来，我可以把自己抛入与他人的那些非本真的关系中，这些关
系填充了我内心的虚空（因此禁止那种空虚降临于**我**，而我却是空
虚中名副其实的居民）。

对畏的克服涉及"操心"（*Sorge*，care）这种态度，在"操
心"中，我为自己负责，也为对我显现的世界负责，而这唯有在海
德格尔称为"向死而在"的状态中，才有可能，在这种状态中，我
接受了我的有限性，并把死作为有限性的边界。

在这些思想背后明显潜伏着宗教的律动。在海德格尔担任弗莱
堡大学校长这一段声名狼藉的短暂时期里，胡塞尔因犹太血统而被
免除教职，而海德格尔却纵容了这种行为，但他受惠于胡塞尔的实
在不可胜数，包括他那些极其艰涩的行话。此后，海德格尔隐居独
处，致力于书写关于现代状况的沉思。从此，他逐渐从现象学的迷
宫中浮现出来，成为一位精神导师。他不再藏匿于抽象的语言背

后，而是隐遁于森林之中，这令他的风格受益匪浅。就现代生活方式，机械对现代世界的统治，以及我们无家可归又渴望家园等方面而言，海德格尔的分析透辟入里，影响深远，自是当之无愧，不仅启发了哲学家，也启迪了文艺批评家、诗人和社会学家。

萨　特

250　　创造出实存主义①哲学或至少是实存主义时尚的，不是海德格尔，而是一位借用了他的主要思想，并试图从"存在问题"中推出现代人的道德的思想家，他就是萨特（Jean-Paul Sartre, 1905—1980）。萨特是一位具有多样才能的作家，并且具有异乎寻常的想象力，不仅能够用每一种文学形式表达自己，而且能够把抽象思想的真正天赋与生动的观察和诗意的象征结合起来，这使他的影响力无法尽数。作为法国传统中的咖啡馆知识分子，萨特具有"震撼资产阶级"（*épater le bourgeois*）的永不止息的渴望，不断地重新解释他对左翼理想的承诺，因此成为他那个时代的象征，也是战后法国的缔造者之一。从政府高官到外省教师，从神学家到诗人，从戴高乐主义政党中的元老到第三世界中的政治鼓动家，所有思想者都受到他的影响，而自他从天而降猛烈开火之后，法国文化便焕然一新。在这里我将只叙述他中期的哲学作品，这一时期恰与第二次世界大战同时，而他的哲学也在伟大的现象学形而上学著作《存在与

---

①　或译存在主义、生存主义。

虚无》（*Being and Nothingness*，1943）中达到了顶峰。

　　萨特用一种令人回想起法国学院派哲学的托马斯主义传统的方式，表达了海德格尔的"存在问题"。他认为，尽管对象的本质先于其存在，但就我们而言，就自由的主体而言，恰恰相反。"至少有一种存在者，其存在先于本质，这种存在者在它能够被关于它的任何概念所定义之前，就已经存在着。这种存在者就是人"（《实存主义与人道主义》［*Existentialism and Humanism*］，1946）。对我来说，我是什么，这**尚未确定**。而且，无论我是否决意要做出这个抉择，我都不可避免地生活在选择的阴影之下。自由是对象世界的致命缺陷，但借助自由，自我决定的主体就登场了。《存在与虚无》描绘了这种主体的境域，以及他所遭遇的道德风险。

　　我的自由就是我的本质，我要存在就不可能失去自由。但是，到处都面临失去自由的危险：我作为主体生活在客体中，而危险就是我可能会"沉沦于"客体的世界中，而成为其中的一员。作为回应，我可能会隐藏自己，把自己埋藏在某种预定的角色中，并且扭曲自己，让自己适合于已经为自己做好的衣冠，从而跨越那将我与客体分割开来的鸿沟，只是为了让自己成为客体。在萨特看来，这种情况发生的时候，便是我接受了一种道德、宗教和社会角色，这些东西都是由别人为我设计的，并且只有当我在其中被客体化时才对我有意义。这样的结果就是"坏的信仰"，即海德格尔的"非本真性"。因此，根据萨特的观点，"我为他人而存在便是朝向客体性的沉沦"，而"这一沉沦就是异化"。

251

　　自在自为的（用萨特所采用的黑格尔式的语言）主体假冒客体，这与本真的个体态度相反对，本真的态度乃是个体通过把我投射于他者，借以一道创造自身及其世界的自由行为。不要问如何做到这一点，因为过程是不可能被描述的。（要描述过程就要使用日常道德的概念，因此就等于再一次被他者所禁锢。）本真态度的终点是重要的东西，萨特将其描绘为承诺。但是，向什么承诺呢？

这个问题没有答案，或者说，他者不可能为我做出回答。当一套价值体系被表现为得到客观证明，并且具有超出我的自我抉择的有效性的时候，接受这一体系就与这样一种尝试相关联，即把我的自由让渡给客体的世界，从而失去我的自由。因此，追求客观的道德秩序的愿望是非本真的，是自由的丧失，而没有自由，任何道德秩序都是不可想象的。正如萨特在《实存主义与人道主义》中对这一观点的表达："我独自而恐惧地面对那个独特的首要筹划，正是这一筹划构成了我的存在：所有的障碍，所有的抱怨，都瓦解了，都被我对我的自由的意识所消灭；在存在中保持价值的正是我，而我不曾求助于与这一事实相反的任何价值，我也不可能这样做。"

萨特对人类现实的惨淡描画，使这一吊诡的姿态更容易理解了。萨特引入了海德格尔"为他人的存在"（being for others）的概念，用以描绘这样一种状态：我作为有自我意识的存在者，不可避免在这一状态中发现自身。我既在自己眼中是自由的主体，也在他人眼中是被决定的客体。当另一个有自我意识的存在者看我的时候，我知道他不仅在我身上搜寻客体而且搜寻主体。有自我意识的事物的凝视具有特殊的穿透力和发号施令的能力。而这一号令正是我作为自由的主观性要把我自己显示给他。与此同时，我作为肉体对象的存在则创造了一种不透明性，即一种无法逾越的障碍，横亘在我的自由的主观性和试图与这种主观性发生关联的他者之间。肉体的这种不透明性是猥亵体验的来源；我的肉体与他者的关系正如他的肉体与我的关系，我对这一点的承认，就是羞耻感的起源。

萨特继续提出了一种有趣的性欲理论。如果我对一个女人产生了欲望，这不仅仅事关我要在她的肉体上满足自己的情欲。如果仅仅是这么一回事，那么，任何合适的对象，甚至玩偶，也能够满足我。我的欲望把我与对象的世界联结起来，正如我被黏滞性的东西与对象世界联结起来并被拖到下面一样（黏滞性的东西，*le visqueux*，对萨特来说，是一种令人厌恶的东西，因为它是一种**形而上学**的意象，而不是物理上的稀释）。这样，为了把我自己视为一物，我就将被迫放弃"自为的存在"。在真正的欲望中，我想要的是**他者**。但他者只有在他的自由中才是真实的，而在将其描绘为对象的每一个尝试中都被伪装起来。因此，欲望寻求他者的自由，以便将其自由窃为己有。唯有当被爱者自己占有自己肉体的时候，爱者才想占有被爱者的肉体，因此就被矛盾束缚住。唯有通过强迫他者与其肉体同一，即在其肉体的自在中丧失自为，他的欲望才能满足自身。但是，这样一来，他所占有的恰恰不是对方的自由，而只是自由的躯壳，是被放弃的自由。在一个精彩的段落中，萨特把性虐待狂和性受虐狂形容为"欲望触之而沉没的两块暗礁"。而在施虐受虐狂中，一方试图强迫另一方与他受虐的肉体同一，以便在他的肉体中占有他，而他的肉体恰恰又在折磨他的行为本身之中。不过，这一筹划再次走向虚无：被呈现的自由在呈现本身中被放弃了。性虐待狂因他自己的行为而沦落为对另一场悲剧的旁观者，与自由相分离，而他通过受虐的肉体的猥亵面纱极力把自己与这一自由联结起来。

253　　　在这里回想一下黑格尔的主奴论证不无裨益。个人的存在，在黑格尔看来只有以相互承认为前提才能实现，而这反过来又需要服从于道德法则，在道德法则中，他者不再被认为是异己的竞争者，争夺着我的世界的所有权，而是在其自身内自由存在的统治者，是权利和义务的所有者，这些权利和义务也正是我自己的忠实写照。对萨特来说，似乎我们不可能达到相互性的阶段。对彻底自由的要求本身将他者从我的世界中排斥出去，如果他在那里仍被发现，则将首先被作为敌人。萨特用一个生动的例子具体阐明了这一点。我在公园里，当我把我的意图投射到园中的对象上，它们就在我周围组织起来。这把长椅是用来坐的，那棵树是隐藏的，需要我的凝视。（试比较海德格尔的"上手性"。）突然，我看见另一个人。公园一下子就失去了根据我的欲望原则而形成的独特分布，也开始围绕**他的**意图组织自身了。那把长椅也变成了他所避免的长椅，那棵树也变成了他所接近的树。"这个他者是……事物向之持久逃逸的目标，而这个目标在它自身周围所展开的距离限度内逃避我"；他者"从我这里偷走了世界"。简言之，在他人那里没有安全感，我在我的世界里永远孤独，珍视着只有对我才有意义的自由和承诺。辩证法总是把我遣回第一个阶段，即与他人的生死斗争，自由的假设也永远不能把我从这场斗争中解放出去。这就是萨特在戏剧《禁闭》（*Huis Clos*）中的那句名言的真实含义："地狱就是他人"，也就是说，他人就是地狱。

　　　在这里为费希特的戏剧落下帷幕正当其时。主体朝向客体的历险最终在策略性的撤退中结束。在萨特引人入胜的关于虚无的现象学中，他告诉我们，"不存在如同一只蠕虫那样缠绕在存在的核心"。适合于虚无的，也适合于萨特的主观性的男主人公：他拥抱着从前的自由，而自我最终逃离了非我，进入了非存在的裂缝，这部影子的戏剧一度从这道裂缝中浮现出来。要是讲另一个故事或许会更好一些。

第五章　从密尔到维特根斯坦

大卫·皮尔斯（David Pears）　安东尼·肯尼

密尔的经验主义

　　康德之后的英语国家哲学史的进程，与我们在上一章看到的欧洲大陆哲学走过的道路大相异趣。在哲学家的体系中，具有持久影响的是批判的而非观念论的要素，这一影响在通常被称为"分析哲学"的英美传统中，一直延续到今天。分析哲学的创始人并不都是英国人，相反，分析哲学运动中最重要的两个人物——弗雷格和维特根斯坦——都是讲德语的。不过，正是在英国，这两位哲学家的思想才首次得到充分的赏识，引入他们的工作的那种传统，可以追溯至 19 世纪的哲学家约翰·斯图尔特·密尔。

　　密尔和父亲詹姆斯·密尔、父亲的良师益友杰雷米·边沁（Jeremy Bentham）一样，都把大部分精力投入道德和政治哲学。他的政治思想将在其他地方考察，在本章中，我们只涉及他对逻辑和认识论的贡献。尽管密尔并不愿意被称为经验论者，但他可以被视为洛克和休谟传统的继承者。他仰慕贝克莱，称赞其为提出了如下论题的第一人：我们之所以把外在性（externality）归于我们的感觉对象，仅仅在于这样一个事实，即"我们的感觉是一组一组发生的，由永久的法则结合在一起"。我们认为当物理对象不被感知的时候，仍然继续存在；但这一信念其实只相当于我们对进一步感知对象的持续期望罢了。物质被密尔定义为"感觉的持久可能性"，而外部世界则是"可能感觉的世界，这些感觉根据法则前后相继"。

　　密尔的心灵哲学同样继承了经验论传统。"对于与其意识的显现相区别的心灵本身，我们一无所知。"不过，他也承认，只把心灵作为一系列感受来谈论，是有困难的，即一个系列如何能够意识到自身既有过去也有将来呢？"于是我们就被迫二者择一：要么相信心灵或自我是不同于任何感受的系列或感受的可能性的东西，要么接受这样的悖论，即某种东西根据假设，是一系列能够意识到自身的感受。"除了我自身的心灵之外，就证明心灵中信念的正当性而言，任何彻底的现象论（phenomenalism）似乎都使之困难重重。但是密尔认为，只要我们假设他人的行为与其感觉处于某种关系当中，而这种关系和我的行为与我自己的感觉所具有的关系是类似的，我能够知道他人心灵的存在。不过，要让这一论证与密尔对他人的身体或我自己的心灵的正式说明融贯一致，却是困难的。

255

我们可以概括地说，密尔的经验论相当于如下观点：他对物质的分析是贝克莱的分析减去神学，他对心灵的分析是休谟的分析减去关于自我的怀疑论。不过，密尔与所有以前的经验论者不同，他对形式逻辑和科学方法论有浓厚兴趣。他的《逻辑体系》（*System of Logic*，1843）始于对语言的分析，特别是对命名理论的分析。

密尔对"名称"一词的用法非常宽泛。不仅像"苏格拉底"这样的专有名词［专名］，而且代词如"这个"，摹状词如"继承了征服者威廉的国王"，一般词项如"人"和"智慧的"，还有抽象表达式如"年老"，都算是他的体系中的名称。实际上，只有像"of"、"or"和"if"这样的词看起来才不是他体系中的名称。根据密尔的观点，一切名称都表示（denote）事物，专名表示以它们为名称的东西，一般词项表示它们与之符合的东西。因此，不仅"苏格拉底"表示苏格拉底，"人"和"智慧的"也是如此。

不过，这里面也有差异。对密尔来说，名称被分为内涵的（connotative）词项和非内涵的词项。内涵的词项"表示主体且暗指属性"。"智慧的"（wise），不像"苏格拉底"，它是内涵的词项，除了表示苏格拉底（和其他智慧的人）之外，还隐含"智慧"（wisdom）。不仅专名是非内涵的名称，像"智慧"这样的词项也是，它与"智慧的"不同，表示智慧，而不内含（connote）任何东西。当一个词项是内涵的，其意义就可以确定为它所内含的东西，而不是它所指示的。

对密尔来说，每一个命题都是名称的联结。但这并不使他采取极端唯名论的观点，认为每一个句子都是以联结两个专名的句子为模型来解释的,如"塔利是西塞罗"①。把两个内涵的名称联结在一起的句子,如"一切人都是会死的",告诉我们某些属性(如理性、动物性)总是伴随有死性的属性。

密尔说,有些命题"纯属语词上的"(merely verbal),从所使用的词项的意义就能够得出它们是真的。这样,如果我们知道"人"和"理性的"意指什么,就能够得出结论:所有人都是有理性的,以为理性乃是"人"的内涵的一部分。他注意到,这样的命题与康德的分析命题相对应。但是,这样的命题却没有给出关于事物的信息,而只是名称的信息。而"所有人都是会死的",却给出了真实的信息,因为有死性不是"人"的内涵的一部分。从科学的观点看,这种命题最重要的特征是对预期的引导,例如,"人的属性是有死性的**证据和标志**"。

与命题一样,推论可以分为实在的和语词上的。从"没有一个伟大的将军是鲁莽的人"到"没有一个鲁莽的人是伟大的将军"的推论就不是实在的推论,因为前提和结论是相同的。唯有当我们推论出包含结论中的真的陈述,而这一陈述并不包含在前提中,才有了实在的推论。例如,当我们从特殊事例推出普遍结论时,就有了实在的推论,如"彼得是会死的,雅各是会死的,约翰是会死的,因此所有人都是会死的"。但是,类似的推论不是演绎的而是归纳的。 *257*

那么,是否一切演绎推理都是语词上的呢?直到密尔的时代,三段论都是演绎推理的典范。那么,三段论推理是实在的还是语词

---

① 塔利(Tully)是西塞罗(Marcus Tullius Cicero)的英文名。

的推论呢？密尔这样说：

> 必须承认，每一个三段论推理都被认为是证明出结论的论
> 证，但在每一个三段论中，都存在着预期理由①。当我们说：
> 一切人都是会死的，
> 苏格拉底是人，
> 因此苏格拉底是会死的。
> 三段论理论的反对者无可辩驳地极力主张，"苏格拉底是
> 会死的"这个命题，是预设在更一般的命题中的：一切人都是
> 会死的。

我们看起来被提供了两个选择。一方面，如果三段论在演绎上
是有效的，那么其结论必定已经以某种方式被包含在大前提中了，
在我们证明一切人都是会死的这一断言的有效性的时候，苏格拉底
的有死性必定已经是证据的一部分了。另一方面，如果结论给出了
新的信息，例如，如果我们用一位尚未死去的人的名字替换"苏格拉
底"（密尔用的例子是惠灵顿公爵），那么我们就会发现，它并非
真的是从大前提中推出来的。密尔说，大前提只是做出推论的公
式，"真正的逻辑前件或前提是特殊事实，归纳法从这些特殊事实
中收集一般命题"。根据密尔的观点，"一切推论都是从特殊到特殊
的推论"。从特殊事例开始的推论，被逻辑学家命名为"归纳"。在
某些事例中，归纳看起来提供了一般结论：从"彼得是犹太人，雅
各是犹太人，约翰是犹太人……"，在我列举出所有使徒之后，我

---

① 预期理由（*petitio principii*）：以真实性尚未得到证明的判断作为论据来证明论
题真实性的逻辑错误。

就能得出结论"一切使徒都是犹太人"。但是，在密尔看来，这种有时被称为"完全归纳法"的方法，实际上是让我们从特殊到一般。有些逻辑学家主张，还有另一种归纳法，即不完全归纳法（密尔称之为"根据简单枚举进行的归纳"），让我们从特殊事例到普遍法则。但是，如上所述，被设定的一般法则只是我们用以进行推论的公式，而不是它们从推论中得出的结论。真正的归纳推理让我们从已知的特殊事例得出未知的特殊事例。

258

如果归纳不可能被置于三段论的框架里，那么这并不意味着归纳不用任何自身的规则就能起作用。密尔说："归纳法是什么，使之成为合法的那些前提是什么，这些注定是逻辑学的主要问题。"密尔提出了实验性探究的五个规则或法则，用以指导以归纳方式发现原因和结果。

密尔提出的第一个法则是契合法：如果现象 F 既出现在环境 A、B、C 的结合中，也出现在环境 C、D、E 的结合中，那么我们就可以得出结论，C 作为唯一的共同特征，在因果关系上与 F 相关联。类似地，第二个法则是差异法，即如果当存在 A、B、C 时，F 出现，但在存在 A、B、D 时，F 不出现，那么我们可以得出结论，C 作为这两种情形中的唯一差异性特征，在因果关系上与 F 相关联。密尔给出了第二个法则的具体说明："当某人挨了一枪，子弹穿心而过时，根据这种方法，我们知道，是枪击杀死了他，因为刚刚在此之前，他还活得好好的，除了伤口，一切环境都没有变。"

密尔教导我们的第三个法则是契合差异并用法。第四个法则是剩余法。"从任意的现象中，消除由于上述的归纳可知的某一前件的结果之部分时，则该现象的剩余部分可看作所存留之前件的结果。"最后一个法则是共变法，此法应用于天文学等科学，在这样的科学中，我们没有力量干预被研究的过程。与之相关的法则表述的是："无论何种现象，凡是当另一种现象以特殊方式变化时，它也以某种方式发生变化，则该现象可看作别种现象的原因或结果，或者由因果关系的某种事实所连接。"

批评者反驳说，这些法则是发现的方法还是证明的方法，并不清楚。表面上看，它们像是从几个假说中进行选择、做出决定的方法，例如，F 是由 A，还是 B，抑或 C 引起的。它们似乎既无法提供假说的起源，也无从提供对它们的最终证实。

而且，如同所有的归纳方式一样，密尔的方法似乎是假设了一般法则的恒久性。密尔明确说："自然进程是齐一的这一命题，是归纳的根本原则，或一般公理。"但是，这一原则的地位如何？密尔有时似乎视之为仿佛经验的概括。例如，他说假设因果性法则能够应用于遥远的星体，这是轻率的。但是，如果这个一般原则本身是归纳的基础，那它自己当然不可能是由归纳确立的。

给密尔的体系提出困难的，可不仅仅是因果法则。数学真理也是如此。密尔并不像其他一些经验论者那样，认为数学命题仅只是语词上的命题，是定义使之一清二楚的，而是主张，算术的基本公理和欧几里得的几何学公理陈述的都是事实。因此，他一以贯之地得出结论，算术和几何学正如物理学一样，都包含着经验性假说。数学假说具有极大的一般性，并在我们的经验中得到了相当好的证实，不过，它们仍然是假说，可以根据后来的经验而得到修正。

在《自传》中，密尔把《逻辑体系》一书的主要目的描述为揭穿这样一种谎言：外在于心灵的真理可以通过独立于经验的直观来认识。他说，这一观念乃是"错误的理论和恶习的极大的思想支持"。他继续说："为了澄清数学和物理学真理的证据的真实本性，《逻辑体系》就从直觉论哲学家以前认为无懈可击的根本问题着手，针对被称为必然真理的特殊性质，从经验和联想两方面提出自己的解释，直觉论哲学家就是以必然真理为根据，而肯定它们的证据来自比经验更深入的来源。至于我的做法是否有效，尚未确定。"

在绝大多数哲学家看来，历史法庭最终做出了不利于密尔的终审裁决，而这最终是因为密尔的德国对手弗雷格的主张。

弗雷格与数理逻辑

弗雷格是现代逻辑的奠基人。作为逻辑学家和逻辑哲学家，弗雷格堪与亚里士多德比肩；作为数学哲学家，他在哲学史上无与伦比。自 1874 年至 1918 年，弗雷格一直任教于耶拿大学，除了他的理智工作之外，他的生活风平浪静，远离尘嚣。他硕果累累的职业生涯可分为 5 个时期：（1）《概念文字》（*Begriffsschrift*，1879）时期，第一次表述了现代逻辑体系；（2）《算术基础》（*Grundlagen der Arithmetik*，1884）时期，这是一部非正式的哲学著作，阐述了算术源于逻辑这一理论；（3）在《函数与概念》（"Funktion und Begriff"，1891）、《概念与对象》（"Begriff und Gegenstand"，1892）和《意义与意谓》（"Sinn und Bedeutung"，1892）等论文中发展出了哲学逻辑体系；（4）《算术基本法则》（*Grundgesetze der Arithmetik*，1893—1903），此书以纯逻辑和集合论为基础，阐发了算术的形式构造；（5）最后的时期，在［罗素］发现了《算术基本法则》中的缺陷之后，弗雷格经历了一段时间的蛰伏期，其间，他开始写一部关于哲学逻辑的著作，其中若干部分曾作为论文于 1919—1923 年发表在《逻辑研究》（*Logische Untersuchungen*）杂志上。弗雷格生前几乎不为人知，但通过胡塞尔对大陆哲学产生了影响，通过罗素对分析哲学颇有影响。他的著作主要被其他哲学家所阅读，但正是他的天才造就了那些赢得普通公众关注的哲学家的著作，如维特根斯坦和乔姆斯基（Noam Chomsky）。数理逻辑的发明是诸多学科发展的主要原因之一，而这些学科导致了计算机的发明。

261

弗雷格硕果累累的职业生涯始于 1879 年，这时他发表了一部名为《概念文字》的小册子，我们可以把它翻译为英语的 "*Concept Script*"。这部小册子在逻辑史上具有划时代的地位，因为在大约 100 页的篇幅里，它提出了一种新的演算，这种演算在现代逻辑的核心当中具有持久的地位。顾名思义，概念文字乃是一种旨在使在日常语言中隐蔽着的逻辑关系清晰地显示出来的新的符号体系。

近几十年来，命题演算已被确立为形式逻辑的入门课程。命题演算作为逻辑的分支，处理的是这样一些推理：其效力取决于否定、合取、析取等，并应用于作为整体的句子，将依赖于"和""如果""或"等等联结词的推理系统化。弗雷格的概念文字包含了以公理方式对命题演算的第一次公式化的系统表述。不过，他的符号体系虽然精练，但很难排印，后来不再使用了；然而，其中所运用的方式却是现代数理逻辑的核心。

弗雷格对逻辑的最大贡献在于他发明了量词理论：对于那些其有效性依赖于"所有"或"某些"这样的表达式的推理而言，这种理论乃是使之系统化和严格表示的方法。弗雷格运用了表示量词的新记号，提出了一阶谓词演算，为此后逻辑中的所有发展奠定了基础。这样，他以比传统亚里士多德三段论逻辑更严格、更普遍的方式，将推理理论公式化，而直到康德的时代，三段论仍然被视为逻辑的根本。在弗雷格之后，形式逻辑第一次能够处理这样的论证，即所包含的句子带有多重量词，如"没有人认识所有人"（Nobody knows everybody），"任何学童都能够掌握任何一种语言"（Any schoolchild can master any language）。

在研究逻辑与算术关系的过程中，弗雷格也创造出一种二阶谓词演算（在《概念文字》中）和一种素朴集合论（在《算术基本法则》中）。他并没有提出被称为模态逻辑的逻辑分支（即研究必然、可能以及相近概念的逻辑部分）或时态逻辑（即研究时间性陈述或具有明显时态特征的陈述的逻辑）。这些逻辑分支在中世纪已得到研究，在 20 世纪由于弗雷格的革新而再次得到研究；他本人对数学的兴趣是主导性的，这使他对涉及瞬时和变化的推理的逻辑分支相对来说兴趣不大。

自弗雷格的时代以来，逻辑诸领域取得了巨大发展。例如，虽然弗雷格提出了公理系统，但处理命题演算和谓词演算的许多非公理化方法也得到了探索。再有，形式语义学体系的发展也与弗雷格为句法开创的严格形式化相匹配。

弗雷格的逻辑哲学

弗雷格不仅创立了现代逻辑，而且也创立了逻辑哲学这一现代哲学学科，这是因为他截然区分了对逻辑的哲学研究的两个方面：心理学（经验论传统中的哲学家常常把逻辑与心理学混为一谈）和认识论（笛卡儿传统中的哲学家有时把逻辑与认识论混为一谈）。就此而言，弗雷格仍然符合源自亚里士多德《解释篇》的古老得多的传统。在《概念文字》和《算术基础》中，弗雷格比亚里士多德更为广阔也更为精细地考察了诸如名称、句子、谓词这样的概念。他最有成效的发明是把函项（function，函数）和主目（argument，自变量）这两个数学概念运用到传统上被称为"谓词"和"主词"的日常语言表达式上。这样，弗雷格就能够把像"苏格拉底是智慧的"这样的句子分析为这样的形式：主目"苏格拉底"是"……是智慧的"的值；而在"恺撒征服了高卢"这样的句子中，表达式"……征服了……"作为函项，具有两个主目，即"恺撒"和"高卢"。

263　　　与语言中的一阶函项及其主目的区分相对应，弗雷格主张，必须在概念与对象之间做出系统的区分，这二者是函项与主目在存在论上的对等物。专名代表对象，对象具有多种类型，从人到数，皆在其范围中。概念是具有根本的不完全性的项，与弗雷格所理解的谓词的可填充性相对应（即去掉一个或多个专名的句子）。

当别的哲学家含糊地谈论表达式的**意义**（meaning）时，弗雷格则区分了表达式的**指称**（reference）与表达式的**意义**（sense），指称是表达式所指的对象，如金星是"晨星"的指称，而意义则是相当不同的东西。（"暮星"在意义上区别于"晨星"，但正如天文学家所发现的，也指称金星。）

就弗雷格在意义与指称之间做出的区分而言，其中一个饱受争议的应用是这样一种理论：句子的指称是其真值，像"恺撒被杀"这样的句子代表真，而"恺撒寿终正寝"代表假。与此相关联的两个论题是：在合乎科学的语言当中，每一个词项必定有一个指称；每一个句子必定或真或假。这导致了许多困难，他尝试给出的解决方案是否成功，大可怀疑。

在他最后阶段关于逻辑哲学的论文中，弗雷格转向了逻辑与哲学心理学（即心灵哲学）之间的关系问题。这些著作通常不被认为是他最好的著作，但是它们以尚未成熟的方式提出了一些问题，维特根斯坦在后期著作中以更大的关注和更深的洞见讨论了这些问题，而维特根斯坦也公开声称自己终生都是"弗雷格伟大著作"的仰慕者。

弗雷格的数学哲学

毫无疑问，弗雷格最大的成就是他在数学哲学领域所做的工作。他的《算术基础》就是从数的本性和数学真理的本性出发，对他的先辈和同时代人（包括康德和密尔）的攻击开始的。他的攻击极其成功，以至于今天的数学哲学家再也没有人捍卫他所批判的观点了，尽管这些观点至今有时仍然出现在心理学家和教育学家的著

264

作中，也正因为如此，他的论证现在仍然值得以研究来报偿。

康德主张，数学真理是先天综合的，我们对数学真理的证实既不依赖于分析，也不依赖于经验，而依赖于直观。我们已经看到，密尔采取的是相当对立的观点：数学真理是后天的、经验的概括，既可广泛应用，亦可广泛证实。但弗雷格在这两方面都不赞成他的先辈，他主张，算术真理完全不是综合的，也不是先天或后天的。他赞同康德，几何学依赖于先天直观，但不同的是，算术是分析的。

我们已经看到，弗雷格早就表明如何以数学方式阐明逻辑。但他相信，逻辑和数学的关系远比此深刻得多。他相信，算术并不包含其自身的特殊主题，并且不用任何非逻辑的概念或公理即可被公式化，就此而言，我们能够表明算术本身是逻辑的分支或延伸。在弗雷格的体系中，数的算术概念被"集"的逻辑概念所取代，这就是说，基数能够被定义为具有相同数量元素的集的集，这样，2这个数就是一对（pair）的集，数字3就是三个一组（trio）的集。这并非循环定义，尽管表面上像是如此，因为我们能够说，两个集所意谓的东西具有相同数量的元素，而无须利用数的概念，因此，例如，如果侍者观察到每一个盘子右边都只有一把餐刀，他有可能知道餐桌上餐刀的数量与盘子的数量一样多，而无须知道餐刀与盘子各有多少。如果两个集能够彼此一一映射，它们就具有相同数量的元素。这样的集可被称为相等的集。因此，我们就能够修正上面给出的数的定义，并且说数是相等的集的集。

要定义特殊的数 n，我们必须选定具有 n 个元素的特殊的集，把这个数定义为与之相等的一切集的集。这样，我们就能够把 4 定

义为与福音书作者的集相等的所有集的集。但是，这样一个定义对
于逻辑主义纲领来说显然是无济于事的，因为在逻辑当中没有任何
部分存在着 4，而只存在着 4 位福音书作者。我们需要为每一个数
找到适当大小的集，而这个大小是由逻辑保证的。

　　要做到这一点，最好的方式是从 0 开始。我们可从纯粹的逻辑
词项方面把数 0 定义为这样一种一切集的集，其中集所包含的元素
数量与由不和自身同一的对象所组成的集相同。由于不存在不与自
身同一的对象，这个集就没有元素。因此，具有相同数量元素的两
个集实际上是同一个集，故只存在一个没有元素的集，即所谓的空
集。因此，0 就被定义为这样一种集：其唯一元素是空集。

　　只存在唯一的空集这一事实被用来定义数 1，这就是说，1 被
定义为这样的集：其中的集与空集的集相等。既然 0 和 1 都从纯粹
逻辑的方面得到定义，2 也能够被定义为这样的集：其中的集所具
有的元素数量与其元素是 0 和 1 的集的元素数量相同；3 也能够被
定义为这样的集：其中的集具有的元素数量与包含 0、1、2 的集的
元素数量相同。弗雷格利用这一步骤，给出了"后继"概念的定
义，即其他所有的数都能够仅凭逻辑概念即可定义，这些逻辑概念
包括同一、集、集的元素和集的相等。

罗素悖论与类型论

　　弗雷格仅从逻辑概念出发，扩展自然数序列的方法极具创造性，
却有致命的缺陷。英国哲学家伯特兰·罗素（Bertrand Russell），一

266 位才华横溢的青年才俊，发现了这个缺陷。罗素是首相约翰·罗素勋爵的孙子，也是约翰·斯图尔特·密尔的教子，此时刚刚开始他漫长、丰富而且声望卓著的职业生涯。在他后来的生活中，特别是在继承了伯爵爵位之后，作为作家和参与各项社会与政治问题的活动家，罗素的声名广为人知。不过，为他在职业哲学家和数学家领域确立声望的绝大多数著作，都是在 1920 年之前完成的。自 1903 年起，他一直在撰写《数学的原则》（*The Principles of Mathematics*），在此书中，他让英国公众开始关注弗雷格的哲学。他对弗雷格的著作推崇备至，也同样在弗雷格的体系中发现了根本性的缺陷，他向弗雷格指出了这个问题，此时，弗雷格的《算术基本法则》第二卷正在付梓。

如果我们打算按照弗雷格建议的方式从数前进到数，我们必须能够不受限制地构造集的集，集的集的集，如此以至无穷。这就是说，集本身必须是可分类的；它们必须能够作为集的元素。那么，一个集能够成为自身的元素吗？狗的集当然不是狗；但集的集本身难道不是集，因此也是自身的元素吗？如此看来，似乎有两种不同的集：一是由以自身为元素组成的集，二是由不以自身为元素组成的集。

现在考虑第二种集：这种集是自身的元素吗？如果它是自身的元素，那么既然它正是那些不以自身为成员的集的集，则必定不是自身的元素。但是，如果它不是自身的元素，那么它恰恰具有这样的资格，使它成为不以自身为元素的那些集的元素，因此，它必定是自身的元素。看来它必定要么是自身的元素，要么不是，但无论我们选择了哪一个，都不得不自相矛盾。

这一发现被称为罗素悖论。它表明，没有限制地构造集的集的步骤是有缺陷的，这就向弗雷格的整个逻辑主义纲领提出了质疑。

罗素本人也致力于逻辑主义，其成就绝不亚于弗雷格；他与怀特海（A. N. Whitehead）继而运用不同于弗雷格的符号，提出了一种逻辑系统，在这种系统中，他着手从纯粹逻辑的基础出发，推出整个算术。这部于 1910 年至 1913 年出版的三卷本著作，就是不朽巨著《数学原理》（*Principia Mathematica*）。 *267*

为了避免他所发现的悖论，罗素阐发了一种类型论（Theory of Types）。他认为，把集视为任意可归类的对象是错误的。类（集）与个体是不同的逻辑类型，能够让一方为真或假的东西，不可能有意义地断言另一方。类似地，根据逻辑类型的层级制，能够用来有意义地谈论集的东西，不可能用来有意义地谈论集的集①，等等。如果我们注意到这一层级制的不同层次之间的类型差别，那么，悖论就不会产生了。

但是另一个困难代替悖论产生了。一旦我们禁止构造集的集，那么我们如何能够定义自然数的序列呢？罗素保留了 0 的定义，即把 0 定义为其唯一元素为空集的集，但把 1 视为所有与这样的集相等的集的集，即其元素是（a）空集的元素，另加（b）任何不是那个定义性的集的元素之对象。通过这种方式，元素就能够一个接一个地被定义，每一个数都是由个体组成的集的集。但是，唯有在宇宙中存在着无限数量的对象，自然数序列才能够继续这样定义，以至无穷；因为，如果只存在 n 个个体，那么就不可能存在具有 $n+1$

---

① "集的集"原文为"集"，疑误。兹据相关文献修正。

个元素的集，因此也就不存在 $n+1$ 这个基数。罗素接受了这个思想，因此在公理体系中增加了一条无限性公理，即这样一个假设：宇宙中对象的数目不是有限的。这个假设是非常可能的，罗素也这样认为；但从表面来看，它远非逻辑真理；因此，设定这一公理的需要就玷污了仅从逻辑推出算术这一原始纲领的纯洁性。

语言分析

268　　与罗素以逻辑为基础确立算术的尝试紧密相连的，是他以逻辑般清晰的形式建立非数学语言的渴望。正是这一点，使罗素和弗雷格一道，成为分析哲学传统的创立者之一。逻辑的或语言的分析最初被视为一种技术，用在逻辑上清晰的语词形式取代另一种以某种方式在逻辑上导致误导的语词形式。语言分析的第一次重要亮相，是发表于 1905 年《心灵》杂志上的《论指谓》（"On Denoting"）一文。那个时候，罗素和摩尔（G. E. Moore）正在领导一场实在论的反动，以对抗布拉德雷（Bradley）及其盟友的新黑格尔主义唯心论，这种唯心论在当时的英国哲学中是最有影响的思潮。罗素的反动起初采取了一种过度实在论的形式，与曾在维也纳拜布伦坦诺为师的奥地利哲学家迈农的观点极其相似。在他们的迈农主义时期，摩尔和罗素都相信，为了拯救概念和判断的客观性，就需要相信柏拉图式的理念组成的世界，和由潜存性（Subsistent）命题组成的世界。摩尔主张，概念"既非精神事实，亦非精神事实的任何部分"，而是某种永恒不变的、独立于我们的思想而存在的东西。

罗素在 1903 年写道："数、荷马笔下的诸神、关系、怪物、四维空间都有其存在，因为如果它们不是某种实存物，我们就不可能做出关于它们的命题。因此，存在是万物的普遍属性，提到什么东西，也就表明了它的存在。"

摩尔和罗素后来引以为自豪的常识，并不在于这样的结论，即存在着怪物、类柏拉图式的数和集组成的影像世界。不过，倘若提到什么东西，也就表明了它的存在，那么，他们如何避免这一结论呢？也许，两人开始认为，存在着这样的情形：我们只是似乎提及事物，而并非真的这样做。也许有一些表达式，它们只是看起来是实存物的名称，实则根本不是名称。这就是罗素首先在《论指谓》一文中阐发的理论。

在这篇文章中，罗素讨论了他所称的"指谓短语"（denoting phrases），即一类他并未定义，却以例子来展示的短语，如"任何人""一个人""某人""所有人""当今的英国国王""当今的法国国王""太阳系在特定时刻的质心"等等。罗素选择了以定冠词"the"开头的短语，即他后来所称的"限定摹状词"（definite descriptions），做了特别详尽的处理。他认为这些摹状词"是迄今指谓短语中最有趣也最困难的"。

罗素主张，指谓短语自身并不包含任何意义；唯有指谓短语出现在命题的动词表达式中，它才有意义。对罗素来说，在诸如"詹姆士二世被废黜"（包含"詹姆士二世"这一名称）这样的句子与诸如"查理二世的兄弟被废黜"的句子之间有很大的区别。诸如"查理二世的兄弟"这样的表达式被罗素称为"指谓短语"。罗素告诉我们，这样的短语没有孤立的含义，但是句子"查理二世的兄弟被废黜"却有意义，因为它断定了三个东西：

(1) 某个个体是查理二世的兄弟；

(2) 只有这个个体才是查理二世的兄弟；

(3) 这个个体被废黜了。

或用更为形式化的方式表述如下：

对某个 x 来说，(1) x 是查理二世的兄弟；

并且 (2) 对所有 y 来说，如果 y 是查理二世的兄弟，则 y＝x；

并且 (3) x 被废黜了。

这一公式化表述的第一项是说，至少有一个个体是查理二世的兄弟，第二项是说至多有一个个体是查理二世的兄弟，因此合起来就是说恰好只有一个个体是查理二世的兄弟。第三项继续说，这个唯一的个体被废黜了。

这种方法麻烦是麻烦，但按照罗素的看法，这是对这个句子唯一的转换方式，能使我们避免其他所有指谓短语的意义理论所产生的哲学难题。这样一种转换使我们能够把一切出现指谓短语的命题，分析为不出现指谓短语的形式。这非常重要，因为可以使我们避免迈农式的结论：当今的法国国王必定以某种方式具有其存在，因为存在着"当今的法国国王"这个表达式指称着他。而在罗素改写后的句子中，这样的表达式就不再出现了，因此也没有必要设定什么可疑的实存物，用来让这些表达式去指称了。

不过，包含这种空的指谓的表达式的整个句子，却不是无意义的。试考虑如下两个句子：

（1）英国的君主是男性。

（2）美国的君主是男性。

这两个句子都不真，但错的原因却不同。前者不是真的，但仅是错的而已，因为英国的君主是女性；后者之所以错误是因为美国就没有君主。根据罗素的观点，第二个句子不仅是不真的，而且是断然错误的，因此其否定"并非美国的君主是男性"是真的。在罗素的系统中，包含空的限定摹状词的句子与包含空名（即不命名任何对象的表面上的名字）的句子完全不同。对罗素来说，像"Slawkenburgius 是天才"这样的可能的句子实际上根本就不是句子，因此既不真也不假，因为根本就没有人以 Slawkenburgius 为其专名。

为什么罗素想要使我们确信，包含空的限定摹状词的句子应当被视为错的呢？他与弗雷格一样，也对为逻辑和数学构造精密而科学的语言兴致勃勃。弗雷格和罗素都认为，这样的语言只应包含具有确定意义的表达式，这是至关重要的，他们借此要表达的意思是，一切句子，如果表达式能够在其中出现，则必定具有真值。

这一要求促使罗素走上了他后来称之为"逻辑原子主义"（Logical Atomism）的哲学路向。他相信，一旦逻辑被置于清晰呈现的形式中，它就将揭示世界的结构。逻辑包含个体变元和命题函项：与此相对应，世界包含殊相和共相。在逻辑中，复杂命题是由简单命题构造起来的，而简单命题又是更简单的命题的真值函项（这就是说，这些简单命题的真假仅从其构成命题的真假即可确定）。同样，在世界中，存在着与简单命题相对应的原子事实。原

271

子事实要么在于为某一特性的殊相所拥有，要么在于两个或更多殊相之间的关系。

哲学分析的任务是揭示语言的结构，从而揭示世界的结构。在这里，罗素的摹状词理论便服务于此。他开始不仅把这一理论应用于圆的方和柏拉图式的实存物，而且应用于常识会认为完全实在的东西，如尤利乌斯·恺撒、桌子、椅子。这进一步应用的基础是罗素对亲知知识和描述知识（knowledge by acquaintance and knowledge by description）的区分。在 1911 年，罗素写道，"我们所能理解的每一个命题必定完全是由我们亲知的成分构成的"。亲知是直接的心灵呈现：我们能够亲知共相，即我们当下的感觉材料；我们不可能亲知维多利亚女王，即我们自己过去的感觉材料。

在句子"恺撒越过了卢比孔河"中，如果是现在在英国说出的，则我们所拥有的命题显然不包含我们所亲知的成分。那么，我们又如何能够理解整个句子呢？要解决这个问题，罗素把"恺撒"和"卢比孔河"这两个名称分析为限定摹状词。充分而清晰地说出的摹状词，无疑包含对名称的指涉，但并不包括对名称所命名的对象的指涉。句子是作为关于一般特征和关系的东西而被表述的，而名称则是当我们正确地念出它们时，便开始亲知的东西。

这样，对罗素来说，普通的专名实际上是伪装的摹状词。完全分析了的句子只会包含逻辑上的专名（即指称我们所亲知的殊相的那些词）和共相（即指称特征和殊相的那些词）。但什么算是逻辑上的专名，这并不完全清楚。罗素有时似乎赞同唯有像"这"和"那"一类的指示词才算是。因此，原子命题有时就是像"（这）红的"或"（这儿）挨着（那儿）"。

罗素于 1918 年在哈佛大学的著名系列演讲中，提出了他的逻辑原子主义。他解释说，他的许多思想都要归因于他此前的学生，奥地利哲学家路德维希·维特根斯坦（Ludwig Wittgenstein）。维特根斯坦最初是位工程师，在第一次世界大战之前曾跟罗素学习过。第一次世界大战时他作为志愿兵在奥地利军队中服役，首先是在东部前线，后来又调往意大利前线。他继续着逻辑研究，并作为战俘在蒙特·卡西诺战俘营完成了手稿《逻辑哲学论》（*Logisch-Philosophische Abhandlung*），并送至罗素处。此书于 1921 年出版了以《逻辑哲学论》为标题的英译本，罗素为之撰写了导言，抛开其他方面不说，此书是对逻辑原子主义的明确表述。

维特根斯坦的《逻辑哲学论》

可以证明，维特根斯坦是 20 世纪最伟大的哲学家，他的影响巨大而广泛，尤其是在英国和北美。因此，对他的许多主要思想的诠释仍会众说纷纭，就不免令人惊讶。不过，这也并非完全无法解释。深刻的思想家常常是在不同的水平上被理解的。如果他是以试验性的、零打碎敲的方式进行研究，就像他在后期著作中的方式一样，而不是给出独断的理论，那么他的思想就会以不同的方面强烈影响研究者，而每一个研究者都倾向于强化研究者本人所认识到的思想的重要性，也就十分自然了。不过，倘若不要求全面，不追求定论，那么对他的思想的一般特征及其在思想史中的地位做持中公允的阐述，也并非不可能。

维特根斯坦是哲学家的哲学家，因此如果不预先熟悉他的先驱和同时代人的工作，任何人都几乎不可能理解他的著作。他的第一本书，即《逻辑哲学论》，就是对语言的批判，旨在揭示表达在语言中的思想的本质结构，并通过该结构而发现思想的界限。康德在《纯粹理性批判》中的目标与此类似，但维特根斯坦所探究的中介是语言而非心灵中的任何东西，这一点使他的批判获得了这样的优势：语言是具体的中介，而批判也能够以逻辑和语义学中的近期发展为基础。

《逻辑哲学论》始于弗雷格和罗素的思想，这些思想我们已考察过。弗雷格认为句子的意义必须是明确的，这就是说，在我们使用一个句子之前，必须解决如下一点：何种可能的事况会使之成为真的，何种会使之成为假的。罗素则认为，任何句子的意义只有在如下情况下才能够被理解：其中出现的名称所指的对象乃是某人所亲知的。维特根斯坦采用了这两个论题，并以自己的方式加以发展，从中得出两个推论。其一，他论证说，每个句子的核心特征是图像式的；其二，每个句子都能够被分析为基础句，其中的名称指示简单对象（对象没有内在结构）。然后，他把这些结果用于其他哲学家的理论，并宣称其中许多理论不符合这些意义要求，因此并不表达真正的思想。

如此之强的结论需要有力的论证。也许维特根斯坦的推理中最薄弱的环节是简单对象理论。这自然来自罗素，但其特点在于，维特根斯坦在很大程度上使之成为自己的思想。他并不关心罗素式的亲知，也不关心他的经验论断，即我们发现存在着某些语词，其意义只有通过直接面对这些语词所指示的事物才能够意识到（试比较休谟的简单印象理论)。维特根斯坦感兴趣的是这样的要求：句子的意义要么来自在句子中出现的名称所指示的对象，要么如果这个句子是可分析的，则其意义来自这种分析中的名称所指示的对象。对维特根斯坦来说，似乎为满足这一要求而促动的分析必须止于简单对象。因为如果它止于复杂对象，那么原始句的意义就将依赖于这样的事实：这些复杂对象就会具有它们所具有的一切结构。但维特根斯坦假定，（有意义的）句子必定要么真要么假，没有第三个选择。于是他得出结论，如果原始句的意义确实依赖于关于复杂对象的结构的真理，那么这个句子就没有确定的意义，而给予其明确意义的唯一方式，就是继续这种分析，直至确实达到简单对象。

在《逻辑哲学论》出版之后，维特根斯坦就放弃了哲学活动，而在 1929 年又重操旧业，他首先要批判的就是逻辑原子主义的上述极端形式。这在他早期体系中具有双重重要性。首先，其假定的不可避免的结论是，任何句子要么是真的要么是假的，换言之，对句子之真的任何要求都必须包含在它实际所说的内容中，而不是作为预设留在背景中。他放弃了这个假定，就可以自由地把许多东西视为背景的各个部分，而句子正是依靠这些背景才拥有意义，这也是他后期整体论思想的来源，这种思想认为，句子只有在可玩的语言游戏之内、特定条件（生活形式）之下才有意义。

维特根斯坦于 1929 年抛弃的逻辑原子主义还有第二个重要特征。根据《逻辑哲学论》的标准，句子是基本的，当且仅当它在逻辑上独立于其他任何属于相同分析水平的句子。由此得出，把颜色归于对象的句子不是基本句，两个此类句子之间的不相容性要归咎于颜色的内在结构，接下来这一结构是非分析不可的。对这一纲领

274

的抛弃，是走向整体论的另一个重要步骤，这就是说，他开始认为，在不相容的各种选择范围内的谓词分组（the grouping of predicates），乃是描述性语言的特征，不可能被清除，并且要想在其组外单独赋予谓词意义，注定行不通。

275   句子本质上是图像的理论（即图像论），是《逻辑哲学论》中的另一个主要论断，旨在弥补罗素语义学的缺陷。罗素曾试图求助于对对象的外延性亲知，而这些对象是由出现在句子中的名称所指示的，以期说明我们对句子意义的理解；换言之，他相信我们所需要的一切，就是那些对象应当被呈现给我们，而不是它们应当作为某种类型的对象呈现给我们。现在，维特根斯坦关心的不是罗素在这一方面的认识论，相反倒是罗素潜在的假定，即句子的意义能够来自句子中被命名的对象，而无须范畴化的中介。当然，罗素在后期阶段也引入了类型论以解决这个问题，但维特根斯坦认为，这是错误的说明类型，至少也是姗姗来迟的。正确的说明要在意义第一次出现时就引入类型，而不是列出这些类型或对它们加以分类。

让图像论成为正确的说明，这一要求是这样开始的：某表面上一排有色的点（例如地球表面上的陆地与海洋）能够被绘制到一张纸上，并且其所传达的讯息能够被直接理解。无疑，在该情形中，这种直接的可理解性部分源于对象与媒介的同质性，如果色标是同一性（identity）则尤其如此。而所绘制的地图的意义，或其任一部分的意义，也确实取决于投影的方法（这种投影无须是垂直的）。不过，在这里，理解的直接性仍然十分惊人。虽然若以语言为例就不那么直截了当了，但可以论证的是，其间的差别只是程度上的，而非种类上的。这就是说，与地图的投影相比，名称与对象的关联远远不够系统化，但是，一旦把握了二者的关联，任何新的句子也都有同样直接的可理解性，因为句子中诸名称的联结方式反映出向被命名的对象敞开的诸可能性。

这便是图像论试图弥补罗素语义学的缺陷的方式。倘若罗素反驳说，他的类型论已经能够处理这一问题，那么维特根斯坦也会答复说，在这种情形下，罗素式的亲知就根本不是外延性的，而且对象的类型学（typology）无论如何都不是能在理论中表达出来的东西，因为表达该理论的语言会再一次产生同样的问题。类型学只能被显示出来。

在此我们把握了图像论的核心观点，即我们能用语词或图像说出的任何东西，都取决于不可说而只能被显示出来的另外的东西，因此也不可能由规则而只能由例子来教授。在图像论另一个要素（即非批判性地处理名称与对象的关系）被取代之后，上述重要理论在维特根斯坦后期著作中得到了发展。但是，在描述这一发展之前，仍有必要说说他对早期体系中的图像论和逻辑原子主义的利用。

早在《逻辑哲学论》中，语言的本质及其原子基础就已得到了研究，维特根斯坦继而应用他的结论去确定语言的界限。与图像论相比，昙花一现的逻辑原子主义所受的关注要少得多，这已是显而易见的事情。个别句子如何获得其意义，继而如何能够结合起来构成更复杂的句子，这些问题显然比如下问题更重要：为了达到基本命题，分析要在相反的方向上走多远。后来维也纳学派的哲学家对上述思想的利用，就证实了这一评价。

就句子的可组合性而言，维特根斯坦对此问题的回答是：从较简单的句子出发构造复杂句子的唯一方法是真值函项，即复杂句子的真假必须完全取决于构造复杂句子的较简单的句子的真假（外延性论题）。换言之，对于我们能够有意义地说出的任何东西来说，我们构造它们的砖瓦就是基本句子。

277　　　这一语言理论面临许多困难。例如，对信念的陈述如何能够以真值函项的方式被分析。不过，这一理论在说明逻辑真理上所取得的成功，使它看起来得到了确证。根据维特根斯坦的看法，它们是重言式，是真值函项组合的极限情形，其组成性的句子的意义相互抵消，而对实在无所陈述，如同数学中的数字零一样。

《逻辑哲学论》确立了有意义性的严格条件，如果任何对实在的陈述都必须符合这些条件的话，那么我们的大量话语都会超出这一范围。维也纳学派的哲学家们就得出了这一结论，并把维特根斯坦的早期体系树为逻辑实证主义的典范。不过，《逻辑哲学论》呈现出多种不同的面貌，并非意在清除价值判断或宗教信仰的表达。他的语言理论无疑是关于事实性语言的理论，但是并未拒斥其他类型的话语，如果这些话语在我们的生活中发挥着作用的话（这样的作用自然是不同种类的作用）。因此，他虽然赋予事实性的或科学式的语言核心地位，但并未接受科学主义。他所拒斥的是把较温和的边缘地带同化为坚硬的核心，特别是装扮成那种超级科学的形而上学。

维也纳学派

在 20 世纪 30 年代，维也纳学派的逻辑实证主义哲学家们，把

《逻辑哲学论》的思想用于反形而上学。1922 年，在石里克（Moritz Schlick）被任命为维也纳大学科学哲学教授之后，维也纳学派就围绕他逐渐发展起来，其成员包括哲学家、数学家和科学家，其中有魏斯曼（Friedrich Waismann）、卡尔纳普（Rudolf Carnap）和纽拉特（Otto Neurath）。1929 年，在布拉格的一次会议之后，维也纳学派发表了名为《科学的世界观：维也纳小组》（*Wissenschaftliche Weltauffassung der Wiener Kreis*）的宣言，把反形而上学的哲学纲领奉为神圣。这一纲领部分地在回应马赫的实证主义，马赫曾参与反形而上学的斗争，视之为科学过时的前身。维也纳学派的思想发表在创刊于 1930 年的《认识》（*Erkenntnis*）杂志上，该杂志由卡尔纳普和柏林大学的赖欣巴赫（Hans Reichenbach）联合编辑。在石里克被一名精神失常的学生枪杀之后，迫于政治压力，该学派于 1939 年宣告解体。

　　必然真理之所以是必然的，只是因为它们是重言式，而对世界无所陈述，这种思想特别吸引逻辑实证主义者。过去，逻辑命题和数学命题给经验主义带来严重困难。经验主义者承诺的是：凡是关于事实的一般命题，其有效性都不可能被普遍认识。这样一来，经验主义者又如何处理逻辑和数学真理呢？极少有人愿意像密尔那样否认此类命题的必然性，而承认它们是必然的但非事实性的，这一观点的吸引力要大得多。这就使实证主义者把彻底的经验论与数学真理的必然性调和起来，让他们随心所欲地攻击形而上学。

　　这一攻击中的强大武器就是证实原则（Verification Principle）。该原则的最初形式规定，命题的意义在于它的证实方式。这种意义观使他们把无法通过经验证实或证伪的一切陈述，都当作无意义的

278

陈述排除在法庭外。面对关于绝对之本性、宇宙之目的，或是康德式的物自身的争论，逻辑实证主义者只需向相互敌对的形而上学家说："何种可能经验能够解决你们之间的争论呢？"如果对立的学派就经验事实和经验可能性达成了一致，那么他们给不出任何答案，而他们相互冲突的陈述也被表明是无意义的。

证实原则一出笼，关于其地位和表述的争论差不多就同时爆发了。这一原则自身是重言式吗？抑或需要经验来证实？如果不是重言式，它似乎就会自己把自己宣判为无意义的。而且，如果以其强形式来表述（即任何意义要有意义，就必须能够被最终证实），似乎不仅会排除形而上学，而且也会排除科学上的概括。有些实证主义者采纳了卡尔·波普尔的建议，科学命题的意义性标准不在于可证实性，而在于可证伪性。这样，一般命题之所以会有意义，是因为它们最终可证伪。但是，按照这种观点，表存在的命题如何有意义呢？由于无法穷尽宇宙之旅，没有任何经验能够最终证伪这样的命题。因此，证伪原则被重新表述为"弱"形式，即如果存在与某命题的真假**相关**的某些观察，则该命题是有意义的。而且也允许存在许多有意义的命题，而按照"证实原则"，这些命题实际上不可能被证实。但是，即使做这样的限制，也不容易把证实原则应用于与历史相关的问题，而对该原则的进一步修正却要面临使之过于宽泛，以至于接受形而上学陈述的危险。

尽管有这样的困难，逻辑实证主义者却决心继续他们的哲学纲领。哲学不是一套学说，而是澄清意义的活动。唯有科学有资格探索真理，哲学的任务是分析和澄清那些包括在语言的科学用法中的概念，如此可以保护科学家，远离堕入形而上学的危险。哲学与逻辑同一，哲学家的陈述是隐含的重言式。

在澄清科学语言的过程中，哲学家必须表明，一切经验陈述如何以真值函项的方式从基本陈述或"基本句子"中建构起来。当且仅当我们能够明白复杂经验陈述如何从基本陈述出发而构成，我们就能理解复杂陈述。按照卡尔纳普在《世界的逻辑构造》中的说明，这些陈述要成为对经验的直接记录。要了解哪些经验会使我们接受或拒绝特殊的基本句子，我们就要借助证实原则，理解句子的意思。出现在非基本陈述中的语词，其意义来自把这些陈述转换为基本陈述的可能性，而出现在基本陈述中的语词，其意义来自实指定义的可能性，实指定义（ostensive definition）就是一种姿势，或在字面上或在隐喻的意义上，指向语词所指称的经验特征。

这里的一个困难是表现自身。基本陈述所记录的似乎是每个个体私有之物。如果意义取决于可证实性，而证实又是根据我独自经验的心理状态，那么我如何能够理解他人的意义？石里克试图通过区分形式与内容来回答这个问题。我的经验的内容，例如当我看到绿色的东西时所欣赏的或经受的东西，是私人的且不可传达的；但我的私人经验与他人的私人经验之间的形式，即结构性关系，却是公共的且可交流的。当我看一棵树或一次落日时，我不可能知道别人是否也具有像我一样的经验；我知道的只是，当他们看一棵树时，他们看到了颜色，当我看一次落日时我也看到了颜色。但是，只要我们都一致把树称为绿色，而把落日唤作红色，这就是说，只要我们的经验模式的形式或结构是相似的，那么我们就能够相互交流，构造科学的语言。

在石里克的实证主义同侪纽拉特和卡尔纳普看来，他对唯我论

280

威胁的答复并不令人满意；但是，他们接下来提出的解决方案在其他人看来也同样缺乏说服力。对这一问题最富有洞察力的处理，出现在维特根斯坦的后期著作中，维特根斯坦曾经一度与维也纳学派联系紧密，但从 20 世纪 30 年代末期开始，他与逻辑实证主义就逐渐分道扬镳了。

后期维特根斯坦

关于维特根斯坦哲学上的变化，有些情况已经说过了，经过 20 世纪 20 年代漫长的间歇期，他又重操旧业，其变化就发生在这个时候。逻辑原子主义过高的要求已不再被考虑，《逻辑哲学论》中潜伏的更具整体论特征的语言观开始显露出来。现在，句子的意义被认为取决于它在一组句子中的位置，这就是说，语言游戏预设了我们能够参与其中的条件，而句子是语言游戏中多个可能步骤中的一个。对这些语言游戏的特质，还存在着更大的宽容，甚至那些可归为事实性一类的语言游戏也不再被强行塞入单一的模式。简言之，他不再以《逻辑哲学论》中抽象而崇高的方式处理语言，而是基于语言在人类生活中的位置，通过日常事例实际地具体展现语言的多样性功能。

维特根斯坦的后期著作精细而富有说服力，这两点解释了这些著作在没有哲学训练的人们中间颇受欢迎的原因。但他仍然是哲学家的哲学家，而且即便在一点也不了解他所攻击的哲学理论时，也能够理解他创造的那些一目了然的观点，但以这种方式解读维特根斯坦只是对其思想浮光掠影的浏览。更准确地说，这就像是在努力欣赏电影里一位剑术高手的动作，其对手的形象已被抹掉了。

意义与心灵是不可分的，而当语言被放回到它在人类生活中的位置时，语言哲学立刻就与心灵哲学联系起来了。是我们心灵中的什么东西赋予我们的语词意义吗？倘若如此，那么既然我们每一个人都以不同的心灵来说话，也就不容易看出我们如何顺利地与他人交流了。如果我们所谈论的东西又在每个说话者的心灵内部，顺利地交流就会更加困难。但是，这就是传统的知觉理论要我们相信的。这些理论真的能是正确的吗？这些问题就是维特根斯坦在他第二个哲学研究时期所集中研究的问题。

如果我们把这第二个时期视为全新的出发点，则未免有夸大之嫌。因为尽管心灵哲学在《逻辑哲学论》中是隐形的，但仍有对唯我论的考量。这一与众不同的部分在两个不同的联系上显示出重要性。其一，我们能看到，维特根斯坦实际上是在处理一种根深蒂固的形而上学理论；其二，哲学在大胆探索物理世界之前，就能够在心灵中确立秩序和确定性——这便是他后来在《哲学研究》中继续驳斥的传统预设，而围绕这一驳斥展开的争论是开放的。

唯我论源于两种反思：一是将自身反思为主体，二是反思主体的意识的直接对象。在《逻辑哲学论》中，维特根斯坦把自己限定在这两种思路的第一种之上。唯我论者被表现为这样的人：他既受到一个不容置疑的事实的强烈影响——他的生活来自个别的视角，也受到一个明显事实的影响——在唯我论者中的任何东西，包括他自己的身体，除了视角本身，都可以是不同的。因此，他就把他的心理世界与它以某种方式寓居其中的物理世界分离开来，并宣称一

282

切存在的东西都只属于他的心理世界。维特根斯坦反驳说，这种论断缺乏意义，但又不情愿地承认唯我论者立场的独特性，即唯我论者的论断就意在表达这种立场。

在维特根斯坦看来，唯我论者的论断缺乏意义，因为他用"我"这个词来指称自身，却不是把自身作为具有形体的人格，而是分离的自我，只能通过向它（他）呈现的对象才可确认。而麻烦在于，这些对象反过来又只有作为向那个自我呈现的对象才可确认。这显然是循环的，因此唯我论者的论断缺乏意义。显然，唯我论者的自我需要根据它对一个特殊身体的依附来确认，但是，尽管这会赋予他的论断意义（即自我事实性的论断），却也会使之成为明显错误的。因此，必须找到适当处理唯我论者最初洞见的其他方式。

对唯我论的这一考察是对形而上学的治疗性态度的早期例证，这种态度在维特根斯坦的后期著作中是明确的。仅仅抛弃形而上学论断是不够的，而确认其背后的概念性力量，并通过追溯这些力量在我们使用"我"这个词所具有的常见特征中的起源，以便正确地处理它们，这总是必要的。不过，《逻辑哲学论》非但没有完成这项任务，而且还表明这是一项艰难的任务。因为第一人称视角把两个方面结合在一起：一是自我扩张的强力倾向，二是关于这种视角立足之处的牢不可破的缄默状态。对这一悖论的分析及其解决贯穿于维特根斯坦 1929 年至 1936 年的工作当中。

与此同时，唯我论的另一方面也开始需要他来关注。如果主体的确认在这形而上学理论中被视为理所当然的，那么主体直接意识中的对象的确认也是如此。但是，唯我论者如何认为他能够确认他

的感觉的范畴，或是这些感觉的独特性质呢？范畴和性质总是需要 *283*
确认同一性的标准，维特根斯坦向传统的预设提出了质疑，该预设
认为范畴和性质在唯我论者的私人世界中是可获得的。维特根斯坦
主张，所有这样的标准都取决于也必须取决于与物理世界的联系，
他以对传统观点的起源的诊断完成了他的考察，而这种传统观点把
感觉作为对象来考察。因为传统观点假设感觉的性质具有同一性标
准，而这些标准并不取决于物理世界，正如物理对象的性质具有并
不取决于任何第三个世界的同一性标准一样。

　　维特根斯坦对唯我论的这一方面的批判，在《哲学研究》的私
人语言论证中达到顶峰。这一饱受争议的论证涉及感觉的性质，并
且只是更大的思想运动的一部分。围绕其解释而出现的大量不一
致，都是将其从语境中抽离出来的结果。因此，私人语言论证并不
是单独的，是对他关于唯我论的早期思想的进一步发展，而不是
批判。

私人语言论证

　　私人语言论证始于这样一个事实：操一种语言乃是一种习得的
技巧。这意味着需要确定一种成功的标准，不仅能用于解决在语汇
正确运用方面的争论，更重要的是，也能用来使学习者能够判断他
自己的进步。这一标准不可能仅仅是学习者自己的印象，即他现在
在使用某个词正确地表示感觉性质，因为他的目标是交流的成功，
而不是某种可能只是成功的幻象的东西。因此，此标准必定是独立
的，不基于任何被限定在学习者的心灵中的东西，而是基于他的感
觉与物理世界的某种联系。

对于维特根斯坦所要求的这种联系的本性，研究者莫衷一是，有些人认为它不仅包括物理对象，还包括他人对这些对象的语言反应。这当然就是学习者在家庭中运用的那种联系，也是如果感觉-语言被用作人们之间的交流手段，则必须运用的联系。不过，维特根斯坦虽然非常强调其重要性，但并未排除这样的可能性：如果人类的婴儿一生下来就被狼所抚养，也能够为自己的使用建立一种语言，但这种语言仅仅基于他的感觉与物理对象的联系。

私人语言论证把语言放回它在人类生活中的位置。它认为有必要确立语言的正确运用的标准，这一运用的基础是感觉与物理世界之间的联系，而这需要可由如下联系来满足：这些联系是在语言非同寻常的出现之前我们人类自然史的一部分。例如，在我们这里，如同在其他社会性的动物那里一样，疼痛与特定的哭喊相联系，而当我们用"疼"这个词来代替那种哭喊时，我们就一直依赖于这样一种自然联系：这种联系尽其所能保证我们正确地运用那个词。因此，这种技巧的习得就不是纯粹理智上的成就。同样，相信他人处于疼痛当中，也不是基于与我自身情形相类比而进行的论证，而是基于先于语言的自然同情。这种观点倒转了被普遍接受的事物的秩序，这种倒转也能够普遍适用于许多其他情形。例如，我们视野中的一个点与物理空间中的一个点之间的关联，就不仅仅是理智上的获得，更是某种在我们生命的非常早的时期就已经奠定的运动习惯（motor-habit）。

维特根斯坦的目标是摧毁理智主义，而他的对手的立场就是以此为基础的。这些对手在笛卡儿传统当中思考，因此他们假定，经验知识的基础与用以表达经验知识的语言基础仅凭理智即可奠定，且是成功的奠定，而无论可用的资源有多大的限制。如果维特根斯坦是正确的，那么上述假定就是站不住脚的。心灵若抛弃了物理世界，则显然要失去心灵的技巧赖以发挥作用的大半材料。不那么明显的是，它还要丧失所有这样的技巧：这些技巧最初基于涉及身体的关联网络，包括身体在物理世界中的位置及其需要。

就此而论，尚有一点需要提醒。维特根斯坦总是在哲学与科学之间划出一条牢固的界限，认为科学探索世界，而哲学是纯粹的概念性探究。这就产生了一个康德的批判哲学曾经提出过的问题：在我们的诸种思想方式中，哲学批判究竟具有何种地位？倘若如维特根斯坦所主张的，哲学批判是通过语言来进行的，则必定存在着区分哲学批判与对语言的科学探究的东西。根据《逻辑哲学论》，这区别就在于哲学处理的是能够被显示但不可说的东西。这很难成为容易理解的解释，但却有这样的明确推论：哲学上的结果既非偶然的，亦非事实性的。它们展现出我们对世界的图式化的先天特征，而不是世界本身的先天特征。但是，为什么这不过是对我们的理智手段的纯然的科学探究，并取代了对理智手段应用于其上的物质材料的科学探究呢？

至于哪些原因使我们采取一种概念图式而非另一种，维特根斯坦在后期著作中对此全无兴趣，而是聚焦于我们所采取的图式框架当中的生活，其中特别关注的是我们惯于逾越这些界限而全然没有认识到这种逾越行为的根深蒂固的倾向。因此，我们可以指望根据他后期哲学的治疗性目的而将其与科学区分开来。但是，尽管这种观点可以保持其哲学与科学之间的牢固界限，而且这一界限可以贯穿于《哲学研究》的大部分领域，却使私人语言论证的诸前提悬宕

285

在概念性探究与人类学探究之间的某个地方。

私人语言论证主要涉及感觉，但其结论，即内在之物需要外在标准，却显然是具有一般性的。因为对于信念、欲求、思想和意向等几乎所有其他可归为心理一类的东西，都同样有此需要。基于表面的解读，私人语言论证给人的印象通常是不折不扣的行为主义，是对人的内在生活的否定。但是，这不是维特根斯坦的本意。感觉"不是某种东西，但也不是无"。他将自己视为这样的哲学家：在强硬的行为主义（behaviourism）和强硬的内省主义（introspection-ism）之间，开辟一条崭新的道路。

286　　　这条中间道路在知识概念上有重要的推论。维特根斯坦主张，当某人学习感觉语汇中的一个词的应用时，他可能会犯错误；但是，一旦他把握了这个词的应用，他就不再犯错误了。因此，在感觉语言中，真诚（sincerity）就使真（truth）成为必要的，但是，这一成功的捷径仅在感觉语汇通过它与物理世界的联系而被掌握之后才是可能的，但对这种方式的掌握却没有这种成功的捷径可走。

维特根斯坦是否把对感觉语言的这种解释概括为一种情形，使人可在其中描述不熟悉的感觉，这一点尚不明了，但是，他确实认为，在表达熟悉的感觉的情形中，上述解释仍然有效。在后一类的所有情形中，他认为对知识的要求是不适当的，因为这样的要求需预设错误的可能性。因此，即便他的对手用"至少我知道我现在疼"这样的论断，来防止怀疑论的理由也就被瓦解了。

晚年的维特根斯坦又回到知识问题，重申他的原理——知识预设错误的可能性，并对普遍的怀疑论提出了整体论的反驳：关于世界的某些论断之所以免于错误，不是因为它们比其他论断得到了更彻底的确证，而是因为它们提供了相关背景，依靠这一背景，我们能够质疑其他论断，并确证或拒斥之。

在维特根斯坦从事哲学研究的第二个时期的开端，心灵哲学占据了中心位置。虽然心灵哲学在《逻辑哲学论》中并未完全缺席（对唯我论的早期处理就是证据），它对意义理论并无贡献，但他的意义理论仍然具有非人的抽象性。因此，在第二时期的开端，图像论所存在的问题，以及何种新的贡献导致了图像论的废弃，仍然值得探讨。

意义与遵守规则

《逻辑哲学论》忽视的是语言在时间中的连续的同一性。句子是由命名对象的语词组成的图像。但是，什么使语词附着于同样的对象，因此保持句子的意义？答案当然是："它们的用法"。但是，保持这种恒常性的是什么？对此《逻辑哲学论》未置一词。

在那时的传统中，什么算是意义的恒常性（constancy），似乎从来就不是问题，意义的保持（preservation）被假定为唯一的问题。维特根斯坦重新开始探讨这个论题，粉碎了这个假定。唯实论者的论断是，只要性质词（property-word）一直保持与相同性质的关联，它就以相同的意义被使用；这是空洞的形而上学的一个论断。无疑，我们都感到非得把同样的东西称为蓝色不可，但谁要是把这种感受投射到那种性质上，却不赋予该性质同一性的标准，而这种同一性独立于它加之于我们的效果，谁就是在用幻影取代实体。

这种类型的实在论不属于《逻辑哲学论》。《逻辑哲学论》捍卫的是一种更深刻的实在论，根据这种实在论，逻辑的基本法则是由世界的结构强加于语言的（这种观点后来被维特根斯坦抛弃了），但它并未提出可能会让其他人走向一种关于共相的实在论的问题。就此而言，《逻辑哲学论》不是唯名论的，而是前理论的。

意义的恒常性不成问题——维特根斯坦对这一假定的批评在《逻辑哲学论》中有所涉及，但未曾考察其更深的意味。他与这种假定分道扬镳的地方，就是显示理论的最重要的部分：句子的意义可由转换给出，但在转换的序列终点必定总有某种东西无法用事实性语言来确定，即使在最终的转换中把句子中的语词应用于事物也无济于事。唯有把这些语词应用于事物的实际操作才能显示出这一点。

20 世纪 30 年代早期，维特根斯坦在剑桥大学做了一系列演讲，阐释了《逻辑哲学论》中最重要的观点，他强调了上述要点，而其暗示不久便十分明确了，这就是：在什么算是意义的恒常性方面，确实存在着问题。如果愿意，我们可以说，某人遵循一条规则，以相同的方式继续使用一个词。但是，该规则要想确定怎样才是该语词的正确运用，就必须依赖于更多的语词，而这些更多的语词又是由更多的规则来支配的，如此一来，我们似乎就永远无法真正遵守确定的程序和步骤了。不过，当我们说风信子是蓝色的时候，我们都知道我们并不是临时凑合的。显示理论的含义大大深化了，超出了维特根斯坦创作《逻辑哲学论》时的理解。

在《哲学研究》中，关于正确用法的概念是难以定义的，这表现在否认这一概念导致的归谬论证当中。当然，这种难以定义的特性并非源自日常语言的模糊性，根据进一步的指令即可消除，相反，这一特性乃是一切语词不可避免的一般特征，无论如何精密地界定都无济于事。它影响着从语言向世界过渡的任何一点，因为在这任何一点上，未曾完全确定的实际行为有助于确定什么算是语词的正确运用。要是哪个哲学家想制定一条自足的规则，确定语词的正确用法，却不考虑操该语言的说话者的实际行为做出的贡献，那他就会遭到归谬法的回击。这立刻就表明，他并没有真的向我们提供任何方式，以区分遵守规则与不遵守规则。因为他对语词的正确使用的言语表述总会留下这样的可能性：他想要作为不正确用法而排除在外的某种应用，最终是正确的。

当然，在对遵守规则的这番解释中，并没有暗示人们有可能充分利用在从语言到世界的转换时出现的各种可用的机会，并以奇怪的方式继续着语词运用的序列。相反，我们都发现，被接受的继续运用极为自然，以至于我们对新词意义的学习通常早于在正式课程上的学习。维特根斯坦是在做出一个深刻的概念性立论，其立论让现象停留于未被触动的表层。他的立论是：就回答"什么算是以同样的方式继续使用一个语词"这个问题而言，只有一种合法的方式，即根据这个词在我们的生活中所占据的地位，去描述运用这个词的实践活动。

这种观点使许多人大吃一惊，将其当作怀疑论的观点，因为它有负众望。这些人会满足于柏拉图式的解答，即只要语词被用于作为同一共相的实例的各个事物，那它就是在以相同的方式而被运用。但是，在维特根斯坦看来，这种让他的解答不令人赞同的对比，其实是不合法的。柏拉图式的共相仅仅是一种空洞的投影，这种形而上学只能给我们提供这样一幅图像：它与其说是该问题的解

289

答，不如说是该问题的另一部分而已。

就此而言，维特根斯坦的立场常常被误解。当他把柏拉图主义视为对"什么算是以同样的方式继续使用一个语词"这个问题的空洞解答时，他甚至未曾做出这样的让步：这一解答的类型正确，只是答案错了。因为按照维特根斯坦的观点，任何解答，只要它把单一事物选作用法的同一性标准，就是错误的解答类型。因此，柏拉图主义的明显缺陷是，它固守幻影的形而上学，而在此背后则存在着第二个缺陷，即它假定用法的同一性标准必定是单一的东西。

维特根斯坦并未提供任何单一的东西，将其作为用法的同一性标准，我们不应当对这一点草率理解，以至于与其真意失之交臂。维特根斯坦明确将语言的生命视为由许多不同的联系所维系的东西，幸运的是，这些联系全都能够一起发挥作用，他一再提醒我们，他的任务不是去解释这一网络，而只是去描述它。倘若他的哲学不是如此复杂，如此新巧，也就永远不会被误解。当人们与维特根斯坦有如迷宫般复杂的探索相遇时，便感到一种不可抗拒的欲望，要去寻找一把唯一的钥匙，并且由于人们无法理解并欣赏其哲学的新颖之处，便在某种能与传统理论相对立的理论中找到了这把钥匙。

这把钥匙告诉我们，必须承认维特根斯坦对语词用法的同一性的解释中存在着一种特点；但这加剧了对他的误解。维特根斯坦的目标是充分描述把语词运用于事物的实际活动，并展示所有联系，这些联系分叉衍生成网络，保持着意义的持久连续，却不把任何一种联系遴选为唯一标准。不过，尽管他抛弃了在实在论和唯名论之间非此即彼的选择，但他确实赋予了唯名论者引以支持其理论的那

些思想优越地位。因此，虽然维特根斯坦自称中立，但他对语言实
践的描述却具有可以辨识的倾向。例如，他常常指出下述事实的重　*290*
要性：即便是某个语词运用的短暂序列，我们通常也觉得继续以相
同的方式运用之是自然而然的。于是，他甚至以同样的倾向更频繁
地提出了第二个观点：训练和标准化极大地加强了我们的自然
倾向。

　　如此一来，维特根斯坦对遵守规则的解释就非常像休谟对因果
推理的解释：我们之所以信心十足地进行从原因到结果的推理，其
根本原因便是我们自然地想起观念的特定联系，然后我们对判定原
因与结果的规则的反思又加强了这些联系。但这又使人想到这样的
问题："为什么要把这些倾向视为根本的呢？"它们终究必定是在对
我们的环境的回应中发展的。例如，我们选取并在语言中记录下来
的周围事物的基本性质，必定直接或间接地与我们的物质需要相联
系。休谟对这个问题的回答是，他之所以把观念间的联系视为根本
原因，只是因为他不知道如何把这一探究更推进一步。

　　对于维特根斯坦中止其探究的地方，即人性和训练，我们也可
以问及相似的问题。不过，他的回答却会不同，因为他并不持有休
谟的观点，即哲学和科学都是完全连续的单一研究的两个部分。他
会指出，他并不是在提供一种理论，这就是说，他的任务根本不是
选出关于用法的单一的同一性标准，更不用说去解释我们何以采取
他所描述的分叉衍生的标准了。但是，在这种情况下，他为什么把
突出地位赋予那种会被唯名论者所援引的因素呢？为什么他把人性
和训练视为"河床"呢？对于那些力量，那些塑造我们的生活并促
使我们觉得某些连续序列是自然而然的，还要尽量加强这些趋向的

训练的力量，维特根斯坦为什么不再多说一些呢？

他的答复也许是这样的：要在他止步的地方更进一步，就会模糊哲学与科学之间的清晰界限。但是，前面所阐明的维特根斯坦的私人语言论证却以质疑该界限的清晰性和坚实性而告一段落。在此我们可以提议说，把哲学人类学与科学人类学区分开来的可能是其治疗性的目的，但是，我们也指出，这不会涵盖私人语言论证的各个前提。在遵守规则上，也会产生对上述提议的怀疑。难道让我们觉得某些种类具有自然结构的那些原因，就不是驱使我们走向柏拉图式的实在论的那些力量的重要组成要素吗？倘若如此，作为治疗的哲学就应当包括它们。

在《哲学研究》中，维特根斯坦评论道，沿着与他的语言哲学相同的一般路线，阐发一种数学哲学是可能的。这项工作是在《数学基础评论》中进行的，但追随者更少。这或许只是因为难度也更大一些。当然，他对数学的考察更具有尝试性，其准确含义也更加不确定，并不具有他对语言的考察体现出来的统一与完善。

困难并不是在数学哲学中拒绝实在论的可能性少于在语言哲学中的可能性。无论是在数学哲学还是在语言哲学中，维特根斯坦都同样描述了我们的实际活动，旨在揭示何种特征产生了如下幻象：我们能够诉诸可独立确定的轨道，供上述实际活动在上面运行。如果这种处理重复活动的形而上学的方式在任何地方都可行，那就应该在每一处地方都可行。而困难就出现在他的数学哲学的较早的论断上：在这种情形下，他对我们的实际活动的描述的精确性是成问题的。

在他的描述中，我们可质疑的地方并不是他对根据规则产生的数列结构的解释。在这种结构和描述词的运用序列的结构上确有类似之处。但困难在于他对数学的系统特征的解释上。他的观点是，证明固定了其前提的意义，而这一观点直接与数学家的假定相左，即数学家是从已经具有固定意义的前提出发，前进到已经被蕴含着的结论。如果这是一种幻象，那这也不是哲学的幻象，而是数学家 *292* 对他所做的工作的基本描述的一部分。我们可以提议说，维特根斯坦的描述只是意味着证明封闭了一条道路，而无论如何都没有人倾向于采取这条道路（就如同明确否决描述词的怪异运用一样），以此尝试调和数学家的描述与维特根斯坦的描述。但是，这种解释似乎被维特根斯坦排除在外了，因为他坚持认为证明固定了新的意义。

最后，值得一提的是，在他的逻辑哲学中也产生了相似的问题。因此，形成对照的并不出现在似乎可能的语言哲学与可质疑的数学哲学之间，而是出现在似乎可能的关于非逻辑语言的哲学与可质疑的逻辑和数学哲学之间。

第六章　政治哲学

安东尼·奎因顿（Anthony Quinton）

导　论

政治哲学

　　在通常的用法中，"政治哲学"这个词组似乎与"政治理论"或"政治思想"的意思差不多。就三者而言，能够确定的是，它们都与"政治科学"的意思不同。政治科学是对政治制度的结构和运行的严格的经验性或事实性研究，其对象包括国家及其常见的组成部分，如立法、行政、司法和文职部门等等，而在我们这个更具有社会学特征的时代，其对象还包括个体和社会团体的政治行为。政治科学的历史几乎和政治哲学一样长。在柏拉图那里政治科学尚不多见，但亚里士多德的《政治学》，其基础却是对百余年希腊城邦的研究，其中包含着广泛的甚至是最广泛的政治科学的成分。

与"政治思想"相比，"政治理论"在范围的广泛性上稍差一点。对任何实质性政策的拥护，倘若是完全合乎道理的，则是政治思想的例子，例如，格莱斯顿①的爱尔兰自治政策，戴高乐的第二次世界大战后法国重建计划。但是，按照政治理论这个词的通常理解，这些都不是政治理论，因为它们在系统性和一般性上都不足，过于限制在特殊的时间地点上了。不过，民族主义却是政治理论，而格莱斯顿和戴高乐的政策都是其实际的例子。

政治理论与政治哲学之间的区别是细微的，更确切地说，其间的差别几乎无法辨别。那些体系化的宏大学说序列构成了根深蒂固的传统，我们要在后面逐一加以考察。在这一传统中，我们能够分辨出三个主要成分：陈述政治、社会和人性的事实；拥护和推荐政治目标和实现目标的制度手段；以及关于一种概念类型的论证，涉及国家的（用旧式的术语说）本质属性、公民权利（国家的存在就是为了保护这些权利）和公民服从国家的义务。

把哲学理解为完全分析的或概念性的工作，并以在意识形态上保持中立的精神处理在各种不同话语中占据核心地位的思想，这是一种广为接受的哲学观念；在这种哲学观念的影响下，人们假定，

①　格莱斯顿（William Ewart Gladstone, 1809—1898），英国 19 世纪最伟大的政治家，于 1868—1894 年四度任英国首相。

只有上述三种成分中的第三种才是严格意义上的政治哲学。但这种理想化的程度未免过分。在构成政治哲学传统的伟大著作中，几乎没有哪一部主要（更不用说全部）是由这种严格意义上的政治哲学构成的。

其原因在于，政治话语词汇是由政治术语组成的，这就是说，这些术语指的是有理智的存在者（人，或许还有神）的目的的产物。国家不仅是像山脉或彩虹那样的自然对象，而且是被带有一种或几种特定目的的人（或者可设想为神）创造出来的。极其粗略地说，国家的存在是为了什么东西，例如保护人们免于他人可能有意对他们造成的伤害。19 世纪的唯心论者格林（T. H. Green）就反思了这一事实：他略带修辞上的夸张，说沙皇俄国并非国家。而马修·阿诺德（Matthew Arnold）也心意相通地宣称，德莱顿（Dryden）和蒲柏的著作是我们散文的经典。政治术语本来就是可争辩、有争议的。

这里所蕴含的结论是，当我们根据分析性的理想来界定政治哲学，将其与政治理论区分开来时，实际上收获不大。不过，二者倒是都区别于既非一般性亦非系统性的政治思想。而二者共同具有的狭义的哲学特征是，它们的论证都显示出强制性而不仅仅是说服力，而且都旨在证明而不仅仅是使人信服或使人转变信念。

政治哲学传统的统一性

那些考察过去的伟大哲学家的观点的人，倾向于表达一种共同的并非无理的责难，即他们把这些哲学家视为同时代人，既认为这些哲学家所关心的问题正是那些讨论过他们的人所关心的，也认为这些哲学家把相同的意义附于自己与后继者共用的术语之上，而其后继者亦复如是。柯林伍德（R. G. Collinwood）论证了不同时代的哲学家所反思的国家类型之间的巨大差异，并机敏地以此为基础而主张这样一个论点，即哲学中不存在永恒的问题。他不无道理地说："柏拉图的《国家篇》是关于一种东西的理论尝试，而霍布斯的《利维坦》则是对另一种东西的理论尝试。"

哲学研究的某些对象比其他对象具有更大的历史变异特性。其中的一极是心灵、语言和知识，这些对象与 2 500 多年前西方哲学开端时的情形大概相差无几。而处在另一极的则是艺术、宗教、历史、科学，最后还有政治，而道德则被置于两极之间的某个地方。由此可以得出，当哲学处理那些对历史更敏感的制度时，就必须考虑发生于其中的各种变化。但是，由此并不能得出，不同时期的哲学家的观点完全是不可通约的。实质性的变化在连续性上是相容的，而且也与持续的同一性的要素相容。

西方政治哲学史自柏拉图对此主题的严肃反思开始，可以分为五个主要阶段，其间自然会有些范围上的重叠。第一个阶段是希腊城邦和意大利城邦的世界（后来形成了罗马共和国）。第二个阶段包括亚历山大及其追随者的类似东方的专制统治时期，自奥古斯都直至罗马覆亡的罗马帝国时期，以及东方的拜占庭帝国时期（直至1453 年陷落于土耳其人手中为止）。第三个阶段包括各蛮族王国统治时期，这些王国在西罗马帝国昔日的版图内臻于盛期，以及由蛮族王国发展而来的封建君主国时期，其中许多国家松散地联结成为神圣罗马帝国。第四个阶段是中央集权的君主政体时期，在英国始于亨利七世（甚至可以从他之前的爱德华四世开始），而在法国路易十四的专制主义那里臻于顶峰。第五个阶段是现代国家时期，这时世袭君主制被不同程度的代议制政体的至高地位所取代或边缘化。这一时期的开端是 1714 年之后英国的汉诺威式的"君主立宪国"，并随着 1776 年的美国独立而得到充分发展，而在法国，在 1789 年与 1870 年第三共和国成立之间断断续续地占据支配地位。代议制政府（事实上的而非形式上的共和制）如今已在三个西方大陆（欧洲、北美洲、大洋洲）以及印度和以色列成为通常奉行的制度安排。拉丁美洲也建立了代议制政府，但并不稳固，时断时续。本章的各章节将讨论城市国家、封建国家和朝代国家（dynastic states）的政治理论，而最后三节跨越 18 世纪至 20 世纪，考察现代国家。罗马和拜占庭帝国的类似东方的专制统治几乎没有产生政治哲学。在理论水平上，罗马人也不具原创性，但他们是伟大的法律创制者。拜占庭文化是停滞不前的，并受神学的支配。

在国家的各个历史变化时期，国家都试图履行两种相互联系的功能：一是通过颁布和加强法律，在其疆域内维持秩序；二是保卫国家，抵御外侮。而社会的变化为其增加了其他功能，包括建立或管理城镇，控制通货，支持并管理贸易，救济穷人，以及维护国家的宗教，或管理超国家的独立教会。在最后 200 年间，昔日救贫济弱的那些考虑已经扩展为一长串广泛的社会活动，涉及提供社会福利、教育和医疗。但是，在国家发挥其作用的各种方式中，保家卫国一直是主要的功能，占据着核心地位。柏拉图的城邦和霍布斯的民族国家虽不相同，但它们却与我们今天的国家同属一样的类型。

在希腊和（君士坦丁大帝皈依基督教之前的）罗马的前基督教文明与基督教世界文明之间，尚有另一个值得考虑的不连续性。要做出这样的区分，就要在一定程度上遵循持宏大理论的历史理论家的观点，特别是斯宾格勒和汤因比，但不是在所有方面都遵循他们。例如，我们当然不能遵循斯宾格勒的如下思想：古典文明和西方文明完全不同，各自封闭。

297

我们有理由认为罗马帝国的衰亡乃是历史上最重大的事件，因此也是提供给最伟大的历史学家的适当主题。但其衰亡并不伴随着完全的断裂。占领了罗马帝国西部疆土的蛮族国王们，竭尽所能在最大程度上模仿和保存了罗马的文化和制度。在西罗马帝国覆亡的一个世纪之前，基督教已被确立为帝国的官方宗教。当其时也，教父们也以希腊哲学为基础，特别是经过普罗提诺过滤的柏拉图哲学，精心阐发了教会的正统神学。在 1200 年之后，即重新发现了亚里士多德的全部著作之后，神学便以全面的亚里士多德思想的面貌出现。而文艺复兴的思想家们则认为自己是古典学术特别是柏拉图思想的复活者。在启蒙时期，古典的主题也不断得到关注。这不足为奇，因为自罗马帝国覆亡直至 19 世纪中期，拉丁语和（自文艺复兴以来的）希腊语一直是高等教育或非世俗教育的主要内容。因此，尽管在西罗马帝国覆亡之后，西方发生了政治的、社会的和文化的沧桑巨变，但在两种文明之间仍然保持了相当程度的连续性。

政治哲学的问题

政治哲学通常被描述为对国家的"本质属性"的研究。按照这种理解，政治哲学与其说是去描绘在其各式各样的历史表现形式下，国家一般是怎样的，不如说是去确定在理想状态下，国家应当是怎样的，也就是说，在其一切历史形态中，我们认为国家要力求成为怎样的。在《国家篇》中，柏拉图展示了对正义之本性的探究，但这一探究的结果却成了对理想国家的描绘，或者至少也是对如下问题的回答：哪一类人应当统治国家，为完成这一任务他们应当做怎样的准备？亚里士多德的《政治学》讨论的主题显而易见是国家的本质属性，而其结果却表明，在他对国家的各种形式及其各种强弱特性的讨论中，乌托邦方案被边缘化了。

298　　　到了 16 世纪和 17 世纪，与形成国家需要何种制度的问题相比，理想状态的国家应当是怎样的就不再是强调的重心了。人们提出了主权观念，用以说明国家和寻求管理人类活动的其他制度之间的差异。在这一学说中所隐含的专制主义的要求，唤起了这样一种坚决的主张：如果国家对其公民的各种要求要成为合法的，那么国家必须满足哪些条件。服从国家的义务被认为要视公民的权利而定，而这些权利是"天赋"的，是先于国家自身的实在法（positive law）。于是，政治义务的基础问题，即个体的人格仅在何种条件下才有义务服从国家的问题，便被置于政治哲学的中心。人们的兴趣开始集中在得以公开表明的自然权利上，即各种类型的自由权、财产权和平等：在法律的约束下，有关政治参与、财富和收入的这些权利至少被视为政府是否令人满意、是否卓越的试金石，如果不作为政治义务的严格条件的话。对于那些仅在服从与不服从之间做出政治选择的人来说，政治义务是首要的问题。随着可行的政治活动范围的扩大，这些特殊的政治价值就与人们的政治选择的新的可能性相关了，例如，是仅作为投票者，还是也同时作为政党的成员和意见的表达者。

在阐发刚才描述过的政治哲学的具体理论细节之前，就列出更确定、更特殊的问题清单，这没有用处。在确定要考察的领域范围上，我们做的已经很充分了，即通过理性论证来考察和批判性地评估国家必须或应当追求的目标及追求方式。

希腊与罗马

城邦

西方世界在一般方面对政治的思考，始于公元前五六世纪的希腊世界，这个世界由 150 多个城邦组成。其中最大的城邦是雅典，人口约 25 万，其他绝大多数城邦都要小得多。它们通常在海边，或离海很近，背后的山谷借山势将它们与邻居分隔开来。这些地理事实说明了希腊尽管对共同的文化感到自豪，在政治上却是不统一的。走向海洋的希腊人，先是寻找食物，然后开展海上贸易，他们开始意识到那些与自己完全不同的道德习惯和政治制度。

上述背景促进了希腊黄金时代异乎寻常的理智爆发，但几乎不可能说明其原因。这次爆发包括了第一批而且至今无法超越的典范，这些典范涉及悲剧、哲学、抽象数学、历史、民主政府，当然也包括政治理论。在公元前 8 世纪至公元前 6 世纪的殖民时代，早期的部落王国让位于僭主，这是基于广泛的公众赞同而形成的超凡魅力型统治。殖民地纷纷建立起来，东至小亚细亚，西至西西里岛和意大利南部，以缓解人口膨胀造成的压力。在公元前 507

年，雅典从僭主克利斯梯尼（Cleisthenès）手中赢得了民主政体。

雅典式民主制把希腊各城邦团结在一起，在公元前 490 年的马拉松、公元前 480 年的萨拉米海峡，反抗波斯的入侵，最终在公元前 404 年，以严格苛刻的军事专制为特征的斯巴达击退了波斯人，但未摧毁之。雅典式民主制是直接民主制，而非代议制。所有成年男性，如果既不是寓居的外国人，也不是奴隶，那就都是公民大会的成员，公民大会通过抽签来选择执政的议事会。这是一项非凡的安排。绝大多数城邦都是贵族制的寡头政治，或多多少少受到欢迎的僭主政治。但在每一个地方，由于享有统治权力的政治单位规模小，皆是面对面的活动，每一个人都参与其中。发生在富有的地主和较为贫穷的手工业者、水手、小商贩之间的阶级冲突无处不在。因此，这就为思考政治的基本原则提供了动机和机遇。

以理性思辨的形式探究宇宙整体本性的希腊哲学，始于小亚细亚的殖民地。自公元前 5 世纪中期开始，即在击败波斯人大约 30 年之后，雅典和斯巴达爆发主要冲突（公元前 431 年）20 年之前，由于智者们的工作，希腊哲学又转向了对人和社会的研究。智者主要是教授修辞术的教师，修辞术是参与民主政治所需要的必不可少的演说技巧。柏拉图的老师苏格拉底，无论是在方法还是在兴趣上，都是智者的一员，但他反对智者们的怀疑论，也反对他们重视论辩的成功而不是发现真理。苏格拉底在公元前 399 年被重新恢复的民主制判处死刑，这也许要归咎于他众多学生中的两个人：富有天赋的叛国者阿尔基比亚德（Alcibiades）和无情的寡头克里底亚（Critias），他们都刚刚被推翻。柏拉图的两个叔叔也位居寡头之列，因此他也具有贵族血统。柏拉图《国家篇》中的理想国家就是理智上的贵族制，其中哲学家位居像斯巴达那样的社会的最前列。柏拉图不喜欢民主制是有强烈的个人原因的。

喀罗尼亚战役（battle of Chaeronea）发生于公元前 338 年，这时柏拉图已去世 9 载，而离亚里士多德去世尚有 16 年，这次战役终结了希腊城邦在政治上的重要性。一切都被并入了相对野蛮的马其顿帝国，亚里士多德的学生亚历山大大帝不久继承了帝国大统，并将帝国扩张为庞大却短命的世界帝国。希腊仍然作为三个部分之一并入帝国，直到陷落于罗马人手中才解体。罗马起初也是城邦国家，但在喀罗尼亚战役之后的 50 年间，罗马在意大利中部和南部确立了强势，并于公元前 202 年赢得了与北非敌人迦太基一系列战役的胜利。罗马是由贵族和独享特权的元老院统治下的共和国，然而，其制度却包含了民众代表机构的成分。罗马规模浩大的快速征服导致了旷日持久的内战，在公元前 31 年的亚克兴之战（battle of Actium）后，奥古斯都的帝国建立起来。他的后裔一直统治到尼禄驾崩，随后经过一个时期的混乱，由四个较有能力的皇帝统治，即从图拉真（Trajan）到奥勒留，帝国在一个世纪之内达到了最大规模，处于最为和平和繁荣的时期。此后，经过长期的政治动乱和经济衰败以及蛮族的压力，到 476 年西罗马帝国最终崩溃。

在这一时期，庞大帝国基本上是由军人统治的，哲学从公共领域退居私人生活，将自身主要限制在个人道德和获得心灵宁静的方面。尽管在法律和管理方面，罗马文明表现出前所未有的娴熟，但在政治思想上却是派生而来的。帝国的崩溃为奥古斯丁的《上帝之城》提供了契机，这是从基督教视角出发思考政治主题的第一次重要尝试。这一尝试为此后 1200 年的时代首开先河，将政治思考纳入宗教当中，并使教会与国家的关系问题成为压倒一切的问题。自此之后，宗教在西方就成了公民的分内事务，而不再是超越的东西——无论是作为希腊城邦和罗马共和国的有组织的公共仪式，抑或作为亚历山大和奥古斯都的帝国中对被神化的皇帝的狂热崇拜。

柏拉图

柏拉图有三篇对话讨论政治学，首屈一指的当属《国家篇》，但《政治家篇》和《法律篇》也不可忽视。《国家篇》远远超出了政治学的范畴，也不仅仅涉及教育、文学艺术的社会方面等相关领域，更是深入形而上学和知识论当中。其主要的政治成分是对理想国家的描绘和对无法实现这一理想的现实国家的各种形式的描述。柏拉图用知识论来支持这样的观点：唯有具有真知识的极少数人才应当享有统治权。整个讨论始于关于正义之本性的一系列论证，与智者的道德怀疑论针锋相对。

在《国家篇》的前两卷中，正义被视为个人及其行为的性质，而非政治系统的性质。欠债还钱、损敌利友便是正义，这两个想法显然过于肤浅，随便找些微不足道的批评意见就打发掉了。更严重的挑战来自塞拉西马柯（Thrasymachus），他认为正义是强者的利益，这也根本没有得到令人满意的处理。他没有诚意地耍了个花招，断言正义并不得到报偿，这不是对什么是正义这个问题而是对何种正义值得追求这个问题的回答。在《高尔吉亚篇》中，反对塞拉西马柯的怀疑论立场受到批判，这种立场是相当尼采式的观念：正义就是弱者压制强者的阴谋诡计。在《国家篇》中，这条思路是由格劳孔以比较温和的、显然合情合理的方式提出的，格劳孔认为每个人都为了保护自己（这是霍布斯政治哲学的核心原则），克制自己不去伤害他人，这样做的根据是人们的一致意见。为了反驳这种观点，柏拉图的代言人苏格拉底提出，自我保护不会提供这样的动机：克制自己不做那种不想被人发现的坏事。

302

经过这些伦理学上的铺垫，苏格拉底说，正义在国家这样较大的尺度上比个人的灵魂这样较小的尺度更容易清晰地被感知到，而这明显是政治问题了。他继续断言，如果一国的公民依其能力而适得其所，则国家是正义而有序的；这就是说，那些最理性的、具有真知的人担负其统治之责，那些精力充沛、胆气过人的人就负责保卫国家、维持秩序，而剩下的大量公民，即是依其本能和未曾反思过的欲望行事，则负责人人都需要的物品的生产。柏拉图由此推出，由理性、"激情"和欲望组成的平行等级，构成了个体灵魂中的正义或适当的秩序。

柏拉图非常关注他的统治阶级即"护卫者"的生活方式和教育基础。护卫者部分是根据遗传来选择的（辅以交配上的优生学安排），同时也要根据卓越的品质来挑选。他们不会拥有个人财产，而是生活在公共营房里，以防止腐化堕落。他们也不会有家庭生活，其配偶皆是公共的，而护卫者也对其孩子的身份一无所知，以此来激发公德之心而防止偏爱徇私。在其消极的方面，他们的教育使之要保护自己，不受艺术、音乐和文学的各种不完善形式在形而上学和道德上的侵蚀。因此，荷马及其关于诸神恶行的毫无教益的故事也被排除在外。在其积极的方面，得到激发的护卫者被引向这样的道路：经过数学而上升到最高的、被抽象得最稀薄的知识水平上（这里假定，几乎没有人会证明自己有资格走上这条道路）。由于数学关心的是永恒不变的东西，而这些东西的本性和关系又是借助纯粹理智的方式才被把握的，因此数学是哲学最终也是关于善的知识的基本准备。

303　　　坚信知识的对象，尤其至善本身是抽象的、无时间性的，这是柏拉图的知识论与政治相关的第一个论题。第二个论题是，我们所需要做的，就是当我们看到至高者时必须爱它，或者更准确地说，就是当我们认识到善是什么时必须追求善。按照通常的惯用说法，德性即知识。毫无疑问，在某种意义上，我们总是去做我们认为无论如何都是最值得去做的事情，而无论多么不合理或多么短视。柏拉图的第二个论题不管怎样也比第一个更能站得住脚，因为第一个论题是说，关于一般的善的知识和好的统治者所需的知识，就类似于纯粹数学，并有过之。

在《国家篇》的第八、第九卷中，柏拉图考虑了非理想国家的各个变种，将它们表现为从他思辨的理想政体开始一步步堕落的非历史性的序列，在他的理想政体中，统治者是最睿智的一群人（甚至是某个人）。理想社会先是让位于由军人统治的荣誉政体（timocracy），为武士精神所左右，而柏拉图发现这种变化很难加以说明。接下来荣誉政体又让位于寡头政体（oligarchy），富人的统治取代了荣誉卓著者的统治。寡头政体又屈服于民主政体，而民主政体最终被一切政体形式中最坏的僭主政体所取代。

在后来的两部对话即《政治家篇》和《法律篇》中，也出现了对实际的政体形式的关注。柏拉图把政体形式具体划分为一人之统治、少数人之统治和多数人之统治，并分别确定了各自的好政体和坏政体，即君主制和僭主制、贤人制①和寡头制、立宪民主制和无法律的民主制。《政治家篇》的主要论题是：国家的治理是应当遵循固定的法律（这一思想在《国家篇》中是完全缺失的），还是依照真正智慧之士的洞见。在柏拉图哲学生涯的这一阶段，由于他为叙拉古的僭主们所做的构建乌托邦的努力完全付诸东流，柏拉图幡然醒悟，不得不承认，可随意决定的理想是不现实的，因此，法律对有序国家来说必不可少。

在《法律篇》中，这种由于《国家篇》的各种方案而遭削弱的思想得以详尽阐发。在较早的对话中出现的许多论题再次出现，如女性的平等权、掌控和统筹教育的必要性等。非个人化的法律取代了个体的智慧，与此相一致的是对（在公共控制的标准下的）婚姻以及在统治者的财产方面（亦有限制）的让步。面对人性的虚弱无力，柏拉图为次优的国家开出了药方，即通过让某些制度角色向全体公民而不仅仅是一小撮思想精英开放，来寻求和谐。社会秩序的保证不是靠愚昧者向智慧者的屈服，而是靠各种势力的平衡。法律是不可避免的，各阶级的平衡也是必不可少的，这些原则后来成为亚里士多德《政治学》的主要原理。

由于柏拉图的《国家篇》不切实际，对统治者的真实需要漠不关心，反倒一直深受敬畏。例如，卢梭就对此钦羡有加，而那些打

304

---

①　一译贵族制（aristocracy），但在柏拉图（以及亚里士多德）那里，这种政体是由少数优秀的人来统治，而不是依赖于血缘的贵族制，故译为贤人制。

算把注意力从柏拉图方案的较为极权主义的方面转移出来的自由派亦复如是。在大英帝国最后但并不光彩的世纪,《国家篇》激发了通过考试选拔公务员的灵感;并且,《国家篇》仍然是关于思想精英统治论的最具诱惑力的篇章,由于它赋予饱学之士在一切事物的社会结构当中的崇高地位(尽管是艰苦辛劳、苦行僧式的地位),一直吸引着学者的目光。

亚里士多德

亚里士多德研究了大约 150 个希腊城邦的制度和分配公共职务的安排,然后以此为准备工作,撰写了内容略显混杂的《政治学》。尽管在马其顿人将希腊城邦并入其帝国 16 年之后,亚里士多德去世(享年 62 岁),但他仍然主张,真正的国家必须是小得足以让其公民彼此认识的国家。因此,就其细节而论,《政治学》乃是立足于过去的不合时代之举。亚里士多德的学生亚历山大大帝虽然将希腊文明波及远离其诞生地的亚洲,但也是被神化的统治者,掌管着空前庞大的帝国。

亚里士多德开篇即说出了那句名言:人依其本性,乃是"政治的动物"。但这并不意味着人人天生就是政治家,而是说唯有在以政治方式组织起来的社会中,人们才能实现其自然的卓越潜能。家庭和部族村落是较小的组织方式,仅仅依靠经济和生产的联系而形成,因此是不够的。一物之本性即在于按其本性实现其最高发展,这一基于生物学上的思想,就不如他的下述思想更历久不衰:对人类来说,好的生活只有在国家之中才有保障。这并没有为在他那个时代盛行的奴隶制进行辩护:希腊的奴隶是战俘及其后代,而不是没通过考试的人。尽管亚里士多德认为国家对文明来说是必不可少的，但他并不像柏拉图那样，相信政治活动是最高的生活方式。他认为最高的生活方式是思辨，是为知识而追求知识，而这对柏拉图来说，只是一种专业化的理想，虽然对他更合适，但他却主张，这不过是为统治者提供的一种公务训练而已。治国之术是实践的而非思辨的学问。

在政治方面，与在其他方面一样，亚里士多德的观点基本上倾向于以常识性的观点来稀释柏拉图在理论上的过度铺张。正如他从柏拉图本人的《巴门尼德篇》中获得了反对柏拉图的型相论的论证一样，亚里士多德对《国家篇》的批判也与柏拉图的《法律篇》颇多共同之处。他认为，理想化的博闻多识而富有德性的哲学王是柏拉图所需要的，但这能否实现却没有保障，因为自利的激情不可能根除。最好的切实可行的国家是基于法律的，他将其形容为"无激情的理性"。柏拉图关于理想的统治阶级的构想，与实际的人性是不相容的。如果将其付诸实践，则会建立起卑劣者的统治，而这样的统治者也会有卑劣的臣民。

在亚里士多德看来，公民是具有担任公职的宪法权利的人，而政体是分配公职的一系列规则。公民身份要求有闲暇，还要有能力和机会去思想，因此体力劳动者（当然还有奴隶）是不可能有此种追求的。政体的三种主要可能形式（即一个人、少数人或多数人的统治）既能够是正当的，即为公益之心所激发而以公共福祉为目的，也能够是不正当的，即追求的是统治者的自身利益。君主制、贤人制和"共和制"（polity，一种有限民主制）是正当的，而僭主制、寡头制和无法律的民主制（换言之，暴民统治）则是不正当的。

与柏拉图一样，亚里士多德也十分关心作为政治问题的教育，以及稳定和避免革命的问题。对他来说，教育特别是道德教育，不是理论上的专门知识的传授，而是培养良好习惯的训练。城邦的不稳定要归咎于当地的贫富冲突，富人想极力建立寡头制——称之为富豪统治也许更达意，而穷人则想要建立完全可以自由参加的暴民统治。法治能够用来保持这些相互抵触的偏好不逾越界限。少数人的特殊技艺需要多数人的赞同来补充，因为穿鞋的人才知道哪儿夹脚——亚里士多德也许是首次在政治意义上说这话的人之一。因此，如果少数贤人应当统治，那么多数人则应当能够投票。

《政治学》的中间几卷（第四、五、六卷）考察了城邦政治生活的实际细节。既然革命的主要原因是阶级冲突，那么稳定的国家就需要中产阶级来救平贫富之间的裂隙。某些权力向全体公民的普遍分配将减少暴乱的危险。亚里士多德一般认为，一国最好的政体必定在一定程度上取决于国家的规模、经济类型和自然特点。在此书较早的地方有一处相当不经意的描述，结果却对中世纪的欧洲造成了深远的影响。依亚里士多德之见，尽管财产对人来说是自然而然的，但其限度却应当限制在需要的范围之内，财产应当得到使用，却不能成为积聚的对象。高利贷尤其是对金钱不适当、不自然的使用。根据在经济上同样朴素的精神，亚里士多德坚持国家应当自给自足，尽可能少地依赖贸易；但他忘记了这个事实：正是葡萄酒和橄榄油贸易使希腊城邦有能力支持大量公民虽仅得温饱，却使空前的高水平文化成为可能。

斯多亚派和伊壁鸠鲁学派

希腊城邦先是被亚历山大大帝的帝国吞并，后又并入由纯马其顿人建立的扰攘不安的安提柯（Antigonids）王国，这两次吞并终结了希腊人长达约两个世纪的政治实验，即由城邦治下的大部分人直接参与统治的实验。但这种实验形式上是政治的急剧变化，实则为根本性的思考提供了原始素材，而这种思考又从习惯性的假设中解放出来，并在因文字读写能力的广泛传播而产生的全新背景下，得到了加速发展。书写不再是局限于宗教方面秘传的神奇事物，也不再是用于记账的实用工具，书写使人们能够全面学习如何写作包含充分展开的论证的著作。

在亚历山大的帝国分崩离析之后产生的国家中，希腊文明一直 *307* 在延续着。但这种文明是希腊化的（Hellenistic），而不是希腊的，因为它受到东方文化的影响，特别是埃及和波斯，而由希腊人统治的城邦将其植入。在这些城市中，最伟大的乃是亚历山大里亚，它是那个时代原创性思想的中心，主要在数学和自然科学领域展开了专门研究。行伍出身的君主通常隐于秘府，有时还被神化，他们的统治特点完全改变了政治思想和政治行为的特征。哲学大多放弃了政治学，而退居对个体灵魂的关怀，关心的是灵魂的幸福和拯救。就其希腊的形式而已，哲学仍然是世俗的，但东方的宗教，无论是神秘的还是信仰的，都日益让它黯然失色。

希腊化时代哲学理论的首要主题是如何在乱世明智地驾驭生活，如何在日常的福祉频遭危险的环境中获得心灵的安宁。伊壁鸠鲁学派推荐的是从公共生活中适度退隐的生活，而犬儒学派则拒斥一切常规的文明成果，如家庭、财产、政府，首开尚古主义（primitivism）之先河，而在整个历史长河中，尚古主义不断卷土重来，经由中世纪的千禧年主义①直至卢梭和托尔斯泰。斯多亚派认为，弃绝欲求可以最大限度地保证不受命运的损害。

在伊壁鸠鲁那里，政治哲学微乎其微，在卢克莱修的伟大诗篇中亦复如是——我们关于伊壁鸠鲁观点的许多知识都要依赖于这部长诗。明智之士的生活以避害为目的，这比获得积极的快乐更有可能实现。国家是人类发明的产物，在国家里，人们同意人不害我我不害人。国家不像柏拉图和亚里士多德认为的那样，是人类自我发展或完善必不可少的手段。伊壁鸠鲁主义以唯物论的方式拒斥超越的宗教和不朽的观念，驱散了对诸神和永恒惩罚的恐惧，并且采取了严格的工具性的思想，将国家视为保护性的便利手段，这些都预示了霍布斯的思想，尽管它着重于对伤害的恐惧，而不是像霍布斯那样强调对死亡的恐惧。契约观念作为政治权力的来源，在柏拉图的《国家篇》中已有所暗示，但只是匆匆一瞥，未加深思。自 16 世纪末直至 18 世纪中期，契约观念一直支配着政治思想。

犬儒学派激烈地排斥传统的世俗幸福，这一思想在斯多亚派那里被转换为更冷漠的轻蔑态度。犬儒学派的独立自足的明哲之士离群索居，而斯多亚派则观察犬儒学派所否定的人与人之间的区别背后的东西，全神贯注于将人们联结在一起的共同人性。犬儒学派认为世人皆被赋予了理性，因此世人在这个根本性的重要方面是平等

---

① 千禧年主义（millenarianism）是基督教神学末世论学说之一，认为在世界末日前基督将亲自为王，治理世界一千年。

的。于是，犬儒学派思想家得出了一种由所有人组成的理想社会的世界主义思想，在这种有可能存在的世界之国中，人人皆是其公民。他们将世界视为一体，将最直接意义上的自然视为符合理性的和谐秩序，为理性的神所掌控，并继续以此类比人类，将其设想为能够对自然法负责，而自然法就是关于理性行为的普遍适用的规则系统。在这种思辨性的思想中，客观性的道德与习俗和实证宗教分道扬镳了，这种思想给罗马法带来了生命力。当罗马帝国开始吞并越来越多的疆土之时，罗马法也不得不容纳其他社会的法律体系。万民法（jus gentium）思想也开辟出了道路，它作为不同社会之法律的共同剩余部分，被用来处理罗马人与非罗马人之间的法律上的互动。这种实用的权宜之计，由于根植于斯多亚派将所有人凝为一体的自然法的思想，而被赋予了更权威的地位，并让被征服国家的臣民成为罗马公民的做法在法律上得以完成。

斯多亚派的创始人季蒂昂的芝诺与伊壁鸠鲁一样，约在公元前300年（亚历山大死后约20年）建立了自己的学派，他与马其顿国王安提柯二世私交甚笃，他的一位追随者还曾教过安提柯的儿子。但是，直到罗马时代，斯多亚派才开始在政治上有影响，首先是解决了由于罗马人的势力范围急剧扩大而产生的法律问题，然后又类似于罗马帝国的官方哲学。最后一位值得注意的斯多亚主义者乃是皇帝马可·奥勒留，他死于180年，其时距斯多亚派的创立已有 *309* 500年。大约在同时，伊壁鸠鲁主义也黯然销声匿迹，并无直接的政治影响。

西塞罗和塞涅卡

罗马人长于战事、治理和法律，却不是原创性的思想家。罗马人中最著名的哲学家西塞罗乃是折中主义者，他也许过分谦虚地把自己的哲学创作形容为单纯的汇编。在帝国取代共和国的内战中，遵照屋大维（不久就成为奥古斯都）的命令，西塞罗于公元前43年被处决。无论如何，许多我们知道或信以为是亚里士多德之后的希腊思想的材料，要靠他才能得到。在他的时代，西塞罗作为一般公认的思想权威，因其公众声望和文学天赋而得到加强。他是元老院制、本质上也是贵族制共和国的著名而保守的捍卫者，在政界和法庭都极为活跃，以拉丁语散文的形式在各种广泛的主题上皆著述甚丰，这些散文自文艺复兴直至20世纪早期都是欧洲学童主要的精神食粮。被他视为偶像的共和国实际上已经崩塌。就他直接的政治上的忠诚而言，也像柏拉图或亚里士多德那样，与其时代相脱节。

基于他对罗马历史进程的有些异想天开的解释，他得出这样的结论：罗马共和国作为一种混合状态，接近完美理想，这就是说，就其两执政官而言是君主制的，就其元老院而言是贵族制的，就其公民大会而言是民主制的（他其实还可以补充说，就保民官的制度而言是民主制的，格拉古兄弟①曾革命性地利用了这一制度，他们

---

① 格拉古兄弟（the Gracchi），即提比略·格拉古（Tiberius Sempronius Gracchus）和盖约·格拉古（Gaius Sempronius Gracchus）。兄提比略于公元前133年任保民官，所提土地法案获通过后，特设"三人委员会"执行，遭到豪门贵族的反对，在选举保民官的公民大会上被打死。弟盖约连续当选保民官，推行其兄之土地法，并提出多项制约元老院的改革法案，引起与贵族派的武装冲突，后被杀身亡。

在内战中宣誓就职，但也成了牺牲品）。更有意义的是西塞罗的自然法理论即道德优先于政治的理论（这与柏拉图和亚里士多德不同，在他们那里二者几乎是一回事）。从此之后，凡是源自罗马的法律系统盛行的地方，凡是教会统一起来从而有足够的力量限制国家行为的地方，这种理论在西方政治思想中就是反复出现的要素（而且在很长的几个时期都占据着支配地位）。时至今日，它仍然活在人权思想即"天赋人权"当中。

斯多亚主义起初是一种私人化的个体智慧，是为达到超然的宁静而开出的药方。但是随着罗德岛的巴内修①约在公元前 2 世纪末期的活动，由于此时罗马已在公元前 3 世纪征服了迦太基、前 2 世纪征服了马其顿，成为整个地中海世界的霸主，斯多亚主义也变得越来越热衷公共活动，外向起来。在巴内修的理论中，服务于国家便会重新获得柏拉图和亚里士多德曾经坚持的态度。所有人根本上都是平等的，不管世人在能力、财富和社会地位上有多大的差异，都拥有与神的普遍理性一样的理性。这一幸运之神为世人规定了普遍的自然法，世人内在地具有此自然法的知识。国家的实在法源自习俗，而自然法就隐含在其中。一旦被世人意识到了，自然法也就能够被视为标准，以评判实在法的充分性和权威性。在柏拉图那里，理性是由思想精英垄断的，而在西塞罗那里，理性实存于一切人当中。法律应当承认这种平等化的特征。国家的真正权力就依赖于权力对客观正义的依附。西塞罗说，统治者的权力来自人民的有

310

---

① 罗德岛的巴内修（Panaetius of Rhodes，约公元前 185—前 110），中期斯多亚学派哲学家，罗马斯多亚派的创始人。

些难以捉摸的承认，即便没有可以设想的清晰的民主机制赋予这种承认具体的形式。

不过，这并不像它乍一看来那样是将权力的无情现实完全虔诚地合理化。在西塞罗死后近 500 年，罗马法经过查士丁尼发起由官方编纂为法典，与旧罗马共和国的苛刻法律相比，给像妇女、儿童、奴隶、罪犯等受压迫的群体制定了仁慈得多的条款。自然法的理想以某种方式远远超过了罗马帝国自己的实体法，这是罗马法学家潜在的预设，他们的工作在查士丁尼的法典编纂中达到了顶峰。

政治理念是人的最高的天职，西塞罗复兴了这一思想，但是，由于奥古斯都的继承者往往莫可名状地残酷而暴虐，在这样的时代，这种思想几乎不可能活跃而有影响力。尼禄是这些暴君中最坏的一个，而塞涅卡是尼禄的导师，却又被尼禄逼得自杀。他也是斯多亚派，但与早他一个世纪的西塞罗相比更难有成功的希望。塞涅卡自刎之后约 30 年，图拉真即位，一个好的、安全的、相对和平的统治时代开始了，一直延续到马可·奥勒留。之后，蛮族将领及其军队占据了上风，赢得了统治。可以理解塞涅卡为什么拒绝接受贤哲要参与政治的思想，因为这既危险，在道德上也可耻。他把客观的、永恒的道德与政治完全分开，而西塞罗却试图把这样的道德与作为实在法的检验和基础的国家的现实政治实践联系起来。

塞涅卡也并不认为这暗示着要完全退隐于公共领域之外。他以哲学家此前从未做过的方式强调，对减轻他人苦难的主动关注，这在道德中居于核心地位。希腊的伦理思想以一种关心自身的方式理解德性，即理解为个人的美德而不是仁慈的行为。他环视周围的人，或许也包括他自己，他敏锐地意识到康德所谓的"人性当中的根本恶"。他通过关于黄金时代的神化传达了这一思想。在黄金时代，人人皆生活在和谐的满足当中，在他看来，人之所以开始堕落，是因为占有这样一种强烈欲望。因此，国家和财产制度就是为了控制人性中的恶而建立的手段，以"矫正罪恶"。国家是应当被服从的，但这与对完善的追求没有多大关系，因为在他看来这种完善虽是社会的，却是非政治的。

西塞罗的自然法学说逐渐渗透在罗马帝国的法律思维当中。但到了这一过程在查士丁尼法典达到顶峰的时候，蛮族已然摧毁了西罗马帝国。但是罗马法仍然存活于拜占庭帝国，并在 11 世纪和 12 世纪在西欧重现。自然法的思想在中世纪盛期被吸收到政治思想当中。塞涅卡曾把仁慈的德性与抑制罪恶的政治令人悲哀地分离开来，这时却表现出更直接的预见性。它符合早期基督教的政治态度，即将国家视为已经堕落的人类的一部分负担，某种被动忍受的东西，而道德的完善则是通过个人的善行去追求的，当然也要通过信仰、禁欲苦行的实践和对宗教仪式的遵行。

上帝之城

基督教从前基督的犹太教派生出一种强烈而严苛的一神论。圣 *312* 保罗拒绝承认犹太人的独占排外地位，而极力让一切人都皈依基督教，并完全放弃了割礼这种阻碍基督教传播的繁文缛节和饮食上的规定。以色列早期的国王服从于先知强烈的道德批判，这可谓中世纪教会与国家之冲突的预演（这种冲突始于 4 世纪圣安布罗斯的鲁莽行为）。结果，朱迪亚（Judaea）① 一度成为由高级教士所统治的神权政治；而在希律王死后不久，即约在耶稣出生的时候，罗马人确立了小行省总督（procurator）的直接统治。犹太人期望弥赛亚赶快建立起他的地上之国，以补偿他们所承受的历史上的苦难。但是，他们长期持久的不幸激励着死后灵魂的复活这样一种相当空洞的信念，使之成为充分发展了的彼岸世界理论。这对于基督教也是核心思想，使基督教放弃了对世俗权力的一切野心，但精神权力除外。

作为一个由犹太教之外的激进者组成的小团体的领袖，基督和圣保罗提出了绝对服从国家的政治理论，基督的表述是"该撒的物当归给该撒"，保罗则是"掌权的都是神所命的"②。但是，这种政治服从有一个至关重要的限制：基督徒不能够崇拜自奉神圣的帝王。而对罗马当局来说，这相当于叛国，必遭严惩，当然，这种残酷的迫害最终是无效的。基督教的信众不仅在数量上与日俱增（特别是在士兵当中，因为这种职业自然使彼岸世界的观念非常吸引人），而且在组织化力量上也在激增。在使基督教成为帝国的官方宗教的过程中，君士坦丁大帝承认了其臣民对基督教的依附程度。

在拜占庭帝国，帝王权力仍然保持着相当多的原来的效力，而教会虽然被赋予了荣耀和财富，但仍然处在帝国当局的牢固掌控之下，而教会本身也是帝国建立的，其主要教士也是由皇帝任命的。在四分五裂的西欧，基督教社群在你争我夺的一系列政权之间广泛

---

① 古巴勒斯坦的南部地区，包括今以色列的南部地区和约旦的西南部地区。
② 分别出自《马太福音》22：21 和《罗马书》13：1。

传播，绝大多数蛮族国王都皈依了基督教。他们也像后来的帝王一样，从未具有足够强大的力量以长期统治教会。圣安布罗斯威胁狄奥多西一世①，因他在萨洛尼卡的大屠杀而要将其逐出教会，从而使狄奥西多服从于他。但是，安布罗斯宣称，唯有精神权力能统治世俗权力。这虽然离基督和圣保罗隐忍顺从已然走出了一大步，但对于名副其实的神权政治来说仍需继续前行。直到新教改革，这些较老的观念才适得其所：这就是路德的绝对服从和加尔文的神权政治。

在 5 世纪的前四分之一世纪，圣奥古斯丁撰写了巨著《上帝之城》（*City of God*），此书首次回应了这样一个论断：罗马陷落于亚拉里克②之手乃是基督教的罪过——直到 18 世纪吉本诊断罗马衰亡的原因时，这种观点仍然属于其诊断的一部分。在书中，奥古斯丁在上帝之城和人间之城之间做出了详尽的区分，二者分别象征耶路撒冷和巴比伦。奥古斯丁明确指出，这既不表示教会与国家对立，也不说明天堂与人间对立。国家的某些行为值得神的肯定，而某些基督徒的行为却不会得到神的赞成，当然绝对无误的教会不会如此。通过教会教导信仰，指导行为，而在世界中实现其精神性的任务，上帝之城就会降临人间。如果国家保护教会，而行正义之事，则国家亦属于上帝之城的扩展部分；但若作为精神性权力的教

① 狄奥多西（Theodosius，347—395），东罗马帝国皇帝（379—395）和西罗马帝国皇帝（392—395），在位时镇压了人民起义，立基督教为罗马帝国国教（392 年），迫害异教徒，毁坏异教神庙。

② 亚拉里克（Alaric），西哥特国王（395—410），395 年洗劫希腊，410 年入侵意大利征服了罗马。

会凌驾于国家之上，则它不会去做国家的工作，而只是在国家行不义之举时，去抗议并实施纯粹宗教上的制裁。

在奥古斯丁的时代之后，教会的势力和统一稳步增强，而国家则越来越虚弱，越来越不稳定，一天天分崩离析。教会的优势弥补了军事力量的不足，因为其精神性的武器库比国家配置的常规武器具有更持久的效力。教会的信条是：人真正的命运不是此岸的，不是让命运把自己限定在人世生活的处于奴役状态的方方面面，而是坚信正确的信仰，履行所需的宗教职责，正确地遵循爱你的邻人的原则而行动。教会认为，只要精神性的需求得到尊重，国家对尘世事务的管理就在教会能力之外。与其他划分权力界限的做法一样，这种安排也导致连续不断的界限之争，不过，这种划分把教会和国家的影响分为大体上独立的领域，尽管受到像 1378 年至 1417 年的天主教会大分裂（Great Schism）那样的干扰，仍然保留下来，直到 16 世纪的宗教改革。

314

中世纪

从蛮族王国到封建社会

西罗马帝国于 476 年最终覆亡，但这并不会立刻导致社会和政治上的根本性崩溃。罗马帝国的西方领地被一系列日耳曼部落分为若干相当大的部分，这些部落包括北非的汪达尔人、西班牙的西哥特人、意大利的东哥特人和高卢的法兰克人。他们在很大程度上已经基督教化了，对罗马文明的态度也绝不只是破坏性的。在他们建立的强大的王国中，保存了大量罗马文明。但是，东罗马帝国皇帝查士丁尼重建罗马帝国昔日辉煌的野心，虽然只得到暂时的部分实现，却在其崩溃中既遭到了更猛烈的入侵（如在意大利的伦巴底人的入侵），也在他于 565 年去世之后造成了政治混乱和普遍分裂。自 7 世纪开始，他的反攻力量被新的入侵者逐步蚕食。后来被查理大帝（他以于 800 年被教皇加冕为神圣罗马帝国皇帝而著名）再次统一的大部分西欧疆土不久便分崩离析了。

封建主义是一种设计，在中央集权的罗马政体分解为碎片之后，通过封建主义，一种凝聚措施被引入这些碎片中。较小的领主是经济上自给自足的采邑的主人，并具有自己的廷臣和极其有限的军力，他们是拥有更广泛领土的较大领主的封臣，并向大领主提供军事支持和日益增加的金钱。大领主反过来又是国王的封臣，国王与他们很相似，只是疆域更大而已。如果封臣经国王批准而开始成为领主，那么在其他方向上也是一样，即较小的领主将自己置于较大领主的保护之下。名位和土地首先是由军事威力来保障的，但也为习俗和法律所保持，并通过继承而不是豪夺来沿袭。

最终，随着服役让位于货币地租和直接赋税，拥有在地理上确定的和在文化上凝聚起来的领土的君主，如英格兰、法兰西、西班牙的君主，逐渐开始将其贵族降为臣民，即便是那些非常富裕、强大的也不例外，而地方的管辖权也开始被并入国王的宫廷。这在爱德华四世时代的英格兰就十分明显；在法兰西，小心翼翼而又十分幸运的路易十一，也存在着对诺曼人的中央集权的继承；在西班牙，因费尔南德和伊莎贝拉，情况也是如此。经过了上千年政治上

315

斑驳杂陈的即兴表演，其中君主国只是边缘化的时断时续的存在，到 16 世纪，民族国家就已经出现了。

由于入侵西方的蛮族破坏性的冷漠，而教会对宗教则带有虔诚而低级的妄想，文化和学问在很长时期微不足道，备受压制。波爱修在奥古斯丁死后一个世纪即 525 年，死于东哥特国王狄奥多里克之手，安瑟尔谟作为第一位真正的中世纪大哲学家，距波爱修 600 余年，而在两人之间只有一位值得注意的哲学家，这就是约翰·司各特·爱留根纳。爱留根纳是 9 世纪的新柏拉图主义者，他从爱尔兰这个孤立的文化避难所（不久即为北欧人所征服）迁往法兰克国王秃头查理（Charles the Bald）的宫廷。他与政治几无干涉，我们也无话可说。

在中世纪的黑暗时期（5 世纪至 11 世纪），没有人用抽象或一般性的概念深入思考过政治，也没有听众倾听这样的言说。黑暗时期统治者的精神素养乃是一种混合物，混合了日耳曼人对战争纽带的记忆与过去罗马皇帝的某些丰富多彩的遗物，其中最值得注意的是查理大帝就任神圣罗马帝国皇帝。经过他短暂的帝国统治，神圣罗马帝国在 10 世纪中期开始复苏，直到 13 世纪的霍亨斯陶芬王朝①末期，似乎可以接受的是，帝国将自己表现为西方基督教世界最高的政治权力。自此之后，神圣罗马帝国皇帝实际上是经选举产生的日耳曼民族的领袖。

中世纪政治思想的核心论题是教会与国家之间的适当关系。虽

---

① 霍亨斯陶芬（Hohenstaufen）系统治神圣罗马帝国（1138—1208，1215—1254）的德国家族。

然教会与国家都承认世界性的领袖，但当教皇作为中央集权的教会
领袖稳步地日益强大的时候，皇帝拥有的大概还算世界性的国家却
日益缩小和削弱。在实际方面，将教会与国家的冲突置于紧要关头
的事件是：教皇格列高利七世将对主教的非神职任命谴责为买卖圣
职罪，并且将神圣罗马帝国皇帝亨利四世逐出教会，因为他就犯了
这种罪。亨利四世在卡诺莎（Canossa）向教会屈服，因为教皇宣
布免除皇帝的封臣对他的效忠，从而瓦解了他的皇权。在 10 世纪，
罗马教廷腐化堕落，始于此时直至 11 世纪中期的克吕尼改革运动①
重建并加强了教廷。

316

教会与国家

在千禧年之后的 11 世纪，欧洲进入了新的稳定和繁荣时期。
外部的入侵者基本上都被击退或同化，有序的政府普遍建立起来，
新的农业基础和贸易的复苏一起，使人口和财富得以增加。教廷得

---

① 克吕尼改革运动（Cluniac reform movement）系 10 世纪至 11 世纪克吕尼修道
院发起和领导的西欧天主教改革运动。克吕尼修道院在法国东部勃艮第，于 910 年由阿
基坦公爵虔诚者威廉建立。10 世纪至 11 世纪，针对罗马教廷势力式微，教廷腐化，该
运动要求改变现状，进行改革。克吕尼运动始于克吕尼修道院第一、二任院长伯尔诺
（910—927 年在任）和圣奥多（927—942 年在任）之时。他们提出，僧侣必须遵守西欧
修道院原有的本笃法规，强调守贫（不置私产）、守贞（独身）、服从（服从修道院领
导）；主张严格隐修生活，整肃宗教礼仪；反对世俗势力控制修道院及侵蚀其地产。克
吕尼修道院的主张赢得不少教俗人士的支持。11 世纪中叶以后，教会改革运动迅速展
开。不少改革派教皇，出身于克吕尼派修道院。如大力推行改革运动的格列高利七世，
曾为克吕尼派修道院僧侣；卡利克斯图斯二世（1119—1124 年在位），在克吕尼院长任
内当选为教皇等。12 世纪中叶，克吕尼派修道院分布于欧洲各地，总数达 314 个。12 世
纪中叶以后，随着克吕尼派权势显赫，财富激增，以反对僧侣世俗化起家的修道院本身
也世俗化了，克吕尼运动遂丧失其历史作用，逐渐衰落。

到净化，力量也大大加强，它与皇权之间的冲突为崭新的政治思想提供了契机。当时占主导地位的假设是：教会与国家是普遍的制度，每一个都在唯一领袖的统治之下，即教皇与皇帝。二者都有各自适度的行动领域，一是作为不朽灵魂的拥有者而对人的精神统治，一是处理人间事务的对人的世俗统治。二者之间的碰撞是不可避免的，这主要是因为世俗统治者的行为常常招致教会的道德责难，同时也因为教会开始成为巨额财富的所有者，这些所有者中的主要人物是那些封建巨头。

不过，这两派都不支持各自的极端立场：一是神权政治，它认为在世俗事务上国家并不比教会更起作用；二是国家全能论[①]，它认为教会应成为国家的一个部门，实际上就如同在拜占庭帝国一般。政府是神圣的而非神职的机构；同样，教会是神圣的而非政治的机构。神权与皇权是有区别的。捍卫国家独立于教会的论证基本上依赖于习俗；而教会至上的支持者则回归先例，即扫罗（Saul）统治下的犹太国是由先知撒母耳创立的，以及为查理大帝加冕的是教皇（因此可以推出后者赋予前者权力）。他们还诉诸中世纪黑暗时期晚期的大量伪造的东西，既包括假的教皇敕令，这些赝品的目的是保持主教的自由，不受世俗的干涉，也包括君士坦丁大帝的惠赐书[②]，这意味着君王的权力乃是教皇让步的结果，因为君士坦丁

----

① 国家全能论（Erastianism）由瑞士神学家、医生埃拉斯都（Erastus，1524—1583）提出，主张宗教应受国家支配，反对加尔文宗运用教会权力判定人异端罪而处以刑罚。

② Donation of Constantine，文件名。据说其载明罗马帝国君士坦丁大帝授予教皇希尔维斯特一世及其后历代教皇凌驾于其他大牧首之上的地位、统管信仰和崇拜事务之权、管辖罗马及整个西部帝国的世俗权力。这份文件现已公认为伪造，但在中世纪，无论是赞成或反对教皇权力的人，基本上都相信它是真的。

在成为基督徒的过程中，曾交出权力，向教皇投降，而教皇不过是将权力有条件地交回给他而已。

日耳曼人对王权的理解是从统治此前的罗马帝国的蛮族统治者那里传入的，这种观点认为王权既是根据世袭和神意而确立的，也受到社会的习惯法的限制。如果国王破坏了这一法律，应当做什么的问题就导致这样的结果：把道德谴责的权力分配给最明显的道德权威，即教皇。而捍卫国家应免于教会干涉的人则能够求助于关于绝对服从的早期基督教理论，并能够论证说，教会的教皇集权乃是改革中产生的越权。承认教会的道德权威并不是把至高无上的权力归于教皇。

公开谴责君主是一回事，将他逐出教会则是另一回事，因为后者将解除君主所有的臣民对他的服从义务。一般来说，教皇职权支持者的论证是：由于君主会行为不当，违背基本法，背弃他的加冕誓言，所以就存在着反抗君主的权利。而索尔兹伯里的约翰（John of Salisbury）则采取了更极端的立场，他在 1159 年的《综合批评家》（*Policraticus*）中为诛杀暴君（tyrannicide）的权利辩护，在极端情形下这甚至是一种义务。他生于普遍的思想觉醒时代，首先是新的僧侣学校的创立，然后又从中相伴而发展出大学。自 700 多年前奥古斯丁的《上帝之城》之后，他的书是第一部实质性的政治思想著作。他的思想方式是传统的，援引的是西塞罗、罗马法和教父作家。亚里士多德著作的重新发现虽然后来支配着中世纪晚期思想，但在那时才刚刚开始，索尔兹伯里的约翰无从借鉴。不过，他在两个方面与亚里士多德相似：一是他的论著相对缺乏系统性，二是其著作忽视了自己时代的主要政治现实。他的著作不仅让人觉得

318　仿佛罗马帝国仍然存在，而且忽视了封建制度，正如亚里士多德忽视了世界帝国时代的城邦的衰败一样。

　　在中世纪盛期（即在 11 世纪晚期和 14 世纪晚期之间），教会与国家之间存在着三次冲突，每一次都激起严肃的政治思想的爆发。第一次冲突是教皇格列高利七世在 1075 年引发的，他禁止世俗国家私授主教之职，并于次年将亨利四世逐出教会，此事导致这位皇帝在卡诺莎向教会屈服。11 世纪晚期的劳腾巴赫的马内戈尔德（Manegold of Lautenbach）和 12 世纪的索尔兹伯里的约翰挺身而出，支持教皇，并为教皇谴责邪恶的统治者是暴君的权力做了论证。马内戈尔德把暴君描述为对统治者及其臣民之间的根本性一致的违背。但这一思想也暗中颠覆了教会的至高地位，因为它并非将统治者的权力基于教会的认可，而是基于公众的普遍同意。第二次冲突发生在教皇卜尼法八世（Pope Boniface VIII）和法国国王美男子腓力（King Philip the Fair）之间，从 1296 年一直延续到 1303 年，为的是争夺教会财产的税收。卜尼法关于教皇至上极其夸大的主张在随后的实际政治斗争中被完全击垮。在这第二次冲突之前不久，托马斯·阿奎那在一系列著作中，提出了最具代表性和影响力的中世纪政治思想，其中有些著作在他 1274 年去世时尚未完成。亚里士多德的《政治学》在 1260 年被译为拉丁文，阿奎那是将亚里士多德的政治思想融入基督教框架中的第一位中世纪思想家。

　　卜尼法关于教会至上的主张是由爱基丢斯·科隆纳（Aegidius Colonna）于 1302 年奠定的，此人亦称罗马的吉莱斯（Giles of Rome），是阿奎那的追随者；巴黎的约翰马上就捍卫了相反的立场。十年之后，但丁的《帝制论》（*Monarchia*）提出了一项不合时宜的折中主张，肯定了教会与国家的同等权力。再往后十年，在德国内战时期之后，教皇试图干涉皇帝的选举，这导致了第三次冲突，激发了帕多瓦的马西基里奥（Marsiglio of Padua，又译马尔西留）和奥卡姆的威廉的更为彻底的世俗政治理论。他们提出了一个此前从未被详细考察过的问题，即教皇要求在教会内具有至上地位的问题。1378 年的天主教会大分裂标志着要求取得职位的各色人等之间的长期竞争开始了，一场广泛的思想运动支持着这样的思想：唯有教会的大公会议（言外之意是所有基督徒的代表），才具有最终的教会权力。此后，在威克里夫和扬·胡斯那里已经表达出对后来新教对抗罗马谕令的预见。

319

阿奎那

大多数中世纪政治思想很少依赖于抽象的哲学基础，其大部分推理都援引成例，包括《圣经》的、教父的、历史上的以及法学上的，例如以色列诸王和先知的关系，基督和圣保罗对当时政权的态度，奥古斯丁将国家视为原罪的补救这种西塞罗式的观点，把罗马帝国的长期兴旺视为神圣承认的标志，以及乌尔比安①的格言——王令即法律。就此而言，与其说当时的政治思想是政治哲学史的一部分，不如说是政治论争史的一部分。但在亚里士多德似乎万古常新、空前广泛的著作的启发下，阿奎那试图将政治原理置于普遍理性的基础之上。

————————

① 乌尔比安（Ulpian，约 170—223），古罗马法学家，罗马帝国五大法学家之一，主要著作有《萨宾努斯派民法评注》《民法和告示》等。

尽管阿奎那与温和的教皇至上论者意气相投，但他将实质性的独立权力赋予了国家。人天然是社会的人，倘若不是社会的一分子，人就不可能实现力所能及的完善，既包括幸福也包括德性，因此在阿奎那看来，政府对社会是必不可少的。善是统一的善，是共同的善，应当为某种统一的东西所追求，这就是君主，君主是上帝这位宇宙之主在尘世的相似物。因此，国家不是人堕落获罪的结果，而是上帝设立的事物本性的一部分，先于人行使其自由。不平等也是如此，政治征服的不平等是一类，而奴隶和财产制度是另一类，是人性软弱的结果。因此，阿奎那一方面不同意亚里士多德关于奴隶制的观点（亚里士多德认为奴隶制对**某些人**是"自然的"），另一方面也接受了亚里士多德关于财产的论证，即每个人都能最好地照看属于自己的东西。他主张，减少贫穷是国家的责任，也是个人的义务，出于同样的精神，他说，如果饥饿的人只取其所需，就不是贼。他禁止高利贷，将其视为售卖尚不存在的东西。

既然国家是自然的，而且在阿奎那的意义上是上帝为人设定的目的的一部分，国家就独立于教会，而教会也不应干涉世俗权力的行使。不过，前提条件是统治者不是暴君，所谓暴君，阿奎那相当宽松的解释为：不配统治的，或通过暴力攫取权力的，或用权力反对公共利益的。他说，暴君比推翻他的人更犯有煽动暴乱之罪。在与人之终极目的（即来世）相关的一切事务上，教会（即精神权力）是至高无上的。显然就是这些思想成了明显争执不下的话题。

阿奎那政治哲学中最细致地殚精竭虑创作的部分是他对各类法律的解释，其数目有四。其一是上帝的永恒之法，这是上帝施于整个宇宙的普遍秩序系统；其二是神圣之法，这是上帝通过《圣经》向人揭示的；其三是自然法，这是能够普遍应用于行为的规则，无论何时何地都彰显于理性面前；其四是人法，既包括从自然法推演出来的特定规则，也包括与自然法一致而应用于特殊情形的规则。上述四种并不都完全符合阿奎那对法律的著名定义：法律是"为了公共福利而出于理性的命令，由任何担负管理社会之责的人予以公布"。合理性是自然法的特质，公开颁布是人法的特质。在法律理论中，阿奎那并不是将理性和意志合为一体，而是作为彼此相邻的部分联结起来。

在这里简要提及阿奎那关于犹太人的思想有冒犯之嫌，但他的观点固然可以反驳，却也是相当有代表性的。因为犹太人杀死了基督，所以被谴责遭奴役之罚。他们应受适度的压制：使他们穿戴与众不同的服装，取消他们从日常赖以维持生计的高利贷中获取的收益，因为那是一种偷窃。阿奎那曾认为，基督教信仰应通过宣讲使人接受，而不应通过暴力强加于人，但那张准予压迫犹太人的特许状与这一观点之间存在着一定的紧张。

他的追随者爱基丢斯·科隆纳更加极力强调精神权力的至上 *321* 性。在他看来，财产和政治权力都是驾驭或主宰（dominium）的不同形式，唯有取得教会的认可，才具有合法性。精神权力在内在本性上就高于世俗权力，而且应当统治后者；二者相互联系，有如灵魂之与肉体。因此教皇作为精神上的君主必定具有充足的权威（*plenitudo potestatis*），即绝对的权力以确立和控制世俗权力，只要世俗权力的运用包含着道德的原罪（而爱基丢斯认为这简直是再通常不过了）。唯有教皇，基督的代理人，因为与上帝的直接联系，故拥有神圣的统治权力。

正当这种关于教会的极端观点以及特别是教皇专制主义被提出之际，教廷本身在法国却堕入新的国家君主的权力统治之下。爱基丢斯曾捍卫过的教皇卜尼法八世，也就是那位宣称对教皇的至高无上性的信仰是拯救的前提的教皇，于 1303 年去世。六年之后，在法国教皇克雷芒五世统治下的教廷迁往阿维尼翁，受法国控制。直至 15 世纪早期，阿维尼翁都有教皇，而随着 1378 年天主教会大分裂，在罗马也有教皇。教皇和教会中其他重要人物的奢侈和腐化，在由男隐修士组成的方济各修会当中激起了猛烈的批判，奥卡姆的威廉就是其中一员。教廷最终在罗马得以重建。从此之后，它仍然是意大利占主导地位的机构，但也从未重新赢得在公共事务上发号施令的地位，而在其 11 世纪的重振与其在阿维尼翁的巴比伦之囚①之间的时期，教廷是拥有这样的地位的。

反教皇至上论：但丁、马西基里奥和奥卡姆

巴黎的约翰是爱基丢斯的同时代人和对手，他为法国国王腓力提供思想支持，正如爱基丢斯之于教皇卜尼法。他引人注目地认识到当时的政治形势，实际上抛弃了大一统帝国的观念。他主张，信仰是一，因此必定要由单一教会来教导和保存。但是，人世间环境多变，因地制宜才能最好地加以利用。王国是自给自足的共同体，但这并不意味着教会应当控制国家。世俗政府比基督教的启示更古

① 巴比伦之囚，指犹太王国先后在公元前 598/597 年和公元前 587/586 年被征服后，犹太人被大批掳往巴比伦国之事。此处系比喻。

老，后者只是为国家增加了新的责任（即保持那些能使教会繁荣的条件），而不是取而代之。教会的财产权问题是卜尼法和腓力冲突的焦点，约翰对此的主张是：教会财产是公有的，因此教皇是其管理者而非所有者。这里不涉及任何自然权利，因此国家可以合理征税。与对精神权力的限制一样，约翰试图削减教皇在其中的名位，这就是说，设立教皇是为了便于管理，而教皇不是专制君主，他附属于教会的大公会议，这一思想完全吸引了 15 世纪政治思想的注意力。

　　一种不甚实际、不太系统的反教皇至上论的形式是大约十年之后由但丁在《帝制论》中提出的。从帝国是基本的政治制度这一假定可以看出，该书是保守性的著作。它在政治思想史中的地位是对但丁极其伟大的文学声望及其典雅风格的赞美，而非称颂其推理论证的力量和中肯。但丁利用了一切得到承认的资源：亚里士多德，犹太历史和罗马史，《圣经》，以及民法和教会法。表面上他在教会和国家之间保持公平，复活了 5 世纪的教皇基拉西乌斯（Gelasius）的观点，即上帝有两把剑，其中一把授予了一切教士。大一统的君主对于世界和平是不可或缺的，也是人世福祉的主要条件。君主的权力直接来自上帝，而非上帝的代理人。罗马人正确地接受了最初的罗马帝国，帝国的长期兴旺确立了它由神意而产生的本性，这一论证不无问题地假定，在罗马帝国本身及其衰败之间存在着真实的连续性，神圣罗马帝国的后裔即其中之一。但丁古怪地认为，基督之屈服于彼拉多，以及他对罗马刑罚的接受，相当于认可罗马有权将他处死。这很难与基督的话相符，因为他说"父啊，赦免他们！

因为他们所作的，他们不晓得"①。他否认教会从君士坦丁的惠赐书中派生出任何权力（该事件直到 1440 年才被证明为伪造），因为皇帝没有权力将他从人民那里接受的统治权授予教皇。

323　　　1323 年至 1347 年，教廷试图干涉皇帝的选举——皇帝在那时候顶多是德意志和意大利的统治者，在此前的 1321 年，罗马教廷宣布，方济各会关于清贫福音的理论是异端。现在，教皇的对立方开辟了两条前沿阵线，一方面是直接反对教皇在其精神权力范围之外僭越涉足世俗事务，另一方面是反对教皇对教会本身的独裁统治。

对教会内外的教皇权力最著名的系统攻击，是帕多瓦的马西基里奥的《和平保障论》（*Defensor pacis*）。他与此前的但丁和两个世纪之后的马基雅弗利一样，特别关心教廷施加于意大利政治生活的阴谋诡计所引发的灾难性的政治后果，其中最关心的是意大利北部的城市共和国。民族性君主国出现在法国和英国，这一过程被百年战争延缓，却在其行将结束时得到强化。在德意志和意大利的帝国领地，统一过程一直受到阻挠，直至 19 世纪。马西基里奥的理论却具有普遍性的而非纯粹地域性的应用。对于帝国，他几乎未置一词。

马西基里奥与阿奎那对法律的四重划分彻底分道扬镳，他只承认两类法律：神圣之法（包含着启示的道德和宗教内容）与人法（即国家的主动立法）。他以亚里士多德的方式将政府视为人的自然事物，而法律则是政府的基础，其目的是否定性的（防止冲突），

---

① 语出《路加福音》23：34。

而不是较高贵的（帮助人完善）。真正的法律包含着强制性的约束，因此不具有世俗约束的神圣之法实际上是个隐喻。作为立法者的政府等同于人民或其代表，这些代表被视为社会的"较强大的部分"（*valentior pars*），是具有最高资格的部分。他认为立法者不同于行政者，如果行政者不依赖于同意（在理性情况下它应选举产生），则是暴君，因此是不合法的。这里暗示着权力分立和大众政府的思想。

马西基里奥特别渴望将这些原理应用于教会。教职只是共同体的社会因素的附加物，无论是教职还是教皇都不等同于教会本身，因为教会是全部基督教信仰者的整体。基督教界的真正制度化的表达是大公会议。根据他的政治立法者的类比，他相信，大公会议应当在数量上有代表性。教皇作为教会的执行者，本质上是出于管理的便利。教会的任务是布道和教化，是让自身关注超越世俗的事务，而不是去统治。

在这些思想中既预见到了路德的思想，即"凡信徒皆祭司"，也预示着后来的新教思想，即宗教联合的资源特征。因此，马西基里奥受到教会的谴责也就不足为奇了，但他的理论似乎没有太直接的影响。教会内部的最终权威是大公会议，这一论点在 15 世纪成为政治纷争的主要问题，但他的国家全能论观点将教会视为国家部门，这需要更长的时间才能得到严肃的考虑。他那无拘无束的世俗主义确实走在了时代的前列。

他的一般立场与奥卡姆的威廉有很多相同之处，尽管奥卡姆的宗教信仰不那么值得怀疑，二人也相互辩驳。与马西基里奥一样，奥卡姆也有关于国家的否定性思想，在他那里是将国家视为惩罚作

324

恶者的工具。自他逃出教皇的愤怒惩罚，到慕尼黑的皇帝巴伐利亚的路易斯（Lewis of Bavaria）那里寻求庇护以后，他就强调皇帝是最高的政治权威的观念，这自然可以理解。人有自然的权利去选择他们的统治者，这种选择是通过选帝侯以皇权的形式实施的。教皇与皇帝或其他世俗统治者的权威无关。

奥卡姆的主要目的是抗拒教皇的专制主义和侵略，特别是教皇对方济各修会所坚持的清贫福音论的谴责，奥卡姆是该修会的一员。牧师需要一些财产来维持生活，但使用权不等于所有权。他认为教廷最近的行为，无论是在世俗领域还是在教会内部，都是不可接受的专制主义变革，带来的是教皇统治下的教廷和教会的腐化。奥卡姆和马西基里奥一样，只是不带有那么激进的世俗意向，也想以体现基督教界的总体意志的大公会议来限制和控制教皇。

中世纪的结束

旧式的历史书通常把中世纪结束的时间定为 1453 年，其标志是君士坦丁堡陷落于土耳其人之手（以及百年战争的意外结束）。不过，彼特拉克作为第一个可辨认的文艺复兴人士，死于 1374 年。从一个历史阶段到另一个历史阶段的转换，可以合理地置于自 14 世纪中期到 15 世纪结束的时期，到了这一时期，文艺复兴的思想和文化的方方面面甚至已在英格兰落户。除威克里夫之外，没有值得注意的政治思想家，实际上这一时期的英格兰在任何方面都没有值得一提的思想家，至少与介于 13 世纪开端的格罗斯泰斯特①和 1349 年奥卡姆去世之间原创性思想家灿若群星的时代相比，确是如此。欧洲大陆倒不是那么贫瘠，但在 16 世纪早期的马基雅弗利之前，也没有产生重量级的人物。

在这一时期的早期阶段，对政治思想来说最令人沮丧的问题是这样一个丑闻：存在着两个教皇，一度还有三个。这一状况瓦解了已然成为强烈批判对象的制度，为了应付这一状况，教会转向了批判者开出的药方：大公会议，或者更准确地说，是一系列大公会议。康斯坦茨公会议（The Council of Constance）从 1414 年一直开到 1418 年，带来了教廷的重新统一，虽然已比此前虚弱了。公会议作为制度最终被教廷所压制，在 1545 年的特伦托公会议（Trento）和 1869 年的第一次梵蒂冈公会议（Vatican I）之间，从未召开过。

就改革腐败教会的问题，约翰·威克里夫运用了晦涩难懂的"大君"（*dominium*，lordship）理论来解决之。这种理论主张，财产权和政治权力是以要求者所处的恩典状态为条件的，这种恩典与他们是否属于上帝所拣选的人，因而预定得享永恒的赐福有联系，但显然并不是一回事。他用这一思想来对抗教皇宣称的反对王权的权利（王权曾一度给了他官场上的一定声望），并支持教会非神赐的观念。不过，当他继续基于抽象的形而上学的理由，否认圣餐变体论的时候，未免走得太远，因而遭到贬斥，谪居乡村。对他的奥古斯丁式的心境来说，真正的教会是过去、现在和未来的全部基督

326

————————

① 格罗斯泰斯特（Robert Grosseteste，约 1175—1253），1235 年以来英国林肯地区的主教和有影响的学者。他将希腊和阿拉伯哲学与科学著作的拉丁语译本介绍给拉丁基督教世界。其哲学思想是亚里士多德和新柏拉图主义者的混合。

徒的整体，或是其中被预定拣选的基督徒，而真正的教会与日常可见的教会之间的差异既深刻又明显。威克里夫寿终正寝，但他的追随者扬·胡斯却在 1415 年的布拉格被处以火刑。在威克里夫思想的激进的非世俗性方面，与同时代革命的平民主义潮流有亲和性，后者的典型代表是 1381 年的农民起义（Peasants' Revolt）①。

热尔松②死于 1429 年，他也是教皇专制主义的支持者，但在教会应由全体基督徒普遍统治的思想上，他并不追随马西基里奥。他认为，教会的分等级的教士团应当组成公会议，应当统治教会，而教皇则应成为其代理人而不是上帝授权的独裁者。热尔松继续把这种宽泛的立宪主义观点应用于国家，主张混合状态，即君主、贵族和财产所有者保持和谐的平衡，这是最好的统治形式，而法国则接近于此，其他的法国思想家如博丹③和孟德斯鸠也偏爱这一思想。

立宪主义在库萨的尼古拉的思想中亦有迹可寻。他认为宇宙是遵循神意而组成的和谐体，并从这一多少有些神秘的理论出发，把教会和国家都设想为整体内部的局部和谐体。在二者当中，权力应

---

① 又称泰勒起义，指英格兰历史上第一次伟大的农民起义。

② 热尔松（Jean Charlier de Gerson，1363—1429），法兰西基督教神学家、神秘主义者。曾在巴黎大学学习，1397 年当选为巴黎大学校长。1414 年热尔松和阿耶率领革新派在康斯坦茨召开第二次会议。这次会议根据两人的指示废黜继承亚历山大五世的约翰二十三世，格列高利十二世被迫辞职。1417 年本尼狄克十三世接受会议的决定。于是全教会统一归马丁五世统治。康斯坦茨公会议还宣布捷克改革派胡斯为异端。

③ 博丹（Jean Bodin，1530—1596），法国政治哲学家，以其理想政府学说而知名。在这一政府中，民主的君主政体在国王和议会之间取得平衡，同时这一政体还拥有以神圣的权威为基础，并且只受到自然法限制的绝对立法权。其主要著作《国家论六卷集》对 17 世纪的英国哲学家霍布斯有影响。

当依赖于同意，正是通过广泛的人群，上帝的意志才将自身表达出来。不过，他认为民众同意要通过代表民众的那些领袖人物的居中调节，就此而言，库萨完全属于他那个时代。库萨晚年成为枢机主教，放弃了原先所热衷的思想：教会应由大公会议来治理。

早期近代世界

朝代国家

中世纪结束的标志是思想和行动上的四次重大变革：文艺复兴、宗教改革、导致欧洲向世界其他地区扩张的新地理发现，以及追求绝对权力的中央集权的民族性君主国的建立。这最后一次变革在政治上最为重要。不过，在理论范围内，其后果是否定多于肯定，因为它主要发展出限制王权的理论，主张君权并非神授，而是来自人民，通常要通过某种形式的契约。即使是这一常规的两个重要例外，即博丹和霍布斯的理论，实际上也是在间接地支持它。因为博丹虽然极力强调君权的本性不受限制，但他仍然要通过许多方式将其约束起来。霍布斯则通过独具匠心的技巧，运用那个时代的契约机制，为几乎无限强大的君权辩护。

一位博学多才的中世纪政治理论史家尝言，中世纪的政治理论主要关心从上帝到统治者的自上而下的权力，但到了中世纪末期，富于革新精神的思想家（如马西基里奥）则暗示从人民到其统治者的自下而上的权力。完全适于君权神授的专制主义的最佳理论直到

327

17 世纪才出现——在詹姆士一世治下的英格兰，鼓吹者是菲尔默爵士①（洛克批判的对象）；在路易十四的法兰西，则是波舒哀②，雄辩但愚昧自负的辩护士。

在 15 世纪后期，西欧后封建时期三个新兴君主国相继出现：1485 年都铎王朝第一位国王亨利七世登基后的英格兰；1453 年百年战争结束时的法兰西；1469 年费尔南德和伊莎贝拉结婚后的西班牙。德意志仍然分裂为一大群侯国，神圣罗马帝国（除了查理五世统治下那一段古怪的短暂时期）已经所剩无几。在意大利，教皇在意大利中部的领地把一些繁荣的城市共和国（米兰、佛罗伦萨、威尼斯）与南方落后的那不勒斯分离开来。新兴君主国的政治任务是将管理和法律纳入中央集权，并征服阻碍这一任务的封建领主。为此，他们需要常备军，并征收赋税，维持军队。新的武器，特别是加农炮，使贵族的城堡失去了效用。1439 年，法兰西国王取得了为其军队强征赋税的权力，这是一次关键性收获。

除马基雅弗利和莫尔这两位孤独而特殊的人物之外，文艺复兴在政治思想上没有明确的表达。直到 17 世纪中叶的霍布斯，政治

328

---

① 菲尔默（Sir Robert Filmer，约 1588—1653），英国理论家。他的主要著作《父权论》于 1680 年首次问世，洛克在政论中把他的著作贬为"自圆其说的胡言乱语"，但 20 世纪的学者们却认为他是个重要而有趣的人物。菲尔默认为国家是一个家族，第一个国王是一家之主，服从族长的权威是履行政治职责的关键。他牵强附会地解释《圣经》，认为亚当就是第一个国王，查理一世则作为亚当的长子统治英格兰。

② 波舒哀（Jacques-Bénigne Bossuet，1627—1704），17 世纪法国天主教教士、演说家，支持法王路易十四，鼓吹绝对君权论。他的主要著作《根据经文论政治》为他获得了专制主义理论家的名声。在书中他引用《圣经》论证王权，认为任何合法政府都是表达神的旨意，它的权威是神圣的；同时他又强调君主身负重任，应当时刻铭记以上帝为表率，爱民如子，不滥用权势。不久他又兼任路易十四的顾问。1681 年起任莫城主教终生。

作家还学究气地几乎完全借助大量引用《圣经》来论证。宗教改革引发了统一的基督教世界的分裂，远甚于中世纪晚期教皇制度的兴衰。新教徒（以及一些耶稣会士）没有讨论过公民对异教统治者的服从义务问题，而这个问题被证实为契约论的主要刺激因素。天主教会唤起的反宗教改革运动向道德改革而非教义改革发展，并重建了教皇对全体教会的剩余部分的统治权力。通过对美洲的发现和开发，西方贸易的经济中心从地中海转移到大西洋，不久就把势力的均衡进一步转向了欧洲的西部。对政治理论来说，这一变化的唯一帮助是为自然状态提供了具体的形象。

马基雅弗利

马基雅弗利在政治理论史上的地位被许多因素不合理地夸大了：他文采斐然；他对野心勃勃的君主的劝谏乍一看来相当陈腐，其效果却惊人；他论述其思想的方式与传统方式令人惊讶地大相异趣，因为在传统方式中，大量的抽象观念是由对权威文献的旁征博引来支撑的；甚至他在《君主论》中那些脚踏实地的谦逊目标也被夸大了。

《君主论》告诉君主的是如何获取和保持权力：貌似高尚，实则不然；恩惠由自己分发，惩罚人的苦差事留给下属干；勿染指臣下的财产和妻女；如欲造成伤害，务须尽快；支持弱友而不支持强友；引人爱戴不如召人畏惧；等等。他在表达这一切时不同寻常地毫无歉疚之意，并援引罗马史和近期的意大利史为佐证。由于《君主论》丝毫不顾及那些高尚的虔敬行为，遂使许多读者陷入了混乱的解释狂热。它实际上是一部讽刺作品吗？在最后一段中，他恳求本书所题献的君主将意大利从侵略者手中拯救出来，这是此书的真正意图吗？

可以肯定的是，这并不是马基雅弗利关于政治的全部思想。它限定在一个特殊的问题上：经过细致辨析历史所指明的，在一国之中攫取并紧握有效权力的最佳途径是什么？在《李维史论》中，马基雅弗利着手处理的是更大的问题：国家的长期健康和稳定，即如何首先实现《君主论》所表明的有效保存。在这里，文艺复兴的更严肃的各个方面，出现在马基雅弗利对异教的古代的道德和宗教的高度尊敬当中。他描述了有序国家所要求的公民道德，在这里，他摒弃了基督教的谦卑和彼岸性，而肯定了那些涉及勇气和决心的更具自信的德性。从具有这些品性的人当中，就能够组织起强有力的可信赖的市民武装。在这里，与在《君主论》中一样，马基雅弗利表达了对雇佣军的强烈憎恶，认为这些武装的豺狼是在意大利的尸体上捕食。但他并不反对战争。在他看来，国家必定要么扩张要么衰败，发展壮大是政治生活的法则。这与他在《李维史论》中对城市国家的理想化并不一致，因为在由庞大的民族性君主国统治的时代中，这种理想化是严重的时代错误。

由于马基雅弗利的意图具有彻底的实用特征，即使在视角不那么单一的《李维史论》中，也让他在一大串重要的政治理论家那里呈现出有些类似于侏儒的样子。他不关心对正当性的辩护，只关心是否有效。不仅他的推理风格是完全世俗的，而且还把道德和宗教都仅仅视为达到政治目的的手段。他以真正的文艺复兴的风格，将真正的德性视为才能——卓越，权力，自主。不过，他对渴求安全的大众则有肯定之辞，因为他们不像自我夸大的贵族，他们才是真正君主的天然盟友。他清晰阐明的方式方法，继续成为统治者流行的惯常伎俩，但将它们公之于众也许是想让人们警惕要发生的事情。在一场巨大的宗教震荡的前夕（马基雅弗利撰写其著作之时，路德正把他的论纲贴在维滕贝格的教堂大门上），他的思想所能具有的任何影响都不可避免地被耽搁下来。

1516 年，就在路德张贴他的论纲的前一年，托马斯·莫尔（Thomas More）的《乌托邦》（*Utopia*）问世，这是一部比马基雅弗利的著作更迷人也更不可思议的著作。它以其书名为一种政治幻想起了名字，这种幻想的第一个例子可以说是柏拉图的《国家篇》，虽然这样说有点不恭。莫尔和卢梭持同样的见解，即社会的一切罪恶的根源就是财产，因此他提出了这样一种政治实体（commonwealth）的设想：在这样的国度里，一切为公共所有，人人劳动，但从事的是农业而不是商业，一日工作 6 小时，并且多样化的宗教也得到宽容。可要是把这种设想与莫尔自己的职业——残酷无情的异教徒迫害者——结合起来，不免十分别扭。

宗教改革：路德、加尔文和"国王杀手"

马丁·路德力图改革教会长期以来的弊端及其领导人物的腐化和奢靡，几乎不经意间导致了基督教世界的分裂。他的目标是使宗教更为内在，更为私人，更具有精神性。正是在这种从外部世界退居内心的过程中，他理应成为早期基督教的政治理论的坚定捍卫者，在这种理论看来，所有人都应当无条件地服从管理着他们的统治者。而形势也使他能够轻而易举地坚持这种立场。路德的追随者大都在北德意志的诸多侯国，其统治者自己也是新教徒。

加尔文原则上也同样对绝对服从有所承诺。但事实上，他和他的追随者远离了这种承诺。他的新教教义远比路德的教义更主动、更外在。虽然国家与教会有区别，应由年长者组成的大会进行精英政治式的统治，其首要目标是保护虔诚和信仰，支持教会成为主动的道德审查员，这比维护和平和良好秩序更重要。在他自己的日内瓦，加尔文领导着一个神权政治。他死于 1564 年，此前在信仰天主教的统治者治下的法兰西和苏格兰，他的追随者所处的形势变得危险了。长达百年的宗教战争现在开始打响：在 16 世纪的最后 30 年，宗教战争首先发生在法兰西，终以 1598 年《南特赦令》（the Edict of Nantes）对加尔文宗胡格诺派（Huguenot）的区域性宽容而告一段落；接下来是在德意志发生的三十年战争，从 1618 年一直延续到 1648 年；最后是 1642 年至 1651 年的英国内战，当然其规模要小多了，而且在其中宗教问题或许也不重要。

法兰西和苏格兰的加尔文宗少数派的问题导致了一种古老的中 *331* 世纪观念的复活，这就是对抗甚至杀死暴君的权利，这种思想出现在一批反君主制思想家（即所谓"国王杀手"［monarchomachs］① ）的著作中。其中最重要的著作是《为反抗暴君的自由而辩护》（*Vindiciae contra tyrannos*，1579），作者不确定，该书写于圣巴托罗缪

---

① "monarchomachs"这个词是威廉·巴克利（William Barclay）在其《论权威和王权》（*De Regno et Regali Potestate*，1600）一书中创造的，指那些杀死国王的人。在巴克利看来，胡格诺教徒在与天主教会的斗争中失败之后，把他们的枪口转向了政府，以瓦解国王对天主教会的支持。最后，这个词被用来界定那些反对国王统治的人。在现代用法中，由于绝大多数国家都不再是君主国，该词被用来表示反对民主制的人。

节（St. Bartholomew's Day）大屠杀①约七年之后的法兰西。该书主张，如果国王违背了上帝的法律，则人民不必服从；如果国王信服异教或欺压百姓，从而背弃了上帝与国王和人民之间订立的所谓原初契约，则人民可以反抗之。这一难以捉摸的、实际上站不住脚的设想，其基础是《旧约》中上帝与其选民（即以色列）之间订立的最初契约。更重要的是国王和人民订立的第二次契约。人民不可能毫无目的地成为订约的一方，因此对国王来说，契约就确立了一个绝对的义务约束，它强加于人民之上的东西完全是有条件的。作者表达了对再洗礼派教徒（Anabaptist）和农民起义的普遍恐惧，并继续论证说，反抗暴君不是由个人来进行的，而应由已经确立的次一级的权力机构来执行，即各级官员和议会。

苏格兰的乔治·布坎南（George Buchanan）也为苏格兰提出了相似的观点，他曾任未来的国王詹姆士一世的教师。一切权力源自人民，王权是有条件的，这两个观点也是天主教思想家特别是耶稣会思想家所采取的。例如马里安纳②就认为，既然权力是人民让渡给国王的，人民也可以摆脱国王，如果必要可以诛杀暴君。他以马基雅弗利式的精神主张战争（因此常备军）是不可避免的，并给

---

① 指 1572 年法国新教胡格诺派惨遭屠杀的事件。该屠杀从 8 月 23 日圣巴托罗缪节前夕开始，仅巴黎一地就杀死 3 000 余人，新教贵族除纳瓦尔的亨利和孔代亲王之外全部被杀。

② 马里安纳（Juan de Mariana，1536—1624），西班牙历史学家，著有《西班牙通史》。他的政治论文《论国王和国王的教育》讲述在某种条件下推翻一个暴君是合理的。他的《七篇论文集》探讨政治和道德问题，刚一出版就被宗教裁判所查禁，他也被囚禁一年，勒令进行忏悔。他虽终身都属于耶稣会，但他所著《论耶稣会管理方式的重大缺点》则痛斥耶稣会的许多败德行为。

出了实用的建议，这些建议一点也不具有道德教化的意义，例如说
战争便于把公众的注意力从引发不满的国内因素上转移出去。在马
里安纳那里，明确提出自然状态是先于政体制度的社会秩序的观
点。尽管苏阿雷斯也急于将君主的权力限制在一定范围内，但他为
了教会的自治而并不那么富于挑战性。他以折中的态度将自然法既
归于上帝的意志，也归于正确的理性，将自然法与万民法（国际
法）区别开来，万民法作为习惯法，规定了奴隶制和私有财产，但
更基本的法律则不然。

主权、契约与自然法

332　　　自 17 世纪开始，就限制君主权力而言，虽然有些思想家的宗
教兴趣大于严格意义上的政治兴趣，但他们所依赖的近乎世俗的观
念却主要是因政治目的而产生兴趣，并付诸使用的。不过在此之
前，博丹精心阐发的一种明显世俗的理论却出于相反的目的，即将
宗教逐出政治，而不是将国家逐出宗教。博丹是所谓"政治家"
（*the politiques*）中给人印象最深的一位，这些"政治家"都厌恶由宗
教差异所引发的战争。博丹本人是天主教徒，但对天主教的活动并不
积极。他在历史和法律方面学识渊博，是位敏锐却有些混乱的思想
家。人们记得他，主要是因为他的这一理论：界定一个国家的是国家
之内的主权者①的存在，主权者是法律之源，自己却不受法律之限。
主权是不可分割、不可让渡的。这并不完全是以伪装的定义来偷运

---

①　sovereign 在法哲学上是个重大而复杂的问题。粗略地说，该词具有双重含义，
一是主权国家，二是主权国家的统治者或统治集团，尤其是君主。故在此随文义而分别
译作主权和主权者。

一种政治上的偏好。认为许多最高权力的存在将导致混乱无序，这是很自然的。不过，没有至高无上的单一权力，或许也能够获得一个稳定、有序的国家所具有的优势。

　　结果表明，博丹的主权者并不是那么绝对。因为主权者首先是由家庭创造的，家庭是最自然的联系，而财产是与家庭相伴而来的，不能任由他随意处置。实际上，博丹认为征税需要被征税者的同意。他明确主张，社会不同于国家，社会是社会性本能的产物，而国家是力量的傀儡。他反对奴隶制，因为它既不自然也没有用处，而且并不比以人献祭的习惯更普遍。但在他看来，主权者进一步又为"帝国法"（*leges imperii*）所限制，帝国法是社会群体的古老习俗。不过，没有人比主权者更优越。在博丹的理论中，那种用于确定实在法的最终根源的分析性概念，是与鼓吹强大政府的思想结合在一起的。

　　与前人相比，德意志法理学家阿尔特胡修斯[①]赋予契约概念更为权威的地位。如同《为反抗暴君的自由而辩护》的作者一样，他区分了两种契约，一种是因社团而形成的契约，一种是与权威订立的契约。前者从个体或较小的群体中创造出较大的群体，后者属于由人们所形成的权威而创造出的群体。一切社团，而不仅仅是国家，本质上都是契约性的。既然国家是各种社团的一种，那么对"最高长官"（chief magistrate）施加压力的就不是每个个体，而是其代表，即社团中的领导人。阿尔特胡修斯对当时晚近的荷兰历史

333

---

　　① 阿尔特胡修斯（Johannes Althusius，1557—1638），荷兰政治理论家，首倡现代联邦主义，鼓吹人民主权论。

了然于心，主张脱离社团是缔约形成此社团的各方的权利。这种古怪的联邦主义的契约论是他独有的。这种契约论不过是为了限制国王们的自命不凡，同时并没有放任持不同政见者的政治激情。

比阿尔特胡修斯更有影响的是格劳秀斯，一般认为他是国际法的第一位重要理论家。如果要满足人们的社会需要，自然法对于理性来说显然是必不可少的，在这个意义上，自然法是合乎理性的，其中最显著的条款要求遵守诺言、尊重财产。自然法是普遍而不变的，其标准是被普遍接受的。格劳秀斯也区分了社会和政府，前者是社会性本能的产物，而后者是由契约产生的，驱策人们缔约的则是自利。他的假设所暗示的人民主权远比他打算承认的更多。对他来说，主权者不为人民的利益或判断所约束。可以不服从主权者，但不能反抗之。

万民法（国际法）通常是与自然法不同的东西。它支配着国与国之间的关系，而决定它的则是习惯上共同同意的东西（也许是作为公开表白而不是实际表现）。格劳秀斯考察了正义战争的概念，并得出结论说，正义战争主要是为自卫或保卫财产而发动的，它必定涉及对自然法而不仅仅是对国际法的侵犯。他的结论是：预防性的战争不是正义的。

可以看到，这些思想家首次摆脱了宗教的羁绊，提出一连串的构想。在这些构想中，霍布斯和洛克的古典政治理论得到了清晰有力的表达。霍布斯运用了契约和自然法思想，为君主专制提供了辩护，其理论远比博丹的更全面，只是按照他的契约论的逻辑必然性而没有达到无限制的专制主义。而洛克也许是迄今为止最有影响力的政治思想家，比霍布斯更直接也更少矛盾地运用了这些思想，以期实现它们本来的设计目标：限制统治权力。

托马斯·霍布斯

　　索尔兹伯里的约翰、奥卡姆的威廉和威克里夫都是英国人，但 334他们的观点几乎无法应用于严格意义上的英格兰的政治生活，这或者是因为就约翰和奥卡姆而言，他们采取的是欧洲视角，或者是因为就奥卡姆和威克里夫而言，他们主要关心的是教会方面——对奥卡姆来说，是限制教皇在精神领域的权力，对威克里夫来说，是改革腐化奢靡的教会。关于英国政治原则的英国思想在中世纪大体上是实用的、描述性的，例如 13 世纪中叶的布雷克顿①和 15 世纪晚期的福蒂斯丘②的著作皆是如此。从他们对英格兰法律的类似反思中出现了习惯法的思想，其基础是习俗和成例，并可用来明确地而不仅仅是实用地限制国王的权力。即便是作为习惯法③的补充的成文法，在得到国王授权之前，也必须得到议会的认可。在 17 世纪早期，弗兰西斯·培根的主要敌人、好斗的法官爱德华·柯克便以此为工具，对抗詹姆士一世的专制主张。

　　在 16 世纪上半叶，亨利八世以及随后两个短暂的教会苛政带来了专制暴政，敢于冒险的政治思想在这种背景下危险重重。在 16

---

　　① 布雷克顿（Henry de Bracton，约 1216—1268），中世纪英国主要的法学家，《论英国的法律和习惯》一书的作者，该书是一部关于普通法最早的系统专题论述。

　　② 福蒂斯丘（Sir John Fortescue，约 1385—1479），英国法学家，以法学论文集《英国法律颂》（1470）而著名。他阐述了目前仍然作为英美陪审团制度基础的伦理原则：宁肯让有罪者逃脱，也不能让无辜者受罚。

　　③ common law，指普通法、习惯法、判例法或不成文法。来源和发展于英国的法律系统，以法院决议为基础，根据在这些决议中隐含的学说以及习惯和用法，而不是基于编纂的书面法律。

世纪下半叶伊丽莎白一世的统治下，加尔文宗在英格兰复活，旨在使英格兰教会成为新教教会和全国性教会。理查德·胡克①的《教会体制的法则》（*Laws of Ecclesiastical Polity*）整体上是在捍卫伊丽莎白王朝教会的稳固，而反对清教徒及其对《圣经》的崇拜，但同时也是一部政治理论著作，尤其是因为胡克将教会和国家视为相同的共同体，只是从不同角度来看待而已。胡克赞成基本上属于托马斯主义的对自然法的解释，并借助《圣经》的启示而不是理性，将自然法与给予万民的上帝之法区别开来，而清教徒则没有这样的区分。他既不接受被都铎王朝的君主们视为他们应得之物的绝对服从，也不承认君权神授的理论。对他来说，国王处于法律之下，是世人同意并发明的产物，而不是上帝所授。洛克曾称誉胡克的明智，一个好的例子便是胡克认为，自然法相对来说是不确定的，需要在不同环境下以不同方式聪明地运用。胡克以合乎常识的方式合理地探讨了清教的和王权的极端主义者，中世纪英国法学家隐含的立宪主义在他那里变得清晰了。

在为 1642 年至 1651 年的英国内战做准备的岁月里，反抗君主的越权行为（否认习惯法、摆脱议会进行统治）导致了一个在未来具有重要意义的片语的随意传播："生命、自由和财产"。发动起义的最初的长老宗②领袖们都不是民主派，他们主要的旨趣是铲除主

① 胡克（Richard Hooker，1553/1554—1600），英格兰基督教神学家，安立甘宗神学的创立者。

② 在英格兰，长老宗（Presbyterian）同公理宗一样，起源于圣公会内部的清教运动。主张长老制的清教徒要求实行会督制的圣公会在行政组织上改行长老制，在查理一世和英国内战期间，其势力达到极盛时期，但遭到克伦威尔的压制。

教。但是，以克伦威尔为首领的军队的独立派教徒（即公理宗^①教友），虽然他们首先关心的是基督徒自愿联合以形成教会的自由，却更倾向于平均派^②的民主理论，这些平均派将权利归于个人，而不是作为有组织团体的民众。平均派赞同普选和定期重新选举议会，而议会在财产和宗教方面不享有任何权力。其他较小的并被迅速镇压的派别，如掘地派（the Diggers），则更进一步支持财产平等或共有。

在查理一世被处死两年之后，一部有权要求成为有史以来最伟大的政治哲学著作的书问世，这就是托马斯·霍布斯的《利维坦》（*Leviathan*）。除其行文如浑金璞玉，其论证异常清晰严密之外，此书匠心独运，令人惊异，将所有关于自然状态、自然法和契约的思想装备运用自如，这些思想本来是由像阿尔特胡修斯和格劳秀斯这样的坚决限制国家权力的思想家精心阐发的，但在霍布斯这里却是出于完全相反的目的，即将国家权力放大到极限。

霍布斯将内战和暴力废黜君主制视为彻头彻尾的灾难。他将责任归咎于在宗教事务方面的私人判断的无限使用，而这却是反主教制度的清教徒所认可并实践的。他在政治上直接的实际目标是将教会变为国家的一个部门，而其《圣经》则由主权者进行权威解释，

---

① 公理宗（Congregationalist）是 16 世纪后期和 17 世纪在英格兰兴起的新教宗派。公理宗一向坚持自由民主，强调组织完善的各个地方教会有决定自己事务的权利与责任，不听命于任何上级机构，坚持新教关于上帝至高无上和信徒皆有教牧人员职能的信念。

② 平均派（Leveller），指英国内战与共和国时期的一个共和和民主派别；其成员被指责为极端平均主义和想要"平分人们的产业"。平均派于 1645 年至 1646 年由伦敦地区的激进议员组成。

而不是听命于亢奋的狂热者随心所欲的支配。

336　　霍布斯正式的起点是全面物质论的形而上学体系，在这一体系中，一切存在的东西都是运动中的物质（显然也包括上帝）。这一出发点与其政治学的联系是通过一以贯之的物质论的心灵哲学建立的，这种哲学将心灵事件理解为"头脑中的微小运动"，即大脑中的生理变异。而他对人之动机的解释与其目的的联系更为直接。对于有益于生命力的东西，我们就感觉愉悦，而无益的东西就令我们痛苦，这些体验引起欲求和厌恶，这是朝向令人愉悦的事物或远离痛苦的事物的最初运动。这种看法不仅本身有趣，亦可视为对其政治学说的支持，也成为研究者们详尽讨论的问题。但这对研究者来说并非实质性的，虽然霍布斯本人认可这一点（而且出版《利维坦》本身就表明了这一点）。更重要的背景性假设是霍布斯的知识论，这是一种几何学式的经验论，认为一切观念都来自感觉，但又把我们理解观念间关系的能力归于"计算"，即理性洞见的可想象的最低形式。

　　人主要是由对权力和自我保存的自利欲求来驱动的，他认为这种观点不用借助他的形而上学即可充分理解，这已经足以表明霍布斯的政治学意图了。在自然状态中，由于没有共同的主权来阻止世人，便导致了可怕的后果。每个人都追求统治他人的权力，要让他人臣服于他的意志，并夺取他人的利益。于是，普遍的恐惧压倒一切，而由于人们处于彼此之间容易置人于死地这种未成熟的平等状态中，也由于人们以牺牲他人为代价相互竞争，追求荣耀，再加上将人与动物区分开来的对欲望的贪得无厌，这些使可怕的状况愈演愈烈。

在自然状态中，每个人对他能够获得和保存的任何东西都拥有自然权利。但是，既然自然状态是一种战争状态，这种权利很可能就变得微乎其微了。因此，昭示给所有人的理性的第一条自然法则就是：追求和平，追求最基本的人身安全。人既为人，实现和平的唯一途径就是把除生命权利本身之外的一切自然权利让与主权者，对于主权者的形式和特殊身份，人们也同意将其交与大多数人的选择。于是，人应当遵守"已缔结的信约（covenant）"就成为更进一步的自然法则。但是，"没有武力，信约便只是一纸空文"；要想使之有效，就需要用制裁来加强。因此，原初契约产生了市民社会，同时也必须确立主权者的权力，没有这种权力，社会就不会团结。霍布斯认识到，他对其规则的描述，即追求和平，即便唯有将除生命权之外的一切自然权利或自由让渡给主权者也在所不惜，这实际上不是法律，因为它不是具有权威的命令，而真正的法律必须如此，因此它是"理性的定理"，是关于明智（prudence）的理性箴言。

霍布斯的缔约各方是相互敌对的个体。主权者不是其中一员，一个很好的理由是不缔结契约就不存在主权者。但是，霍布斯运用这个具有说服力的不言而喻的说法，旨在加强主权者的权力。"按约建立国家"，即根据自由而自然的个体缔结的契约而形成国家，这不是唯一合法的可能性。还有"以力取得的国家"，即被征服者出于理性的恐惧，畏惧不服从其征服者所导致的后果，故而承认征服者的权威。

霍布斯的主权者是法律的创造者（隐喻意义上的"自然法"除外）。一切财产都因主权者的准许而被人持有。他统治着教会，规

337

定其组织机构，并决定教会对《圣经》的解释。其他一切权威皆源于他。政治意义上的自由只是法律未做规定之处，对于这些领域，主权者凭借他的智慧，认为无须加以控制。看起来霍布斯似乎揭示了这个悖论式的不凡之举，即将个体对国家的绝对服从基于他们自己的理性同意。这当然是不可能的。他承认，主权者没有权利命令公民自杀，因为生命的安全是他决意服从的全部目的，他甚至在一定程度上允许公民拒绝承担危险的兵役。至于霍布斯式的臣民如何执行这些权利要求，那是很不清楚的。还有一个更实质性的让步：如果主权者无法为其臣民提供足够的保护，则他们就免除了服从主权者的义务。霍布斯本人于 1651 年（《利维坦》的出版年），与一道在法国逃亡的保皇党人返回英格兰，并与议会当局达成和解，这一行为本身就严格遵守了上面那个原则。

霍布斯的杰作的许多方面有待批评，而其清晰大胆更使批评容易得多。他的理论显示出在"生命"（life）一词使用上的模棱两可，这一点虽然只得到暗示而未得到强调，但其实至关重要。可以说，生命作为人所欲求的共同对象，他称之为善的，在宽泛的意义上，生命是增强生命、促使自我实现或自我完成的生命力。霍布斯式的理性的个体为之牺牲如此之多的生命就是**单纯的**生命，是最狭窄意义上的生命力，即活着而不是死了。单纯的生命显然是增强了的生命的前提，但其本身并没有多大价值，就像盐虽然是健康的饮食必不可少的成分，其本身却不是完整的饮食之道。

霍布斯把崭新而科学的理性主义与对无政府状态的极度恐惧两个方面结合在一起，前者（其最典型的象征就是伽利略）带有一些颠覆性、危险性和革命性，而后者则因 17 世纪中期英格兰的政治动荡而加剧。但他的理性主义的影响则胜过了他的恐惧的影响。边沁和詹姆斯·密尔的社会政治理论也将严格的论证和精心选择的观察事实糅合在一起，实则是拾霍布斯理论之余唾。

尽管《利维坦》仍可被认为能够很好地适用于后殖民的非洲和东欧，但在其出版后没几年，和平状态在不列颠和西欧开始普遍出现。1660 年，查理二世几乎兵不血刃重续大统，29 年之后，其兄以相对无痛苦的方式被废黜。威斯特发里亚和约于 1648 年结束了德意志的三十年战争。法兰西和西班牙也于 1659 年握手言和。1661 年，23 岁的路易十四在法兰西掌握了绝对权力，不久便达到了欧洲政治统治的顶峰（而在他后来的统治中则由此逐步衰落）和文化上更为持久的优势地位。在波舒哀冠冕堂皇的论文中，路易十四的统治活动也被赋予了学说的形式，只不过还不成理论，因为其绝大部分内容都在以专制主义的方式，殚精竭虑地重新解释关于王权的圣经文本。他主张，专制君主制是最古老、最自然的统治形式，类似于家庭中的父权统治和上帝在宇宙中的普遍统治。他并不否认统治者也有义务，但他们的义务是对上帝的，而不是对臣民的，要求他们履行义务的是上帝。被压迫的臣民也许只能祷告祈求了。

在法兰西之外，宗教宽容在各个地方不断发展。而在法兰西国内，赋予新教徒有限权利的《南特赦令》于 1685 年撤销，这不啻灾难性的反动。不过，在德意志，北部和西部的新教教徒与南部和东部的天主教徒筋疲力尽地暂居一处。在英格兰，不从国教派与天主教派不得不经受着国内的各种不稳定因素，但也在各自的宗教实践中越来越互不干扰。在荷兰，占上风的是更为广泛的宗教宽容，

339

斯宾诺莎在那里从非常类似于霍布斯的前提出发，得出了支持宗教宽容的论断。在他看来，一切人类行为都是由自我保存和自我加强的根本冲动来驱策的，而这种冲动使人们成为天然的敌人。一个社会如果存在着如霍布斯所说的决定何为正义的统治者，则更易于成为相互敌对的自然状态。斯宾诺莎认为，理性指导下的国家更强大、更独立，而缺乏理性的暴君则会自掘坟墓，因此他对公民身份的设想就不像霍布斯设想的那样绝望无助。国家提供的秩序使人们的缺乏反思力的激情能够服从于理性，而在斯宾诺莎看来，这才构成真正的自由。他主张，统治者不可能控制思想，而且也只有在一个不可抗拒的限制条件下才应当控制言论自由，即如不控制思想的表达就会危及国家安全。他与霍布斯不同，他更倾向于精英制而不是君主制，但与霍布斯一致的是，他认为主权国家处在彼此相互尊重的自然状态中。

就运用契约论和自然法思想，为政府提供完全世俗的辩护的各种思想路线而言，普芬道夫①进行了经典性的综合。他与斯宾诺莎和洛克一样，都生于 1632 年，但他的主要著作却出版于 1672 年，比洛克的《政府论》早了将近 20 年。他说，借助自然的理性，就能够在自然状态中辨认出自然法，它是格劳秀斯的伦理法则，而不是霍布斯的出于自利的明智的法则。既然财产对于任何生活形式来说都是绝对必要的，则它先于政府而存在。世人缺乏理性，却欲表

---

① 普芬道夫（Samuel von Pufendorf，1632—1694），德国国际法专家和法理学家，对德国的自然法哲学影响颇大。1660 年发表《法学知识要义》，发展了格劳秀斯和霍布斯的思想。1672 年发表关于自然法和国家法的巨著《自然和族类法》8 卷本。书中抛弃了中世纪神学家的传统偏见，将其学说建立在作为社会生物的人之存在上。

现自身，以致发生社会冲突，这就使政府成为必要。他追随阿尔特 *340*
胡修斯，也在一定程度上预见到洛克的思想，区分了两种契约，一
种契约通过多数人的选择同意确立主权者，从而形成公民社会；另
一种契约则在多数人选择的主权者和选择主权者的共同体之间订
立。因此，主权者之所以是有限的，不仅因为绝对而不可变更的自
然法，而且因为这是追求公共福祉的必要条件，这就是说，根据第
二种契约，人们认为主权者已经承诺保障公共福祉了。当主权者不
履行他那一方的契约时，决定存废的任务只好相当无助地移交"明
智之士"的裁决，这是一百年前《为反抗暴君的自由而辩护》中代
表大会设想的虚弱无力的回响。

　　在 1649 年查理一世被处决和 1660 年英格兰共和国最终崩溃这
两个时期之间的著作中，弥尔顿提出的政治理论，远不像以前的理
论那么胆小怕事，那么勉勉强强地倡导自由。人生来自由，拥有自
我保存的自然权利。他们同意选择国王和官员，但即便没有掌权者
的那些背信弃义之举，这种合约也不具有永久的约束力，而且能够
依约取消，这或许与弥尔顿对离婚的态度相似。在一个针对君权神
授理论家的运用娴熟的辩论式①中，弥尔顿问道：如果对国王的选
择是上帝的行为，那么对他的废黜也应做如是观吗？弥尔顿赞成宗
教宽容和出版自由，因为自由对于理性的运用是必不可少的，而理
性又是人的独特标志和真正尊严。不过，他不是民主派。在他看来，
最好的统治形式是由财产持有人选举产生的议会制的寡头政体。

---

　　① *argumentum ad hominem*，对人的辩论式，即指出对方辩论者的弱点而攻击之。

就应由有产者来统治这一主题而言，詹姆斯·哈林顿①在《大洋国》中提出了一种有趣的不同类型。哈林顿批评霍布斯没有认识到武力取决于经济力量，因为军队是必须被供养的。政府要想稳定，就必须反省其在社会中占主导地位的财产分配形式（哈林顿指的是地产）。纯粹的君主制为求稳定，要求国王应当拥有绝大部分

土地，"混合君主制"要求国王和少数大贵族应当如此；"共和国"则要求财产应当广泛分配。玫瑰战争②在地产分配上的效果和隐修院的解体意味着英格兰已经为共和国做好了准备。一项对财产确立了较高限制、禁止长子继承制的土地法，将有助于这种广泛的分配。在哈林顿的提议中，也具有弥尔顿的柏拉图式精英统治的元素，即政府应当这样构成：一个草拟法律的参议院，一个更广泛的委员会来裁定政府计划，以及一个加强它们的行政机构。

当查理二世的统治行将结束时，他那个顽固信奉天主教的兄弟（詹姆士二世）即位后的前途过早地危机四伏。洛克的保护人莎夫茨伯利勋爵领导的党派企图排斥詹姆士，这导致了罗伯特·菲尔默

---

① 哈林顿（James Harrington, 1611—1677），英国政治哲学家，主要著作《大洋国》（Oceana）是重述亚里士多德关于政体的稳定和变革的理论。他尽管同情共和制度，却是国王查理一世的忠诚朋友。《大洋国》是作者为美国所设想的一个理想国家。书中表述了经济权力所到之处，政治权力随之出现的思想。他相信在有强大的中产阶级的地方，民主制度最为稳定，而革命是经济权力和政治权力分离的结果。这一信念影响了美国总统托马斯·杰弗逊的民主的平均地权论和西奥多·罗斯福与伍德罗·威尔逊的反托拉斯政策。《大洋国》追求的主要是一种贵族政体，即贵族拥有受到限制的、均衡的权力，是美国许多建国元老希望建立的国家。

② 1455 年至 1485 年，英国两大封建主集团为争夺王位进行的内战。战争一方兰开斯特家族以红玫瑰为族徽，另一方约克家族以白玫瑰为族徽，故称玫瑰战争（War of the Roses），又称蔷薇战争。

《文权论》一书的出版，而这距该书写作完成已约 40 载，距作者去世也已 30 年了。在该书中，上帝将王权作为礼物赠予亚当，而后世的君主继承了亚当的这一遗产，作者据此进行了难以令人信服的论证，又以这一论证为君权神授辩护，驳斥对国王的大众控制或议会控制的思想。较为令人信服的是他对民治观念的批判：人民不是机构；没有至高无上的立法权威，就没有政府。西德尼①在他死后出版的《论文集》中极力批判菲尔默本人。西德尼和弥尔顿、哈林顿共同坚持的共和主义让克伦威尔龙颜大怒，并湮没在随后英国政治理论的字里行间，虽然共和主义自乔治一世于 1714 年登基之后，至少至 1832 年的改革法案时已成为起主导作用的英格兰政治传统。

18 世纪

启蒙国家

18 世纪的欧洲是开明的专制君主时代。开明君主是诸多各具特色的理论家的理想，如伏尔泰和写作《爱国之君》（*The Patriot King*）的博林布罗克（Bolingbroke）。实际上有几次差点就非常接近理想形象了。其中最接近的是约瑟夫二世（Joseph II），1765 年至 1790 年的奥地利皇帝，他陆续进行了大量成功的改革，废除了

342

---

① 西德尼（Algernon Sidney，1622—1683），英国辉格党政治家。辉格党历来奉之为伟大的共和主义战士。他是 16 世纪诗人菲利普·西德尼的后代。1683 年作为计划杀害查理和詹姆士的同谋犯被捕后遭斩首。

农奴制、酷刑、死刑等，全都以令人欣喜的高压强制方式。叶卡捷琳娜大帝（Catherine the Great），1762 年至 1796 年的俄国女皇，狄德罗的保护人，就俄国的未开化状态而言，她的统治已经近乎开明了。腓特烈大帝（Frederick the Great），1740 年至 1786 年的普鲁士国王，伏尔泰的保护人，在理论上比实际行为更开明，年轻时曾撰文在道德上谴责马基雅弗利主义。法国路易十五的统治在实践中比理论上更开明。自 1715 年至 1774 年长达 60 年的时间里，法国形式上虽然仍是旧制度，但已经有了足够的思想自由和言论自由，这使法国启蒙运动达到了异乎寻常的思想全盛期。即便在落后的由僧侣统治的西班牙，也有一位仁慈且致力于改革的查理三世，他在 1759 年至 1788 年间统治西班牙，驱逐了耶稣会。最后一位开明君主也许是拿破仑，以及可能被排除在外的俄国的亚历山大一世，至少直到他皈依神秘的基督教之前还算是开明的。

英国的情形却大不相同。1689 年，议会邀请威廉三世来到英格兰，取代被废黜的天主教徒詹姆士二世。威廉三世的王位以议会为基础，这已一目了然，而他的权力也受到《权利法案》的约束。随着威廉的妻妹安妮（Anne）死于 1714 年，信奉清教的继承人问题已经不能再由废君詹姆士的信奉清教的女儿继承大统来蒙混，于是汉诺威王朝的国王们得以继承王位，但这些国王除乔治三世之外，皆能力有限，品性恶劣。乔治一世和二世不会说英语，会也只是一丁点儿，对汉诺威的兴趣远胜于不列颠。安妮女王是最后一位否决议会通过的法案的英国女王。辉格党虽以大地主为主导，但也广泛涉足国家日益增长的贸易之中，它在政府内的主导地位直到 1760 年乔治二世去世才告一段落。乔治二世的孙子乔治三世一度试图实施统治而不是只做个国家元首，但由于美国殖民地的丧失，这一尝试也失败了。鉴于他反复发作的精神错乱（数年后令他备受折磨），随着 1783 年（小）威廉·皮特（William Pitt）就任首相，乔治三世最终放弃直接干涉政治可谓正当其时。君主在法律上的地位取决于议会，而他们品性和理智上的虚弱则加速了这一过程，使他们基本上成为装饰品。其结果是，用韦尔斯（H. G. Wells）的话说，不列颠成了戴王冠的共和国，实际的政治被一层轻薄的君主装饰温柔地遮盖着。直到 18 世纪中叶，1745 年詹姆士二世支持者的第二次起义失败为止，信奉天主教和君权神授论的斯图亚特王朝仍有些复辟的危险。查理·爱德华·斯图亚特的个人魅力不可能弥补根本不足的支持。英国人不久就接受了从此之后依然把持着王冠却魅力不再的王朝。

洛克和休谟

洛克为 1688 年至 1689 年的光荣革命所依据的原则给出了理论化的表述，激发了法国启蒙运动的政治思想（但不包括法国大革命中雅各宾派的思想），并为美国独立宣言的起草提供了思想骨架，就这三个方面而论，必须承认洛克是最有影响的政治思想家，甚至要超过柏拉图、亚里士多德、霍布斯、卢梭和马克思。他在威廉三世和玛丽即位之后立刻于 1690 年出版了《政府论》，该书的某些特色与当时的部分政治关切极为吻合。不过，洛克政治学说的主要轮廓显然至少在十年前就已勾画完毕了。

洛克《政府论》上篇和西德尼篇幅要长得多的著作一样，完全致力于一项更为艰难的任务：摧毁菲尔默的论证；但这一开端不会有什么前途。他们之所以关注这个显然没有价值的论战对象，只是因为就为君主地位做辩护而言，菲尔默的书是唯一堪称严肃的著作。洛克长篇大论，从容不迫地彻底击垮了菲尔默肯定君权神授的理论。我们有什么理由假定上帝赋予亚当王权？有什么理由假定那些正在统治的国王是从亚当那里继承了他们的王位？当然，洛克没有提出这样的问题：我们假设曾经存在着像亚当这样的人，理由何在？

344 　　《政府论》下篇一开始就描述了自然状态，即没有政府统治的人类的社会生活。他和亚里士多德一样合理地假定，人本质上是社会性的存在者，而且是理性的；人们具有的理性至少足以承认自然法，因为自然法规定了人们不应当妨碍彼此的生命、自由和财产。洛克一点也没有从经验方面解释道德真理，反而认为它们像数学真理一样是可证的；同样，他认为自然法在应用上是普遍的，对理性是显明的。在自然状态中，人们有权反抗侵犯自然权利的行为，因为自然权利是自然法赋予他们的。不过，洛克说，这仍有困难。因为人们可能过于软弱，保护不了他们的权利，也会出于偏好，错误地认定权利遭到侵害。其结果便是不正义和冲突。少数坏人还能够把自然状态变成敌对状态。于是，人们同意把他们行使"自然法的执行权"的自然权利——宣告、运用和加强这种执行权的权利——让与共同的上级；他们出于共同意愿而赞成将自身置于任何特定的统治形式之下，只要这种统治形式是大多数人选择的。

　　这种共同意愿的形成创造出洛克所称的共同体。共同体的形成不是政府与共同体之间的第二次契约，而是接受了对政府的委托，让政府来保护他们不可让渡的权利。这种委托关系是能破裂的，或者是因为暴政，即政府侵犯了公民保有的自然权利，或者是因为篡位，即政府的一部分人夺取了另一部分人的职权（如斯图亚特王朝不召集议会并实现没有议会的统治即是一例）。如果政府解散或丧失权威，则公民也不会再次沦落至自然状态，而会复归共同体，即具有让政府保护其权利的共同意愿的群体。不过，契约不像委托，它是不可取消的。洛克认为，他对政府解体的解释不是去煽动持续不断的造反。不受到大量的挑衅，人们是不会造反的，而且除非他们当中足够多的人一致认为很有可能成功，否则也不会轻举妄动。

洛克相信，契约是历史性的事件。由于各地的政府在有记录之前就已存在，也就不可能有表明其产生的书面证明。不过，人人都生于既已存在的国家里，可以认为他们都通过**默认的**同意而让自己承担服从的义务。而这种默认的同意所需要的，跟"在公路上（自由地）旅行"没什么两样，但更为广泛的看法却是这相当于接受了公民身份带来的利益，例如财产继承。洛克承认奴隶制的合法性，至少将其施于正义战争中的被俘者之上是合法的。更有意思而且不那么倒退的观点是他对如何获得财产权的解释。对于一个人不拥有的任何东西，只要"由他的劳动加上了一些东西"，即通过拾取、狩猎、耕种等方式为之附加了价值，他就拥有这些东西。但合法积聚的量有两个限制：所取者必不能超出其能够享用的限度；必须为他人留下足够多同样好的东西。但第一个条件的效力被洛克的如下观点取消了：既然货币不会因腐烂而不能用，而且只有根据人们的惯例才有价值，由此得出，人人都暗中同意货币的无限积聚。

洛克区分了立法机构和行政机构，认为前者是至高无上的，但并不总是处在会议期。立法机构的至高无上性来自这样的事实：它是共同体最直接的表达，虽然通常是蛰伏的，却是最根本的主权。政府需要税收，财产所有者拥有自然权利，在调和二者时存在着问题，但洛克只是说了句一切税收都必须经立法机构批准，就敷衍过去了。洛克并没有特别确定自由的本性，因为保护自由是政府的事情。信仰自由似乎明显是自由的一个重要部分，也是洛克《论宗教宽容》的主题。尽管他总的来说是为胡克辩护的，但在一点上不同意胡克的观点，即对整个社会来说，必须存在唯一的、全面的教会。洛克秉承独立派即公理宗（克伦威尔的教派）的精神，把教会界定为自愿的团体，因其非世俗的目的而与国家相分离。他所呼求的宗教宽容也有其限制：一是天主教徒，因其臣服于外国君主即教皇而被排除在外；二是无神论者，因其不具有遵守诺言的动机。

在洛克的《政府论》下篇中，几乎没有明确引用霍布斯，但霍布斯无处不在幕后存在，尤其是其理论的一般结构被洛克全部接收，但旧瓶里装的却是全新的酒。自然状态和敌对状态，契约，被保留的权利和被让渡的权利，这些观念为两人所共有，但其结果却大相异趣。洛克的自然状态并不总是不可避免的敌对状态，毋宁说是容易蜕变为敌对状态。在他的契约中，只放弃了一种权利，而在霍布斯那里只保留了一种权利，即保存自身生命的权利。两人都把教会和国家区别开来：霍布斯是让教会成为国家的一个部门，而洛克则认为教会是私人生活的一个方面。不过，尽管有这些差异，两人都是完全世俗的，而且最终都是人民主权的拥护者，尽管他们俩谁也不像是个民主派。

对 18 世纪的辉格党教义来说，洛克的政治著作简直成了"圣经"。在英国，这些著作几乎没有激发任何新的思想，在接下来差不多一百年里英国人对政治理论都没有太大的兴趣；但就在这期间，洛克式的预言在法兰西发展着，影响深远且十分有趣。在 18 世纪其他思想家中，仅有两位需要提及：简单说说著作等身的博林布鲁克，而休谟则稍微多说点，因为他是从洛克本人由世俗的经验论预设构成的体系内部，对洛克所利用的自然法和契约思想的最早且最有力的批判者。

博林布罗克声名不佳。他将杰出的天赋和同样杰出的品性缺陷结合在一起，他的政治生涯在早期的辉煌成功之后，便以完全的长期失败而告终。他以理神论①的方式攻击基督教，遭到约翰逊博士（Dr Johnson）和伯克（E. Burke）的谴责，却深得他同时代人斯威夫特、蒲柏、伏尔泰以及切斯特菲尔德伯爵②的钦佩（被这位伯爵所钦佩，不管怎样这都值了）。在实际的政治中，他是富有阶层利益的最敏锐的反对者，富有阶层的领导人沃波尔（Robert Walpole）

①　理神论（deism）亦译自然神论，又称"自然宗教"，一种宗教哲学学说。该学说认为上帝创造了合理的世界这架"机器"，规定了它的规律和运动的世界理性，此后就不再干预自然界的自我运动；除了理性外，别无认识上帝的途径。这一术语最初在 16 世纪时由主张基督教上帝一位论的索西尼派针对无神论而提出。理神论宇宙观则是 16、17 世纪时资产阶级为限制国王权力而提出的。17 世纪上半叶赫伯特等英国哲学家倡导一种非正统宗教主张，试图以理性来取代启示。理神论就其代表人物的哲学观点而言，不是一种统一的思潮。法国的伏尔泰，英国的沃拉斯顿、牛顿、洛克、休谟，德国的莱布尼茨、康德，俄国的罗蒙诺索夫、拉吉舍夫等也赞同理神论。

②　切斯特菲尔德伯爵（Lord Chesterfield, 1694—1773），英国政治家、外交家。作者之所以这样说，或许是因为这位伯爵是许多艰苦奋斗的作家的资助者，却得罪了约翰逊博士，并在一封著名书简中痛斥约翰逊。

是他的主要敌人。在博林布罗克看来，沃波尔让立法机构臣服于行贿受贿的行政机构，破坏了由力量平衡来保护的"旧制度"及其传统自由。在理论层次上这一点在他对洛克的批评中得到支持，即针对洛克的个人主义及其关于自然法和自然权利的抽象的理性主义思想。他认为对人类的一切发展阶段来说，服从他人的权威都是自然而然的，这在市民社会之前在家庭中就存在了，并不断延续到市民社会中。他遵循洛克在关于宗教的著作中体现出的经验论，却拒绝接受洛克关于道德和自然法的准数学观念，而采取一贯的经验论观点看待它们，二者同样都是对普遍幸福的追求。他与休谟类似，而与边沁不同，用他的功利主义为保守的而不是改革的目的服务。

　　作为对契约论和自然法思想的批判者，休谟虽没有长篇大论，却更令人敬畏。他写了许多政治论文，沿着哈林顿的思路勾勒了一个"理想国"，并在一定程度上论证了"政治可以被归约为科学"。他的主要理论贡献可见于寥寥几页的论文《论原始契约》(*Of the Original Contract*)，就政治理论家的背景性假设而言，这篇文章即使不是完全开创了一个重要的新起点，也发出了相应的信号。他承认，第一个国家的产生也许可能是由于相对较少的人群之间的契约式同意，但是这对于当前的政治关系毫无影响。因为这些关系不可能被归于默认的同意。绝大多数人没有意识到他们在给予这种同意，即便仅以一国之疆域为限而存在也无济于事，因为对于绝大多数人来说，根本不存在真正的选择，而只是待在他们所在的地方。在今日世界中存在的政府主要都源自征服或篡权，但这并不剥夺它们的合法性。对它们的服从来自习俗和习惯，而不是任何一种诺言。

347

　　休谟针对契约论的关键论证是：如果臣服义务是以忠诚即信守诺言为基础的，那么问题就产生了——为什么应当信守诺言？答案是：信守诺言对社会总体上有好处。但就是这个答案也可以用来回答这个问题：为什么要服从政府？既然臣服义务和忠诚都可参照普遍利益来直接得到辩护，那么，将后者作为前者的基础就是"不必要的循环论证"。此二者以及对财产的尊重（休谟很奇怪地将其等同于正义），都是休谟在别的地方所称的人为的德性，即如果得到普遍遵守则具有有利结果的行为方式。他将这些德性与仁爱对立起来，对仁慈来说，即便它不是一般习俗的一部分，也仍然是行善，而且在我们对他人出于本能的同情当中，我们具有自然的仁爱倾向，这是一种随距离而减弱的温和的激情。休谟承认，对人为德性的普遍规则的有效维持，包含着习俗的成分；在这一观点中，仍然存在着契约论思维方式的小部分残余。

　　休谟看起来是把政府限制在对财产的保护上，或用他的说法，是维持财产的稳定，而无视更为迫切的人身安全需要，这比洛克可谓有过之而无不及。他相信，没有政府的社会是可能的，也是存在的，一直存在的。社会开始于家庭，有助于我们把自己的力量和他人的力量联合起来，以收获分工和互助的收益。与后来的卢梭一样，他认为财产使政府成为必要。博林布罗克曾说，国家与其说是契约的结果，不如说是协议（bargain）的结果，休谟进一步发展了这一观点：臣服义务乃是某种开明的自利。霍布斯也大致持这种想法，但他的主权者所依赖的自利过于恐怖，难以令人接受。休谟不完全是功利主义者。他用我们对效用的期待来说明我们的道德反应，而不是把效用本身作为标准，以证明这些反应的合理性。不

348

过，既然他倾向于将习惯的视为合理的，那么二者之间的裂隙还没有那么大。休谟接近于功利主义，经过爱尔维修（Helvétius）和贝卡里亚的努力，功利主义在边沁和那些哲学激进派手中成长为强有力的学说。

18 世纪的法兰西：孟德斯鸠和启蒙哲学家

洛克的学说输入法国之后的效果，犹如空腹饮烈酒一般。在英国，他的理论原则用于支持反对专制主义变革的基本上是保守性的革命，保护议会、习惯法，并保护国教免于天主教会专制的危险。而在法国，天主教会的专制已经长期确立，并无严重的制度障碍妨害其特权。路易十五实际上比他的祖父路易十四更开明，至少也是更随和一些，对已确立的教会和国家秩序进行批评，在一定限度内是可能的，虽然也要常常冒风险。伏尔泰是洛克在法国最热情、最有效的宣传者。但他首要关注的是教会，因为教会是思想自由的压制者，从而也压制了人们对自由带来进步的期盼。

牛顿似乎用他那无所不包的普遍体系完成了自然科学大业，而洛克由于和牛顿联系在一起，声望越发卓著。英国在世俗事业上的成功，在西班牙王位继承战争中击败法国，随后又在 18 世纪中期的七年战争中再次取胜，这些导致英国吞并了法国在印度和北美的绝大部分殖民地，这一切都表明，较小的自由国家能够制服较大的专制国家。

孟德斯鸠（Montesquieu）是 18 世纪给人留下最深印象的法国政治理论家，但他不同于启蒙哲学家（*the philosophes*）的主体。他在 1748 年发表了《论法的精神》，其绝大部分是在政治社会学方面的散漫尝试，主张国家要想像通常那样稳定，则应当与广泛的环境因素相适应：经常性的气候，地形，谋生手段，以及国家统治下的国土和民族的国家特征，等等。他区分了三种主要的国家类型，并将每一种与合适的规模、气候和统治原则联系起来。专制政体适合于具有较热气候的大国，其统治依赖于恐惧。他所谓的混合君主制（如英国）则适合于中等大小规模的国家，气候温和，其统治依赖于荣誉。共和国适合于气候较冷的小国，其统治依赖于公民的德性。这种思维方式无疑是对普遍主义的理性主义和普遍人类观的批评，前者认为存在着全人类共同的单一自然法（并不是说孟德斯鸠否认这一点，而是说它在其思想中几乎毫无作用），对于后者，即便是持怀疑主义的休谟也视为当然。孟德斯鸠对政治思想领域的扩大，在影响上不如维柯（Vico）更杰出的历史体系那样大。维柯与他差不多同时，他的历史体系对时代演替做了周期性的解释（从诸神时代到英雄时代，再到人的时代），也思考了民族文化的各个方面的相互联系：语言、文学、宗教和政治。维柯预见了19世纪的历史头脑，后者在斯宾格勒历史体系的庞大而迷人的构造中达到了顶峰。按照现在的理解，社会学从亚当·弗格森那里吸取的比从孟德斯鸠和维柯那里吸取的更多，弗格森更具说服力的思想，体现在他的《论市民社会》（*Essay on Civil Society*）中。

350

孟德斯鸠把两个方面结合在一起：一是他独立于其他的相对主义的考察，对象是他能够得到的全部的人类政治经验；二是对自由的热情，总的来说他对自由更为坚信不疑。他对自由的定义并不令人信服。他说，自由是做法律所许可之事的能力。同时他也承认，现存的法律需要合理的改革。但无论如何，自由被理解为英国已有而法国没有的东西，即被归于一种制度性安排：各种权力的分立。从伊丽莎白的统治直至汉诺威王朝君临英格兰，这期间议会和王权之间的长期斗争，使这种对英国政治传统的解读显得似乎是可信的。博林布罗克认为沃波尔的腐化议会的行动方案威胁了这种制度安排，而孟德斯鸠从博林布罗克那里了解了这一解读，并将其传递给布莱克斯通①。无论这一解读是否准确，它都在美国宪法制定者的工作中起了不可或缺的作用。美国独立的历史经验确证了孟德斯鸠的学说。附带值得一提的是他对奴隶制的谴责。孟德斯鸠反对洛克等人对奴隶制的辩护，他主张征服者没有权利屠杀战俘，任何人也无权将战俘卖作奴隶。

从政治学上看，在严格意义上的启蒙哲学家中，最值得考虑的是爱尔维修，他也将两个方面结合在一起：一是对人性的抽象的理性主义解释，这种解释概括了洛克的理论，即人的心灵在出生时是一块白板，空无一物，其全部特性皆来自它所能完全适应的环境的影响；二是拒绝接受洛克的理性主义伦理学，而支持一种清晰而鲜明的功利主义。他认为道德不是天生的，而必须来自教育。教育问题就是将人们所接受的自身利益与普遍利益协调一致，而普遍利益才是道德的适当标准。与他的信徒边沁一样，爱尔维修认为，自由并不是对普遍功利的各种考量所必然规定的。他甚至也不像边沁最终相信的那样，认为功利蕴含民主制。总的来说，启蒙哲学家都是自由派，却不是民主派。他们想得到思想和宗教的自由，以便启蒙

---

① 布莱克斯通（William Blackstone，1723—1780），英国著名法学家，也是法官、议员和大学行政人员。他的主要著作《英国法释义》（1765—1769 年出版）是对 18 世纪中叶英国法律系统的、明晰的和出色的阐述。

精英能够运用理性，促进历史进程和普遍幸福。但是，他们不喜欢 *351*
大众统治的思想，而这一思想恰恰是卢梭的主要革新。

卢梭

卢梭在政治理论上的主要著作名曰《社会契约论》（*The Social Contract*），但契约思想在其中无足轻重，甚至自然权利和自然
法也是如此，尽管他频繁地提及自然状态。几乎可以确证，卢梭是
个偏执狂（paranoid），一个不可救药的不合群的人——事实上，在
其生命的绝大部分时期，就与他人的关系而言，他是个处在自然状
态中出身微贱的野人。[①]

在这部主要著作之前，卢梭已写过三篇论文。在《论科学与艺
术》中，他宣称，艺术和科学把并不需要的奢侈品和人为需要的刺
激引进来，使天真纯朴的人堕落下去。文明奴役了人类。在《论人
类不平等的起源和基础》中，对自然人的描述更为丰满。自然的人
是在具有道德之前的人，却是纯洁的人，他独立于他人，因此无害
于人，亦不受人害。他主要不是理性的，而是被情感所驱动，特别
是自利和同情他人的情感。由于把财产据为己有的行为，犯罪和冲

---

① 作者的这番评论仅为一家之言，亦大可商榷。因为如果我们忽视了卢梭身处的
时代，忽视了形形色色的势力对卢梭的迫害、欺骗、侮辱，我们也就无法真正理解卢
梭。我们不妨看看罗曼·罗兰引用的卢梭自己在晚年写的几句话（单引号内的）："现在
他知道，他相信他不能指望得到人世间的赔偿……'这里，在人世间我是孤单一人，除
了我自己，没有兄弟，没有邻居，没有朋友，没有交往。最喜欢群居和最爱人类的人已
被完全一致地放逐了。'他孤单一人，永远地，'安安静静地待在地狱的底层，可怜的
人，不幸的人，但是又像上帝自身似的冷漠……'"（罗曼·罗兰编选：《卢梭的生平和
著作》，27 页，北京，三联书店，1995）亦可参见卢梭本人的《忏悔录》。

突便产生于人世，并导致了压迫性的统治制度。在《政治经济学》中，他著名的公意（general will）概念首次出现，后来成为他政治思想的核心和主导概念。

在《社会契约论》中，公意被用作这样一个问题的解决之道：人如何能够既让自己服从政府，又保持以前所处的自由状态。公意之所以产生，是由于人们把一切权力（和洛克一样他不谈论权利）交与社会，然后以升华了的、更道德的形式取回了公意。本质上被直接导向公共福祉的公意总是正确的，尽管由所有人或大多数人所同意的似乎是公意的东西也会受到有意的欺骗。公意并不等同于众意（the will of all）。而如果遵循特定的条件，大多数人的意志也能够成为公意的指示信号。

最重要的是这样一个需求：公意，即主权共同体（sovereign community），只应让自己关注完全普遍的事务。因公意而生效的法律，其特殊运用是"君王"即政府的事情，政府是主权共同体的代理人，而与主权迥然不同。公意的主权是不可转让的，因此它不可能出现在代议制团体的决议中，这种团体和其他一切局域性团体一样，都会提出它们自己的伪公意，为自身的特殊利益服务。这既要求不可能存在独立的教会，而必须存在公民宗教，其教义近乎最弱意义上的理神论，实际上也要求对国家来说，若要拥有有效的公意，则必须小得足以让所有人都主动而直接地参与法律的制定。研究者认为这种完全一贯的观点，反映了卢梭对其故土日内瓦城市共和国的忠诚。

统一的共同体中的公民用其天然的自由换来了更好、更道德的自由。公意表达了联合起来形成这一共同体的公民的真实意愿。对公意的承认，使他们实现了一种道德上的成熟。至于天真的处在道德状态之前的人如何能够转变为具有道德的人，这个问题是由一个虚构的手段来解决的，即一位立法者，他提供了最初的法律，对法律的顺从使服从法律的公民成为社会化的和道德化的。这位解围之神的存在似乎是异乎寻常的运气，在正常情况下很难仰赖于此。卢梭将国家视为对其公民的真正意愿的表达，后世的一些理论家对此颇为赞赏，并将这种思想诠释为共同体的社会历史经验，是长期道德发展的过程，而不是半人半神的立法者不可思议的瞬间行为。

卢梭曾评论说民主制是不现实的，它对不完善的人类来说好得无法实现。他可能是说，政府在形式上不应当是民主制的，因为共同体作为整体不可能既将自身限定于在其实现公意的立法工作中的公共福祉，同时又去实施所立之法所蕴含的特殊应用。但他当然是要让君主服从于强有力的民主制的约束：主权人民应当定期而频繁集会，以商讨制度是否需要改革，担任公职者是否应当批准或更换。不过，至少这第二个对策似乎与卢梭的要求相冲突，即公意应当将自身限定于只处理普遍事务，而担任公职者却是个别的人。

一个更为实质性的困难是，唯有共同体的共同利益看似可能与合乎道德的东西一致的时候，共同体才是整个人类（也许是全体有感知能力的生物）。若以整体的人类为背景，则卢梭平民主义式的小国寡民则不过是局部的团体。为了避开这个障碍，卢梭也许会这样要求：小国的公意如果独立于其他所有国家，则在道德上依然是正确的。这个方案可一点也不现实。

文明世界接下来发生的政治历程却把卢梭推上了被告席，因为他是极权主义的发明者。他当然主张，如果要形成公意，则人民必然要放弃一切权力。他不允许保留任何免于国家干涉的个人权利。虽然至少他的极权主义还是民主制的，但是当他说，博采众议、热爱公益的大多数人的决定是公意的可靠指示之时，他没有保护社会免于多数人的暴政——而这个问题后来吸引了约翰·斯图尔特·密尔的关注。公意的难以捉摸，至少使那些受鼓动的领导者畅通无阻地以所献身的党派为手段，以恐怖和受控制的民众表决为工具，声称他们就是公意的权威解说者。卢梭得出结论说，那些没有意识到其真正意愿的公民，可以受到适当的强制，使之按照这种意愿来行动，用那个著名的警句说，就是要迫使他自由（be forced to be free）。遵循自己的真实意愿而行动便是服从自己。这就是卢梭对其最初问题的解决方式。它允许对那些未经启蒙的堕落者施以强制，但无论如何也不应当由灵感发作的领导者来施加。

如果说卢梭与极权主义的渊源关系还相当远，那么毫无疑问他是民主制最有影响也最鲜明的倡导者。正是基于后面这个原因，他得到了法国大革命中雅各宾派崇拜者的尊敬，即使他们不久之后就滥用他的预言，使之被曲解为专政的恐怖。仅次于民主制的是他对民族主义思想的贡献。公意能够最有效地产生的社会群体是名副其实的文化共同体，而不是由王朝偶然堆积在一起的彼此缺乏共鸣的人群。不过，他并没有明确得出这个结论。民族主义与民主制一道，在此后时代的欧洲政治生活中成为最重要的主题。

354

潘恩和葛德文

托马斯·潘恩（Thomas Paine）是 18 世纪后期影响最大的英

国激进主义者，他表达了一种在英国内战期间臻于鼎盛，而自斯图亚特王朝在 1660 年复辟之后，基本上湮没无闻的观点。潘恩和许多人一样，在思想和行动上都受到美国和法国革命的影响。他是杰弗逊的密友，积极支持美国革命和法国革命——直至其落入雅各宾派的暴行为止。他的《人的权利》（*Rights of Man*）与其说是一部理论著作，不如说是一本论争性的小册子：对当前问题的详尽讨论远胜于一般性的概括。但其行文气势磅礴、清晰流畅，赢得了广泛的读者。

此书不那么有趣的第一部分主要是在回应伯克的《反思法国大革命》（*Reflections on the French Revolution*），继而又引发了伯克的答复《新辉格党人向旧辉格党人的呼吁》（*Appeal from the New to the Old Whigs*）。潘恩以论战的姿态体现了本质上洛克式的理论。社会是根据我们的需要而产生的，因此是人的福祉，社会与政府是截然不同的，政府是由我们的恶和必然的恶而产生的。存在着如下自然权利：思想和活动的自由；在不侵犯他人的自然权利的前提下，追求自身幸福的权利；安全和受到保护的权利。政府不应当以迷信和力量为基础，而应当以"社会的公共利益和人的公共权利"为基础。潘恩没有区分公共利益和公共权利（这是他那个时代政治思想家之间争执不下的主要论题），这显示出其理论能力的局限。唯有共和国才会一贯追求公共利益，而实际上共和国必须是代议制的民主国家。他认为，共和国应有一部真正的（即成文的）宪法（如美国宪法），这是必不可少的。潘恩反对伯克对英国宪法大唱赞歌，他争论说，根本就不存在英国宪法，只是一组政治习惯而已。总的来说，潘恩急于将政府活动的领域最小化，但《人的权

355

利》第二部分最后一章"论方法与手段"很有意思，他强调，普遍幸福是排斥将保护权利视为政府之目的的，并勾勒了一套关于社会福利的预言性的精细方案。在攻击了限制贸易、企业和土地主的金融特权以及国债之后，潘恩提出要用儿童津贴和老人养老金取代贫民救济税，用大量富于想象力的统计数字装饰着本书的这一部分。但要将他的提议付诸实施，既不会减少政府的活动范围，也不会减少征税的负担。

雪莱的岳父威廉·葛德文（William Godwin）是一位极富理智色彩的理论家，他将对政府的敌意发展到可以想象到的极致。他用他所谓的普遍幸福将一贯的功利主义与一种乐观主义的假设结合起来，这个假设是：经过理性的劝导或训练，人就能够追求正义。在理想状态下，根本不应当存在政府，人人都可以由理性的劝导而被引向正确的行为。他也同样关注如何激励德性（即正当地行动的倾向），确保正义的实现——倘若德性是正当行为的最可靠的制造者。他虽然是决定论者，却主张人们应当独立自主地过自己的生活，而不要出于非常明显的功利性理由。他不仅对政府有敌意，对一切限制个人自主性的习俗和制度都有敌意，例如许诺（包括婚姻中包含的），甚至对所有形式的合作也是如此，包括管弦乐队。他对实际情况极端漠不关心，这在他反对许诺的论证中典型地表现出来。当时机到来时，我许诺去做的事情要么符合普遍利益，要么否。如果符合，那么这许诺就是多余的，因为我无论如何都应当去做我已许诺之事；如果不符合普遍利益，我就不应该信守诺言。同样道理，如果我只能从火海救一人逃生，我就应当救重要人物，而不是对普遍福祉贡献较少的亲戚。

就抑制犯罪和抵御外侮而言，政府是必要的。前一个任务可以在教区层次上来履行。尽管葛德文不太可能预言黑手党的产生，但他这个想法还是过于乐观的安排。财产的不平等——至少是占主导地位阶级的财产的不平等——是非正义的。财产应当重新分配，即给那些如果拥有之则会产生最大的公共利益的人。作为彻底的功利主义者，葛德文不承认对财产以及其他任何东西的自然权利。一切形式的政府都值得反对，甚至普遍同意也不必然导致正义。

葛德文和爱尔维修一样，对于人类的可塑性，都是绝对的信仰者。人是可以完善的，他借此意味着人可以无限定地不断改进。恶行和犯罪可归咎于错误和无知，并可以通过理性的劝导而得以治疗。把暴力革命作为引发改革的手段，葛德文对此抱有敌意，正如他对他想（用劝导）取而代之的各种强制形式一样。他也许是在理论上政治思想家中最敏锐的。他的一切异乎寻常的结论都得到了小心翼翼的论证，并尽可能清晰地加以说明，如同麦克塔加特（McTaggart）的形而上学中那些堪与之媲美的论题一样。和葛德文相比，边沁看起来更像一位顽强不屈的现实主义者。因此，不足为奇，葛德文经过短暂的扬名立万之后便归于沉寂，而边沁则成为19世纪最伟大的改革运动的领导者，虽然令人敬而远之，也不那么理论化。葛德文的《政治正义论》出版于1793年，这一年法国正遭遇革命恐怖，令英国人对法国革命的同情一落千丈，而对那些像葛德文那样会以其不确定的方式赞同法国革命的人来说，亦复如是。

伯克

较之葛德文，伯克处在另一个极端，不仅在特定的观点上，而且在表达方式上都是如此。伯克所有重要的政治著作都是对当下事件的反应，其中最伟大的著作《反思法国大革命》便是对他那个时代最伟大的事件的反应，同时也是特别针对道德哲学家普赖斯①的一些大胆评论，因为普赖斯断言，我们可以选择我们的统治者，可以因为治国无方而将其罢免，并为自己建立一个政府。伯克的理论无处不体现在争论中，体现在他活跃的政治生涯全神贯注的问题之中。这一事实使他的著作表现出大量不一致的解释结果。不过，其主要的原则仍有可汇集的标准。

第一个原则是，从其否定的方面看，他反对大规模的政治变革，特别是那种暴力变革，这在典型例证法国大革命中表现得一览无遗。而从其肯定的方面看，则是他对传统的尊重，包括习俗和习惯，也包括许多人历经许多世代精心积累下来的政治智慧，它们共同汇集在一大批世代继承的制度和惯例当中。伯克并不主张不应该有任何变革，但是，政治上特别是宪法上的变革总是应当回应非政治环境中的某些变革。正如他所说，"一个国家如果缺乏一定变革的手段，也将缺乏保存自己的手段"。不过，变革应当是连续而渐进的。他有意在法律意义上使用"因时效而获得的权利"（pre-scription）这个词，即"自难以稽考的时间以来持续使用或占有"，

①　理查德·普赖斯（Richard Price，1723—1794），英国道德哲学家、财政专家、美国革命和法国革命的热情支持者。其所著的《论道德中的主要问题和困难》为伦理的直观主义和理性主义辩护，预示着康德的伦理学的发展。

认为它是对政府来说最好的凭证（title），正如它对财产一样。

他的第二个原则是，健全的政治判断所需要的知识，不是纯粹理性的——甚至不是以理性为主导的。这是一种明智的知识，是从关于公共事务的长期实践经验中获得的，而不像几何学那样，是坐在书桌旁、扶椅里冥思苦想出来的。那些热心于法国大革命的激进政治思想家，以其关于抽象的自然法和自然权利的演绎系统，宣称它们是普遍有效的，而伯克认为这些人虽然可能是真诚的，却是无知的庸医，并不真正理解他们如此热烈谈论的究竟是什么。体现在传统习俗和制度中的结果是集体的努力，是富有政治才干的人做出的特定抉择所形成的长长的壮观序列。他并不认为政治智慧完全是世袭遗传的，而是认为它非常可能出现在那些在统治阶级环境中长大、对公共事务有广泛讨论的人当中。伯克拒绝抽象理论，这成为其传统主义（traditionalism）的基础。

作为第二个原则的基础，他的第三个原则既是关于社会本性的理论，也是关于作为社会成员的人与人之间的关系如何形成社会的理论。社会不是人们碰巧在同一时间处在同一地方，从而纯粹偶然地随随便便形成的集合。用赤裸裸的物理学术语说，社会成员实际上如何，是被他们所属的社会制作出来的。他们的文化和本质上的人性正是来自他们的社会，社会赋予他们道德能力和道德信念，社会的语言构成了他们赖以思考的不可或缺的工具，社会有助于确定他们的趣味、他们的情感习惯，以及他们主要的效忠义务。社会绝不仅仅是外在的联系，正如伯克所言，并非"不过是一种为了诸如胡椒或咖啡、布匹或烟草的生意，或某些其他类似的低级利害关系，而缔结的合伙协议"，毋宁说，社会是由人的社会身份构成的，

358

而人本质上是社会性的存在者。

伯克首次清晰地表达了在卢梭那里只是隐约流露的思想：个体通过其社会成员的身份而发展出真实意志，成为有道德的人，这就是说，社会是有机体。社会各部分之间具有复杂的相互关联，这意味着社会不能被简单地理解为一块块断片和断片的重新聚合。由此可以得出，唯有小规模的渐进变革才是必要的。社会的复杂本性使它难于理解，哪怕是最微弱的干预，我们也不可能可靠地预测其后果，而必须总是准备好取消这些干预。

伯克坚信，人们的实际面貌是他们作为社会成员，由在历史中演进的社会塑造而成的，他们的真正权利是时间让他们所习惯的权利，他的这一信念强化了这样一种鲜明的对比（有些人错误地视之为前后矛盾）：他对美国革命（以及英国对爱尔兰和印度的统治）的态度和他对法国大革命的坚决反对态度。就美国、爱尔兰和印度而言，伯克所关注的是捍卫上述社会的传统习俗和权利。而就法国而言，他拍案而起，痛斥那些可与业余的脑外科医生同等看待的政治角色的思想和行为。尽管伯克文风激越，热衷争辩，却以前所未有的方式将保守主义的核心原则彰显出来。就其专注于表达的全部细微之处而言，它们对华兹华斯来说一清二楚，他在《序曲》（*The Preclude*）1832 年修订版中写道：

359　　　　当他辛辣地讽刺、抨击并告诫

　　　　　人们警惕所有建筑在抽象

　　　　　权利之上的制度；当他赋予被时间

　　　　　验证的常规和法律至高无上的

地位，称习俗中结成的纽带

具有强劲的生命；当他以蔑视的

眼光否定时髦的理论，强调

人们生来就有的忠顺，有些人——

一大批固执的人们——却同声咕哝着

异见（不爱真理者，必对它有仇恨）……①

19 世纪

立宪国家

在 18 世纪末，无论是开明的还是不开明的欧洲专制政体仍然几乎是农业国家。只有相对非专制的不列颠凭借自身建立起工业，其财富和贸易与日俱增，将不断膨胀的人口集中在大城市。而到 19 世纪末，工业已经开始支配所有西欧和北美的经济生活。在三个政治上落后的东部欧洲帝国中，德国成为首屈一指的工业强国，在奥地利帝国的部分领土上工业也在发展，而在俄国工业也已开始立稳脚跟。

工业化创造了两个阶级，并使它们具有了政治意识，资产阶级在 19 世纪上半叶感觉到自身，而工业无产阶级则在下半叶意识到自己。经过拿破仑逊位之后第一个十年的停滞不前时期之后，在政

---

① 华兹华斯：《序曲或一位诗人心灵的成长》，186 页，北京，中国对外翻译出版公司，1999。

治上承认中产阶级权力的压力积聚起来。在英国，相应的是一系列扩展公民权范围法案。在法国，当第二帝国于 1870 年被德国击垮之后，一系列剧变尘埃落定，进入了相对稳定的法兰西第三共和国时期。在西班牙，宪法是引起漫长动荡的主题。在 1848 年革命之年，自由主义在全欧猛烈地爆发。其主要结果是民族主义让自由主义黯然失色，随着 1861 年意大利的统一和 1871 年德意志的统一，民族主义取得了成功，但在波兰和构成奥地利帝国大部分领土的较小民族那里却没有成功。

360　　　另一个新兴阶级，即无产阶级，在理论层次上得到了形形色色的社会主义的迎合，如某些理想主义的和乌托邦主义的社会主义，马克思唯物主义的和科学的社会主义。在实际措施方面，政府试图用各种类型的福利立法，满足城市贫民的需要，在工人要求工会合法化上也缓慢地做出了让步。工业开始需要受到更多教育的劳动力，由更为复杂的新装备配置起来的军队也是如此。于是，全民教育的国家体系也慢慢建立起来。

　　　19 世纪政治思想和实践的两个阶段受到两次与之同时的大规模思想运动的影响。浪漫主义有利于民族性观念，民族性是情感的统一体，而不是个人的抽象集合。在 19 世纪下半叶出现的进化论，其影响遍及精神生活的各个方面。马克思将《资本论》赠给达尔文，致力于将历史展现为进化过程的唯物主义思想。而处在另一方同样激烈的理论家，如赫伯特·斯宾塞（Herbert Spencer），认为进化论是鼓励竞争的，并将其发挥到极致，以至于要把弱者和无能者淘汰掉。

　　　尽管流出了大量移民，英国人口在 1800 年至 1900 年间还是翻了三番。尽管在这一时代的绝大部分时期，对福利的保障是空前的，但其政治问题在于如何为这些城市新增人口的需要而做好准备，而不是为了有参与政治进程之需要的极少数人。自新石器时代以来就占主导地位的稳定的农业社会，被快速变化的大众社会取而代之。

德国浪漫主义观念论

虽然牛顿式的世界图景已经深入常识当中，但浪漫主义却拒绝接受视之为由独特的、持存的对象组成的庞大的机械论体系，这些对象的变化遵循的是在数学上可用公式来表示的法则，相反，浪漫主义赞同把自然视为有机的连续过程的思想，可由诗性的直观来把握。人不是审慎而会算计的生物，运用科学知识将自己的满足最大化，相反，人是创造性的精神，为无序的激情所驱使。社会也不是科学的理性安排，用个人满足上的最小代价来防止人与人之间的冲突。

对于文学的而非哲学的浪漫主义而言，直觉和情感足以颠覆科学理性。浪漫主义哲学则必须找到一种更具有论辩性的方式，以得到其结论。通过改造康德哲学中的一个关键区分，我们实现了这一任务。康德的伦理学深受卢梭的影响，他虽不是浪漫主义者，却是启蒙时代的人物。他认为，知性，即我所谓的科学理性，将形式（时空观念、实体和因果概念）运用到在经验中显现给我们的无形式的杂多感觉，从而产生了我们的常识和关于世界的科学构想。而对这些形式概念的运用，如果超出经验范围，即运用于作为整体的世界、无限者和完全处于经验之外的东西上，则这样的尝试不仅徒劳，也导致了形而上学的幻象。为达到这一目的而对理智的运用，康德有些混乱地将其描述为理性，即纯粹而单一的理性。下面我将称其为形而上学理性。

康德的后继者，其中最值得注意的是费希特和黑格尔，则翻转了他对科学理性和形而上学理性的评价。他们将科学理性视为抽象之物，这种理性导致了关于实在的有实际效用的滑稽模仿。而形而上学理性虽仍然是论证性的，却具有更高的思想能力，遵循其自身的"辩证"逻辑而发挥作用，在辩证逻辑中，除实在之整体即绝对之外，一切东西皆产生了自身的对立面，而这一对立面也同样导致了自身的对立面，从而产生了调和前两个对立的综合。对于浪漫主义观念论者来说，实在不仅是有机的整体，其本性也是精神的。康德在思考杂多感觉的起源时，将其视为知识被动接受的原始材料，归因于本体或物自身。康德宣称物自身是如此这般的东西，是复多的，是它们引起了我们的感觉；但这样一来，就与他最基本的论点相矛盾了：经验形式不能应用于完全超出经验的东西。他的观念论继承者主张自然是心灵的产物。费希特说，本原行动，即自我，"设定了"非我，以使自我有可以运用其意志的对象。黑格尔说，

362 理念（即康德哲学关于诸形式的体系的黑格尔版本）"决意要让特殊性环节自由地向前走出作为自然的自身"；不过在这里就没有必要进一步讨论这个命题了。

康德作为政治理论家不甚重要。他呈现给人的外表是高尚的自由主义者，避免表达自己的思想，以免惹得统治他的蠢笨的普鲁士君主龙颜大怒，这位君主曾经就他关于宗教的著作严厉警告过他。康德认为契约将自由而平等的人从单纯的集合转换为民族，并赋予

民族共同而普遍的意志。他把卢梭和孟德斯鸠结合在一起，倡导将体现人民意志的立法机构从行政机关中独立出去。倘若国家的立法机构表达了公意，则无论其行政形式如何，这个国家本质上就是共和国。他对法国大革命颇有好感，却谨慎地否认革命权利的存在。更有意思的是他对人的"不合群的合群性"（unsocial sociability）的解释，即人具有与他人竞争并试图主宰他人的持久倾向。这是前进的勇气，但必须被保持在法律限度之内。最终，为了实现永久和平，共同组成联盟的国家必须接受相似的约束。而我们将看到，黑格尔则持完全相反的观点。

费希特明确表达了这样的思想：社会之外的人是"抽象的"人，而不是完全的人，这在卢梭那里已然提出。联合是真正自由的必要条件。公意的产生比安全和保护财产更重要。有两个特殊的任务是国家必须实现的。第一个也是较古怪的一个任务是，通过编制经济计划特别是禁止与其他国家私下贸易，以保证社会各阶级之间的平衡。第二个任务是教育人民，以便使政府最终不再是必要的。晚年的费希特精心阐发了一种崇高形式的德意志民族主义（1807年，德意志被分割并击垮，虚弱得除了高尚的气概而外再无其他）。他认为，德意志特别有资格完成这样的使命：世界的文化和道德重建。因此，他是那种最致命的欧洲民族主义之父，却又相当地纯洁无辜。

黑格尔

黑格尔的政治理论是他的"客观精神"理论的一部分，实质上 *363* 也就是他的一般社会哲学。他把所谓的社会伦理描绘为以合乎逻辑的、可能也是合乎历史的方式，从"抽象权利"及其对立面"主观道德"中产生出来，这种主观道德是一种严格的良心自觉（conscientiousness），被康德称为真正道德的本质。权利和主观道德在事物发展过程中拥有其地位，但都是不完全的：权利是外在的，关注的是外来的依从；而主观道德则是内在的，关注的是动机的纯粹。二者被"社会伦理"所"综合"，即以辩证的方式将二者结合起来，达成和解。

三个重大的社会制度顺次出现在我们面前。首先是家庭，家庭是最直接的人类群体，也许这就是说它在生物学意义上是不可避免的，也是个体性几乎完全湮没其中的群体，严格意义上的自身利益只是时断时续地与群体利益相区别。不过，儿女长大了，家庭就要不可避免地解体。当他们从家庭中解放出来，意识到自己的个体性，也就加入了与他人的自愿联合当中，去追求他们在其中拥有共同利益的目的。这就是市民社会，它本质上是经济的组织形式，其中劳动分工占主导地位，并在科学理性的帮助下审慎地追求自身利益。市民社会与19世纪早期的不列颠有一定的相似之处，而这时的不列颠是世界上第一个工业社会，并即将成为世界上最强大的贸易国家，而这经过一段时间便得到了验证。

家庭被认为是普遍的，因为个体性在其中只是潜在的。但市民社会是特殊的，当其具有自我意识的成员在经济上相互合作时，彼此也保持着一定距离。二者的综合便是国家。这种国家与黑格尔时代的普鲁士有一定的相似，但它太理想化了，因此我们不必将黑格尔视为对普鲁士奴颜婢膝的辩护者——虽然他常常被这样看待。在国家中，人发现他的真实意志"得以实现"；这就是说，通过让自身的利益服从于国家利益，他就获得了真正的自由。既然宪法必须反映民族精神（*Volksgeist*），而民族精神又是变化的，而且因不同民族而异，因此也必须随国家的精神状况而变化。不过，黑格尔表达了对君主立宪制的偏好：之所以是君主制，是因为必须存在国家统一的象征；之所以要有宪法，是因为要为共同代表（corporate representation）做好准备，以小心翼翼地保证社会的真实公意有效地实现。

　　黑格尔政治理论中一个有趣的特色是他的普遍阶级理论。这是一个由政府官僚和地方官员构成的阶级，是柏拉图式的精英在 19 世纪早期的温和翻版。按照黑格尔的观点，与其他阶级（如农业的和商业的阶级）相比，这个阶级是社会中特别具有理性的，而且必须随其他阶级一起参与立法活动。

　　对黑格尔来说，国家是精神发展的顶点之一，在一种意义上是作为整体的实在，在另一种意义上则是有限个体中的自觉代表。国家是这样一种形式：作为社会性存在的人在其中达到了合理性和自由的最高水平。服务于国家是人最充分的公开实现。不过，在黑格尔的等级里，在国家之上还有绝对精神，这是艺术、宗教和哲学的领域。这样，在黑格尔看来，遵从公民义务并不能穷尽人的精神使命。不过，至于国家极其频繁地制定决议，干涉这三个领域，黑格尔就未曾讨论或不准备讨论了。

　　黑格尔坚决把国家等同于在语言和文化上同质的民族国家，他的时代，民族国家在西欧占主导地位，但德意志却是可悲的例外。似乎在黑格尔的绝大多数读者看来，他这种整体相对于部分的高于一切的优先权所需要的，是他应当论证世界国家（world-state）合乎理性的必要性。相反，他主张战争对国家是有益的，因为战争将提升国家的统一和民族的自我意识。凡是我们期望黑格尔会讨论根本性的世界国家的地方，我们发现的都是对世界历史的解释，在世界历史中，东方的、希腊罗马的和日耳曼的这三个时期依次而至，其依据分别是一个人的自由、少数人的自由和全体人民的自由。

黑格尔的哲学在他于1831年去世之后在德国便成为明日黄花，但经过几十年的蛰伏之后，又在英国解冻，引发了极大的热情，特别是经牛津大学的格林和布拉德雷的努力。格林沿着自由的方向修正了黑格尔理论的极端严格特征。他拒绝自然权利，因为根本没有一种权利不是以社会的方式（但并不意味着是合法的方式）而被承认的。国家的目的是其公民的自我实现，但是，既然道德的自我实现必须是自律的，国家就不应当直接实施道德教化，而应当创造有利条件，促进道德改善。布拉德雷则更为激烈，也更少社会改良论的特征，他攻击抽象的个体，将人的最高道德任务视为履行与其地位相符的义务。

1848 年革命之后的保守主义

伯克作为第一个在理论上攻击法国革命原则的主要人物，其思想在拿破仑垮台之后的岁月中，被欧洲当然也包括不列颠广泛接受，即使是拿破仑这位军事独裁者，也认识到伯克对法国革命最终结果的预言。德·博纳尔①文风清晰，长于推论，与伯克充满修辞

① 博纳尔（Louis-Gabriel-Ambroise, vicomte de Bonald, 1754—1840），法国政治哲学家和政治家，系正统王权主义的主要辩护者，采取否定法国革命的价值、拥护国王和教会起来的立场。

的激情澎湃非常不同。他主张，必须存在唯一的根本权威，而世袭君主制优于其他。君主需要贵族的辅佐，因为贵族拥有继承的财产，足以使他们对腐败有免疫力。国家的基本法必须依赖于习俗，而不能在成文宪法中确定无疑地预先设计。

在最可怕的法国极端保守分子约瑟夫·德·迈斯特尔①的思想中，对理性设计的成文宪法思想的反对尤为明显。在他看来，国家是自然发育成长的，而不是人为的建构。政治智慧源于经验，也源于对民族性的直观理解。社会不是个体的任意集合，个人主义和民主制只能导致混乱无序。迈斯特尔开出的猛药是一个完全正确的教皇（在此他领先于他的时代）和一个绝对专制的君主。洛克的理论在传入法国之后，之所以具有爆炸性的后果，是因为其理论所提出的理想，与其跟英国现状的距离相比，跟法国现状的距离着实太远；这一点已成为政治哲学史的常识。伯克差不多也是如此认识的。他意欲辩护的东西即便受激进主义的威胁，但毕竟已然存在，而法国保守主义者意欲恢复的却是多年之前且被非常广泛地涤除殆尽的东西。

柯勒律治（S. Coleridge）是19世纪早期最具天赋也最有影响力的英国保守主义者。他起初是葛德文的信徒，但在18世纪末访问了德国之后，对康德和费希特、谢林等浪漫主义观念论者心醉神迷，把他们对单纯的知性和更高的理性能力的区分运用到他的文学

366

---

① 迈斯特尔（Joseph de Maistre，1753—1821），法国论辩作家、德育家和外交家。被法国革命当局驱逐后，成为保守传统的重要倡导者。他坚持基督教的优先地位，反对科学的进步，反对自由主义信仰，反对弗兰西斯·培根、伏尔泰、卢梭和洛克等哲学家的经验主义方法。

理论中去，区分了幻想和想象（fancy and imagination）。他承认伯克是他政治上的导师，但在其主要政治著作《教会与国家之构造》（*The Constitution of Church and State*）的尝试中，却得出了理性的理念，这个理念潜存于事物的现实状态中，并应当或将会从中破土而出，但这一思想具有伯克会予以指责的某种形而上学特征。在该书中，柯勒律治展现的是以新奇而诗意的古词古语，对历史上英国宪法仍起作用的主要部分粉饰美化，重新描绘。上议院的贵族和下议院的乡绅代表永久的利益或有地产者的利益；而从自治市选出的议员则代表了商业和工业的利益或进步的利益。

在柯勒律治对该理念的追求中，最有价值的部分是他对教会的解释。（最初正是那些被他视为天主教会所释放的危险的东西，引发了他写作该著作的动机。）他认为教会是或希望教会成为教育机构，而不是用以表达虔诚的或属于僧侣的机构。国家教会的理念把这样的任务赋予教会：使社会变得文明开化，这包括（但绝不仅限于）道德改善的通常责任，而为永生所做的准备则退居不甚重要的背景当中。这一没有炽热的民族主义的费希特式论调，首倡了那种典型的维多利亚时代的关切：捍卫和鼓励文化，而这一关切在马修·阿诺德那里表现得极为显著，在纽曼①那里也十分明显。另一个保守主义的主题也许是在博林布罗克对富人利益的谴责中首次表达出来的，但在柯勒律治那里的应用要广泛得多，这就是反对工业

---

① 纽曼（John Henry Newman，1801—1890），英国基督教圣公会内部牛津运动领袖，后改奉天主教，成为天主教会领导人。

主义（industrialism）①，即认为工业主义用肮脏而贫困的城市生活取代了传统的生活方式，并为精打细算的、粗俗地讲求实用的思想方式奠定了基础。

柯勒律治的影响巨大。他将约翰·斯图尔特·密尔从哺育了他的、阴郁呆板的边沁主义中拯救出来，并转向关于人类幸福和满足的真正本性的更广阔的思想。他激发了基督教的社会主义运动，将教会包括在那个时代的社会问题当中。他对纽曼和马修·阿诺德的影响前面已经提到。他批判了城市工业主义，也批判了这种工业主义迫使其从业者从事那些贬抑人性的无奈工作，拉斯金（Ruskin）和威廉·莫里斯（William Morris）继续着这一批判。作为社会思想家而不是严格意义上的政治思想家，柯勒律治启迪了维多利亚时代许多富有反思精神的英国思想。

功利主义者

功利主义者（即哲学激进主义集团，Philosophical Radicals）以边沁为其源源不断的启发者，以詹姆斯·密尔为其精明而讲求实际的领导人，并以其子约翰·斯图尔特·密尔为其最文明的最终典范。他们为改革的推动力提供了坚实而明确的思想支撑，而这些推动力为工业和商业中产阶级与日俱增的力量和财富所促进，并在拿破仑垮台和法国的威胁消失之后，再次浮出水面。实际上，在滑铁卢战役七年之前，詹姆斯·密尔就把自己确立为边沁的盟友。

---

① 工业主义通常指一种经济和社会体系，以大型工业企业的发展为基础，其标志是廉价产品的大规模生产和产业工人在城市中的大量集中。

边沁作为作家活跃了三十多年。他的主要兴趣在法律改革、刑罚改革和与日俱增的宪法改革。在 1776 年的《政府片论》（*Fragment on Government*）中，边沁对布莱克斯通在《英国法释义》中对英国法律的权威性赞颂发动了攻击。在正文之前的序言中，边沁做了政治理论上的初步解说，远比该书所引入的严格意义上的法律问题乏味得多。边沁有一项令他非常愉快的破坏性任务，即推翻《英国法释义》中旧的社会契约和自然法理论之间并不稳固的联系，同时也摧毁了体现在习惯法当中的对祖先智慧的尊重，以及被认为体现在宪法中的对混合政体和权力分立原则的尊重。

契约从未发生过，至少不可能约束后来的世代。自然法也是胡说（自然的和不受时效限制的权利更是"夸夸其谈的胡说"）。在《无政府主义的谬误》（*Anarchical Fallacies*）中，边沁再次回到这个主题，攻击了法国革命派的《人权宣言》。唯一的权利是法律上的权利，由主权者的命令而确立，并受到针对冒犯法律者的刑罚制裁的支撑。法律如欲有效力，则应当是明确的；法律如欲成为明确的，则必须具有单一的、可识别的来源，使公民处于对法律的习惯性服从的状态中。习惯法不合理性，混乱无序，是为律师的利益而非社会利益服务的，因此应当被编纂成系统的法律所取代，而法典应按照功利原则拟定，只是为了最大多数人的最大幸福这一利益才需要对行为有所禁止。"最大多数人的最大幸福"（the greatest happiness of the greatest number）这一表述源自休谟和爱尔维修，并与贝卡里亚的惩罚理论结合在一起，该理论认为，惩罚本身是恶，需要通过它产生更大量的公共利益来证明其合理性。

首先，边沁不属于任何类型的民主派。作为 18 世纪的人，边沁认为自己的角色是专制君主的启蒙者。既然事实表明君主们不能被启蒙，边沁就因老密尔而转投民主派，转向包括普遍选举权、无记名投票和议会每年大选一次在内的议会改革。老密尔的论证基于适用于功利原则的对人类动机的解释：一切行为都源自趋乐避苦（这里的"乐"当作广义理解）。由此推出，任何受到限制的统治阶级的成员都将运用主权权力，以其臣民为代价，为自己的利益服务。自动地去追求普遍利益的唯一群体就是大多数人，即普遍的民众。不过，这并不使老密尔主张给予女性选举权，因为他认为，女性的利益应由其丈夫充分保障，如果尚未婚嫁，则是应由其父亲来保障。

与其关于法律的霍布斯式的命令论一致，边沁认为不可能存在反抗政府的权利，但是他也声称，如果人们的习俗、愿望和利益遭受足够多的践踏，他们也会不服从政府甚至揭竿而起，这种可能性是对政府的限制。他赞成强有力的政府，但又认为这样的政府应遵循有限制的传统方式，仅仅成为法律的来源和强制实施者。他并不赞成政府重新分配财产或为老幼贫病者提供福利。约翰·斯图尔特·密尔（小密尔）虽在许多基本方面都是在边沁主义的正统学说中成长起来的，却与之分道扬镳，确实令人印象深刻。

其次，最重要的是小密尔扩大并冲淡了关于快乐和幸福的正统功利主义理解。这对于他诸位良师思想中的生硬粗糙之处而言，是必要的矫正，他将这一修正归功于柯勒律治的影响，而当他将功利原则阐述为使价值标准服务于"人作为进步者的持久利益"的时候，柯勒律治的声音犹在耳边。小密尔的试金石是人性的主动改善，而不是消费者群体的被动满足。他看重的是自主性的自我指导而不是单纯的享乐，从而得出了这样的结论：如果要让个人自由繁荣发展，就必须给它提供最大的可能尺度。进而言之，人类的进步取决于人的多样性，甚至是反常性。因此，他规定，社会无权限制个体成员的自由，除非是为了他所称的"自我保护"，即为了避免伤害他人而采取的保护。这大概会禁止人们种植或制造致瘾的麻醉品，却会允许他们吸食。这一原则的含糊性在《论自由》（*On Liberty*）的理论中更是重大缺陷，甚于在较大或较小的快乐方面出现的可避免的不一致性。

最后，小密尔赞成民主制，也许和德·托克维尔（de Tocqueville）一样，认为民主不可避免，这是大势所趋。但他们也都同样担心，民主会导致"多数人的暴政"，即由普通大众对才智之士的主宰和剥削。在《代议制政府》（*Representative Government*）中，小密尔论证了比例代表制，以便赋予受教育者的意见更大的权重。他之所以支持民主制，与其说是将其视为追求普遍利益的手段，不如说是一种教育工具，以使人更主动，更宽容，更具公益之心，因为要将选举权委以人民，在某种程度上首先就需要他们成为这样的人。出于同样的精神，他认为教育应当是强制的，不过，出于对官僚主义的厌恶，他认为教育不应由国家来控制。

在革命引发的混乱达到高峰的 1792 年，葛德文的妻子玛丽·
370 沃斯通克拉夫特（Mary Wollstonecraft）发表了《妇女权益辩》（*Vindication of the Rights of Women*）。此书虽然有些混乱，却是滔滔雄辩，为女性能和男性一样在男女合校的学校里受教育而大声疾呼，以使女性成为适合男性的伴侣，而不是奴隶或玩物。75 年之后，约翰·斯图尔特·密尔在他的《妇女的屈从地位》（*On the*

Subjection of Women）中，用他那总是流畅清晰的文笔，再次讨论这个主题。玛丽·沃斯通克拉夫特只是暗示应允许女性独自具有选举权，而没有补充说明的话。密尔则认为不必如此小心翼翼。他明确提出的主要问题就是女性的法律从属地位问题，特别是其丈夫对共同财产的控制，但他也试图允许女性就业，而按照法律或习俗，直到这个时候职业仍然不对女性开放。同时，他也主张，女性应当享有选举权。他以不同凡响的气势，藐视的态度，驳斥了女性天生具有依赖性的偏见。实际上，女性是被男性逼入依附地位的。把这说成是天性还有什么价值可言呢？

政治与科学：圣西门、孔德和斯宾塞

在密尔的《逻辑体系》第六卷和最后一卷中（此时他深受孔德的影响），他致力于研究"精神科学的逻辑"。与自然科学的研究相比，社会科学处于无法遏制的落后状态中，这对于启蒙运动的宏图来说是个持久而恼人的障碍。社会进步需要关于人和社会的理性知识，但是从哪里寻找这些知识呢？密尔吸收了大量孔德的思想，同时也非常小心，他认为这样的科学是可能的，但只能缓慢而试探性地接近。当一个台球撞击另一个台球的时候，它所做的取决于这样几个因素：球的形状、重量、硬度和表面平滑度，以及它们在碰撞时的位置和第一个球的运动速度。而在人类和社会领域，情形则大不相同。人类的动因无比复杂，因此决定其反应的环境也具有复杂得多的多样性，这些因素都排除了社会研究中可与自然科学研究相提并论的严格性和确定性。

到目前为止，政治生活中对理性的要求，要么是以几何学为类

371　比，用关于政治权利的自明原则去批判制度，要么是为了常识性地追溯制度造成的快乐或痛苦的后果。在 19 世纪，将科学应用于政治的思想以不同的形式浮现出来。对圣西门（Saint-Simon）来说，应用性的工艺科学是进步不可或缺的动力。由此似乎可以得出，对新的进步的工业社会的管理也应当掌握在科学家和工业领袖手中。在培根看来，科学最重要的方面是能够用于"免除人的夸耀"，这也是圣西门近乎宗教崇拜的目标。他之所以被包含在社会主义传统中，是因为他主张社会必须努力改善最贫困成员的生理和道德条件。为了这个目的，他认为不存在财产继承权。为了实现和平，他提议成立欧洲议会，并像孔德和斯宾塞后来所做的那样，设想实业制度（工业主义）和军国主义本质上是相互排斥的。

　　他所相信的大部分思想都重新出现在奥古斯特·孔德卷帙浩繁的著作中。孔德有一段时间曾担任圣西门的秘书。他著名的三阶段说拓展了圣西门的军事与实业（工业）相对立的思想。第一个阶段是神学阶段，以尚武为特征；而最后一个阶段是科学阶段，以工业为特征；而居于其间的则是形而上学阶段，这是一个过渡性阶段。孔德超出了圣西门的工艺科学，他相信，像物理学那样的关于社会的真正科学是可能的。孔德的社会科学，包括把握社会结合之法则的社会静力学和把握社会变化之法则的社会动力学，将会改变人改造社会及其自身的能力。他得出了一个圣西门式的结论：政府应当由精英——精通孔德式的科学的专家——来统治。尽管社会的变革和进步是由法则所统治的，但也并非如此严格，因为人能够影响变化的速度甚至方向。孔德遵循圣西门，也主张既然科学颠覆了传统的基督教，一种新的宗教就必须取而代之，履行其意义重大的道德教化功能，这种新宗教在圣西门那里是"博爱宗教"，在孔德那里则是人性宗教。孔德也像黑格尔和马克思一样，是达尔文之前的进化论者，虽然他们所设想的进化过程不是生物学的，也并不是由自然选择而起作用的。孔德死于达尔文的《物种起源》发表前两年。这个时候，赫伯特·斯宾塞已经出版了大量著作，但他活得足够长，能够从达尔文的著作中得到一些来自他人但基本上不应得的荣光。

斯宾塞和孔德一样，将自己视为社会学（即关于社会的严肃的理论科学）的创始人。他认为，世界上的一切事物都是从分散的同质状态向凝聚的异质状态的转变，即从海洋状态向安排有序的普遍贮存状态的转变。在社会水平上，则以个体性的不断增长的形式而呈现出人类从军事形式的向工业形式的社会组织的转变。他极力主张，日益增长的个体性（即人与人相互区别的多样性）赋予人维持生存的力量；也许大体上由于这个原因，他赞成这种增长。奇怪的是，人们越是成为个体，就越不需要政府。随着工业化的推进，有意识的强制合作让位于无意识的自发合作。斯宾塞认为，政府的本性是毁灭个体性，而在19世纪中期改良了的政府形式中，随着工厂立法、贫困救济、国家义务教育的出现，政府更是变本加厉地、有计划地将人从自主型降低到幼稚型——这一思想在约翰·斯图尔特·密尔那里出现过，但表达得没有如此强烈。对斯宾塞来说，社会不应当由积极的优生学来管理，而应当由无限制的自由放任来安排，以便清除那些较虚弱无力的成员。他不是民主制的热心支持者，认为议会的神圣权利对国王的神圣权利并无改进。淘汰弱者也许能得到进化论的某种支持，但是个体性的适者生存则不那么明显地受其支持。斯宾塞似乎并没有从社会昆虫们取得的异乎寻常的进化成就中得出任何教益，他认为，倒是个体性完全被公益精神窒息了。

马克思与社会主义

西方政治思想史表明，认为存在着某种绝对的财产权这一思想是非常顽强的。洛克不得不要求一种对征税的特殊同意，来调和这种思想与国家的税收需要。就在对经济不平等的传统主义辩护逐渐丧失其效力的时候，政治经济学这种新提出的科学，用一种新的更合理的辩护填补了空缺：在推动企业家进行创新上，经济不平等是必要的。

很久以前就有关于公有制的各种不同梦想，包括柏拉图《国家篇》中和托马斯·莫尔在《乌托邦》中对统治阶级的论证。不过，工业革命关注的却是大众的贫困问题。圣西门关于由专家合理规划社会的学说蕴含着干涉不合理的财产分配的思想，这是他的追随者所得出的推论。傅立叶（Fourier）比圣西门更异想天开，赞同一种在规模上最适度的合作联合体"法郎吉"（phalanx），在这里，人们可以为自己喜爱的东西或为彼此之爱而随心所欲地工作。英国的欧文（Robert Owen）更温和一些，他促成了模范的合作联合体，即便它们最终一无所成，也无损于其根本思想的名誉。

到 19 世纪中期，社会主义思想的两个主要方向明确显示出来，一是体现在欧文和傅立叶那里的理想主义的乌托邦方向，强调自由合作取代竞争所带来的补偿效果；二是专制的、集中制的方向，不赞成工业社会模式的大规模直接变革，而只赞成在联合体中普遍给予财产，并基本上平等地重新分配其产品。乌托邦主义者普鲁东极其热情地批判私有财产制度；马克思则是主张集中制者当中在思想上令人印象最深的，当然也是一切社会主义者中最具影响力的。理想主义者们都不是理论家，他们只是在道德上抗议工业主义的社会后果，并以丰富多彩的详尽描述，提出了充满想象力的社会秩序，使社会免于工业主义造成的恶果。但是，他们无法说明如何从现实出发实现理想，而在马克思看来，这是他们的主要弱点。马克思或许克服了这一弱点，因为他主张，他的理想按照历史必然性是注定要实现的，同时，除了在否定的方面，亦无须给出其理想状态的任何明确描述。

马克思主义理论的基础是辩证唯物主义的一般形而上学。既然 *374* 这种形而上学对马克思主义来说不过是装潢门面的幌子，这里也就无须考虑了。马克思对此也无甚兴趣，而将其交给了合作者恩格斯。对马克思主义本身以及对政治学来说，重要的是马克思的历史唯物主义或唯物史观。首先，唯物史观阐述了社会的经济基础决定其非经济的"上层建筑"，包括社会的法律和政治制度，观念和信仰。由此得出，国家作为最重要的法律和政治制度，只是统治阶级保存和加强其权力和财富的工具。事实上，在革命消灭掉财产和阶级划分之后，国家亦将"消亡"。

社会的经济基础包括"生产力"（自然资源、劳动和技术）和"生产关系"（控制和组织生产力的方式，因为人类历史的绝大部分时期都处在社会的阶级对立当中）。马克思和恩格斯写道："至今所有一切社会的历史都是阶级斗争的历史。"历史唯物主义的第二个方面是：社会变化是经济基础内部产生冲突的结果，即新的生产力和僵化的生产关系之间不适应所造成的。至于生产力变化的原因则缺乏清晰的解释。技术上的进展看起来是至关重要的，因为它们是人口增长和开发新的自然资源（如石油）的基础。

马克思的绝大部分精力都用于关注资本主义的社会-经济制度。以机械力为动力的工业的出现，导致资产阶级取代封建贵族成为统治阶级，以及像对待劳动的新教伦理等副产品。但是，在马克思看来，到19世纪后期，资本主义已经达到了爆发最终危机的态势。资本主义通过对无产者的剥削，积累起巨大的工业设备，能够用来服务于人类，而不是导致人的退化。企业间的相互竞争使资本日益集中在极少数人手中。因此，不断缩小的资产阶级面临的是日益增长的无产阶级，并且无产阶级越来越意识到自己的力量。在工业发达的社会中，无产阶级成熟的时刻到来了，通过不可避免的暴力革命，消灭或吸收资产阶级，为人类的阶级划分画上句号。这将产生一个短暂的"无产阶级专政"时期。在此之后，就不再需要政府，合作亦将取代竞争。

马克思对资本主义的运作方式和命运的描述是由两种经济理论来支持的：劳动价值论和剩余价值理论。前者源自李嘉图（David Ricardo），认为商品的价值与其生产中包含的劳动量成正比。这只有在特殊情况下才是真实的，但这对马克思来说实际上并不重要，因为他认为商品价值全都归因于劳动，即包含在商品生产中的体力劳动。因此其推论便是：生产成果应当完全公平地归于生产它们的体力劳动者。剩余价值理论则相当正确地指出，这些成果中实际上只有一部分被给予无产阶级。马克思据理力争，说无产阶级在工业收入中的份额只是仅能维持生活、继续工作的最低工资。大部分剩余价值都被资本家据为己有，这是巨大的系统化的剥削。在马克思那里，表面上中立的经济学实际上浸透着道德谴责。他的简单而在政治上实用的观点是：富人的财富实际上要归因于穷人，因为实际上是穷人创造了财富，而现在扭转这一局面的时刻已经成熟了。

在马克思的历史唯物主义中显然有许多真理的成分，但并不具有他归于这种理论的全面的真理。经济上应考虑的因素对于政治和信仰确实有重大影响，但是，像宗教和民族性这些因素也是如此。历史既包括阶级斗争，也包括关于宗教信仰和民族之间的斗争。他称之为剩余价值的大部分是对工作的报酬，包括管理、专业技术、承担企业风险等。在马克思的一生中，产业工人的收入一直在稳步增长，超出了维持生活的最低水平，而且自此之后也在继续增长。他正确观察到的资本的垄断集中并没有减少资本家阶级，反而由于股权（直接地或通过保险和抚恤基金）的扩散而大大扩展了。而且，马克思没有认识到他所谓的小资产阶级（管理者和行政人员阶级）的巨大增长所带来的重要意义。它并不分享无产阶级的阶级利益，并开始取代老式的企业家资产阶级，这在工业发达的资本主义国家已相当广泛，而在苏联——表面上按照马克思的指示来统治的这一部分世界——则已完全取而代之。

马克思作为坚持不懈的社会革命的宣传家和一个主要政治运动团体①的创始人和领导者，他本人的政治激进活动有时被认为与其革命不可避免的决定论观点相矛盾。但他也能够有理由认为他自己的和他所激励的追随者的政治活动，虽是被因果决定的，却是他所

———————————

① 指国际工人协会，即第一国际，1864年于伦敦成立。

预言的事件系统不可或缺的一部分。在常识水平上，他敦促追随者减轻在新的社会秩序不可避免到来之前的"分娩的阵痛"。尽管革命的结果已经被严格决定了，但其发生的形式和速度尚不确定。

一个重要的战术性问题导致了马克思的追随者之间的分歧。正统的立场是：社会主义者不应力求成为议会代表，或支持改良主义的福利立法。因为这样做会削弱他们的革命斗志。减轻无产阶级的不幸只会拖延其状况的实质性改善。马克思和恩格斯去世之后，工人运动的领袖考茨基（Karl Kautsky）最初采取的是这条路线，但他最终得出结论，革命不一定非以暴力形式不可。第一个"修正主义者"伯恩施坦（Eduard Bernstein）走得更远。他拒绝剩余价值理论，否认工人的处境在越来越悲惨，否认资本家的数量越来越少。他的"进化论社会主义"，不管其正统表述如何，都是德国议会中社会民主党的指导思想。1914 年，该党最终否认马克思的权威，支持第一次世界大战。在俄国，由于缺乏受宪法保护的言论手段，社会民主主义仍然是地下的革命活动。布尔什维克质疑马克思的论断，即只有在资产阶级工业化完全发展了的国家当中，革命条件准备成熟之后，革命才能成功。1917 年，布尔什维克证明，只要夺取了政权，他们就是正确的。

20 世纪

集体主义国家

20 世纪的国家在任何领域都扩展了权力和干预范围。工业进步需要普及性教育，而这只有国家才能有效提供。教会和家庭的传统职能，由于既被科学也被地域流动和社会流动所破坏，进而连提供救助老人、救病济贫的社会福利也让给了国家。国家的支出稳步增长，接近国民收入的一半。社会所必需的工业，例如矿业和铁路，虽具战略上的重要性却常常无利可图，因此也被国有化。越来越多的就业人口成为国家的雇员。

极权主义国家就是这种集体化倾向的极端发展。在极权主义国家中，社会各个方面都处于国家控制之下：经济、教育、传媒、各种层面的文化——无论是高层次或流行性的，还是思想性或想象性的——甚至宗教的传统崇拜模式也被对国家及其领导者的崇拜所代替。在纳粹德国，国家及其执政党对于社会的渗透还没有那样彻底，私有财产未遭太多干涉，基督教虽被唾弃但还不算非法。但是，德国的国家恐怖主义和大规模屠杀情况严重。墨索里尼的意大利和弗朗哥的西班牙则是极权主义的弱化形式，这部分是因为教会和家庭在意大利和西班牙尚有持久的影响。

在自由民主国家（美国、英国、法国和基本上属于新教国家的　*378*
西北欧小国），虽然由于赋税和国有化，私有财产制度被削弱，但在整个 20 世纪仍然继续存在，同时，由于思想和行为方面的社会束缚在削弱，言论和行动自由甚至得到加强。然而，在社会组织结构方面，这些国家逐渐变得国家主权主义化（statist）和中央集权化。1945 年之后，战胜国依靠武力将自由民主体制强加于德国及其极权主义盟友，并取得了一定程度的成功。由于各种内部压力（经济上、民族关系上等）齐集一处——虽然各自的相对重要性至今尚不清楚，也由于统治阶层丧失意志，其成员不再信仰官方意识形态，苏联最终解体。但是，西方的胜利同样也是高度集体主义化——虽不是极权主义——的西方社会的胜利。除开印度这个显著的例外，1945 年之后被西方社会解放了的殖民地，都没有采取自由民主制度以及作为其基础的个人主义。非洲撒哈拉沙漠以南的大部分地区出现了部族专制。在伊斯兰世界的许多国家，激烈的、独裁的民族主义与对伊斯兰教的统一和胜利的承诺结合起来。

在 20 世纪，先进国家的社会结构经历了重大变化。就阶级而言，19 世纪的社会与此前的社会具有同样的金字塔形结构。在顶部是一小群社会精英，由贵族或由大资本家和商人组成；在他们之下的是拥有较少财产的较大的群体；再下则是人口的大多数，包括农业和工业的从业者。而现代社会却是梨形的，它具有相当规模的统治精英层，中层是数量众多的、掌握一定技能的甚至是专业化的群体，最下层则是社会底层。中层阶级的成员是投资者，有房有车，再好一点儿的话，借助保险金和养老金，还可以出国度假、去饭店吃饭。传统的贫富对抗已失去了革命潜能。有太多的人会在革命中失去太多的东西。不过，可以看到，在这一社会进程中，马克思的生产力理论发生了作用。现代生产需要大量有技能的工人，而几乎不需要拥有蛮力的劳动者。这一现象对于法律和政治制度以及思想和信念究竟有何意蕴，仍有待观察。在战后时代，不论是高层次文化还是流行文化的堕落都是令人灰心丧气的特征。就 20 世纪早期的现代主义而言，其成员皆深深浸淫于传统却又反抗其传统，而他们所创造的辉煌，现在已经让位给绘画和音乐领域中对细枝末节的表现，至于色情与暴力文化就更为堕落了。

列宁和苏维埃共产主义

在沙皇独裁统治的压迫环境下，马克思的革命同路人和无政府主义者巴枯宁于 1863 年翻译出版了俄文版的《共产党宣言》，就这样，马克思主义成为与俄国其他激进学说相竞争的力量。在 19 世纪结束前，以普列汉诺夫为首的社会民主党在俄国成立，不久又被列宁所领导。在革命变革的恰当分寸这个问题上，社会民主党迅速分裂了：是运用政治剖宫产术来加速新秩序的分娩前阵痛呢，还是允许经济因素遵循其预期的轨道前进？因为俄国尚处于工业化进程的最初阶段，革命似乎必须被延期至该进程充分成熟之后。但是，列宁清醒地认识到革命失败的风险，选择了立即革命，并于 1917 年秋取得成功。以迅速抓住一切有利时机的实践活动加速历史的辩证发展，这是列宁三大革新中的第一个。第二个革新是他的政党理论。他认为，无产阶级自身仅能产生一个工会主义的意识形态。也许在世界各国，至少在俄国，一小批经过训练的、大多从事秘密工作的精英，即精通党的理论的中产阶级知识分子，对于发动一场革命是必需的。帝国政府的暴政使得俄国的政治激进势力必须从事阴谋活动。正如普列汉诺夫所见，这并非救治国家衰败的良方，而会不可避免地导致对无产阶级的独裁统治。列宁所设想的政党不能允许党内的意见分歧，或者说，一旦该党夺取了权力，就不会允许整个社会产生意见分歧。在俄国，对于过度残忍手段的需求导致革命者原本孜孜以求的目标逐渐从视野中淡出。列宁的先锋队理论意味着思想是革命性变革的关键所在，至于这些思想属于哪个阶层的行动者，则根本没有给出任何经济上的解释。

380

列宁的第三个原创贡献是，他并没有远离正统的马克思主义，而是救其弊，补其缺。先进国家显然没有步步接近革命的风暴。资产阶级没有在枯萎，无产阶级也没有变得更为悲惨。列宁利用这样一个事实对此做出了解释：强大的资本主义社会已经攫取了殖民地，因此产生了对廉价原材料、新的产品市场以及过剩资本的倾销的需求。帝国主义通过输出剥削而延缓了革命。

列宁在 1917 年铤而走险的革命因以下这个假设而更易被接受：其他国家，尤其是马克思主义的诞生地德国，也会掀起反抗。但是，德国和匈牙利的骚乱被迅速镇压了。《共产党宣言》结尾处的号召——"全世界无产者，联合起来"——在列宁去世后的一段时间，仍然被作为苏维埃马克思主义的一项原则。这项原则最为狂热的支持者就是托洛茨基和他的不断革命理论。20 世纪 20 年代末，当斯大林的绝对权力已稳如泰山，而托洛茨基正处于流放中的时候，斯大林的在一国内实现社会主义这个更现实的理论开始占据主导地位。1941 年德国入侵，斯大林求助于天生的爱国情愫，激励苏维埃制度的保卫者进行关乎生死存亡的漫长斗争。

十月革命之后，在俄国之外的地区，除中国及缺乏独立精神的西方共产主义政党，社会主义依靠宣传等活动来谋求苏联的利益，逐渐具有修正主义和进化论的色彩。完全反对革命的要数英国的费边（Fabian）社会主义者，他们信奉对统治阶层（尤其是行政机构）逐渐的渗透，而这是由那些坚信公有制较资本主义更为有效的人来进行的。费边社会主义者中最惹人瞩目的要数萧伯纳（Bernard Shaw）和韦尔斯，前者后来开始崇拜 20 世纪 30 年代的独裁者，后者则推崇科学精英的统治，但他们并非最典型的费边社会主义者。还有基督教社会主义者和基尔特（Guild）社会主义者，前者仅关心减轻穷人的痛苦，后者则坚信由生产者而非消费者来创造性地重建工作和统治。然而，在英语世界，却并没有重要的理论家。社会主义的思想活力仅在德国和意大利的"西方马克思主义者"中继续存在，对此将稍后讨论。

法西斯主义的先驱

法西斯主义集侵略性的国家主义与对民主制度的强烈反对于一身，呼唤充满灵感的统治者和精英阶层的统治。其国家主义主要的间接来源是费希特，而其英雄式的精英主义则来自卡莱尔。更多的间接激发则来自尼采，但这主要是通过对他的误解，因为即使尼采非常憎恶大众，他也不是国家主义者或反犹主义者。尼采是从文化层面而非政治层面来构想他的精英式英雄（即超人）的。法西斯主义所偏爱的另一个思想潮流就是由黑格尔过度铺张的言辞所引发的非理性主义。叔本华的回应则采取了一种从残酷而冷漠的世界中退隐而出的方式。在克尔恺郭尔那里，这种非理性主义则引发了强烈的内在的宗教虔诚。这两位哲学家都没有对政治发表过任何言论或表现出任何明显的兴趣。但是，黑格尔自诩他的辩证沉思乃是理性的产物，而在颠覆这一自夸的时候，他们和尼采一道，将深刻体会到的直觉推上了心灵最高官能的王座。

在政治理论的层次上，这种非理性主义倾向在乔治·索烈尔（Georges Sorel，1847—1922）的思想中表现得最为突出。柏格森系统地将直觉的地位提升于理智之上，并将其作为把握实在的手段。在政治上，柏格森是温和的。作为柏格森的信徒，索烈尔相信，只有人造的机械系统才遵循因果决定论，而自然中其余的一切都是一团纷乱。在神话的启发之下，以英雄行为为手段，人类才能在随意与退降（entropy）的神秘海洋中，捕捉到秩序的某些蛛丝马迹。神话并不单纯是激动人心的谎言，而是对不可预测的未来中的可能性的洞察。与许多人一样，处在世纪末情绪中的欧洲资产阶级被他视为颓废的、被微不足道的快乐所腐化的统治阶层。索烈尔虽然本着与马克思截然不同的精神，但也和马克思一样认为，被总罢工的神话所激励、进而投入暴力行动的工人阶级是英雄式活力的最具希望的储备者。总的来看，他支持主动生产者的伦理，而反对被动消费者的占统治地位的伦理。现已失去创造力的资本主义应被主动的生产者的联盟所取代——这极其歪曲地预示着基尔特社会主义者立场。索烈尔不赞成仅仅在生理意义上看待暴力，而是将其推崇为精神健康和活力的象征。这种狂热的思想体系使他与马克思主义、被激怒的法国保皇党和尚未受到阿谀奉承的列宁结为不稳定的同盟。墨索里尼也承认受惠于他。但索烈尔既不是国家主义者，也不是种族主义者，但法西斯主义却吸收了他的各种理论。例如，他对于英雄行为和暴力的崇拜，他将斗争设想为目的本身，他对于进步观念和那种被认为应当保证进步的可计算的合理性观念的轻蔑。

伟大的意大利经济学家帕累托（Vilfredo Pareto，1848—1923）从非常不同的出发点得出了与索烈尔在某种程度上类似的结论。他声称自己的社会学理论具有严密的科学性。他认为，民主制，特别是社会主义的经济民主制，是不可能的。一切社会为精英所统治，这些精英操纵着民众"不合逻辑"（non-logical）的混乱欲望与信仰，以追逐自己的目的。而意识形态则是更深层次的、尚未得到充分认识的冲动的合理化。但精英不可避免地衰落，并被其他人取而代之；精英是"循环流动"的，而历史在形式上也是循环往复的。他区分了精英的两种主要形式：一种有如狐狸，敢于冒险，深思熟虑；另一种有如狮子，凶猛残忍，占有欲强。帕累托也像索烈尔一样，深信他的时代是倒退的——刚刚统一的意大利的腐败议会政府就提供了一个有说服力的例证。他指责高额赋税和默许工会的要求阻碍了经济上的进取心。帕累托与马克思相似，他从对社会及其历史的客观而科学的描述中，提炼出一种狂热的意识形态，即精英统治是不可避免的（这是寡头政治的铁律），因此它应当取得胜利。较之法西斯主义者的精英概念，帕累托的精英概念与柏拉图的更为接近，即其卓越性依赖于更高层次的理智资格，而对于法西斯主义者来说，尚武意志和时刻准备使用暴力才是首要的。

斯宾格勒（Oswald Spengler，1880—1936）是另一位意识到自己所处的时代的堕落，进而反对自由民主政治和从启蒙运动那里继承的进步信念的思想家。他的主要思想是：历史不是单向的、向善的、进步性的线性序列，而是由许多独立的文化的生命周期构成的，如印度的、希腊罗马的、祆教的（即阿拉伯的）、西方的等等，每一个文化都经历了精力充沛而野蛮的青年时代、多产的壮年时代、成熟而文明的衰落时期和最终的崩溃。这种历史观，或称之为历史"形态学"（morphology），是基于一种对已知事实的美学沉思，补之以大量臆测和胡言乱语而得出的。不过，它仍不失为一幅充满独特洞见的醒目图景。它将广义上的西方社会的没落置于庞大而有说服力的历史背景当中。最终，每一个主要的社会文化的垂死阶段都只能堕入单纯的文明。遗弃乡村而涌入大城市的民众，被追逐财阀利益的煽动型政治家所利用，渐渐形成了无根的无产阶级。英雄美德为声色之欲所取代，艺术变得堕落而隐秘，宗教信仰为怀疑主义所颠覆。对于我们目前的状况而言，这并非毫无说服力的评说。在斯宾格勒看来，虽然没落是无法完全避免的，但是它可以被延缓，至少会遭到英雄式的坚忍不拔的反抗。斯宾格勒也认为要召唤精英去完成这样的历史任务，这就是防止西方世界内的民众革命，阻止西方被世界其他地方的其他民族所征服。

法西斯主义和纳粹主义

从一种意义上说，法西斯主义的类型是广泛的，包括意大利法西斯主义和德国纳粹主义。虽然有很多优秀的著作说明了法西斯主义赖以起源的德国思想背景，却基本上都是出于病理学的兴趣去研究那些详尽解说法西斯主义学说的文献而已。正如希特勒的《我的奋斗》（*Mein Kampf*）一书的题目所明示的，这是一部充满了对德意志的颂扬和对犹太人的粗野谩骂的自传。法西斯主义不是理论而是信仰，它的表现方式是信条而非论说。其要义再清楚不过了。首先，国家至上。与个人的愿望和要求相比，国家的权力和福祉绝对优先。个人的最高义务和最大满足就是服务国家，在必要时刻甚至可以为国捐躯。同时，德意志民族优越于其他民族（这是一个难以推而广之的论题），必须时刻准备好去主宰或以武力去压迫其他民族。健康的国家总是已经为战争而动员起来。其次，一个有效的国家必须拥有统一的意志，这一意志化身为富于灵感的领袖，并以具有献身精神的精英为其后盾。对党的信仰和决策的任何偏离都是不允许的。国家应该掌控社会生活的方方面面。

　　法西斯主义与资本主义和私有财产的关系有点儿复杂。墨索里尼以一个社会主义者的身份开始他的政治生涯，仅仅因为他热切地支持意大利参加第一次世界大战，才抛弃了自己的社会主义思想。他那意大利式的法西斯主义包含了总体国家（corporate state）的想法，即国家控制生产组织，并将调和强加于资本家和工人身上，以此消除阶级斗争。意大利资本主义企业处于相当衰弱的状况中，这意味着这一思想更利于资本家而非工人。希特勒的纳粹党全称是民族社会主义德意志工人党（National Socialist German Workers' Party）。但是，在希特勒通往权力的道路上，资助并支持他的却是工业家，这些工业家也由于希特勒没有采取意大利强行对企业进行安排的方式，就摧毁了工会运动而获得了利益。因此，在这两个国家，资产所有者比工人的收获更多。但是，所有人不但尝到了高就业率的甜头，在感情上也受益匪浅，因为国家的自信心和自尊心的复兴抚慰了在所有人心中根深蒂固的憎恨和挫折感。

　　希特勒为法西斯主义补充了另一个要素，并使之成为他的法西斯主义构想中必不可少的成分，这就是种族主义，特别是反犹主义。德国思想中的民族（即 Volk）概念与其说是文化的或历史的，不如说是种族的。在轴心国形成之后，意大利人毫无热情地采用了这一概念。犹太人在德国的人数和重要性比在意大利大得多，因此，希特勒强烈的反犹主义在他的臣民当中，也大量保留了同样的虽然不那么夸张的情绪可资利用。犹太人遭受着希特勒的种族理论的可怕冲击，但是这一理论并不只限于犹太人。对于其他"北欧"民族，即那些居住在西北欧新教地区的民族，希特勒称其为同胞甚至是潜在的同盟者。拉丁民族是猜忌和蔑视的对象，非白种人也是

385

轻视的对象。在纳粹种族论的背后，存在着一种对历史概念的伪达尔文主义的理解：历史是在种族间而非阶级间为着生存和优势地位而展开的斗争。

在希特勒的信仰体系中，我们发现许多互相结合并被恶意放大的要素：费希特的思想——日耳曼人具有的特殊民族使命；尼采的超人思想——抛弃了基督教所宣扬的人性和仁慈，而代之以自我肯定的英雄伦理；索烈尔的思想——时刻准备使用暴力乃是精神健康的标志；一种广为流传的思想——推崇直觉而否认理性和客观真理；斗争即其自身目的的思想。1871 年德国重新统一后，却未能与西欧其他帝国平起平坐，因此产生的怨恨情绪由于 1918 年德国的溃败、《凡尔赛和约》、随之而来的经济危机以及 20 世纪 30 年代的大量失业，而恶化为对德意志的失望情绪。其他法西斯主义都不及德国法西斯主义这般可怕。大多数法西斯主义都在 1945 年第二次世界大战尾声时崩溃了。佛朗哥在西班牙的法西斯主义是其主要的幸存者，但也因让位于君主制复辟和重新引入议会民主制，而悄悄消失了。

西方马克思主义

俄国内战结束之后，社会完全处于无序状态当中，处在一个缺乏经验的小政党的统治下，在这一危急时刻，理论的发展几乎没有立足之地。唯一值得注意的人物是布哈林，他写了一本官方教科书。布哈林的立场是科学主义的，他把马克思主义看作关于社会的具有客观的真理性和可靠的预测性的自然科学。他明确肯定，"最终"技术变革是历史的推动力。

在西欧，革命不顾马克思的预言，既没有爆发，也没有任何将要爆发的迹象。在这种情况下，卢卡奇（Lukács György，1885—1971）在根本上重新诠释了马克思。从某种意义上说，他的理论正与布哈林的理论相对立。他首先肯定了马克思理论本质上的黑格尔特征。黑格尔描述了"理念"即无意识的"精神"的辩证过程：理念被其对立面"自然"所否定，接下来，"自然"又被"理性"即意识到自身的"精神"所取代。卢卡奇视其为对马克思的历史序列的神秘隐喻：劳动在资本主义秩序中是"异化"，而在共产主义的未来，劳动将重新占有那被异化的自身。在资本主义中，劳动不能够控制自身被使用的方式，也不能够享有自身创造的成果，因此被异化。由于"虚伪意识"，劳动将其自身的活动和成果视为根本上外在于自身的（"物化"）。对这一错误的纠正会使付出劳动的无产阶级通过革命重新获得从他们身上被异化出去的东西。

这种黑格尔化的、精神化的马克思主义并不只是一种愤愤不平的理智思辨。在卢卡奇发表他的上述见解十年之后，马克思早期的"经济学哲学手稿"的发现显示出在走向更为自然主义的、更为直截了当的经济学观点之前，年轻的马克思曾经持有不少卢卡奇认为他持有的观点。对于年轻的马克思来说，较之剥削这种经济上的损害，他更为关心异化这种精神性的不满。但是因为这种看法偏离了官方的晚年马克思理论，党迫使卢卡奇放弃了这种看法，这是他因畏惧而不得不俯首听命的漫长命运的开始。

在随后的半个世纪中，卢卡奇对马克思的黑格尔化所具有的两个内涵，在思想独立的西方马克思主义者中广为传播。这一发展被法兰克福学派的"批判理论家"们，尤其是马尔库塞（Herbert

Marcuse），充作 20 世纪 60 年代激进抗议高潮中新左派相当有用的神话。这两个内涵中的第一个是坚决摒弃决定论，虽然这已为晚年的马克思所肯定，恩格斯则对此做出更全面的肯定。实际上，这是要否定经济因素是历史的根本因素，而使理念，尤其是无产阶级的被解放的阶级意识，成为革命的关键动因。卢卡奇认为，这种无产阶级的阶级意识是不清楚的。恰恰相反，这是由革命先锋队归于无产阶级的。但是，这并没有使这种理论免于责难。

第二个内涵是抛弃了这样一种假设：关于世界的正确知识是运用自然科学方法而可靠地提供的。对自然与历史的整体的哲学反思，虽然总是相对的和不全面的，也必须取代对整体的孤立的碎片式的分析研究。尤其在社会制度这个领域中，这种观点认为真实的其实仅是表象，本质上是劳动的东西被误认为是经济生活的客观需求。革命所清除的东西与其说是剥削，不如说是异化，这相当于抛弃了工业主义本身，而不是其主导的资本主义形态。解放性的革命必须改造整个文化，而不仅仅是经济方面的安排。这样的革命必须改造人本身，而不仅仅是改变商品的分配。这与早期马克思的经济乌托邦主义也是相吻合的，那时马克思似乎认为，革命之后，将不需要劳动分工。

意大利的葛兰西（Antonio Gramsci，1891—1937），在新黑格尔主义者克罗齐多多少少的影响下，也同样反对决定论和列宁的认识论。斯大林使党完全沦为政治机器上的一块操控性、官僚性的部件，对于这一倾向，葛兰西是较早的坚持不懈的批判者。他认为，要想避免这种蜕变，只能借助工人自己的委员会，将无产阶级大众纳入委员会的活动当中。这与苏维埃几乎是相同的，苏维埃在列宁统治下的第一个阶段，即原初的民主制阶段，是具有影响力的，但是，一旦夺取了权力，苏维埃立刻就失去效力了。对于葛兰西来说，不存在可供权威性的政党精英所运用，并被他们特别占有的科学社会主义。革命成功的先决条件是工人阶级"霸权"，这是由有觉悟的工人阶级的大众文化以及对社会及其历史的构想所获得的。

反社会主义的自由派和保守派

自 1848 年马克思和恩格斯发表《共产党宣言》以来，在一个半世纪中，进化论社会主义或民主社会主义的支持者成就颇多，但都不具有重大的思想意义。不可否认的是，像萧伯纳和伯特兰·罗素这样一些人物在其他领域取得了最高的声望。托尼（Tawney）、柯尔（Cole）及其英国的政治同路人拉斯基（Laski）则在同一水平上略具威望。乔治·奥威尔（George Orwell）比他们取得了更多的成就，不过，就如威廉·莫里斯一样，也只是个富有想象力的作家，而非理论家。其他国家就更没什么好提的了。虽然在法国有杰出的社会主义领袖，如饶勒斯（Jean Jaurès）和布鲁姆（André Blum），但缺乏引起关注的社会主义理论家。这似乎是因为，无论是正统的还是非正统的马克思主义，其巨大而繁杂的发展，在它周围投下了浓厚的形而上学阴影，阻碍了比它更爱好和平和更具道德感的对手的发展。

不论如何，如前所述，西方先进国家正变得越来越集体主义化，这些国家的政府职能范围的扩大，也表明它们实际上更社会主义化了。在分配领域，这些国家借助对收入和遗产继承的累进税来筹措资金，以提供社会福利，并通过福利供给引发了大规模、平等化的收入再分配。在这种生产领域中，这些国家工业实现公共所有制，因此将工业从市场规则中分离出来。即使唯一一个需要严肃思考的社会主义理论就是马克思主义，也还是广泛存在着需要检验的社会主义实践。在过去的半个世纪里，主要有两种攻击集体主义的理论；一种来自哈耶克（Friedrich A. von Hayek），基本上是自由主义的；另一种来自欧克肖特（Michael J. Oakeshott），基本上是保守主义的。他们的理论并不仅仅是用当代的语言分别重新表述密尔和伯克的核心思想。哈耶克和欧克肖特的理论都包含了丰富的、原创性的哲学成分，而且，虽然他们的思想吸收了亚当·斯密和伯克的思想，却强烈反对密尔和功利主义者工于计算的理性主义。

389

结束语

就其最广泛的领域而言，政治哲学是对国家本性及其现实意图或辩护性意图的理性探讨。在柏拉图那里，政治哲学获得了第一次伟大的具体体现，采取了对乌托邦式的政治理想富于想象力的阐释形式。亚里士多德则更关注人世，研究了其时代的政治现状，理性地比较了不同国家类型的优缺点。在中世纪，思想家专注于国家的合法性而不是其可能的卓越之处，赋予了政治哲学新的方向。无论以何种方式，所谓古典政治理论仍是主流类型，在霍布斯和洛克那里达到了高峰。他们探索了政治义务的基础，将其从中世纪政治哲学的天堂降至社会契约——最后是功利——的人间。尽管卢梭主要政治著作的标题是《社会契约论》，但卢梭并不关注社会契约。他试图通过颠覆政治义务问题的起点，即所谓的政治服从的必然性，来简化这一问题。在他看来，真正民主制的公民只服从他自己，更精确地说，他们更好的自己。

在独裁政府统治下，向个人开放的政治选择是有限的。他们能够服从、不服从或反抗。在这样的状况下，服从国家的义务就不可避免地成为政治思想的主要问题。但是，随着公民对国家的影响日益增长，考虑一下他们希望政府做什么，对他们来说就是适当的了，这就是说，他们希望政府去追求何种目的，包括道德目的、集体性的审慎目的，或仅仅为个体利益服务的目的。在这里，斗争的主线划分出自由的热忱拥护者和平等的热忱拥护者，后者有时将正义之名据为己有。因此安全和富足退居幕后，就似乎是理所当然的。安全仍然是国家的首要目的，因为它似乎是最有理由明确界定的目的。最近发生的事件，无论是正在解体的苏维埃帝国内部的还是外部的，都使人对这样一个假设产生了怀疑：对繁荣富足的直接追求根本上是由国家来做的事情。

390

编后记

安东尼·肯尼

　　在这部哲学史筹划之际，我们接受了编辑的决定，即至今尚在世哲学家的工作不在叙述范围之列。这一决定有一些古怪的后果。例如，在正文中对于卡尔·波普尔爵士（Sir Karl Popper）和哈耶克就未置一词，因为他们二人在我们采纳该决定的时候仍然健在。对于已经在哲学史中取代他们的地位的其他人来说，这两位思想家都非常有影响，前者在认识论和科学哲学方面，后者在道德和政治哲学方面尤为突出。在他们去世之后出版的哲学史中，他们无疑将占据重要的位置。不过，虽然任何界限都难免有怪异之处，但界限还是必须划定的；何况在历史中，生与死的界限是一切界限中最不能任意为之，也最少招致不满的。

　　在本结论中，我不打算讨论单个思想家的工作，而只想指出最近几十年哲学发展的一般线索。在 1960 年左右，西方哲学的世界地图用简单的图表还画得出来，而不至于达到过于粗暴的简化程度。我们可以把一个方形分为四个方块来表示总体的形势。在左上角放上实存主义，它当时在欧洲大陆西部地区相当时髦；在右上角放上分析哲学传统，它在大西洋两岸的英语国家占主导地位；把马克思主义放在左下角，当时它是东欧和中国的官方哲学；把经院哲学放到右下角，在罗马天主教教会世界各地的神学院和大学里都在讲授它。

实存主义（Existentialism）	分析哲学（Analytic Philosophy）
马克思主义（Marxism）	经院哲学（Scholasticism）

392

20 世纪 50 年代的哲学流派可用这一方形的四个方块来图示

这四个方块在方形中的定位反映出这些哲学流派彼此之间的相似性和差异。在图示上方的哲学流派都共同关注个体的思想和道德自律：哲学不是一组权威教义，而是思维方法（分析哲学）或生活方式（实存主义）。下方的哲学流派都在历史上与制度相联系，而这些制度的主要目的是非哲学的，都坚信最重要的哲学真理被一劳永逸地解决了，因此只能得到详细阐释，永远不可能受到严重质疑。右侧的哲学流派彼此相似的地方在于，它们既对纯粹理论上的细节考察感兴趣，也对它们与符号逻辑体系的密切联系感兴趣。而左侧的流派引以为骄傲的是，它们对人类的经验、劳动、权力、爱、死等基本的现实存在的实际承诺；对逻辑的数学方面的发展都没有重要贡献。

20 世纪 60 年代，这些哲学流派方块开始破碎、分裂和改变。 *393*

1962 年召开的第二次梵蒂冈公会议导致罗马天主教会内部的自由化时期开始了，在这一过程中，新经院哲学失去了它在天主教高等教育机构中的正统权威地位，而到 20 世纪 70 年代，神学院的教师们也很可能犹如精通托马斯主义一样精通实存主义。不过，与此同时，古典实存主义也在它曾经影响广泛的地方丧失了力量：海德格尔的影响一落千丈，而萨特在后半生对马克思主义的兴趣更甚于他在早年与本质主义战斗时所思考的那些主题。

在 20 世纪 50、60 年代，英吉利海峡标志着英美哲学与欧陆哲学之间几乎不可逾越的障碍，而到 20 世纪 70 年代，许多跨文化的联系还是繁荣起来。德国、意大利以及独裁者佛朗哥死后的西班牙开始乐于接受哲学中的分析方法，而源自法国的哲学思想也在英国和美国深受欢迎，虽然这在文学系比在哲学系更常见。

例如，在 20 世纪 60 年代末期的德国，在一些主要大学中具有主导影响的是分析哲学（在一些最老于世故的院系成员中，还有能干的"传道者"）和马克思主义哲学（在一些精力最充沛的学生领袖中，也有直言不讳的拥护者）。与德国实存主义最接近的现存思想流派是诠释学，将理解的本性视为其研究的核心主题，包括一般意义上的理解的本性，较为特殊的是文学作品的理解，特别是不同传统中哲学家著作的理解。

德国的诠释学学派是以平和的方式进行研究的，将文本诠释中必不可少的流利而灵活的行为，视为理解不同类型的人类活动和制度的一般模式。在法国，更富于战斗精神的思想家紧紧抓住这一思想：整个世界就是一个文本，并使之成为打碎偶像的圣战呐喊。

从事这场圣战所借助的名义是结构主义。结构主义作为方法，使我们在特殊结构方面做出这样的假设：结构中要素的相互联系比个别要素与结构之外任何东西的联系更重要。而作为关于一种特殊研究领域的理论，结构主义主张，结构主义方法是理解这个领域的关键。因此，就语言而言，它主张，如果我们希望理解意义，就必须研究语言内部指称要素之间的相互联系，而不是寻找能指与其所指之间的联系。

后结构主义将结构主义的论题发展到极端立场，这实际上是自我驳斥的立场。如果我们要理解一个文本，就必须严格地排除文本之外的一切要素。这意味着不仅要抛弃对文本所表现的外部实在的探求，也要停止将文本视为文本之外的任何作者的思想表达。在产生意义的过程中，起主要作用的是读者，但既然每个读者都以不同方式诠释着每个文本，也就从不会有确定的意义出现，因此每个文本都瓦解了自身对意义性的要求。

在法国后结构主义中有各种不同的形式或流派。每一个流派曾昙花一现地闪耀着迷人的光芒，在其热量耗尽之前吸引了大批喋喋不休的拥趸，直至竞争对手开始发出更具吸引力的光辉为止。所有这些群体都宣称自己承袭自语言学理论的著名代表人物，如索绪尔和雅克布森，而在这个意义上，其成员也可以被归入语言哲学家一类。但是，与长期将自身视为最纯正的语言哲学的英美分析哲学传统相比，他们则处在这种哲学风格的另一极。

自20世纪60年代分析哲学面对对手简单地自我辩护以来，也发生了重大的变化。其最明显的变化是自信心的衰退和重心的转变。1960年，牛津大学是分析哲学运动无可置疑的中心，来自美

395 国的哲学家对牛津哲学家顶礼膜拜。分析哲学家以两位无可置疑的天才哲学家的继承人而自豪，这就是罗素和维特根斯坦。他们将自己的任务视为挖掘这两位天才令人欣喜的馈赠，并与哲学世界的其他地方的哲学家共享。而自20世纪60年代以来，分析哲学运动的领导权确定无疑地跨过了大西洋，尽管没有哪个单独的美国大学像牛津大学那样曾经独领风骚。罗素和维特根斯坦的传统不再普遍令人肃然起敬，但也没有出现新的天才人物，继续赢得同样毫无异议的崇敬。没有谁再能成功地重新界定哲学的本性了，因为罗素和维特根斯坦已将对语言的研究置于哲学的中心，以此重新界定哲学，使他们的追随者确信哲学的任务就是研究我们用以表达思想的语言，并通过收拾整理语言中的混乱而使我们的思想清晰。

结果，英美哲学甚至连表面上统一的流派也表现不出来了。就很多哲学家仍然提出语言理论而言，其哲学传统仍然是语言研究。但是，当前最时髦的语言理论距离像弗雷格和维特根斯坦这样的哲学家提出的语言哲学已经相当遥远了，因此，那些努力保持分析传统奠基者的洞见的哲学家，对这些语言理论痛加批判。

弗雷格和维特根斯坦都在哲学和心理学之间做出尖锐的区分。对弗雷格来说，逻辑是哲学的核心，是不同于经验科学（如心理学）的先验科学；对维特根斯坦来说，哲学之所以不同于心理学，是因为它根本不是一种科学，既非经验的，亦非先验的。20世纪50年代的牛津哲学家在这方面追随维特根斯坦，而他们的心理学同行在那个时候对动物的行为远比对人类的语言更感兴趣，也乐于赞同划分这两个学科的鸿沟。

比较而言，美国哲学家自从举起分析传统的火炬以来，倾向于

把哲学视为具有自身严格而特殊的技术的科学学科，而不是对理解 *396*
的非形式化的探究，这种理解根植于对普通人的自然行为的反思。
尤其是心灵哲学，现在通常被视为具有这样的任务：建构心灵的模
型——就像学习人工智能的学生可能打算去创造的东西一般。被称
为认知科学的新兴交叉学科被寄予了很大希望，因为它会将哲学家
的概念分析技巧、人工智能专家的建模能力和实验心理学家的经验
性发现结合在一起。这些希望跨过大西洋又传回了英国，传回了牛
津本身。

这一发展虽然被分析传统训练下的哲学家所促进，但实际上与
曾赋予该传统确定特征的语言转向南辕北辙。从弗雷格首次谴责逻
辑中的心理主义，经过早期和晚期维特根斯坦的著作，直至牛津日
常语言哲学及其在美国被接受，分析哲学家全都接受的思想是：理
解思想的方式就是对语言的反思。思想只能通过思想在语言中的表
达来确定和个体化，而且可以独立于语言的结构而能被理解的思想
结构之类的东西根本不存在，这是分析传统共同的立场。认知科学
家渴求的目标恰恰完全与这一语言分析哲学的根本原则背道而驰。
这种新兴学科的希望是通过将语言和心理结构联系起来以说明语
言，而心理结构现在在原则上、将来可以在实践上，完全独立于任
何语言表达而加以探究。

与英美语言哲学在方向上出现的这一戏剧性变化同时发生的，
是分析的道德和政治哲学内部同样惊人的发展。在分析哲学运动的
全盛期，在伦理和道德之间存在着鲜明的区分，这是极其流行的信
念。道德包括关于人应当如何行动的一阶问题，例如到底是否可以
允许撒谎，为缩短战争而轰炸城市的合理性能否得到证明。这样的 *397*

问题及其回答属于关于道德的一阶学科。回答这些问题究系谁的工作，尚不十分清楚，但 20 世纪 50 年代的任何牛津哲学家都会告诉你，这当然不是哲学家的工作。哲学家从事的是完全不同的东西，即所谓伦理学。伦理学是对我们在提问和回答一阶问题时所用概念的二阶研究，哲学家和道德学家的关系并不比汽车修理工和汽车司机之间的关系更密切。

但这一切也在 20 世纪 50 年代和 80 年代之间发生了变化。在英语国家，哲学家用自己的专业技能，对公共事务的改革提供特有的建议，或对政策和管理给出独具特色的指摘，现在这已被认为是哲学家分内之事。哲学家也使自己对一阶问题极感兴趣，例如妇女权利、核战争的过失等，而这些问题以前被认为与其说是职业哲学家的领域，不如说是政治家或牧师的领域。

因此，分析哲学即便曾经是同质的统一体，但现在不再是了。哲学这个概念本身也越来越松散，其边界也更为开放。这具有更深一层的后果，而与本书的工作最为切近，这就是在英语世界，哲学对自身历史的态度会发生变化。在具有圣战般的自信的时代，明显的例子如日常语言哲学的全盛期，哲学史常常被忽略掉。一个革命的时代是不会浪费时间去分析那些旧制度所全神贯注的细枝末节的。它要表明的是新发现的真理，而前人对此至多是无知地顶礼膜拜。铁板一块的分析传统变得犬牙交错，支离破碎，这导致对哲学史的兴趣的复苏。特别显著的例子是近来中世纪研究的复兴，这就是说，一度作为神学的婢女或保姆，仅在神学院里教授的中世纪哲学，现在也在世俗的大学里，作为哲学遗产的重要组成部分，得到专门而熟练的教授。令人惊讶的是，甚至关于上帝存在的存在论证

明，这在 20 世纪 50 年代被当作哲学军械库里最破烂不堪的武器，　*398*
现在也被装备上了复杂的现代零配件，加以重新部署，在哲学神学
的当代战场上发挥了作用。

　　我们最后一次再回到开始的图示，以简要地追踪马克思主义哲
学的最近发展历程。在 20 世纪 50 年代，马克思主义和经院哲学一
样，它在学术机构中的地位要归于一些组织，其首要的议程不是哲
学的。而且，也和经院哲学一样，在这些组织当中，易受非学术性
变化的危害。但是和经院哲学不同的是，对马克思主义来说，20
世纪 60 年代是其扩张时期，西方的许多哲学家采用了马克思主义
的思想进路，尽管其兴趣倾向于集中在青年马克思的著作，而不是
《资本论》上。与此同时，信奉马克思主义的政权的腐化和专制本
性也令人警醒，为东欧集团国家提供理论支持的官方哲学的价值，
遭到这些国家学习哲学的学生的冷嘲热讽。自相矛盾的是，在 20
世纪 70 年代，东欧国家的马克思主义只是作为小学科而被教授的，
实际上只是讲给那些热情的信仰者听的。当然，作为苏联帝国解体
和苏联卫星国家的自由化的结果，现在东欧国家对马克思主义哲学
的制度支持几乎已荡然无存。这种哲学要想生存就必须依靠西方大
学里的拥趸们的努力了。

　　伟大的哲学思想能够渗透到人类思想和努力的各个方面，但是
所需要的时间相当漫长，甚至比它们的影响得到或健康或有害的评
价所需的时间还要长。20 世纪下半叶的各种哲学，离我们实在太
近，以至于无法对它们全都盖棺定论，即便我们能够认识到有些已
属于昙花一现之列。

　　坚持读完本书的每一位读者，都会为这样一个事实所震惊：即

便是过去最伟大的哲学家所提出的学说，借助处在我们和他们之间的其他伟大哲学家的后见之明，我们也会发现它们犯了深刻的错误。但不应认为这是在指责我们这些伟大先辈的高超才智，而毋宁说是指示出哲学这个学科是极其困难的。哲学的雄心是获得真理，这种真理超越了纯粹局部的和暂时的东西，但是，即便是最伟大的哲学家也不曾以无所不包的方式，接近于实现这个目标。想通过重新界定哲学的主题，使其目标看起来更容易实现，以此将哲学的难度最小化，这是一种持久的诱惑。但是，作为哲学家，我们必须抵御这种诱惑。对于我们目标的崇高性质，我们应感到问心无愧的骄傲；对于我们贫乏的收获，我们应当保持不自欺欺人的谦恭；而这两者更应当结合在一起。

这一思想在美国哲学家托马斯·内格尔（Thomas Nagel）那里得到了精彩的表达。他在杰出的哲学纲要《本然的观点》（*The View from Nowhere*）中写道："即便那些认为哲学既真实亦重要的人也知道，他们正处在（我们也希望是）哲学发展的特殊的早期阶段，受制于他们本身原始的思想能力，而依赖于过去少数伟人的部分洞见。当我们判定他们的成果犯了根本性错误的时候，我们也必须假定，即便是我们这个时代最伟大的努力，最终看来也将是缺乏远见的。"①

① Thomas Nagel, *The View from Nowhere*, Oxford University Press, 1986, p. 10. 中文译本参见中国人民大学出版社 2022 年出版的《本然的观点》（中文修订版）。

大事年表^①

下面给出的许多时间、事件，特别是较早世纪的年代，只是猜　400
测性或近似的。

公元前	历史事件	西方哲学史事件
776	First Olympian games［第一次奥林匹亚竞技会］	
753	Foundation of Rome［罗马城建立］	
551	Death of Zoroaster［琐罗亚斯德去世］	
538	Return of Jews from Babylon［犹太人重返巴比伦］	

---

① 此表中的一些时间、事件与史实有所出入，译者采取直接订正的方式，不一一标注；其他的尊重作者保持原貌。

续前表

公元前	历史事件	西方哲学史事件
530		Pythagoras active［毕达哥拉斯活动期］
515	Second Temple of Jerusalem［耶路撒冷建第二座圣殿］	
509	Roman Republic begins［罗马共和国开始］	
505		Heraclitus active［赫拉克利特活动期］
500		Birth of Anaxagoras［阿那克萨戈拉出生］
495		Birth of Empedocles［恩培多克勒出生］
490	Battle of Marathon［马拉松战役］	
483	Death of the Buddha［释迦牟尼去世］	
481		Birth of Protagoras［普罗泰戈拉出生］
479	Death of Confucius［孔子去世］	
469		Birth of Socrates［苏格拉底出生］
458	Aeschylus' *Oresteia*［埃斯库罗斯的《俄瑞斯忒亚》］	
447	Building of the Parthenon［修建帕特农神庙］	
435		Death of Empedocles［恩培多克勒去世］

续前表

公元前	历史事件	西方哲学史事件
431	Peloponnesian War [伯罗奔尼撒战争]	
428		Death of Anaxagoras [阿那克萨戈拉去世]
427		Birth of Plato [柏拉图出生]
425	Sophocles' *Oedipus Rex* [索福克勒斯的《俄狄浦斯王》]	
423	Aristophanes' *Clouds* [阿里斯托芬的《云》]	
404	Peloponnesian War ends [伯罗奔尼撒战争结束]	
399		Death of Socrates [苏格拉底去世]
387	Rome captured by Gauls [高卢人占领罗马]	
387		Plato founds the Academy [柏拉图创建学园]
384		Birth of Aristotle [亚里士多德出生]
370		Death of Democritus [德谟克里特去世]
356	Alexander the Great born [亚历山大大帝出生]	
347		Death of Plato [柏拉图去世]
335		Aristotle founds the Lyceum [亚里士多德建立吕克昂学校]

401

续前表

公元前	历史事件	西方哲学史事件
332	Foundation of Alexandria［亚历山大里亚建立］	
323	Death of Alexander［亚历山大去世］	Death of Diogenes［第欧根尼去世］
322		Death of Aristotle［亚里士多德去世］
310		Pyrrho of Elis active［伊利斯的皮浪活动期］
307		Epicurus founds school［伊壁鸠鲁创建学校］
300	Great Wall of China begun［中国的长城开始修建］	Euclid's *Elements*［欧几里得的《几何原本》］
295		Zeno of Citium active［季蒂昂的芝诺活动期］
285		Death of Crates［克拉底去世］
275	Septuagint Bible［七十子本希腊文《圣经》完成］	
270		Death of Epicurus［伊壁鸠鲁去世］
265	Judas Maccabeus active［犹太游击队领导人马加比活动期］	
264	Punic Wars begin［布匿战争开始］	
240		Archimedes active［阿基米德活动期］

续前表

公元前	历史事件	西方哲学史事件
204		Death of Chrysippus［克里西普斯去世］
146	Destruction of Carthage［迦太基被摧毁］	
106		Birth of Cicero［西塞罗出生］
100	Birth of Julius Caesar［尤利乌斯·恺撒出生］	
98		Birth of Lucretius［卢克莱修出生］
86	Sulla sacks Athens［苏拉洗劫雅典］	
85		Andronicus edits Aristotle［安德罗尼柯编辑亚里士多德著作］
55	Caesar in Britain［恺撒占领不列颠］	Lucretius dies［卢克莱修去世］
44	Murder of Caesar［恺撒被谋杀］	
43		Murder of Cicero［西塞罗被杀］
30	Antony and Cleopatra die［安东尼和克娄巴特拉女王卒］	
27	Augustus becomes emperor［奥古斯都成为皇帝］	
19	Vergil's *Aeneid*［维吉尔的《埃涅阿斯记》］	
4	Death of Herod the Great［希律王去世］	

续前表

公元后	历史事件	西方哲学史事件
14	Death of Augustus［奥古斯都驾崩］	
30	Crucifixion of Jesus［耶稣被钉上十字架］	
39		Philo the Jew in Rome［犹太人斐洛在罗马活动］
43	Romans invade Britain［罗马人入侵不列颠］	
64	Fire of Rome under Nero［皇帝尼禄火烧罗马］	
65		Suicide of Seneca［塞涅卡自杀］
67	Martyrdom of St. Paul［圣保罗殉难］	
70	Temple of Jerusalem sacked［耶路撒冷圣殿被洗劫］	
79	Eruption of Vesuvius［维苏威火山爆发］	
89		Epictetus active［爱比克泰德活动期］
117	Trajan's column［图拉真纪功柱］	
140		Ptolemy active［托勒密活动期］
161	Marcus Aurelius emperor［马可·奥勒留成为皇帝］	

402

续前表

公元后	历史事件	西方哲学史事件
162		Galen comes to Rome［盖仑来到罗马］
180		Marcus Aurelius' *Meditations*［奥勒留的《沉思录》］
185		Clement of Alexandria active［亚历山大里亚的克雷芒活动期］
200		Alexander of Aphrodisias active［亚弗洛底细亚的亚历山大活动期］ Sextus Empiricus active［塞克斯都·恩披里柯活动期］
230	Origenes active［奥利金活动期］	
240		Plotinus active［普罗提诺活动期］
280		Porphyry active［波菲利活动期］
293	Diocletian organizes Empire［戴克里先重建帝国秩序］	
325	Council of Nicaea［尼西亚公会议］	
354		Birth of Augustine［奥古斯丁出生］
368		Conversion of Augustine［奥古斯丁皈依基督教］
378	Battle of Adrianople［亚得里亚堡战役］	

续前表

公元后	历史事件	西方哲学史事件
396		Augustine becomes bishop［奥古斯丁成为希波主教］
401		Augustine's *Confessions*［奥古斯丁的《忏悔录》］
410	Sack of Rome by Visigoths［西哥特人洗劫罗马］	
419		Augustine's *On the Trinity*［奥古斯丁的《论三位一体》］
425		Augustine's *City of God*［奥古斯丁的《上帝之城》］
430		Death of Augustine［奥古斯丁去世］
431	Council of Ephesus［以弗所公会议］	
432	St. Patrick in Ireland［圣巴特里克在爱尔兰传教］	
440	Leo I becomes Pope［利奥一世成为教皇］	
451	Attila the Hun defeated Council of Chalcedon［匈奴王阿提拉击败卡尔西顿公会议（联军）］	
476	End of Roman Empire in West［西罗马帝国覆灭］	
486	Clovis founds Frankish Kingdom［克洛维建立法兰克王国］	

续前表

公元后	历史事件	西方哲学史事件
510		Boëthius consul in Rome［波爱修在罗马任执政官］
523		Boëthius' *Consolation of Philosophy*［波爱修的《哲学的慰藉》］
525		Execution of Boëthius［波爱修被处死］
534	Justinian's *Code* of laws［查士丁尼法典］	
570	Birth of Muhammad［穆罕默德出生］	
590	Gregory I becomes Pope［格列高利一世成为教皇］	
610	Westminster Abbey founded［威斯敏斯特教堂建立］	
623		Isidore's *Etymologies*［伊西多尔的《语源学》］
632	Death of Muhammad［穆罕默德去世］	
637	Caliph Omar in Jerusalem［哈里发欧马尔占领耶路撒冷］	
711	Muslims invade Spain［阿拉伯人入侵西班牙］	
731	Bede's *Ecclesiastical History*［比德的《英格兰教会史》］	

403

续前表

公元后	历史事件	西方哲学史事件
732	Muslims defeated at Tours〔阿拉伯人在图尔被击败〕	
770	Arabic numerals introduced〔阿拉伯数字传入欧洲〕	
800	Charlemagne crowned in Rome〔查理大帝在罗马加冕〕	
843	Carolingian Empire divided〔加洛林帝国分裂〕	
850		Eriugena at Carolingian Court〔爱留根纳在加洛林宫廷〕
877		Death of Eriugena〔爱留根纳去世〕
910	Abbey of Cluny founded〔克吕尼教堂建立〕	
980		Birth of Avicenna〔阿维森纳出生〕
1005	Birth of Lanfranc〔兰弗朗克出生〕	
1054	Schism between East and West〔东西教会分裂〕	
1066	Battle of Hastings〔黑斯廷斯战役〕	Anselm's *Proslogion*〔安瑟尔谟的《宣讲》〕
1079		Birth of Abélard〔阿伯拉尔出生〕
1086	Domesday Book〔英国地籍簿〕	
1096	First Crusade〔第一次十字军东征〕	

续前表

公元后	历史事件	西方哲学史事件
1108		Anselm on God and free will〔安瑟尔谟论上帝与自由意志〕
1109		Death of Anselm〔安瑟尔谟去世〕
1116		Abélard teaches at Paris〔阿伯拉尔在巴黎任教〕
1126		Birth of Averroës〔阿威罗伊出生〕
1140	Gratian's *Decretum*〔格拉奇教令〕	
1158		*Sentences* of Peter Lombard〔彼得·伦巴底的《箴言书注》〕
1159		John of Salisbury's *Policraticus*〔索尔兹伯里的约翰的《综合批评家》〕
1170	Murder of Becket〔贝克特被谋杀〕	
1187	Saladin takes Jerusalem〔萨拉丁占领耶路撒冷〕	
1198		Death of Averroës〔阿威罗伊去世〕
1200		Charter of Paris University〔巴黎大学宪章〕
1204	Crusaders sack Constantinople〔十字军洗劫君士坦丁堡〕	

续前表

公元后	历史事件	西方哲学史事件
1209	Franciscan order founded［方济各修会建立］	
1215	Dominican order founded［多明我修会建立］	
1221		Birth of Bonaventura［波纳文图拉出生］
1225		Birth of Aquinas［阿奎那出生］
1227	Death of Genghis Khan［成吉思汗去世］	
1245		Albert and Aquinas at Cologne［阿尔伯特和阿奎那在科隆］
1259		Bonaventura's *ltinerarium*［波纳文图拉的《心灵进入上帝的路程》］
1264		Aquinas' *Summa contra gentiles*［阿奎那的《反异教大全》］
1267	Giotto born［乔托出生］	Aquinas' *Summa theologiae* begun［阿奎那开始写作《神学大全》］
1268		Works of Roger Bacon［罗吉尔·培根的著作发表］
1274		Aquinas and Bonaventura die［阿奎那和波纳文图拉去世］

404

续前表

公元后	历史事件	西方哲学史事件
1275	Marco Polo in China [马可·波罗来到中国]	
1290	Jews expelled from England [英格兰驱逐犹太人]	
1294	Boniface VIII becomes Pope [卜尼法八世成为教皇]	
1295		Scotus lecturing in Oxford [司各脱在牛津讲学]
1299	Foundation of Ottoman Empire [奥斯曼帝国建立]	
1302		Scotus lecturing in Paris [司各脱在巴黎讲学]
1308		Death of Scotus [司各脱去世]
1309	Papacy moves to Avignon [教皇迁往阿维尼翁]	
1317		Ockham lecturing in Oxford [奥卡姆在牛津讲学]
1321	Dante's *Divine Comedy* [但丁的《神曲》]	
1324		Ockham called to Avignon [奥卡姆被召往阿维尼翁]
1337	Giotto dies [乔托去世] Beginning of Hundred Years War [百年战争开始]	
1348	Black Death [黑死病蔓延]	

续前表

公元后	历史事件	西方哲学史事件
1349		Death of Ockham［奥卡姆去世］
1353	Boccaccio's *Decameron*［薄伽丘的《十日谈》］	
1360		Wyclif Master of Balliol［威克里夫主持贝列尔学院］
1374	Petrarch dies［彼特拉克去世］	
1377		Condemnation of Wyclif［威克里夫受谴责］
1378	Great Schism begins［天主教会大分裂开始］	
1381	Peasants' Revolt in England［英格兰农民起义］	
1384		Death of Wyclif［威克里夫去世］
1400	Death of Chaucer［乔叟去世］	
1414	Council of Constance begins［康斯坦茨公会议开始］	
1415	Battle of Agincourt［阿金库尔战役］	
1431	Jon of Arc burnt［圣女贞德被焚］	
1439	Council of Florence［佛罗伦萨公会议］	
1445	Birth of Botticelli［波提切利出生］	

405

续前表

公元后	历史事件	西方哲学史事件
1450	Gutenberg's Printing Press［谷登堡印刷所］	
1453	Fall of Constantinople; Hundred Years War ends［君士坦丁堡沦陷；百年战争结束］	
1472		Latin Aristotle printed［亚里士多德著作拉丁文版印行］
1475	Birth of Michelangelo［米开朗琪罗出生］	
1483	Birth of Luther［路德出生］	
1484		Ficino's Latin Plato［费奇诺将柏拉图著作译为拉丁文］
1492	Columbus to America［哥伦布到达美洲］	
1495		Greek Aristotle printed［亚里士多德著作希腊文版印行］
1511	Raphael's *School of Athens*［拉斐尔的《雅典学派》］	
1512	Sistine Chapel ceiling painted［西斯廷大教堂穹顶画］	
1513		Machiavelli's The Prince［马基雅弗利的《君主论》］
1516	Erasmus' Greek Testament［伊拉斯谟译希腊文版《圣经》］	

续前表

公元后	历史事件	西方哲学史事件
1517	Luther's Wittenberg theses［路德在维滕贝格贴出《九十五条论纲》］	
1522	Luther's German Bible［路德译出德文版《圣经》］	
1532		Vitoria's *De Indis*［维多利亚的《论印第安人》］
1533	Henry VIII breaks with Rome［亨利八世与罗马决裂］	
1534	Foundation of Jesuits［耶稣会建立］	
1536	Calvin's *Institutes*［加尔文的《基督教原理》］	
1543	Copernicus publishes［哥白尼出版《天体运行论》］	
1555	Peace of Augsburg［奥格斯堡和约］	Ramus' *Dialectique*［拉姆斯的《辩证法》］
1564	Shakespeare born［莎士比亚出生］	
1572	Massacre of St. Bartholomew［圣巴托罗缪屠杀］	Ramus dies［拉姆斯去世］
1578		Stephanus' Greek Plato［斯特方版柏拉图著作希腊文版］
1580		Montaigne's *Essais*［蒙田的《散文集》］
1588	Defeat of Spanish Armada［西班牙无敌舰队被英国击败］	Birth of Hobbes［霍布斯出生］

续前表

公元后	历史事件	西方哲学史事件
1596		Birth of Descartes［笛卡儿出生］
1597		Suarez's *Disputationes*［苏阿雷斯的《形而上学论辩》］
1600		Giordano Bruno burnt［布鲁诺被焚］
1603	Death of Elizabeth I［伊丽莎白一世去世］	
1605	Gunpowder plot［英国发生火药阴谋案］	Bacon's *Advancement*［培根的《广学论》］
1611	King James Bible［国王詹姆士钦定版《圣经》］	
1616	Death of Shakespeare［莎士比亚去世］	
1618.	Thirty Years War begins［三十年战争开始］	
1620	Pilgrim Fathers sail［英国清教徒移民来到北美］	Bacon's *Novum Organum*［培根的《新工具》］
1628	Harvey's *De motu cordis*［哈维的《心血运动论》］	
1632		Birth of Spinoza；Birth of Locke［斯宾诺莎出生；洛克出生］
1633		Condemnation of Galileo［伽利略被教廷谴责］

406

续前表

公元后	历史事件	西方哲学史事件
1636	Foundation of Harvard [哈佛大学建立]	
1637		Descartes's *Discourse* [笛卡儿的《方法谈》]
1641		Descartes's *Meditations* [笛卡儿的《沉思集》]
1642	English Civil War begins [英国内战爆发]	
1644		Milton's *Areopagitica* [弥尔顿的《论出版自由》]
1648	Peace of Westphalia [威斯特发里亚和约]	
1649	Execution of Charles I [查理一世被处决]	
1650		Death of Descartes [笛卡儿去世]
1651		Hobbes's *Leviathan* [霍布斯的《利维坦》]
1658	Death of Cromwell [克伦威尔去世]	
1662	Charter of the Royal Society [皇家学会章程]	*Port Royal Logic* [《波尔·罗亚尔逻辑》]
1666	Great Fire of London [伦敦大火]	
1667	Milton's *Paradise Lost* [弥尔顿的《失乐园》]	Locke's *Essay on Toleration* [洛克的《论宽容》]

续前表

公元后	历史事件	西方哲学史事件
1670		Spinoza's *Tractatus* [斯宾诺莎的《神、人及其幸福简论》]
1672		Pufendorf's *De iure naturae* [普芬道夫的《自然和族类法》]
1674		Malebranche's *Recherche* [马勒伯朗士的《真理的探索》]
1676		Leibniz invents calculus [莱布尼茨发明微积分]
1677		Death of Spinoza；*Ethics* [斯宾诺莎去世；斯宾诺莎的《伦理学》]
1679		Death of Hobbes [霍布斯去世]
1681	Charter of Pennsylvania [宾夕法尼亚宪章]	
1682	Newton discovers gravity [牛顿发现引力关系]	
1685	Handel and J. S. Bach born [亨德尔和 J. S. 巴赫出生]	Berkeley born [贝克莱出生]
1686		Leibniz's *Discourse* [莱布尼茨的《形而上学论》]
1688	Expulsion of James II [詹姆士二世被驱逐]	
1689		Locke's *Essay* [洛克的《人类理智论》]

续前表

公元后	历史事件	西方哲学史事件
1694	Bank of England founded［英格兰银行建立］	
1697		Bayle's *Dictionnaire*［培尔的《历史和批判辞典》］
1704	Battle of Blenheim［布伦海姆战役］	
1705		Leibniz's *New Essays*［莱布尼茨的《人类理智新论》］
1707	Union of England and Scotland［英格兰和苏格兰合并成立大不列颠王国］	
1709		Berkeley's *New Theory*［贝克莱的《视觉新论》］
1710		Berkeley's *Dialogues*［贝克莱的《海拉斯与斐洛诺斯对话三篇》］
1711		Birth of Hume［休谟出生］
1712	Pope's *The Rape of the Lock*［蒲柏的《夺发记》］	
1713	Treaty of Utrecht［乌得勒支和约］	
1714	Death of Queen Anne［安妮女王去世］	Leibniz's *Monadology*［莱布尼茨的《单子论》］
1715	Death of Louis XIV［路易十四去世］	
1726	Swift's *Gulliver's Travels*［斯威夫特的《格列佛游记》］	

407

续前表

公元后	历史事件	西方哲学史事件
1738	Wesley founds Methodism［卫斯理创建卫斯理宗］	
1739		Hume's *Treatise*［休谟的《人性论》］
1741	Handel's *Messiah*［亨德尔的《弥赛亚》］	
1745	Jacobite Rebellion［詹姆士党反叛］	
1748	Peace of Aix-la-Chapelle［亚琛和约］	
1751		*L'Encyclopéde*［狄德罗的《百科全书》］
1753		Death of Berkeley［贝克莱去世］
1755	Johnson's *Dictionary*［约翰逊编纂《英语词典》］	
1756	Seven Years War begins［七年战争开始］	
1759	British capture Quebec［英国占领魁北克］	
1769	Steam-engine patented［蒸汽机取得专利权］	
1770	Birth of Beethoven［贝多芬出生］	Birth of Hegel［黑格尔出生］
1771	Cook in the Pacific［詹姆斯·库克在太平洋中进行地理发现大航行］	
1772	Partition of Poland［波兰被瓜分］	

续前表

公元后	历史事件	西方哲学史事件
1773	Suppression of Jesuits［镇压耶稣会］	
1774	Discovery of oxygen［发现氧气］	
1776	American Declaration of Independence［美国独立宣言］	Death of Hume［休谟去世］
1778		Deaths of Voltaire，Rousseau［伏尔泰和卢梭去世］
1779		Hume's *Dialogues* published［休谟的《自然宗教对话录》出版］
1781		Kant's first *Critique*［康德的《纯粹理性批判》］
1783	Peace of Paris［《巴黎和约》］	
1785		Kant's *Groundwork*［康德的《道德形而上学的奠基》］
1786	Mozart's *Figaro*［莫扎特的《费加罗的婚礼》］	
1787	US Constitution［美国联邦宪法］	
1788	Gibbon's *Decline and Fall* completed［吉本的《罗马帝国衰亡史》完成］	
1789	French Revolution［法国大革命］	Bentham's *Principles*［边沁的《道德与立法原理导论》］
1790	Galvanism discovered［发现直流电］	

续前表

公元后	历史事件	西方哲学史事件
1791	Boswell's *Life of Johnson*［鲍斯威尔的《约翰逊传》］	
1793	Execution of Louis XVI［路易十六被处决］	
1794	Death of Robespierre［罗伯斯比尔去世］	Fichte's *Wissenschaftslehre*［费希特的《知识学》］
1797		Schelling's *Philosophy of Nature*［谢林的《自然哲学思想》］
1798	*Lyrical Ballads*［柯勒律治的《抒情歌谣集》］	
1799	Napoleon takes power［拿破仑执政］	
1800	Beethoven's First Symphony; First electric battery［贝多芬第一交响曲；第一粒电池出现］	Schelling's *System*［谢林的《先验唯心论体系》］
1802	Turner joins Royal Academy［英国浪漫主义画家透纳加入皇家美术学院］	
1807		Hegel's *Phenomenology*［黑格尔的《精神现象学》］
1812		Hegel's *Logic*［黑格尔的《逻辑学》］
1814	Stephenson's Rocket［斯蒂芬孙发明"火箭号"蒸汽机车］	
1815	Battle of Waterloo［滑铁卢战役］	

408

续前表

公元后	历史事件	西方哲学史事件
1816	Austen's *Emma* ［奥斯丁的《爱玛》］	
1817		Hegel's *Encyclopedia* ［黑格尔的《哲学全书》］
1818		Schopenhauer's *World as Will* ［叔本华的《作为意志和表象的世界》］
1819	Byron's *Don Juan* ［拜伦的《唐璜》］	
1821		Hegel's *Philosophy of Right* ［黑格尔的《法哲学原理》］
1824	British National Gallery opens ［英国国家美术馆开放］	
1831		Death of Hegel ［黑格尔去世］
1832	Great Reform Act ［英国议会改革法案］	
1840	Penny post founded ［成立便士邮站］	
1841		Feuerbach's *Christianity* ［费尔巴哈的《基督教的本质》］
1843		Kierkegaard's *Either/Or*；Mill's *System of Logic* ［克尔恺郭尔的《非此即彼》；密尔的《逻辑体系》］
1846	Irish famine ［爱尔兰饥荒］	

续前表

公元后	历史事件	西方哲学史事件
1847	Brontë's *Jane Eyre*［勃朗特的《简·爱》］	
1848	Year of Revolutions［1848 年欧洲革命］	*Communist Manifesto*［《共产党宣言》］
1850	Tennyson's *In Memorian*［丁尼生的挽歌集《悼念》］	
1852	Dickens's *Bleak House*［狄更斯的《荒凉山庄》］	
1853	Crimean War［克里米亚战争］	
1859		Darwin's *Origin of Species*［达尔文的《物种起源》］
1865	American Civil War ends［美国内战结束］	
1867	Verdi's *Don Carlos*［威尔第的歌剧《唐·卡洛斯》］	Marx's *Das Kapital*［马克思的《资本论》］
1869	First Vatican Council［第一次梵蒂冈公会议］	
1870	Franco-Prussian War［普法战争］	Newman's *Grammar of Assent*［纽曼的《同意的原理》］
1872	Eliot's *Middlemarch*［爱略特的《米德尔马契》］	
1874		Brentano's *Psychology*［布伦坦诺的《从经验的观点看心理学》］

409

续前表

公元后	历史事件	西方哲学史事件
1876	Victoria Empress of India ［维多利亚加冕印度女皇］	
1878	Tolstoy's *Anna Karenina* ［托尔斯泰的《安娜·卡列尼娜》］	
1879	Brahms's Violin Concerto ［勃拉姆斯的小提琴协奏曲］	Frege's *Begriffsschrift* ［弗雷格的《概念文字》］
1882	Wagner's *Parsifal* ［瓦格纳的《帕西法尔》］	
1885		Nietzsche's *Thus Spake Zarathustra* ［尼采的《查拉图斯特拉如是说》］
1890		James's *Principles* ［詹姆斯的《心理学原理》］
1895	Invention of wireless telegraphy ［无线电报发明］	
1897	Discovery of the electron ［发现电子］	Russell Fellow of Trinity ［罗素成为三一学院研究员］
1899	Invention of the cinema ［发明电影］	
1902		Croce's *Aesthetic* ［克罗齐的《美学》］
1903	Invention of the aeroplane ［发明飞机］	Russell's Paradox ［罗素悖论］
1906	Labour Party founded ［英国工党成立］	

续前表

公元后	历史事件	西方哲学史事件
1907	Picasso's *Demoiselles*〔毕加索的《阿维尼翁的少女》〕	Bergson's *Creative Evolution*〔柏格森的《创造进化论》〕
1908		Sorel on *Violence*〔乔治·索烈尔的《论暴力》〕
1910		Russell and Whitehead's *Principia*〔罗素和怀特海的《数学原理》〕
1911	Stravinsky's *Rite of Spring*〔斯特拉文斯基的《春之祭》〕	
1913		Husserl's *Ideas*〔胡塞尔的《大观念》〕
1914	First World War begins〔第一次世界大战爆发〕	
1916		Einstein's General Theory of Relativity〔爱因斯坦的广义相对论〕
1917	Russian Revolution〔俄国革命〕	
1919	Treaty of Versailles〔凡尔赛和约〕	
1921		Wittgenstein's *Tractatus*〔维特根斯坦的《逻辑哲学论》〕
1922	Eliot's *Waste Land*〔艾略特的《荒原》〕	
1927		Heidegger's *Being and Time*〔海德格尔的《存在与时间》〕

续前表

公元后	历史事件	西方哲学史事件
1928	Gropius's Bauhaus completed [格罗皮乌斯的包豪斯体系完成]	Carnap's *Logische Aufbau* [卡尔纳普的《世界的逻辑结构》]
1931		Gödel's Theorem [哥德尔证明不完全性定理]
1933	Hitler comes to power [希特勒开始执政]	
1939	Second World War begins [第二次世界大战爆发]	
1940	Battle of Britain [英德不列颠之战]	Quine's *Mathematical Logic* [奎因的《数理逻辑》]
1942	Battle of Stalingrad [斯大林格勒会战]	
1943		Sartre's *Being and Nothingness* [萨特的《存在与虚无》]
1945	atom bombs used [第一第二颗原子弹被使用]	
1949	Foundation of NATO [北大西洋公约组织成立]	Ryle's *Concept of Mind* [赖尔的《心的概念》]
1953		Wittgenstein's *Investigations* [维特根斯坦的《哲学研究》]

410

阅读书目[①]

1. 古代哲学

开端

Clastres，P. ，*Society against the State*，tr. R. Hurley（New York，1977）. ［《社会对国家》］

Cornford，F. M. ，*From Religion to Philosophy*（New York，1957；first pub. 1912）. ［《从宗教到哲学》］

Frankfurt，H. and H. A. ，Wilson，J. A. ，and Jacobsen，T. ，*Before Philosophy*（Harmondsworth，1949；first pub.

---

① 为便于读者检索、查阅，而且由于译者对大多数著作未曾阅读，故这里仅译出各级标题和书名，以供参考，其他一仍其旧。

1942).[《哲学之前》]

Lévi-Strauss，C.，*The Savage Mind*（London，1966）.[《野性的思维》]

Lloyd，G. E. R.，*Magic，Reason and Experience*（Cambridge，1979）.[《魔法、理性与经验》]

Ong，W. J.，*Orality and Literacy*（London，1982）.[《口头表达与文字读写》]

Onians，R. B.，*The Origins of European Thought*（Cambridge，1951）.[《欧洲思想的起源》]

Sahlins，M.，*Stone Age Economics*（London，1974）.[《石器时代的经济学》]

—— *Culture and Practical Reason*（Chicago，1976）.[《文化与实用理性》]

受神灵启示的思想家

Barnes，J.（ed.），*Early Greek Philosophy*（Harmondsworth，1987）.[《早期希腊思想》]

Dodds，E. R.，*The Greeks and the Irrational*（Berkeley，Calif.，1951）.[《希腊人与非理性的人》]

Heidegger，M.，*Early Greek Thinking*，tr. D. F. Krell and F. A. Capuzzi（New York，1984）.[《早期希腊思想》]

Kirk，G. S.，Raven，J.，and Schofield，M.（eds.），*The Presocratic Philosophers*，2nd edn.（Cambridge，1983）.[《前苏格拉底哲学家》]

O'Flaherty，W.，*Dreams，Illusions and Other Realities* (Chicago，1984). [《梦、幻象与其他真实之物》]

Vernant，J.P.，*Myth and Thought among the Greeks* (London，1983). [《希腊人的神话与思想》]

West，M.，*Early Greek Philosophy and the Orient* (Oxford，1971). [《早期希腊哲学与东方人》]

智者运动

Hussey，E.，*The Presocratics* (London，1972). [《前苏格拉底哲学家》]

Kerferd，G.，*The Sophistic Movement* (Cambridge，1981). [《智者运动》]

Pirsig，R.M.，*Zen and the Art of Motorcycle Maintenance* (London，1974). [《禅与摩托车维护艺术》]

Renault，M.，*The Last of the Wine* (London，1956). [《最后一滴葡萄酒》]

Vlastos，G.，*Socrates：Ironist and Moral Philosopher* (Cambridge，1991). [《苏格拉底：反讽者与道德哲学家》]

神圣的柏拉图

Crombie，I. M.，*An Examination of Plato's Doctrines* (London，1963). [《柏拉图学说研究》]

Field，G. C.，*Plato and His Contemporaries*，3rd edn. (London，1967). [《柏拉图与其同时代人》]

Findlay，J. M.，*Plato：The Written and Unwritten Doc-

trines，3rd edn.（London，1967）.［《柏拉图：成文学说和未成文学说》］

Irwin，T. H.，*Plato's Moral Theory*（Oxford，1977）.［《柏拉图的道德理论》］

Taylor，A. E.，*Plato*（London，1936）.［《柏拉图》］

亚里士多德的综合？

Ackrill，J. L.，*Aristotle the Philosopher*（Oxford，1981）.［《哲学家亚里士多德》］

—— （ed.），A *New Aristotle Reader*（Oxford，1987）.［《新亚里士多德读本》］

Barnes，J.，Schofield，M.，and Sorabji，R.（eds.），*Articles on Aristotle*，i-iv（London，1975—1979）.［《亚里士多德论文集》］

Grene，M.，*A Portrait of Aristotle*（London，1963）.［《亚里士多德肖像》］

Lloyd，G. E. R.，*Aristotle：Growth and Development of His Thought*（Cambridge，1968）.［《亚里士多德思想的成长与发展》］

Sorabji，R.，*Necessity，Cause and Blame*（London，1980）.［《必然性、原因与失败的责任》］

斯多亚派、伊壁鸠鲁主义者与漫游的贤哲

Long，A. A.，*Hellenistic Philosophy*（London，1974）.［《希腊化时代的哲学》］

—— and Sedley，D.（eds.），*The Hellenistic Philosophers*

（Cambridge，1987）.［《希腊化时代哲学家》］

Mates，B.，*Stoic Logic*（Berkeley，Calif.，1953）.［《斯多亚派逻辑》］

Mitchison，N.，*The Corn-King and the Spring-Queen*（London，1931）.［《玉米国王与春天女王》］

Sambursky，S.，*Physics of the Stoics*（London，1959）.［《斯多亚派物理学》］

Sandbach，F. H.，*The Stoics*（London，1975）.［《斯多亚派》］

从怀疑到教条

Annas，J.，and Barnes，J.，*The Modes of Scepticism*（Cambridge，1985）.［《怀疑主义的各种样式》］

Armstrong，A. H.（ed.），*Classical Mediterranean Spirituality*（New York，1986）.［《古代地中海地区的灵性》］

Dillon，J.，*The Middle Platonists*（London，1977）.［《中期柏拉图主义者》］

Downing，G.，*Jesus and the Idea of Freedom*（London，1987）.［《耶稣与自由观念》］

Hengel，M.，*Judaism and Hellenism*，tr. J. Bowden（London，1974）.［《犹太教与希腊文化》］

Wolfson，H. A.，*Philo：Foundations of Religious Philosophy*（Cambridge，Mass.，1946）.［《斐洛：宗教哲学的基础》］

异教的潜在价值

Armstrong，A. H.，*An Introduction to Ancient Philosophy*，

3rd edn. (London, 1957). [《古代哲学导论》]

—— (ed.), *The Cambridge History of Later Greek and Early Medieval Philosophy* (Cambridge, 1970). [《剑桥晚期希腊和早期中世纪哲学》]

Casey, M., *Kingfisher's Wing* (Crawley, 1987). [《翠鸟之翼》]

Chadwick, H. (ed.), *Origen: Contra Celsum*, 3rd edn. (Cambridge, 1980). [《奥利金：驳塞尔索》]

Dodds, E. R., *Pagan and Christian in an Age of Anxiety* (Cambridge, 1968). [《焦虑时代的异教徒与基督徒》]

Dombrowski, D. A., *The Philosophy of Vegetarianism* (Amherst, Mass., 1984). [《素食主义哲学》]

Lamberton, R., *Homer the Theologian* (Berkeley, Calif., 1986). [《神学家荷马》]

Wallis, R. T., *Neo-Platonism* (London, 1972). [《新柏拉图主义》]

Wolfson, H. A., *Philosophy of the Church Fathers*, 3rd edn. (Cambridge, Mass., 1970). [《教父哲学》]

2. 中世纪哲学

一般性考察与对具体时代的研究

Armstrong, A. H. (ed.), *The Cambridge History of Later Greek and Early Medieval Philosophy* (Cambridge, 1970); covers the period through Anselm, including early Islamic philosophy.

[《剑桥晚期希腊和早期中世纪哲学》]

Copleston, Frederick C., *A History of Philosophy*, ii and iii (Westminster, MD., 1950, 1953); clear and readable, yet admirably detailed and informative. [《哲学史》]

Gilson, Étienne, *History of Christian Philosophy in the Middle Ages* (New York, 1955); a classic and amazingly rich work. [《中世纪基督教哲学史》]

Kretzmann, Norman, Kenny, Anthony, and Pinborg, Jan (eds.), *The Cambridge History of Later Medieval Philosophy* (Cambridge, 1982); contributions by many eminent scholars, especially good on logic and philosophy of language. [《剑桥晚期中世纪哲学史》]

教父时代

Altaner, Berthold, *Patrology*, tr. Hilda C. Graef (Freiburg-im-Breisgau, 1960); a standard reference work for the patristic period. [《教父学》]

Quasten, Johannes, *Patrology*, 4 vols. (Westminster, Md., 1950—1988); an outstanding, detailed reference work. [《教父学》]

奥古斯丁

Gilson, Étienne, *The Christian Philosophy of Saint Augustine*, tr. L. W. Shook (New York, 1960); an excellent overview. [《圣奥古斯丁的基督教哲学》]

Kirwan, Christopher, *Augustine* (London, 1989); a philosophical study of major themes. [《奥古斯丁》]

van der Meer, F., *Augustine the Bishop*: *The Life and Works of a Father of the Church*, tr. Brian Battershaw and G. R. Lewis (London, 1962); excellent for putting Augustine in context. [《奥古斯丁主教：一位教父的生平与著作》]

Nash, Ronald H., *The Light of the Mind*: *St. Augustine's Theory of Knowledge* (Lexington, Ky., 1969); a clear and penetrating study of the theory of illumination. [《心灵之光：圣奥古斯丁的知识论》]

波爱修

Chadwick, Henry, *Boëthius*: *The Consolations of Music*, *Logic*, *Theology and Philosophy* (Oxford, 1981); informative and authoritative. [《波爱修：音乐、逻辑、神学和哲学的慰藉》]

Gibson, Margaret (ed.), *Boëthius*: *His Life*, *Thought and Influence* (Oxford, 1981); a good collection of papers. [《波爱修：生活、思想和影响》]

Gracia, Jorge J., *Introduction to the Problem of Individuation in the Early Middle Ages* (Munich, 1984; 2nd rev. edn., 1988); a detailed study of the problem through the twelfth century, with strong emphasis on Boëthius. [《中世纪早期个体化问题导论》]

约翰·司各特·爱留根纳

Marenbon, John, *From the Circle of Alcuin to the School of*

Auxerre：*Logic*，*Theology and Philosophy in the Early Middle Ages*（Cambridge，1981）；discusses Eriugena and others from the Carolingian period. ［《从阿尔昆的圈子到欧克塞尔的学校：中世纪早期的逻辑、神学与哲学》］

安瑟尔谟

Hopkins，Jasper，*A Companion to the Study of St. Anselm* （Minneapolis，1972）；a useful handbook. ［《圣安瑟尔谟研究指南》］

12 世纪

Dronke，Peter（ed.），*A History of Twelfth-Century Western Philosophy*（Cambridge，1988）；excellent essays by serveral scholars. ［《西方 12 世纪哲学史》］

Evans，G. R.，*Old Arts and New Theology*：*The Beginnings of Theology as an Academic Discipline*（Oxford，1980）；discusses changes in the style of philosophy and theology after Anselm. ［《旧技艺与新神学：神学作为学科的开端》］

Haskins，Charles Homer，*The Renaissance of the Twelfth Century*（Cambridge，Mass.，1927）；a justly famous study. ［《12 世纪文艺复兴》］

彼得·阿伯拉尔

King，Peter，*Peter Abailard and the Problem of Universals in the Twelfth Century*（Ithaca，NY）；a superb study，focusing on Abelard but discussing the entire history of the problem from

Boëthius to Abélard. [《彼得·阿伯拉尔与 12 世纪的共相问题》]

Luscombe, D. E., *The School of Peter Abélard* (Cambridge, 1969); a well-known study of Abélard's influences. [《彼得·阿伯拉尔学派》]

Sikes, J. G., *Peter Abélard* (Cambridge, 1932); still a helpful biography. [《彼得·阿伯拉尔》]

Tweedale, Martin M., *Abailard on Universals* (Amsterdam, 1976); a good, philosophically provocative study. [《阿伯拉尔论共相》]

逻辑的新发展

De Rijk, L. M., *Logica Modernorum*: *A Contribution to the History of Early Terminist Logic*, 2 vols, in 3 (Assen, 1962—1967); a monumental study, including many previously unpublished texts. [《现代逻辑：对早期词项主义逻辑史的贡献》]

托马斯·阿奎那

Mclnerny, Ralph, *Being and Predication*: *Thomistic Interpretations* (Washington, DC, 1986); a collection of several of the author's previously published papers on Aquinas and other philosophers in his milieu. [《存在与述谓：托马斯主义的诠释》]

Weisheipl, James A., *Friar Thomas D'Aquino*: *His Life*, *Thought and Works* (Garden, City, NY, 1974); a fascinating and authoritative biography, including a discussion of authentic works. [《隐修士托马斯·阿奎那：生平、思想与著作》]

Wippel，John F. ，*Metaphysical Themes in Thomas Aquinas* (Washington，DC，1984)；an outstanding collection of several of the author's previously published papers on Aquinas. [《托马斯·阿奎那的形而上学主题》]

波纳文图拉

Gilson，Étienne，*The Philosophy of St. Bonaventura* (New York，1938；Paterson，NJ，1965；first pub. in French，Paris，1924)；an older study，but still helpful. [《圣波纳文图拉的哲学》]

Quinn，John Francis，*The Historical Constitution of St. Bonaventura's Philosophy* (Toronto，1973)；a detailed and authoritative study. [《圣波纳文图拉哲学的历史性构造》]

约翰·邓斯·司各脱

Wolter，Allan，*The Philosophical Theology of John Duns Scotus*，ed. Marilyn McCord Adams (Ithaca，NY，1990)；a collection of papers by an outstanding scholar of Scotus. [《约翰·邓斯·司各脱的哲学神学》]

奥卡姆的威廉

Adams，Marilyn McCord，*William Ockham* (Notre Dame，Ind. ，1987；repr. 1989)；the best overall study of Ockham's philosophy. [《威廉·奥卡姆》]

中世纪哲学的后期发展

Hudson，Anne，and Wilks，Michael (eds.)，*From Ockham to Wyclif* (Oxford，1987)；a collection of essays including several on philosophical developments. [《从奥卡姆到威克里夫》]

Kenny，Anthony，*Wyclif*（Oxford，1985）；a brief survey of main themes of Wyclif's philosophy and theology. [《威克里夫》]

Maier，Anneliese，*On the Threshold of Exact Science：Selected Writing of Anneliese Maier on Late Medieval Natural Philosophy*，ed. and tr. Steven D. Sargent（Philadelphia，1982）；a collection of papers by the distinguished historian of late-medieval science. [《论精确科学的开端：安涅里斯·迈尔关于后期中世纪自然哲学的著作选编》]

Weinberg，Julius R.，*Nicholas of Autrecourt：A Study in Fourteenth Century Thought*（Princeton，NJ，1948；repr. New York，1969）；dated，but still a classic study. [《奥特库尔的尼古拉：14 世纪思想研究》]

3. 从笛卡儿到康德

综论

Bennett，J.，*Locke，Berkeley，Hume：Central Themes*（Oxford，1971）. [《洛克、贝克莱、休谟：中心论题》]

Copleston，F.C.，*A History of Philosophy*，iv-vi（London，1960）.（《哲学史》）

Cottingham，John，*The Rationalists*（Oxford，1988）. [《理想主义者》]

Russell，B.，*A History of Western Philosophy*（London，1961）. [《西方哲学史》]

Woolhouse，R. S.，*The Empiricists*（Oxford，1988）.［《经验主义者》］

笛卡儿

Descartes，R.，*Œuvres*，ed. C. Adam and P. Tannery，12 vols.（Paris，1897—1910）.［《笛卡儿全集》（法文版）］

—— *The Philosophical Writings of Descartes*，tr. John Cottingham，Robert Stoothoff，Dugald Murphy，and Anthony Kenny i-iii（Cambridge，1985，1991）.［《笛卡儿的哲学著作》］

—— *Descartes' Conversation with Burman*，tr. with an introduction and commentary by J. Cottingham（Oxford，1976）.［《笛卡儿与波曼的对话》］

Chappell，V.，and Doney，W.，*Twenty-Five Years of Descartes Scholarship 1960—1984*（New York，1987）.［《笛卡儿研究 25 年文选：1960—1984》］

Cottingham，J.，*Descartes*（Oxford，1986）.［《笛卡儿》］

Frankfurt，H. G.，*Demons，Dreamers and Madmen*（Indianapolis，1970）.［《恶魔、做梦者与疯子》］

Gaukroger，S.，*Cartesian Logic*（Oxford，1989）.［《笛卡儿派逻辑》］

Kenny，A.，*Descartes：A Study of His Philosophy*（New York，1986；Bristol，1993）.［《笛卡儿哲学研究》］

Schouls，P.，*Descartes and the Enlightenment*（Montreal，1989）.［《笛卡儿与启蒙运动》］

Sorell，T.，*Descartes* (Milton Keynes，1981).［《笛卡儿》］

Vrooman，J.R.，*René Descartes：A Biography*（New York，1970).［《勒内·笛卡儿传》］

Williams，B.，*Descartes：The Project of Pure Enquiry*（Harmondsworth，1978).［《笛卡儿：纯粹探究的规划》］

Wilson，M.，*Descartes*（London，1978).［《笛卡儿》］

洛克

Locke，J.，*An Essay Concerning Human Understanding*（1689），ed. P. H. Nidditch（Oxford，1975).［《人类理智论》］

—— *The Clarendon Edition of the Works of John Locke*，15 vols，to date（Oxford，1975—1992).［《克拉雷顿版约翰·洛克著作集》］

Aaron，R.I.，*John Locke*，3rd edn.（Oxford，1971).［《约翰·洛克》］

Colman，J.，*John Locke's Moral Philosophy*（Edinburgh，1983).［《约翰·洛克的道德哲学》］

Cranston，M.，*John，Locke：A Biography*（London，1957).［《约翰·洛克传》］

Dunn，J.，*John Locke*（Oxford，1984).［《约翰·洛克》］

Mackie，J.L.，*Problems from Locke*（Oxford，1976).［《源自洛克的问题》］

Woolhouse，R.，*Locke's Philosophy of Science and Knowledge*（Oxford，1971).［《洛克的科学哲学与知识》］

Yolton，J. W.，*John Locke and the Way of Ideas*（Oxford，1956）. ［《约翰·洛克与观念之路》］

—— *Locke and the Compass of Human Understanding*（Cambridge，1970）. ［《洛克与人类理智的指南》］

贝克莱

Berkeley，G.，*The Works of George Berkeley*，*Bishop of Cloyne*，ed. A. A. Luce and T. E. Jessop，9 vols.（Edinburgh，1948—1957）. ［《乔治·贝克莱著作集》］

Armstrong，D. M.，*Berkeley's Theory of Vision*（Melbourne，1960）. ［《贝克莱的视觉理论》］

Foster，J.，and Robinson，H.（eds.），*Essays on Berkeley：A Tercentennial Celebration*（Oxford，1985）. ［《论贝克莱：诞生三百周年纪念》］

Pitcher，G.，*Berkeley*（London，1977）. ［《贝克莱》］

Tipton，I. C.，*Berkeley：The Philosophy of Immaterialism*（London，1974）. ［《贝克莱：非物质论哲学》］

Urmson，J. O.，*Berkeley*（Oxford，1982）. ［《贝克莱》］

Warnock，G. J.，*Berkeley*，3rd edn.（Oxford，1982）. ［《贝克莱》］

Wild，J.，*George Berkeley：A Study of his Life and Philosophy*（New York，1962）. ［《乔治·贝克莱：生平与哲学研究》］

Winkler，K. P.，*Berkeley：An Interpretation*（Oxford，1989）. ［《贝克莱诠释》］

斯宾诺莎

Spinoza，B. de，*Spinoza：Opera*，ed. C. Gebhardt，3 vols. (Heidelberg，1925；repr. 1972). [《斯宾诺莎全集》]

—— *The Collected Works of Spinoza*，ed. and tr. E. Curley (Princeton，NJ. 1985). [《斯宾诺莎全集》]

Bennett，J.，*A Study of Spinoza's Ethics* (Cambridge，1984). [《斯宾诺莎〈伦理学〉研究》]

Curley，E. M.，*Spinoza's Metaphysics* (Cambridge，Mass.，1969). [《斯宾诺莎的形而上学》]

Deahunty，R. J.，*Spinoza* (London，1985). [《斯宾诺莎》]

Grene，M.，*Spinoza：A Collection of Critical Essays* (South Bend，Ind.，1973). [《斯宾诺莎：批判性研究文选》]

Parkinson，G. H. R.，*Spinoza* (Milton Keynes，1983). [《斯宾诺莎》]

Scruton，R.，*Spinoza* (Oxford，1986). [《斯宾诺莎》]

莱布尼茨

Leibniz，G. W.，*Die philosophischen Schriften*，ed. C. I. Gerhardt，7 vols. (Berlin，1857—1890；repr. Hildesheim，1965). [《莱布尼茨全集》]

—— *Philosophical Papers and Letters*，tr. L. Loemker，2nd edn. (Dordrecht，1969). [《莱布尼茨论文与书信集》]

—— *New Essays on Human Understanding*，tr. and ed. P. Remnant and J. Bennett (Cambridge，1981). [《人类理智新论》]

Brown，S.，*Leibniz*（Brighton，1984）. [《莱布尼茨》]

Frankfurt，H.，*Leibniz：A Collection of Critical Essays* (New York，1972). [《莱布尼茨：批判性论文选》]

Ishiguro，H.，*Leibniz's Philosophy of Logic and Language* (London，1972). [《莱布尼茨的逻辑哲学与语言哲学》]

Mates，B.，*The Philosophy of Leibniz：Metaphysics and Language*（New York，1986）. [《莱布尼茨的哲学：形而上学与语言》]

Parkinson，G. H. R.，*Logic and Reality in Leibniz's Metaphysics*（Oxford，1965）. [《莱布尼茨形而上学中的逻辑与实在》]

Rescher，N.，*The Philosophy of Leibniz*（Englewood Cliffs，NJ，1967）. [《莱布尼茨的哲学》]

Ross，G. M.，*Leibniz*（Oxford，1984）. [《莱布尼茨》]

Russell，B.，*A Critical Exposition of the Philosophy of Leibniz*（London，1900）. [《莱布尼茨哲学的批判性阐释》]

Woolhouse，R. S.（ed.），*Leibniz：Metaphysics and Philosophy of Science*（Oxford，1981）. [《莱布尼茨：形而上学与科学哲学》]

休谟

Hume，D.，*An Enquiry Concerning Human Understanding*，ed. L. A. Selby-Bigge and P. H. Nidditch，3rd edn.（Oxford，1975）. [《人类理智研究》]

—— *A Treatise of Human Nature*，ed. L. A. Selby-Bigge and

P. H. Nidditch，2nd edn. （Oxford，1978）. [《人性论》]

Anscombe，G. E. M. ，*Metaphysics and the Philosophy of Mind* （Oxford，1981）. [《形而上学与心灵哲学》]

Ayer，A. J. ，*Hume* （Oxford，1980）. [《休谟》]

Flew，A. ，*Hume's Philosophy of Belief* （London，1961）. [《休谟的信念哲学》]

Kemp Smith，N. ，*The Philosophy of David Hume* （London，1941）. [《大卫·休谟的哲学》]

Stroud，B. ，*Hume* （London，1977）. [《休谟》]

康德

Kant，I. ，*Gesammelte Schriften*，Prussian Academy of Sciences critical edn. ，22 vols. （Berlin，1902—1944）. [《康德著作全集》]

——*Critique of Pure Reason*，tr. N. Kemp Smith （London，1929；repr. 1973）. [《纯粹理性批判》]

——*Critique of Practical Reason*，tr. L. W. Beck （Chicago，1949）. [《实践理性批判》]

——*Groundwork of the Metaphysics of Morals*，tr. H. Paton （London，1955）. [《道德形而上学的奠基》]

Allison，H. ，*Kant's Transcendental Idealism：An Interpretation and Defense* （New Haven，Conn. ，1983）. [《康德的先验观念论：阐释与辩护》]

Ameriks，K. ，*Kant's Theory of Mind：An Analysis of the*

Paralogisms of Pure Reason（Oxford，1982）．［《康德的心灵理论：对纯粹理性谬误的分析》］

Bennett，J．，*Kant's Analytic*（Cambridge，1966）．［《康德的先验分析论》］

——*Kant's Dialectic*（Cambridge，1974）．［《康德的先验辩证论》］

Bird，G．，*Kant's Theory of Knowledge*（London，1962）．［《康德的知识论》］

Hacker，P. M. S．，*Insight and Illusion*（Oxford，1972）．［《洞见与幻象》］

Strawson，P. F．，*The Bounds of Sense*（London，1966）．［《感觉的界限》］

Walker，R．，*Kant*（London，1979）．［《康德》］

4. 大陆哲学：从费希特到萨特

综论

本书目列出的是正文引用过的且有英文译本的著作，同时也包括我认为普通读者可能会感兴趣的哲学家的其他著作。我没有把任何研究著作包括在内，因为在我看来，我在整个领域读过的所有英语的研究著作，总是不如哲学家本人的著作那么容易接近。

费希特

Early Philosophical Writings，tr. and ed. Daniel Breazeale（Ithaca，NY，1988）．［《早期哲学著作》］

The Science of Knowledge, with the first and second intro-ductions, ed. and tr. Peter Heath and John Lacks (Cambridge, 1982); *the Wissenschaftslehre* in its most complete form, with use-ful addenda and commentary, in an up-to-date translation. Beware of nineteenth-century translations of this work. [《知识学》]

The Vocation of Man, ed. with an introduction by Roderick M. Chisholm (New York, 1956); Fichte as a moralist. [《人的使命》]

Addresses to the German Nation, tr. R. F. Jones and G. H. Turnball (London, 1922); Fichte as a political activist and rhetorician. [《对德意志民族的讲演》]

谢林

Ideas for a Philosophy of Nature (1797), tr. Errol E. Harris and Peter Heath, with an introduction by Robert Stern (Cam-bridge, 1988). [《自然哲学思想》]

System of Transcendental Idealism, tr. Peter Heath, with an introduction by Michael Vater (Charlottesville, Va. , 1978); the principal source for Schelling's philosophical ideas. [《先验唯心论体系》]

Of Human Freedom, tr. with an introduction by James Gut-mann (Chicago, 1936). [《论人类自由》]

The Ages of the World, tr. with an introduction by F. de Wolfe Bolman, Jr. (New York, 1942); Schelling's influential philosophy of history. 〔《世界时代》〕

The Philosophy of Art, tr. with an introduction by Douglas W. Scott, foreword by David Simpson (Minneapolis，1989). 〔《艺术哲学》〕

席勒

On the Aesthetic Education of Man in a Series of Letters, ed. and tr. Elizabeth M. Wilkerson and L. A. Willoughby (Oxford，1982). 〔《审美教育书简》〕

黑格尔

黑格尔著作的英译本和编辑版本是在 19 世纪仓促汇集起来的，迄今为止由诺克斯（T. M. Knox）出版的权威版本已经让位于新的版本了，新版本把现代学者对黑格尔体系持有的更清醒的希望融为一体。对于技术性的术语，不同译者的译法也不相同，但应当使用最新的译本，以及黑格尔去世后著作的最新版本。

Hegel's Science of Logic, tr. A. V. Miller, with a foreword by J. N. Findlay, 2 vols. (London，1969). 〔《黑格尔的逻辑学》〕

Hegel's Logic：Part of the Encyclopedia, tr. William Wallace, 3rd edn. (Oxford，1975). 〔《黑格尔的小逻辑：〈哲学全书〉之一部分》〕

The Phenomenology of Spirit, tr. A. V. Miller, with a foreword by J. N. Findlay (Oxford，1977). 〔《精神现象学》〕

Elements of the Philosophy of Right, ed. Allen W. Wood, tr. H. B. Nisbet (Cambridge，1991)；this rearranges and also retranslates the text previously presented as *The Philosophy of Right* by T. M. Knox. [《法哲学原理》]

Aesthetics：*Lectures on Fine Art*，tr. T. M. Knox（Oxford，1975）. [《美学》]

Lectures on the Philosophy of History，tr. J. Sibree（London，1890；reissued，New York，1956）. [《哲学史讲演录》]

费尔巴哈

虽然费尔巴哈不在主流传统之内，但他是一位出色的作者，提供了丰富的精神食粮。

The Essence of Christianity，tr. George Eliot，with an introduction by Karl Barth，foreword by H. Richard Niebuhr（New York，1957）；this classic translation has been frequently reissued since the famous novelist first introduced Feuerbach to the Victorian public. [《基督教的本质》]

The Fiery Book，tr. and ed. Zawar Hanfi（Garden City，NY，1972）；a selection from Feuerbach's writings. [《激情之作》（费尔巴哈著作选）]

马克思

要想提供一份马克思著作的书目，就会比整个阅读书目部分还要长。他的著作很少有最终完成的，这么多被放弃的、未修改的和未完成的著作，数量之大，令人不知从哪儿开始。幸运的是，三位耐心而聪慧的编者为我们完成了这一工作，其中每一位编者向我们提供的选编本，都包括了读者理解马克思对思想史的影响所需的全部材料。

Karl Marx：*Selections*，ed. David McLellan（Oxford，1971）.
［《卡尔·马克思著作选》］

Karl Marx：*A Reader*，ed. Jon Elster（Cambridge，1986）.
［《卡尔·马克思读本》］

Marx：*Selections*，ed. Allen W. Wood （London，1988）.
［《马克思著作选》］

叔本华

叔本华的代表作有两个译本，但用了两个不同的术语（"观念"和"表象"）来翻译叔本华的"Vorstellung"。"表象"（representation）更好一些，因为叔本华自有另一个词来表示"观念"这一术语。

The World as Will and Idea，tr. R. B. Haldane and J. Kemp（London，1906）. ［《作为意志与观念的世界》］

The World as Will and Representation，tr. E. F. J. Payne（India Hills，Colo.，1958）. ［《作为意志和表象的世界》］

叔本华篇幅较小的著作有许多版本，其中最好的是：

Parerga and Paralipomena：*Short Philosophical Essays*，tr. E. F. J. Payne（Oxford，1974）. ［《附录与补遗：叔本华短篇哲学著作》］

尼采

尼采为人所赞赏的是他的风格和想象力，而不是他偶尔自夸的系统论证。因此，最好是通过选集来理解尼采。以下几部选集是有用的：

The Portable Nietzsche，ed. and tr. Walter Kaufmann（New York，1954，1968）.［《尼采精选》］

Basic Writings，tr. and ed. Walter Kaufmann（New York，1992）.［《尼采基本著作》］

A Nietzsche Reader，tr. and ed. R. J. Hollingdale（Harmondsworth，1977）.［《尼采读本》］

至于提到的一些具体著作，参见：

Twlight of the Idols and The Antichrist，tr. R. J. Hollingdale，with an introduction by Michael Tanner（London，1990）.［《〈偶像的黄昏〉与〈敌基督〉》］

Beyond Good and Evil：Prelude to a Philosophy of the Future，tr. with an introduction by R. J. Hollingdale（Harmondsworth，1973）.［《善恶之彼岸：未来哲学序曲》］

Thus Spake Zarathustra，tr. with an introduction by R. J. Hollingdale（Harmondsworth，1969）.［《查拉图斯特拉如是说》］

The Birth of Tragedy and The Case of Wagner，tr. with commentary by Walter Kaufmann（New York，1967）.［《〈悲剧的诞生〉与〈瓦格纳事件〉》］

The Gay Science，tr. Walter Kaufmann（New York，1974）.［《快乐的科学》］

The Will of Power，tr. Walter Kaufmann and R. J. Hollingdale（New York，1967）.［《权力意志》］

克尔恺郭尔

Either/Or：A Fragment of Life，tr. David F. Swenson and Lillian Marvin Swenson（Oxford，1944）.［《非此即彼：生活断片》］

Fear and Trembling and Repetition，ed. and tr. Howard V. Hong and Edna H. Hong（Princeton，NJ，1983）.［《〈恐惧与战栗〉与〈重复〉》］

The Concept of Dread，tr. with an introduction by Walter Lowrie（Princeton，NJ，1944）.［《恐惧的概念》］

Purity of Heart is to Will One Thing，tr. Douglas V. Steerer（New York，1938）.［《心的纯洁即意欲一物》］

The Sickness unto Death，tr. W. Lowrie（Princeton，NJ，1941）.［《致死的疾病》］

Concluding Unscientific Postscript，tr. David F. Swenson（completed by Walter Lowrie）（Princeton，NJ，1941）.［《非科学的最后附言》］

Selections from Kierkegaard，tr. Lee M. Hollander，rev. edn.（Garden City，NY，1960）.［《克尔恺郭尔选读》］

柏格森

柏格森的著作有权威的英译本（他有部分的英国血统，而且使用双语）。

Creative Evolution，tr. Arthur Mitchell（London，1911）.［《创造进化论》］

Time and Free Will: *An Essay on the Immediate Data of Consciousness*, tr. F. L. Pogson, 2nd edn. (London，1912). [《时间与自由意志：论意识的直接材料》]

Matter and Memory, tr. Nancy Margaret Paul and W. Scott Palmer (pseud.) (London，1912). [《物质与记忆》]

Laughter: *An Essay on the Meaning of the Comic*, tr. Cloudesley Brereton and Fred Rothwell (London，1913)；an interesting essay，and one of the few philosophical contributions to this subject apart from an essay by Schopenhauer and some ancient writings on comedy. [《笑：论喜剧的意义》]

克罗齐

Aesthetic, *as Science of Expression and General Linguistic*, tr. Douglas Ainslie (London，1922). [《美学：作为表达科学与普通语言科学》]

My Philosophy, *and Other Essays on the Moral and Political Problems of Our Time*, selected by R. Klibansky, tr. E. F. Carritt (London，1949). [《我的哲学，及论我们时代的道德和政治问题的其他论文》]

Logic；*or*, *The Science of the Pure Concept*, tr. Douglas Ainslie (London，1917). [《逻辑：纯粹概念的科学》]

有兴趣的读者从以下两部书中能够得到启发和教益：

Autobiography, tr. R. G. Collingwood (Oxford，1927). [《自传》]

The Poetry of Dante, tr. Douglas Ainslie (New York，

1922). [《但丁的诗歌》]

布伦坦诺

Psychology from an Empirical Standpoint，i-iii，ed. Oscar Kraus，tr. Margarete Schattle and Linda L. McAlister（London，1973，1980）. [《从经验的观点看心理学》]

The True and the Evident，ed. Oscar Kraus，English edn. ，ed. and tr. Roderick M. Chisholm（London，1966）. [《真实的与显明的》]

The Origin of the Knowledge of Right and Wrong，ed. and tr. Roderick M. Chisholm and Elizabeth H. Schneewind（New York，1969）. [《正确与错误知识的根源》]

对布伦坦诺的学生的著作感兴趣的读者还可参看：

Christian Freiherr von Ehrenfels，*Cosmogony*，tr. Mildred Focht（New York，1948）. [《天体演化论》]

Alexius Meinong，*On Assumptions*，tr. with an introduction by James Heanue（Berkeley，Calif. ，1983）. [《论假设》]

胡塞尔

Logical Investigations，tr. J. N. Findlay，2 vols. （London，1970）. [《逻辑研究》]

Ideas：*General Introduction to Pure Phenomenology*，tr. W. R. Boyce Gibson（London，1931）. [《观念：纯粹现象学通论》（简称《大观念》）]

Cartesian Meditations：*An Introduction to Phenomenology*，

tr. Dorion Cairns (The Hague, 1960). [《笛卡儿式沉思：现象学导论》]

The Crisis of the European Sciences and Transcendental Phenomenology: An Introduction to Phenomenological Philosophy, tr. David Carr (Evanston, Ill., 1970). [《欧洲科学的危机和先验现象学：现象学哲学导论》]

施莱尔马赫

Hermeneutics: The Handwritten Manuscripts, ed. Heinz Kinmeste, tr. James Duke and Jack Forstman (Missoula, Mont, 1977). [《诠释学：手稿》]

狄尔泰

Introduction to the Human Sciences: An Attempt to Lay a Foundation for the Study of Society and History, tr. with an introduction by Ramon J. Betanzos (Detroit, 1988). [《人文科学导论：为社会和历史研究奠基的尝试》]

Pattern and Meaning in History: Thoughts on History and Society, ed. with an introduction by H. P. Rickman (New York, 1962). [《历史中的模式与意义：历史与社会沉思》]

Selected Writings, ed. and tr. with an introduction by H. P. Rickman (Cambridge, 1976). [《狄尔泰选集》]

海德格尔

Being and Time, tr. John MacQuarrie and Edward Robinson (London, 1962). [《存在与时间》]

关于海德格尔更轻松的散文著作，参看：

On the Piety of Thinking，tr. and ed. James G. Hart and John C. Maraldo（Bloomington，Ind.，1976）.［《论思想的虔敬》］

萨特

Being and Nothingness：*An Essay in Phenomenological Ontology*，tr. with an introduction by Hazel Barnes（London，1956）. ［《存在与虚无》］

Existentialism and Humanism，tr. with an introduction by Philip Mairet（London，1948）.［《实存主义与人道主义》］

在下列著作中，萨特的多方面才能可见一斑：

The Emotions：*Outline of a Theory*，tr. Bernard Frechtman（New York，1948）.［《情感：理论纲要》］

What is Literature? And Other Essays（Cambridge，Mass.，1988）.［《什么是文学？及其他文章》］

萨特的小说和喜剧非常有名，但没有比他的自传更技艺娴熟的了：*Les Mots*（Paris，1964）［《词语》］。但这部自传的英译本却非常不达意［*The Words*，tr. Bernard Frechtman（New York，1964）］。

5. 从密尔到维特根斯坦

综论

Copleston，F. C.，*A History of Philosophy*，vii and viii（London，1966）.［《哲学史》，第七、八卷］

Passmore，J.，*A Hundred Years of Philosophy*（London，1957）.［《哲学百年》］

Warnock，G. J.，*English Philosophy since 1900*（London，1958）.［《1900 年以来的英国哲学》］

Urmson，J. O.，*Philosophical Analysis*（Oxford，1956）.［《哲学分析》］

Kneale，W. and M.，*The Development of Logic*（Oxford，1962）.［《逻辑的发展》］

约翰·斯图尔特·密尔

Mill，J. S.，*Collected Works of John Stuart Mill*，ed. F. E. L. Priestley, incomplete（Toronto，1963— ）.［《约翰·斯图尔特·密尔全集》］

—— *A System of Logic*（repr. London，1949）.［《逻辑体系》］

—— *Autobiography*，ed. J. Stillinger（Oxford，1971）.［《密尔自传》］

Anschutz，R. P.，*The Philosophy of J. S. Mill*（Oxford，1953）.［《约翰·斯图尔特·密尔的哲学》］

Britton，K.，*John Stuart Mill*（Harmondsworth，1953）.［《约翰·斯图尔特·密尔》］

Cranston，M.，*John Stuart Mill*（London，1958）.［《约翰·斯图尔特·密尔》］

Packe，M. St. John，*The Life of John Stuart Mill*（London，

1954). [《约翰·斯图尔特·密尔生平》]

Russell，B.，*John Stuart Mill*（London，1956）. [《约翰·斯图尔特·密尔》]

Stephen，L.，*The English Utilitarians*，iii（London，1900）. [《英国功利主义》]

弗雷格

Frege，G. W.，*Conceptual Notation and Related Articles*，ed. T. W. Bynum（Oxford，1972）. [《概念符号与相关论文》]

—— *The Foundations of Arithmetic*，tr. J. L. Austin（Oxford，1950）. [《算术基础》]

—— *Collected Papers on Mathematics，Logic and Philosophy*，ed. B. McGuinness（Oxford，1984）. [《数学、逻辑和哲学论文集》]

—— *The Basic Laws of Arithmetic*，tr. M. Furth（Berkeley，Calif.，1967）. [《算术基本法则》]

Anscombe，G. E. M.，and Geach，P.，*Three Philosophers*（Oxford，1961）. [《三位哲学家》]

Dummett，M.，*Frege：Philosophy of Language*（London，1973）. [《弗雷格：语言哲学》]

—— *The Interpretation of Frege's Philosophy*（London，1981）. [《弗雷格哲学诠释》]

—— *Frege：Philosophy of Mathematics*（London，1991）. [《弗雷格：数学哲学》]

Wright，C.，*Frege's Conception of Numbers as Objects* （Aberdeen，1983）．［《弗雷格的作为对象的数的思想》］

罗素

Russell，B.，*The Principles of Mathematics* （Cambridge，1903）．［《数学的原则》］

—— *The Problems of Philosophy* （London，1912）．［《哲学问题》］

—— *Mysticism and Logic* （London，1918）．［《神秘主义与逻辑》］

—— *Introduction to Mathematical Philosophy* （London，1919）．［《数学哲学导论》］

—— *Logic and Knowledge*，ed. R. C. Marsh （London，1956）．［《逻辑与知识》］

—— *Autobiography* （London，1967）．［《罗素自传》］

Ayer，A. J.，*Bertrand Russell* （London，1972）．［《伯特兰·罗素》］

Hylton，P.，*Russell，Idealism and the Emergence of Analytic Philosophy* （Oxford，1990）．［《罗素、观念论与分析哲学的出现》］

Pears，D. F.，*Bertrand Russell and the British Tradition in Philosophy* （London，1967）．［《伯特兰·罗素与英国哲学传统》］

Sainsbury，R. M.，*Russell* （London，1979）．［《罗素》］

Schilpp，P. A.（ed.），*The Philosophy of Bertrand Russell*

(Evanston，Ill.，1946).［《伯特兰·罗素的哲学》］

维也纳学派

Ayer， A. J.， *Language*， *Truth and Logic* （London，1936).［《语言、真理与逻辑》］

—— （ed.），*Logical Positivism* （Glencoe，Ill.，1959）.［《逻辑实证主义》］

Carnap，R.，*The Logical Structure of the World*，tr. R. George （London，1965).［《世界的逻辑结构》］

Popper， K. R.， *Logic of Scientific Discovery*， tr. J. and L. Freed （London，1959).［《科学发现的逻辑》］

Schlick， M.， *General Theory of Knowledge*，tr. A. E. Blumberg （Vienna，1974).［《普通知识论》］

Waismann，F.，*Ludwig Wittgenstein and the Vienna Circle*，ed. B. McGuinness，tr. J. Schulte and B. McGuinness （Oxford，1979).［《路德维希·维特根斯坦与维也纳学派》］

Bergmann， G.， *The Metaphysics of Logical Positivism* （London，1954).［《逻辑实证主义的形而上学》］

Weinberg， R.， *An Examination of Logical Positivism* （New York，1936).［《逻辑实证主义考察》］

维特根斯坦

Wittgenstein，L.，*Tractatus Logico-Philosophicus*，tr. C. K. Ogden （London，1922）；tr. D. F. Pears and B. McGuinness （London，1961).［《逻辑哲学论》］

—— *Philosophical Grammar*，ed. R. Rhees，tr. A. Kenny (Oxford，1974). [《哲学语法》]

—— *The Blue and Brown Books* (Oxford，1958). [《蓝皮书和棕皮书》]

—— *Philosophical Investigations*，tr. G. E. M. Anscombe，3rd edn. (London，1958). [《哲学研究》]

—— *Remarks on the Foundations of Mathematics*，ed. G. H. von Wright，R. Rhees，and G. E. M. Anscombe，3rd edn. (Oxford，1978). [《数学基础评论》]

On Certainty，ed. G. E. M. Anscombe and G. H. von Wright，tr. D. Paul and G. E. M. Anscombe (Oxford，1969). [《论确实性》]

Anscombe，G. E. M.，*An Introduction to Wittgenstein's Tractatus* (London，1959). [《维特根斯坦〈逻辑哲学论〉导论》]

Baker，G.，and Hacker，P. M. S.，*Scepticism*，*Rules and Meaning* (Oxford，1984). [《怀疑论、规则与意义》]

Hintikka，M. B.，and Hintikka，J.，*Investigating Wittgenstein* (Oxford，1986). [《探究维特根斯坦》]

Kenny，A.，*Wittgenstein* (Harmondsworth，1973). [《维特根斯坦》]

Kripke，S.，*Wittgenstein on Rules and Private Language* (Oxford，1982). [《维特根斯坦论规则与私人语言》]

Malcolm，N.，*Nothing is Hidden* (Oxford，1986). [《无所隐藏》]

Pears，D. F.，*The False Prison*，i and ii（Oxford，1988）.
[《错误的囚笼》]

——*Wittgenstein*（London，1971）. [《维特根斯坦》]

6. 政治哲学

这一章所讨论的大多数哲学家都出现在前面的章节中，阅读文献在那里也可以找到。这里列出的补充性阅读清单专供其政治哲学之用，同时也包括别处未曾讨论的哲学家的基本读物。

希腊与罗马

Barker，E.，*Greek Political Theory*（London，1918，1960）. [《希腊政治理论》]

Sinclair，T. A.，*A History of Greek Political Thought*（London，1951）. [《希腊政治思想史》]

柏拉图

Annas，J.，*An Introduction to Plato's* Republic（Oxford，1981）. [《柏拉图〈国家篇〉导读》]

Popper，K.，*The Open Society and Its Enemies*，4th edn.，vol. I（London，1963）. [《开放社会及其敌人》]

Saunders，T. J.，*Plato's Penal Code*（Oxford，1981）. [《柏拉图的刑法典》]

亚里士多德

Aristotle，*The Politics*，ed. S. Everson（Cambridge，1988）. [《政治学》]

Mulgan，R.，*Aristotle's Political Theory*（Oxford，1977）.［《亚里士多德的政治理论》］

斯多亚派、西塞罗和塞涅卡

Reesor，M. E.，*The Political Theory of the Old and Middle Stoa*（New York，1951）.［《中期与晚期斯多亚派政治理论》］

Cicero，*On the Commonwealth*，tr. and ed. G. H. Sabine and S. B. Smith（Indianapolis，1976）.［《论国家》］

Wood，N.，*Cicero's Social and Political Thought*（Berkeley，Calif.，1988）.［《西塞罗的社会与政治思想》］

Griffin，M. J.，*Seneca：A Philosopher in Politics*（Oxford，1976）.［《塞涅卡：关注政治的哲学家》］

奥古斯丁

Augustine，*The City of God*，tr. H. Bettenson（Harmondsworth，1984）.［《上帝之城》］

Barrow，R. H.，*Introduction to St. Augustine*，The City of God（London，1950）.［《圣奥古斯丁导论》］

Chadwick，H.，*Augustine*（Oxford，1986）.［《奥古斯丁》］

Deane，H. A.，*The Political and Social Ideas of St. Augustine*（New York，1963）.［《圣奥古斯丁的政治与社会思想》］

Markus，R. A.，*Saeculum：History and Society in the Theology of St. Augustine*（Cambridge，1970）.［《尘世：圣奥古斯丁神学中的历史与社会》］

中世纪

Burns，J. H.，*The Cambridge History of Medieval Political Thought*（Cambridge，1988）. [《剑桥中世纪政治思想史》]

McIlwain，C. H.，*The Growth of Political Theory in the West*（London，1931）. [《西方政治理论的发展》]

Murray，A.，*Reason and Society in the Middle Ages*（Oxford，1978）. [《中世纪的理性与社会》]

Tierney，B.，*Religion*，*Law and the Growth of Constitutional Thought 1150—1650*（Cambridge，1982）. [《1150—1650 年宗教、法律与宪法思想的成长》]

Ullmann，W.，*A History of Political Thought in the Middle Ages*（Harmondsworth，1965）. [《中世纪政治思想史》]

托马斯·阿奎那

Gilby，T.，*The Political Thought of Thomas Aquinas*（Chicago，1958）. [《阿奎那的政治思想》]

但丁、马西基里奥与奥卡姆

Dante，*De monarchia*，ed. G. Vinay（Florence，1950）. [《帝制论》]

——*Monarchy* and *Three Political Letters*，tr. D. Nicholl and C. Hardie（London，1954）. [《〈帝制论〉与政治书信三篇》]

Gilson，E.，*Dante and Philosophy*（New York，1963）. [《但丁与哲学》]

Holmes，G.，*Dante*（Oxford，1987）. [《但丁》]

Marsilius of Padua, *Defensor Pacis*, tr. A. Gewirth（New York，1956）. ［《和平保障论》］

McGrade，A. S.，*The Political Thought of William of Ockham*（Cambridge，1974）. ［《奥卡姆的威廉的政治思想》］

威克里夫

Daly，J.，*The Political Theory of John Wyclif*（Chicago，1962）. ［《约翰·威克里夫的政治理论》］

Kenny，A.，*Wyclif*（Oxford，1985）. ［《威克里夫》］

近代世界

Macpherson，C. B.，*The Political Theory of Possessive Individualism*（Oxford，1966）. ［《占有式个人主义的政治理论》］

Plamenatz，J.，*Man and Society*，2 vols.（London，1963）. ［《人与社会》］

Skinner，Q.，*The Foundations of Modern Political Thought*，2 vols.（Cambridge，1978）. ［《近代政治思想的基础》］

16 世纪思想

Hexter，J. H.，*The Vision of Politics on the Eve of the Reformation：More，Machiavelli，and Seyssel*（New York，1973）. ［《宗教改革黎明时期的政治视野：莫尔、马基雅弗利、西塞尔》］

Skinner，Q.，*Machiavelli*（Oxford，1985）. ［《马基雅弗利》］

Kenny，A.，*Thomas More*（Oxford，1983）. ［《托马斯·莫

尔》]

Hamilton，B.，*Political Thought in Sixteenth-Century Spain：A Study of the Political Ideas of Vitoria，De Soto，Suarez and Molina* (Oxford，1963). [《16 世纪西班牙的政治思想：维多利亚、德·索托、苏阿雷斯和莫里纳政治思想研究》]

主权与自然法

Edwards，C.，*Hugo Grotius：The Miracle of Holland* (Chicago，1981). [《雨果·格劳秀斯：荷兰的奇迹》]

Franklin，J. H.，*Jean Bodin and the Rise of Absolutist Theory* (Cambridge，1973). [《让·博丹与专制理论的兴起》]

King，P.，*The Ideology of Order：A Comparative Analysis of Jean Bodin and Thomas Hobbes* (London，1974). [《秩序的意识形态：让·博丹与托马斯·霍布斯的比较分析》]

Bull，H.，Kingsbury，B.，and Roberts，A. (eds.)，*Hugo Grotius and International Relations* (Oxford，1992). [《雨果·格劳秀斯与国际关系》]

霍布斯

Hobbes，T.，*Leviathan*，ed. C. B. Macpherson (Harmondsworth，1968). [《利维坦》]

Gauthier，D.，*The Logic of Leviathan* (Oxford，1969). [《〈利维坦〉的逻辑》]

Hampton，J.，*Hobbes and the Social Contract Tradition* (Cambridge，1986). [《霍布斯与社会契约传统》]

McNeilly，F.，*The Anatomy of Leviathan*（London，1968）.［《剖析〈利维坦〉》］

Peters，R. S.，*Hobbes*（Harmondsworth，1956）.［《霍布斯》］

Raphael，D. D.，*Hobbes，Morals and Politics*（London，1977）.［《霍布斯：道德与政治》］

Tuck，R.，*Hobbes*（Oxford，1989）.［《霍布斯》］

洛克

Locke，J.，*Two Treatises on Government*，ed. P. Laslett，2nd edn.（Cambridge，1968）.［《政府论两篇》］

—— *Two Tracts on Government*，ed. Philip Abrams（Cambridge，1967）.［《政府论两篇》］

Dunn，J.，*The Political Thought of John Locke*（Cambridge，1969）.［《约翰·洛克的政治思想》］

Seliger，M.，*The Liberal Politics of John Locke*（London，1968）.［《约翰·洛克的自由主义政治学》］

卢梭

Rousseau，J. -J.，*The Social Contract and Discourses*，tr. G. D. H. Cole（New York，1950）.［《〈社会契约论〉与〈论人类不平等的起源和基础〉》］

Cobban，A.，*Rousseau and the Modern State*，2nd edn.（London，1964）.［《卢梭与近代国家》］

潘恩与葛德文

Philp，M.，*Paine*（Oxford，1992）.［《潘恩》］

Monro，D. H.，*Godwin's Moral Philosophy*（Oxford，1953）.［《葛德文的道德哲学》］

St. Clair，W.，*The Godwins and the Shelleys*（London，1989）.［《葛德文派与雪莱派》］

伯克

Burke，E.，*Reflections on the Revolution in France*，ed. C. C. O'Brien（Harmondsworth，1969）.［《反思法国大革命》］

Kranmick，I.，*The Rage of Edmund Burke*（New York，1977）.［《埃德蒙·伯克的愤怒》］

Macpherson，C. B.，*Burke*（Oxford，1980）.［《伯克》］

O'Brien，C. C，*Burke's Great Melody*（London，1992）.［《伯克的伟大旋律》］

柯勒律治

Coleridge，S. T.，*On the Constitution of Church and State*，ed. J. Colmer（Oxford，1976）.［《教会与国家之构造》］

Calleo，D.，*Coleridge and the Idea of the Modern State*（New Haven，Conn.，1966）.［《柯勒律治与近代国家的理念》］

Colmer，J.，*Coleridge：Critic of Society*（Oxford，1959）.［《柯勒律治：社会批评家》］

功利主义者

Bentham，J.，*The Works of Jeremy Bentham*，ed. J. H. Burns，J. R. Dinwiddy，and F. Rosen（London and Oxford，1968— ）.［《杰雷米·边沁全集》］

——An Introduction to the Principles of Morals and Legislation, ed. J. H. Burns and H. L. A. Hart（London，1982）. ［《道德与立法原理导论》］

Dinwiddy，J.，*Bentham*（Oxford，1989）. ［《边沁》］

Berger，F. R.，*Happiness*，*Justice and Freedom*：*The Moral and Political Philosophy of John Stuart Mill*（London，1984）. ［《幸福、公正与自由：约翰·斯图尔特·密尔的道德和政治哲学》］

马克思主义

Avineri，S.，*The Social and Political Thought of Karl Marx*（Cambridge，1970）. ［《卡尔·马克思的社会与政治思想》］

Kolakowski，L.，*Main Currents of Marxism*，3 vols.（Oxford，1981）. ［《马克思主义哲学主流》］

Popper，K. R.，*The Open Society and Its Enemies*，4th edn.，vol. 2（London，1963）. ［《开放社会及其敌人》］

Singer，P.，*Marx*（Oxford，1981）. ［《马克思》］

Lenin，V. I.，*What Is To Be Done?*（Peking，1975）. ［《怎么办?》］

Femia，J.，*Gramsci's Political Thought*（Oxford，1981）. ［《葛兰西的政治思想》］

极权主义

Arendt，H.，*The Origins of Totalitarianism*（New York，1951）. ［《极权主义的起源》］

Friedrich, C. J., and Brzezinski, Z., *Totalitarian Dictatorship and Autocracy* (Cambridge, Mass., 1965). [《极权主义专政与独裁》]

Hayek, F. A., *Road to Serfdom* (London, 1944). [《通往奴役之路》]

Schapiro, L., *Totalitarianism* (London, 1972). [《极权主义》]

Zinoviev, A., *The Reality of Communism* (London, 1985). [《共产主义的现实》]

索　引

（注：页码为原书页码，即本书边码）

译后记

近来英美学界出版了不少优秀的简明西方哲学史，本书即其中之一。在译者翻译和校阅的过程中，常常能够感受到作者们在表达上清晰精练，在内容上简明扼要、深入浅出。本书的六位作者虽然都是成长于分析哲学传统中的哲学家和哲学史家，也受到分析技巧的训练，但其眼界和思路绝不仅限于分析哲学，而能将精细的分析论证能力与深厚的哲学史素养熔为一炉，或以广博渊深见长，或以分析透辟引人入胜。尤为值得一提的是本书的第六章"政治哲学"，以如此之大的篇幅概述西方政治哲学史，这在单卷本西方哲学史中恐怕是绝无仅有的。当然，作者对马克思主义和列宁主义的态度也需要我们以正确的态度来看待。

本书附有简明扼要的大事年表，值得读者参考。

本书原来没有注释和引文出处。译者根据各种参考书对一些重要的人名、术语等专门名词做了一定程度的解释，以使读者更好地理解原文。译者在此向《辞海》、《简明不列颠百科全书》（中文版）、《外国哲学大词典》、《中国大百科全书》以及各种译名手册等参考书的编著者致谢。

译者在此向中国人民大学出版社为此书的出版付出艰辛劳动的各位编辑致谢。

韩东晖

中文修订版后记

在《牛津西方哲学史》重新出版之际，译者对译文做了全面修订，其中第一章、第二章、第六章修正的内容较多。敬希读者对译文提出更多宝贵意见。

韩东晖

2024 年 6 月 18 日

图书在版编目(CIP)数据

牛津西方哲学史：修订版 /（英）安东尼·肯尼
(Anthony Kenny) 编；韩东晖译. -- 北京：中国人民
大学出版社，2025. 4. -- ISBN 978-7-300-33484-4

Ⅰ. B5-49

中国国家版本馆 CIP 数据核字第 2025KF7397 号

牛津西方哲学史（中文修订版）

[英] 安东尼·肯尼（Anthony Kenny） 编

韩东晖 译

Niujin Xifang Zhexueshi

出版发行	中国人民大学出版社			
社 址	北京中关村大街 31 号		**邮政编码**	100080
电 话	010 - 62511242（总编室）		010 - 62511770（质管部）	
	010 - 82501766（邮购部）		010 - 62514148（门市部）	
	010 - 62515195（发行公司）		010 - 62515275（盗版举报）	
网 址	http://www.crup.com.cn			
经 销	新华书店			
印 刷	涿州市星河印刷有限公司			
开 本	890 mm×1240 mm 1/32		**版 次**	2025 年 4 月第 1 版
印 张	19.375 插页 4		**印 次**	2025 年 4 月第 1 次印刷
字 数	431 000		**定 价**	128.00 元